GEGENWARTSFRAGEN 70

„Alle Mann an Deck!" –
„Und die Frauen in die Kombüse?"

Geographisches Institut
der Universität Kiel
ausgesonderte Dublette

Geographisches Institut
der Universität Kiel

Inv.-Nr. 96/A 26619

GEGENWARTSFRAGEN 70

„Alle Mann an Deck!" –
„Und die Frauen
in die Kombüse?"

Frauen in der
schleswig-holsteinischen
Politik 1945–1958

Herausgeber:
Landeszentrale für Politische Bildung Schleswig-Holstein,
Düvelsbeker Weg 12, 2300 Kiel 1
Telefon: 0431-30774
Telefax: 0431-334093
Redaktion: Dr. Rüdiger Wenzel
Druck: Schmidt & Klaunig, Kiel 1993
Gedruckt auf chlorfrei hergestelltem Papier
ISBN 3-88312-045-6
ISSN 0433-2407

Inhalt

	Seite
Einleitung Karl-Heinz Harbeck	7
Vorbemerkung der Autorinnen und des Autors	11
Thomas Herrmann Alltag und sozioökonomische „Bewährung" von Frauen in Schleswig-Holstein 1945–1949	13
Sabine Jebens-Ibs Frauen in der schleswig-holsteinischen Politik	47
Maria Zachow-Ortmann Frauen organisieren sich	149
Uta Cornelia Schmatzler Frauen in der Gewerkschaft	247

Anhang

zusammengestellt von Sabine Jebens-Ibs	315
Übersichten über schleswig-holsteinische Politikerinnen 1945–1966	317
Abkürzungsverzeichnis	327
Benutzte Sigel	329
Quellen und Literaturverzeichnis	331
Verzeichnis der Autorinnen und des Autors	343

Einleitung

Die vorliegende Veröffentlichung resultiert aus dem Forschungsprojekt „Erforschung und Würdigung der Arbeit schleswig-holsteinischer Frauen im politischen und öffentlichen Leben der ersten Nachkriegsgeneration", das am 25. April 1989 einstimmig vom Schleswig-Holsteinischen Landtag beschlossen wurde mit dem Ziel, die Leistungen der Frauen beim Wiederaufbau Schleswig-Holsteins in der Zeit von 1945 bis 1958 zu würdigen. Die Beschränkung auf wenige Legislaturperioden der Nachkriegszeit hat weniger historische als vielmehr pragmatische Gründe, da das Projekt aufgrund der angespannten Haushaltslage des Landes zunächst auf ein Jahr befristet werden sollte.

Die Betreuung des Projekts übernahm Prof. Dr. Lars Clausen, der Direktor des Instituts für Soziologie der Christian-Albrechts-Universität zu Kiel. Unter Leitung der Soziologin Kirstin Boehlke wurde am 1. September 1990 mit der Arbeit begonnen. Da zu diesem Thema für Schleswig-Holstein keinerlei Forschungsarbeiten vorlagen, mußten nach der Entwicklung eines Konzeptes und entsprechender Fragestellungen Quellen und Materialien in Archiven, bei Vereinen und Privatpersonen sowie in Zeitungsarchiven erschlossen werden. Ziel war es, die strukturelle Analyse mit dem biographischen Ansatz zu verbinden, um am konkreten Beispiel verdeutlichen zu können, wie die politisch aktiven Frauen innerhalb vorgegebener Rahmenbedingungen agierten und welchen Handlungsspielraum sie hatten.

Viele wertvolle Hinweise ergaben die ca. 70 Interviews, die innerhalb weniger Monate durchgeführt und ausgewertet wurden, so daß bereits Ende Oktober 1991 dem Ministerium für Bildung, Wissenschaft, Jugend und Kultur ein ca. 380 Seiten starker Forschungsbericht übergeben werden konnte, der im Anhang auch die Lebensläufe vieler Politikerinnen enthält. Gleichzeitig wurde eine Verlängerung des Projektes beantragt; durch die Bewilligung weiterer Mittel konnten die Forschungsarbeiten bis zum 31. Juli 1992 weitergeführt und abgerundet werden. Ab Mai 1992 wurde das Projekt dem Zentrum für interdisziplinäre Frauenforschung an der Christian-Albrechts-Universität zu Kiel (ZiF) angegliedert. Leider konnte Kirstin Boehlke nach ihrer Erkrankung im August 1991 nicht mehr an den weiteren Forschungsarbeiten teilnehmen; ihre Forschungsergebnisse werden im Rahmen dieser Veröffentlichung in dem Beitrag von Thomas Herrmann berücksichtigt.

Das erste, von Thomas Herrmann verfaßte Kapitel: „Alltag und sozioökonomische ‚Bewährung' von Frauen in Schleswig-Holstein von 1945 bis 1949" umreißt die Situation der unmittelbaren

Nachkriegszeit. Diese war vom Kampf gegen den Hunger und vom täglichen Kampf um das Überleben bestimmt, der im wesentlichen von den Frauen getragen wurde und enorme Auswirkungen auf das Familien- und Berufsleben hatte. Die Zahl der Ehescheidungen stieg sprunghaft an, Frauen mußten als Geschiedene oder als Kriegerwitwen mit schmalen Renten unter unsäglichen Bedingungen in Flüchtlingslagern ihre Kinder allein durchbringen, mußten als Lückenbüßerinnen schon seit Kriegszeiten die abwesenden Männer in vielen Berufen ersetzen und ihre Stellen räumen, als diese zurückkehrten, damit die Familienernährer wieder in Lohn und Brot kamen. Erst in den 50er Jahren normalisierten sich die Verhältnisse wieder; aber im „Armenhaus" der Bundesrepublik, dem strukturschwachen Schleswig-Holstein, das zudem noch eine große Zahl von Vertriebenen integrieren mußte, profitierten die Frauen im geringeren Umfang und erst später vom Wirtschaftswunder.

Daß sich der materiellen Lage dieser Jahre entsprechend die führenden Politikerinnen in Schleswig-Holstein weniger mit frauenspezifischen Themen wie beispielsweise dem andernorts stark diskutierten § 218 beschäftigten, sondern immer wieder gegen den Mangel auf dem Ernährungssektor, in der Bildungs- und Jugendpolitik sowie in der Kulturpolitik ankämpften, arbeitet Sabine Jebens-Ibs im zweiten Kapitel „Frauen in der schleswig-holsteinischen Politik" heraus. Die Anfänge dieser politischen Arbeit wurden stark von der britischen Militärregierung bestimmt, die zunächst dafür sorgte, daß überhaupt Frauen in die ernannten Kommunal- und Landesparlamente delegiert wurden, damit sie die Interessen der Frauen verträten. Der Kampf ums Überleben mobilisierte in der unmittelbaren Nachkriegszeit viele Frauen, die schon in den 20er Jahren aktiv gewesen waren, aber auch viele, die der Politik bisher distanziert gegenübergestanden hatten. Daß die Mitarbeit der Frau in der Politik nach den zwölf Jahren Diktatur dringend notwendig und wünschenswert sei, war zwar allgemeiner Konsens in der Öffentlichkeit, aber schon Ende der 40er Jahre verfestigten sich alte Strukturen, Hierarchien und Denkmuster, in deren Rahmen die traditionelle Unterrepräsentanz von Frauen in der Politik nicht aufgebrochen, sondern teilweise noch verstärkt und vor allem dem weiblichen Nachwuchs wenig Anreiz zur Mitarbeit geboten wurde.

Daß letztendlich auch die Frauenorganisationen, die gleich nach dem Krieg wiedergegründet wurden und häufig überparteiliche und überkonfessionelle Zusammenarbeit anstrebten, als pressure groups für Frauen wenig erreichten, zeigt Maria Zachow-Ortmann im dritten Kapitel „Frauen organisieren sich". Als eindeutiger Erfolg und als Besonderheit auch im Vergleich mit anderen Bundesländern ist die Einrichtung von Frauenreferaten in den Ministerien zu werten, die 1950 von konservativen Politikerinnen initiiert wurde mit dem Ziel, ein Verbindungsglied zwischen Politik, Verwaltung und der Basis der Frauenorganisationen, die sich im Landesfrauenrat zusammengeschlossen hatten, zu schaffen. Dabei weisen die damaligen Frauenreferate hinsichtlich ihrer Kompetenz- und Aufgabenbeschreibungen z.T. verblüffende Ähnlichkeiten mit der heutigen Stellung der Gleichstellungsbeauftragten auf. Das Jahr 1958 bedeutet hier auch inhaltlich eine Zäsur. Fragen der Neustrukturierung, Finanzierung und der Parteipolitik gewannen im Landesfrauenrat eine bis dahin unbekannte Bedeutung, die den Konsens der Nachkriegsjahre infragestellte und die Frauenreferate bedeutungslos werden ließ.

Im vierten Kapitel analysiert Uta Cornelia Schmatzler die Rolle der „Frauen in den Gewerkschaften". Wie in der Politik stieg zunächst die Zahl der aktiven Frauen und der weiblichen Mitglieder auch im Bezirk Nordmark an, ohne daß jedoch die weibliche Unterrepräsentanz beseitigt werden konnte; Mitte der 50er Jahre sank das Interesse an der Gewerkschaftsarbeit wieder. Die Frauenorganisation der Gewerkschaften hatte die Aufgabe, die Sonderprobleme der berufstätigen Frauen zunächst zu bündeln und so weit wahrzunehmen bzw. zu lösen, bis sie schließlich durch die vollständige Gleichbehandlung und Integration der Frauen überflüssig würde. Dabei war der Aufbau der Frauenorganisationen in Schleswig-Holstein im wesentlichen eine Angelegenheit der männlichen Gewerkschaftsführer, die die Frauensekretärin als Angestellte des männlich besetzten Vorstandes beriefen. Daß die Frauenorganisation keine beschlußfassenden Kompetenzen und nicht die Macht hatte, Ergebnisse ihrer Arbeit innerhalb der Gewerkschaft als verbindlich durchzusetzen, mag trotz der Erfolge, z.B. bei der Aufhebung der Frauenlohnabschläge bei gleicher Arbeit im Jahre 1955, auch dazu beigetragen haben, daß sich nur wenige Frauen gewerkschaftlich engagierten. Entscheidender war aber, daß die meisten erwerbstätigen Frauen Schwierigkeiten hatten, Beruf, Familie und politisches bzw. gewerkschaftliches Engagement unter einen Hut zu bringen – ein Problem, das bis heute nicht gelöst worden ist.

Trotz des gemeinsamen Konzeptes und ähnlicher Fragestellungen sowie intensiver Diskussionen konnte innerhalb der Forschungsgruppe nicht immer ein Konsens in der Bewertung der zeitgenössischen Materialien, Fakten und Aussagen erzielt werden, so daß die einzelnen Kapitel auch als von den Autoren zu verantwortende Einzelbeiträge zu beurteilen sind. Vieles konnte wegen der kurzen Forschungszeit nicht erarbeitet werden. Da eine flächendeckende Erfassung aller politisch aktiven Frauen nicht möglich war, mußten Schwerpunkte bei der Landespolitik und bei der Kommunalpolitik in den kreisfreien Städten Flensburg, Kiel, Lübeck und Neumünster gesetzt werden. Auch die breitgefächerte Arbeit der verschiedenen Frauenvereine und -organisationen wurde nicht im einzelnen behandelt. Manches konnte im Rahmen dieses Bandes zudem nicht dargestellt werden; das gilt für die Frauenpolitik der kleineren Parteien wie der KPD ebenso wie für die Landtagsarbeit der 50er Jahre im Detail. Das gilt auch für die bereits erarbeiteten Lebensläufe politisch engagierter Frauen, die in einem gesonderten Band veröffentlicht werden.

Hier noch eine Erläuterung zum Titel dieser Publikation „Alle Mann an Deck!" – „Und die Frauen in die Kombüse?". Als im Frühjahr 1992 die Landeszentrale für Politische Bildung unter dem gleichen Titel zu einer Tagung über die Rolle der Frauen in der Nachkriegszeit einlud, stieß vor allem der zweite Teil „Und die Frauen in die Kombüse?" auf lebhaften Widerspruch, weil darin eine Abqualifizierung der Leistungen der schleswig-holsteinischen Frauen gesehen wurde. Das Gegenteil war von uns beabsichtigt. Es handelt sich hier um zwei Zitate. In seiner Regierungserklärung vom 13. August 1951 appellierte der neugewählte Ministerpräsident Friedrich-Wilhelm Lübke mit dem seemännischen Ausdruck „Alle Mann an Deck!" an das Landesparlament, mehr Bereitschaft zur Zusammenarbeit zu zeigen, um die Not des Landes besser meistern zu können. Als die Rede bekannt wurde, ergänzte die damalige Vorsitzende des Landesfrauenrates und des Deutschen Frauenrings Kiel, Elisabeth Vormeyer, den Spruch lakonisch mit der Bemerkung: „Und die Frauen in die Kombüse?" Die Nichterwähnung der Frauen in der gesamten Regierungserklärung rief auch die Kritik der Landtagsabgeordneten Emmy Lüthje (CDU) hervor, die in der anschließenden Aussprache dezidiert auf die Arbeit der Frauenreferate und des Landesfrauenrates hinwies und damit das Selbtbewußtsein der politisch aktiven Frauen dokumentierte.

Auch wenn die Landeszentrale für Politische Bildung grundsätzlich in ihren Schriften keine Forschungsarbeiten publiziert, scheint uns in diesem Falle eine Ausnahme gerechtfertigt. Tatsächlich handelt es sich hier um den ersten, längst überfälligen Versuch, die Rolle der Frauen im politischen und öffentlichen Leben der Nachkriegszeit Schleswig-Holsteins darzustellen. Es erscheint uns wichtig, dieser Darstellung eine größere Verbreitung zu sichern. Die nötige Aufmerksamkeit und Resonanz erhoffen wir uns für diese Publikation bei allen politisch interessierten und engagierten Bürgerinnen und Bürgern unseres Landes.

Dr. Karl-Heinz Harbeck
Direktor der Landeszentrale für
Politische Bildung Schleswig-Holstein

Vorbemerkung der Autorinnen und des Autors

Wir bedanken uns beim Landesarchiv Schleswig und dem Archiv des Schleswig-Holsteinischen Landtages, den Stadtarchiven von Flensburg, Kiel, Lübeck und Neumünster, beim Landesfrauenrat und beim Deutschen Frauenring für die zur Verfügung gestellten Materialien. Zu besonderem Dank verpflichtet sind wir Herrn Prof. Dr. Lars Clausen, der in der schwierigen Zeit nach der Erkrankung von Frau Kirstin Boehlke die Betreuung bei der Fertigstellung des Manuskriptes übernahm und unseren Antrag auf Fortsetzung der Forschung unterstützte. Ebenso danken wir Herrn Prof. Dr. Ralph Uhlig vom Historischen Seminar der Christian-Albrechts-Universität zu Kiel für seine Unterstützung. Dank gebührt auch Herrn Ernst Kröger (MA), der im Rahmen eines Honorarvertrages einige Jahrgänge schleswig-holsteinischer Zeitungen für uns sichtete, und Frau Birgit Aschmann, die als wissenschaftliche Hilfskraft nach Fotos recherchierte.

Ohne die vielen Hinweise und Informationen unserer Interviewpartnerinnen und -partner aber hätte das Buch nicht in dieser Form und mit diesem Inhalt erscheinen können. Ihnen sei an dieser Stelle recht herzlich für ihre Hilfe und Geduld gedankt.

Thomas Herrmann,
Sabine Jebens-Ibs,
Uta Cornelia Schmatzler,
Maria Zachow-Ortmann

Thomas Herrmann

Alltag und sozioökonomische „Bewährung" von Frauen in Schleswig-Holstein 1945 – 1949

Wenn die Arbeit und die Leistungen der Frauen im späteren Bundesland Schleswig-Holstein im politischen und öffentlichen Leben der ersten Nachkriegsgeneration verstanden und gewürdigt werden sollen, so sind zunächst die generellen Strukturen des Alltagslebens dieser Frauen zu veranschaulichen und transparent zu machen. Denn es ist davon auszugehen, daß die Benachteiligungen von Politikerinnen nicht losgelöst von den konkreten Bedingungen des damaligen Alltags analysiert werden können. Genauer: Die strukturellen Probleme, mit denen Frauen in der „*männlichen*" Domäne Politik konfrontiert wurden (und werden), ergeben sich aus den gesellschaftlichen Rollen der Frauen. Um Näheres über diese zeitspezifischen Rollen der Frauen in der Nachkriegszeit zu erfahren, wird hier zunächst ihre Stellung im Bereich des Haushaltes und der Erwerbsarbeit beschrieben.

Am Beispiel des Alltags der unmittelbaren Nachkriegszeit wird deutlich, daß eine ganz wesentliche Voraussetzung für politisches und öffentliches Engagement den Frauen faktisch fehlte: frei verfügbare Zeit. Die Ausmaße der als Folge des Krieges zu leistenden Überlebensarbeit hielten vor allem die Frauen Tag und Nacht (Stromsperren!) in Atem, und

die Prozesse des Zurückgedrängtwerdens, des Erringens nur von Teilerfolgen oder gar des Scheiterns von Frauen gewinnen vor dem Hintergrund der besonderen Bedingungen des Nachkriegsalltags eine Dimension, von der aus die Erforschung und Bewertung der Leistungen der im politischen und öffentlichen Leben tätigen schleswig-holsteinischen Frauen überhaupt erst möglich wird – wie auch die Verschiebung nachhaltiger Gleichstellungspolitik der Geschlechter um eine ganze Generation. Und dies, *obwohl* die Skizzierung der Alltagsarbeit der Frauen erkennen läßt, daß ohne solchen Einsatz der vielen Frauen der wirtschaftliche und soziale Aufbau des Landes Schleswig-Holstein nicht möglich gewesen wäre, eine Tatsache, der bisher viel Lob gezollt und wenig Rechnung getragen wurde.

Diese Darstellung hat drei thematische Schwerpunkte:

1) Der erste Schwerpunkt ist deskriptiv, darin wird die soziale Ausgangslage Schleswig-Holsteins nach dem Zweiten Weltkrieg skizziert. Die Linderung der wirtschaftlichen und sozialen Folgen des Krieges, wie Hunger, Wohnraumnot, Mangel an Gebrauchsgütern sowie eine katastrophale Gesundheitslage der Bevölkerung erforderten von Frauen einen ungeheuren Arbeitsaufwand. Die her-

kömmliche innerfamiliäre Arbeitsteilung hatte bereits im Krieg, dann infolge von Flucht und Vertreibung, durch die Trennung von den Männern zahlreiche „*Hausfrauen*"-Arbeiten im Umfang wachsen und neue hinzukommen lassen. Es ist also auch auf die Familienstrukturen einzugehen.

2) Gegenstand des zweiten Abschnittes ist die Untersuchung dieser Frauenarbeit (d.h. der privaten Überlebensarbeit sowie dann der Frauenerwerbsarbeit) in der unmittelbaren Nachkriegszeit. Es wird davon ausgegangen, daß die Entwicklung der Frauenarbeit unmittelbar vom Konjunkturstand, d.h. von der Nachkriegskrise bestimmt wurde.

3) Zusammenfassend wird dann in einem dritten Abschnitt versucht zu erklären, warum Frauen in der unmittelbaren Nachkriegszeit mit vielfältigen Aufgaben und Tätigkeiten betraut waren, diese Mehrleistungen aber keineswegs in einem stärkeren politischen Einfluß ihren Ausdruck fanden.

Alltagssorgen

Als am 8. Mai 1945 im Zuge der bedingungslosen Kapitulation der Zweite Weltkrieg für Deutschland beendet war, verschärfte sich für die Bevölkerung der Kampf um die ebenso knappen wie lebensnotwendigen Ressourcen. Zwar war schon während des Krieges eine Mangelsituation spürbar geworden, doch die ersten drei Nachkriegsjahre übertrafen jedes bis dahin erfahrene Ausmaß an Entbehrungen. Der Alltag wurde durch Mangel beherrscht: an Nahrung, Wohnraum, elementaren Gebrauchsgütern sowie Rohstoffen. Noch heute sprichwörtlich war es „*Die Schlechte Zeit*".

Das Überleben war von den erhaltenen staatlichen Institutionen kaum zu gewährleisten und oft nur an diesen Institutionen vorbei oder sogar gegen sie (Gesetzesübertretungen) möglich. In dieser Zeit bildeten sich Formen der Subsistenzwirtschaft heraus, in denen besonders die Fähigkeiten zur Selbstorganisation gefragt waren. Die Menschen lebten mit einer Zeitperspektive, die nur von einem Tag zum nächsten reichte. Das Übermorgen lag außerhalb der zeitlichen Perspektive und der operationalisierbaren Möglichkeiten der großen Mehrheit der Bevölkerung.

Sorgen und materielle Notlagen der Nachkriegszeit lasteten zur Mehrzahl auf Frauen. Sie wurden, zumal ihre Männer zum großen Teil im Krieg gefallen, vermißt, verwundet, noch in Gefangenschaft oder interniert waren, auch an deren herkömmlicher Stelle für die Organisation des täglichen Lebens zuständig.

Auch unter Berücksichtigung der Tatsache, daß Männer schwer unter den Entbehrungen gelitten haben, kann mit Berechtigung die Alltagsgeschichte der Nachkriegszeit als Frauengeschichte gesehen werden, denn durch ihren Einsatz für die Versorgung ihrer Familien entlasteten Frauen ihre durch den Fortfall vieler institutioneller Regeln oft stärker desorientierten Männer und trugen damit im wesentlichen Maße dazu bei, daß diese ihrer außerhäuslichen Erwerbsarbeit überhaupt nachgehen konnten[1]; nicht zu vergessen ist, wieviel Arbeit und Mühe auch auf Kinder, Mädchen wie Jungen, entfiel.

Eine Million Flüchtlinge kommen

Schleswig-Holstein war von den durch den Krieg ausgelösten Bevölkerungsumschichtungen und Wanderungen in besonderer Weise betroffen. Nachdem seit 1941 die ersten städtischen Evakuierten nach Schleswig-Holstein gekommen waren, strömten dann ab 1943 im Zusammenhang mit der Verlagerung gewerblicher Produktion (hier vor allem rüstungsindustrieller Art: z.B. wurden Teile für den U-Boot-Bau dezentral in Schleswig-Holstein gefertigt und dann in Kiel zusammengesetzt) Rüstungsarbeiter aufs Land. Außerdem begannen bereits während des Krieges die Wanderungen nach Schleswig-Holstein mit dem Zuzug vieler Hamburger. So verließen allein vom Februar bis zum September 1943 infolge des Bombenkrieges 600.000 Menschen Hamburg, ca. 100.000 davon in Richtung Norden.

Ab 1944 setzte dann die Flüchtlingsbewegung aus dem Osten ein. Den Hauptzustrom der Bevölkerungszuwanderung hatte Schleswig-Holstein vom Februar bis zum Juni 1945 zu verzeichnen. Zu den 1.600.000 Einwohnern kamen in diesem Zeitraum 800.000 hinzu. So hatte Schleswig-Holstein am 1.1.1948 2.693.596 Einwohner, davon waren 1.147.440 Flüchtlinge, Vertriebene, Evakuierte und „Displaced Persons", etwa entlassene ausländische Kriegsgefangene und Zwangsarbeiter. Insgesamt stieg die Bevölkerung Schleswig-Holsteins von 1938 bis 1948 um 70%. Der Zuwanderungsstrom konzentrierte sich wesentlich auf die ländlichen Gebiete und hier hauptsächlich auf die ostholsteinischen Kreise Eutin, Herzogtum Lauenburg, Oldenburg, Plön und Stormarn.[2]) Neben diesen immensen Zuwanderungen gab es im Lande selbst noch Wanderungsbewegungen. Die jährliche Fluktuation, d.h. Zu- und Abwanderungen, der Stadt Kiel betrug noch 1950 ca. 25%.

Die ankommenden Flüchtlinge wurden von der einheimischen Bevölkerung nicht willkommen geheißen, sondern als Fremde behandelt. Dies schien zunächst eher problemlos, weil sich ein Großteil der Flüchtlinge nur auf eine kurze Evakuierungszeit eingestellt hatte (z.B. durch ausschließliche Mitnahme von Sommerbekleidung; zum Herbst, so dachte man, sei man wieder daheim). Aber im Herbst des Jahres 1945 wurde zusehends deutlich, daß an eine schnelle Rückkehr in die Ursprungsgebiete nicht zu denken war. Die Flüchtlingsbewegung wurde nun als sozial und politisch brisant eingeschätzt, weil die entstandene Situation durch vielfältige Konfliktlagen gekennzeichnet war. Oft empfanden die Flüchtlinge sich von den Behörden *„als Bürger zweiter Klasse"* behandelt, bemerkten, daß sie bei der Vergabe von Arbeits- und Studienplätzen benachteiligt wurden, oder sie monierten, daß Care-Pakete vorwiegend an Einheimische verteilt wurden. Der akute *„Männermangel"* vor allem der jüngeren Jahrgänge führte rasch zu einer heftigen Konkurrenz zwischen einheimischen und Flüchtlingsfrauen um einen Lebenspartner. Mit dem politischen Kalkül der damaligen Zeit nahm man Ungleichbehandlungen allerdings hin, denn man glaubte, daß eine vorschnelle Integration der Flüchtlinge einer Aufgabe der Ostgebiete gleichkäme.

Bis 1948 fanden 1 147 400 Flüchtlinge, Vertriebene, Evakuierte und „Displaced Persons" Aufnahme in Schleswig-Holstein, dessen Bevölkerung damit um 70 % gegenüber dem Vorkriegsstand anstieg.

(Stadtarchiv Flensburg)

So waren die Flüchtlinge von den Kriegsfolgen besonders hart getroffen. Zum Verlust des angestammten Wohn- und Herkunftsraumes trat ein gewaltiger sozialer Umschichtungsprozeß. Von den Flüchtlingen in Schleswig-Holstein konnten im Zeitraum 1939-1953 ca. 35% ihre soziale Stellung halten, ca. 45% stiegen sozial ab und ca. 20% stiegen sozial auf.[3]) Bei einem Anteil von 45% an der Wohnbevölkerung Schleswig-Holsteins waren bis zum Wirtschaftsaufschwung Anfang der fünfziger Jahre 60% der Flüchtlinge arbeitslos. Mit den ostdeutschen Bauern wurde ein ganzer Berufsstand in andere Berufe gedrückt oder stieg in den Landarbeiterstatus ab.

Die Wohnungsnot

Durch die starke Zuwanderung verschärfte sich ein Problem der Nachkriegszeit: die Wohnraumnot. Innerhalb der drei Westzonen waren annähernd 45% des Wohnraumbestandes der Vorkriegszeit entweder total oder schwer beschädigt, aber auch die übrigen Wohnungen befanden sich zum Teil in desolatem Zustand.[4]) Schleswig-Holstein stand während des Krieges nicht im Zentrum des Geschehens. Die ländlichen Regionen und Kreise waren kaum bom-

Die Kieler Innenstadt wurde durch Bombenangriffe der Alliierten stark zerstört. (Stadtarchiv Kiel)

bardiert worden. Lediglich in Plön und Pinneberg wurde mehr als geringfügiger Schaden angerichtet.[5]) Insgesamt wurde in den ländlichen Regionen 1,4 % des gesamten Wohnungsbestandes beschädigt. Erheblich stärker waren die kreisfreien Städte betroffen, in denen fast die Hälfte des Wohnungsbestandes durch den Bombenkrieg in Mitleidenschaft gezogen wurde.

Von den Bombenangriffen der Alliierten wurde hauptsächlich die Kieler Bevölkerung heimgesucht. Seit dem 2.7.1940 wurden insgesamt 90 Bombenangriffe gegen Kiel geflogen, die über 3000 Tote hinterließen. Von 83.000 Wohnungen der Vorkriegszeit wurden 44.000 vollständig zerstört. Von 20.090 Häusern wurden 7.466 (37,6%) zerstört und 8.776 (43%) schwer- und mittelbeschädigt.[6]) So waren bereits während des Krieges 167.000 Kieler ohne Wohnung. Die Bevölkerung der Stadt ging in der Folge von 261.000 (1939) auf 152.000 (1943) zurück. Die Lübecker wurden durch die Intervention Carl J. Burkhardts, der von der Schweiz aus erreichte, daß der Lübecker Hafen zum Umschlagsplatz für Paketlieferungen für alliierte Kriegsgefangene erklärt wurde, weitgehend verschont.[7])

1945 wurde die ohnehin schwierige Wohnungssituation durch die ankommenden Flüchtlinge weiter verschlechtert. Die Zunahme der Bevölkerung bei gleichbleibendem oder sogar abnehmendem Wohnraum (durch Abriß beschädigter und vom Einsturz bedrohter Häuser) führte zu einer durchgängigen Überbelegung der Wohnungen. Statistisch gesehen mußten sich 2,3 Menschen einen Wohnraum von 6 qm teilen.[8]) Vom Dachboden bis zum Keller wurde in Schleswig-Holstein jeder verfügbare Raum in Beschlag genommen, um den Menschen überhaupt ein Dach über dem Kopf zu bieten. Von den 765.000 in Schleswig-Holstein gezählten Wohnparteien waren über 200.000 sogenannte Wohnungsnotstandsfälle. Besonders hart waren die Flüchtlingsfamilien betroffen. Von den 300.000 Flüchtlingswohnparteien waren über 130.000 Wohnungsnotstandsfälle. Die Belegungsdichte von Wohnungen war bei den Flüchtlingen noch höher als bei der alteingesessenen Bevölkerung. Der Bau von Baracken und *„Nissenhütten"* verschaffte zwar Wohnraum, verschob das Problem aber lediglich, weil diese ohnehin nur als Übergangslösung gedacht waren. 1948 stellte die schleswig-holsteinische Landtags-Abgeordnete Krahnstöver fest, daß immer noch ca. 178.000 Menschen in Schleswig-Holstein in unwürdigen Quartieren lebten. Erst seit 1950 überholte in Kiel der Wohnungsbau die Zuwanderung. Zu dieser Zeit gab es Kiel allerdings immer noch 18.000 Wohnungssuchende, 26.000 beschädigte Wohnungen und 3.646 Wohnräume in Baracken.

Die Ernährungslage

Neben der Wohnungsnot bereitete die Versorgung der Bevölkerung mit Nahrungsmitteln (*„Kalorien"*) von Monat zu Monat mehr Sorgen. Vor allem bis zur Währungsreform prägte die problematische Ernährungslage die Alltagserfahrung. Bereits vor dem Zweiten Weltkrieg hatte es Planungsmaßnahmen zur Nahrungsmittelversorgung gegeben, die im Horizont der Kriegsvorbereitungen stattfanden. Sie stützten sich auf Erfahrungen des Ersten Weltkrieges.

Unmittelbar vor Kriegsbeginn im August 1939 begann in Deutschland mit der ersten Zuteilungsperiode (*„Dekade"*) die Vollbewirtschaftung der Nahrungsmittel. Nachdem die Lebensmittelzuteilung in den ersten Jahren für die (nichtverfolgten) Deutschen selbst gut funktioniert hatte, wurde es ab April 1942 schwerer, von den Nahrungsmittelrationen allein zu leben. Die Bevölkerung in den Großstädten war davon besonders betroffen. In der Hungerzeit nach dem Kriege mußte man mit 800 Kalorien pro Tag auskommen, was weit unter der mit 2400-3000 Kalorien errechneten Norm lag. Der Zeitraum, in dem die zum Überleben notwendigen Lebensmittel auf anderen als den gängigen Wegen beschafft werden mußten, reichte vom Frühjahr 1942 bis zur Jahreswende 1949/50. Besonders von den Frauen verlangte das ein außerordentliches Maß an physischer und psychischer Ausdauer. Oft mußten sie stundenlang vor Geschäften Schlange stehen, um die dringend benötigten Lebensmittel zu erhalten, womit jedoch keineswegs sichergestellt war, sie tatsächlich zu bekommen. Unter Gefahren mußten sie

Lebensmittelkarte des Jahres 1945. Die Nahrungsmittelbewirtschaftung wurde erst Ende April 1951 aufgehoben. (Stadtarchiv Kiel)

Tauschgeschäfte auf dem Schwarzmarkt tätigen, auf „*Hamsterfahrt*" gehen sowie auf Feldern und im Wald sammeln.

Der Kieler Stadtrat Dr. Deussen erklärte im Sommer 1946, „*daß etwa 20.000 Kieler Bürger im folgenden Winter vom Hungertod bedroht seien*".[9]) Es fehlte vor allem an Fleisch, Fisch, Milch und Eiern. Aufgrund dieser akuten Mangellage war die Kieler Bevölkerung vorwiegend auf Selbsthilfe angewiesen. In diesem Sinne erteilte die britische Besatzungsbehörde die Anweisung, jeden Quadratmeter anbaufähigen Landes zu bebauen und zwar vor allem mit winterfestem Gemüse wie z.B. Steckrüben, Bohnen und Kartoffeln. In den Jahren 1945 und 1948 wurde die ohnehin katastrophale Ernährungslage durch den Kartoffelkäfer weiterhin verschärft. Da 100.000 ha Kartoffeln bedroht waren, wurden sog. Großsuchtage auf den Feldern durchgeführt.

Daß ungewöhnliche Umstände besondere Maßnahmen erfordern, zeigte sich an der Ausgestaltung der Kieler Wohnungen, die aufgrund der Selbstversorgung z.T. eher ländlichen Charakter annahmen: Trotz Verbotes wurden dort Kaninchen, Hühner und Ziegen gehalten. Eine besondere Bedeutung kam in dieser Zeit den Kieler Schrebergärten zu, die

Glück hatte, wer bei den Briten zu einem Empfang eingeladen wurde, so wie hier beim Englischen Club in Kiel-Holtenau 1947 (Landesarchiv Schleswig: Nordmark-Film)

von über 10% der Bevölkerung bewirtschaftet wurden. Am 6. Januar 1948 veröffentlichte die „*Schleswig-Holsteinische Volkszeitung*" eine einschlägige Umfrage, die das „*Institut zur Erforschung der öffentlichen Meinung*" in Schleswig-Holstein durchgeführt hatte. Die Frage: „*Was erwarten sie vom neuen Jahr?*" wurde folgendermaßen beantwortet: 33% der Befragten hatten Hoffnung auf einen wirtschaftlichen Aufschwung und mehr Nahrungsmittel, 30% hatten keine Hoffnung auf Besserung, 14% erwarteten einen gerechten Frieden, 4% glaubten an die Errichtung einer Zentralregierung, 4% hofften auf den Fall der Zonengrenzen.[10]) Das verdeutlicht, welches Gewicht den Ernährungsfragen gegenüber politischen Problemen beigemessen wurde.

Das deutsche System der Nahrungsmittelbewirtschaftung war nach dem Krieg von den Besatzungsmächten übernommen worden und wurde erst am 30.4.1951 aufgehoben. Die Landtags-Abgeordnete Dr. Elly Linden wies in der Sitzung des Schleswig-Holsteinischen Landtages vom 4. Mai 1948 darauf hin, daß die nicht eingehaltenen Versprechungen der Besatzungsmacht bezüglich der Erhöhung der Kalorienverteilung zu einem Vertrauensverlust in der Bevölkerung geführt habe und daß sich eine Verbitterung gegenüber der Zuteilung in Kalorien breit mache.[11]) Der Volksmund prägte den Slogan: *„Wir wollen keine Kalorien, wir wollen etwas zu essen"*.

Dadurch, daß die Bevölkerung weitgehend darauf angewiesen war, sich selbst Nahrungsmittel zu beschaffen, verwischten sich nach dem Krieg die Grenzen zur Kriminalität bei der Lebensmittelbeschaffung. Felddiebstähle, Plünderungen von Lebensmitteldepots, Lebensmittelkartendiebstähle und -fälschungen prägten auch in Schleswig-Holstein das Alltagsleben der Nachkriegszeit. Es ist eine erstaunliche Tatsache, daß es erheblich weniger Hungertote als während und nach dem Ersten Weltkrieg gegeben hat. In den mit der Nahrungsmittelvergabe beauftragten Behörden wurden turnusmäßige Wechsel und Kontrollen eingeführt, um wenigstens die Staatsbediensteten zur Einhaltung der Gesetze zu zwingen. Gegenüber der Bevölkerung war die Durchsetzung von Gesetzen, die die Aneignung von Lebensmitteln verhindern sollten, nicht möglich. Das Aufstellen von Verbotsschildern wurde von der Bevölkerung mit ihrer postwendenden Verarbeitung zu Brennmaterial beantwortet. Ein beliebter Wandspruch aus dem Jahre 1947 lautete:
Wer heute sein Leben liebt, der schiebt.
Wem Ehrlichkeit im Blute rauscht, der tauscht.
Wem beide Wege sind verbaut, der klaut.[12]

Die Gesundheitslage

Seit 1942 war eine Verschlechterung der Gesundheitslage zu verzeichnen, die vor allem auf die mangelnde Ernährung und die katastrophalen Wohnverhältnisse zurückzuführen war. Die mangelnde Ernährung hatte neben physischen auch psychische Folgen. So wurde in der *„Denkschrift der deutschen Ärzteschaft"* vom Juli 1947 darauf hingewiesen, daß man eine Abnahme der Gedächtnisleistungen und Konzentrationsfähigkeit, Depressionen und große Entschlußunfähigkeit beobachtet habe.[13]) Außerdem wurde ein starker Zuwachs an Rachitis, Diphtherie und spinaler Kinderlähmung registriert[14]); an die 1945er Typhusepidemie ist zu erinnern. Auch die Sterblichkeitsziffer erhöhte sich. So starben in Schleswig-Holstein 1946 monatlich 5.800 Menschen mehr als in „normalen" Lebensverhältnissen. Die Sterblichkeit erhöhte sich besonders bei Säuglingen und alten Menschen.

Tab. 1:
Säuglingssterblichkeit auf 100 Lebendgeborene in Schleswig-Holstein:

1938	1945	1946	1947	1948
5,0%	17,1%	9,8%	8,2%	6,1%

Quelle: Statistisches Handbuch, Kiel 1951, S. 46

Eine Analyse der Sterblichkeitsziffern nach Geschlecht brachte das Ergebnis, daß die Frauensterblichkeit konstant blieb, während sich die Männersterblichkeit erhöhte. (So z.B. in Kiel von 7,73 im Jahre 1939 auf 10,04 im Jahre 1948, Zahlen in Standardsterblichkeitsziffern). Die geschlechtsspezifisch unterschiedlichen Sterblichkeitsziffern wurden mit der Diskrepanz zwischen Nahrungsverwertung und Arbeitsleistung bei Männern erklärt.[15])

Große Sorge bereitete fernerhin die Ausbreitung der Geschlechtskrankheiten; es breitete sich nämlich infolge der mangelhaften Ernährungslage eine regelrechte Hungerprostitution aus.[16]) Darüber hinaus ist in diesem Zusammenhang auf die unzureichende ärztliche Versorgung hinzuweisen.

Nahrungsmangel, Verseuchung des Milchviehs und Wohnungsnot führten zu einem drastischen Anstieg der Tuberkulosefälle:

Tab. 2:
Tuberkulosefälle in
Schleswig-Holstein 1938 – 1950

Jahr	Neu-erkrankungen	davon Todesfälle
1938	1.599	828
1945	3.289	2.597
1946	6.357	2.746
1947	14.096	2.120
1948	20.674	1.856
1949	13.488	1.343

Quelle: Statistisches Handbuch, Kiel 1951, S. 483 ff.

Die typische Mangelkrankheit Tuberkulose wurde neben den Geschlechtskrankheiten als die gefährlichste Krankheit eingeschätzt, obwohl Krebs- und Herzleiden mit 25 % die häufigsten Todesursachen waren. In der medizinischen Forschung bestand allerdings keine Einigkeit in der Analyse der Ursachen der Tuberkuloseausbreitung. So wurde sogar die Ansicht vertreten, daß es gar keine echte Zunahme der TBC-Erkrankungen gegeben hat, sondern nur eine erhöhte Aufmerksamkeit und Sorge sowohl bei Eltern als auch bei den Ärzten. Hinzu kommt jedenfalls, daß der statistische Anstieg der Krankheitsfälle auch mit der seit dem Frühjahr 1946 eingeführten Meldepflicht zusammenhing, die eine genauere Erfassung der Erkrankten möglich machte.

Es kann zusammenfassend festgehalten werden, daß die Gesundheitslage der schleswig-holsteinischen Bevölkerung in der unmittelbaren Nachkriegszeit als äußerst kritisch eingestuft werden kann, zumal das Fehlen von Medikamenten und medizinischen Geräten die Bekämpfung der Krankheiten enorm erschwerte und die häusliche Krankenpflege – abermals herkömmliche Frauenpflicht – stark belastete.

Zusammenfassung

Die Ausführungen zur Ausgangslage Schleswig-Holsteins nach Beendigung des Zweiten Weltkrieges haben das Ausmaß der Herausforderungen deutlich gemacht, mit denen die schleswig-holsteinische Bevölkerung konfrontiert wurde. Erst das Aufzeigen der konkreten zeitgeschichtlichen Bedingungen und deren Einfluß auf das Alltagsleben ermöglichen einen ersten Zugang zur Beurteilung und Würdigung der Arbeit der Frauen. Wie unter anderem im folgenden zu zeigen sein wird, erfuhr die Hausarbeit durch das Erfordernis der Bewältigung dieser Mangelsituation eine weit über das Normalmaß hinausgehende Ausdehnung und Bedeutung für das

Als Notunterkünfte für Flüchtlinge wurden Nissenhütten gebaut, hier ein Lager in Kiel. Trotz großer Anstrengungen im sozialen Wohnungsbau und Umsiedlungsmaßnahmen lebten 1959 immer noch 3000 Kieler in Baracken. (Landesarchiv Schleswig: Nordmark-Film)

Überleben der Bevölkerung insgesamt. Wohnraumnot, Nahrungsmittelmangel sowie die besorgniserregende Gesundheitslage der schleswig-holsteinischen Bevölkerung waren die vorrangigen Probleme der Nachkriegszeit. Diese sozialen Fragen standen auch im Zentrum des öffentlichen Interesses, und die Landtagsabgeordneten – und hier wiederum in besonderem Maße die Politikerinnen – nahmen diese Probleme auf.

Die Bedeutung der Familie in der Nachkriegsgesellschaft.

Die Erschütterungen der gesellschaftlichen Strukturen in der Folge der Kriegs- und Nachkriegsereignisse führten gegen Ende der 40er und zu Beginn der 50er Jahre zur Entfaltung der Familiensoziologie. Der Befund Helmut Schelskys von 1955 ist allgemein anerkannt: „*Die familialen und verwandtschaftlichen Beziehungen hatten sich als die einzig noch halbwegs intakt gebliebenen, verläßlichen Stützen für den einzelnen erwiesen, so daß die Frage nach dem Bestand und der Zukunft der deutschen Familie von großer gesellschaftspolitischer Relevanz war*".[17]) Alle anderen Institutionen wie Regierungen, Verwaltungen und Betriebe waren entweder zerstört oder außer Kraft gesetzt. Flucht, Vertreibung und Evakuierung hatten die sozialen Bindungen wie z.B. Nachbarschaft oder Vereine oftmals aufgelöst. Vor diesem Hintergrund war es nur konsequent, die familialen Desorganisationserscheinungen wie z.B. die Nichtehelichen- und Scheidungsquoten einer sozialwissenschaftlichen Analyse zu unterziehen, auch weil sie als vermeintliche Gefährdungen ordnungspolitischer Zielsetzungen begriffen wurden.[18]

In diesem Sinne galt vor allem die nach Kriegsende drastisch gestiegene Scheidungsziffer als besorgniserregend. In besonderer Weise betroffen waren die Ehen, die kurz vor oder während des Krieges – oft eilends – geschlossen worden waren.

Der häufigste Scheidungsanlaß, der sich durch das damalige Scheidungsrecht („*Schuldprinzip*") trotz großer Unzuverlässigkeit von Schuldzuweisung bzw. -übernahme als Anhalt wählen läßt, waren die – als Folge der kriegsbedingten langen Trennungszeit – neu eingegangenen Bindungen. „*Scheidungsbegünstigend*" war vermutlich darüber hinaus die im Zuge der erfolgreichen Überlebensarbeit massenhaft erfahrene Selbständigkeit der Frauen, die die unter anderen Voraussetzungen in die Ehe gegangenen Männer nicht mit ihrem ohnehin wankenden Autoritätsanspruch in Einklang bringen konnten. In diesem Zusammenhang weisen Hagemann und Kolossa darauf hin, daß die aus dem Jahre 1896 stammenden normsetzenden Bestimmungen des BGB (Paragraph 1354), denen zufolge dem Mann die Entscheidung über „*alle das gemeinschaftliche Leben betreffenden Angelegenheiten*" zustand, der Realität der Nachkriegszeit in keiner Weise entsprachen.[19]

Parallel zu steigenden Scheidungsziffern ist ein Anstieg der Eheschließungszahlen zu verzeichnen, der unter anderem sicherlich darauf zurückzuführen ist, daß viele der während des Krieges aufgeschobenen oder neue Bindungen legalisierenden Eheschließungen nachgeholt wurden. Geschiedene und vor allem Verwitwete heirateten erneut; sie stellten etwa ein Fünftel der Eheschließenden dar.[20] In den Jahren 1947 bis 1950 ist nahezu ein „Heiratsboom" zu verzeichnen, der zur völligen Ausschöpfung des Heiratsmarktes führte. Die dezimierten Männerjahrgänge von 1922 bis 1926 hatten aufgrund des Frauenüberschusses statistisch äußerst gute Heiratschancen. Sie verehelichten sich zu fast 100%, während die Frauen dieser Jahrgänge nur Verheiratungsquoten von 90% erreichten.[21] Erstmals jedoch wurden aus rentenrechtlichen Gründen unterbliebene Verheiratungen („Onkelehen") im stärkeren Umfang toleriert; sie verstärkten die rechtliche Position der Mütter in den Familien als nunmehr alleinige „Erziehungsberechtigte".

„Unvollständige Familien"

Durch den Zweiten Weltkrieg sind ungezählte Familien voneinander getrennt worden. Dieser Prozeß setzte bereits 1939 mit der Einberufung der wehrfähigen Männer ein. Am Ende des Krieges hatten die meisten Familien bereits jahrelange Trennungen hinter sich, viele Männer waren gefallen, vermißt oder in Gefangenschaft geraten. So wurde ungefähr ein Viertel aller Kinder nach dem Zweiten Weltkrieg allein von der Mutter oder mit Hilfe anderer Verwandter aufgezogen.

Die psychischen Belastungen, denen die Frauen ausgesetzt waren, etwa der

Verlust des Mannes oder die quälende, oft lange Ungewißheit, ob der Vermißte oder Gefangene zurückkommen werde – noch 1950 wurden 90.000 Männer in Schleswig-Holstein vermißt[22]) – erschwerten ihren Alltag zusätzlich. Darüber hinaus war die wirtschaftliche Lage der Frauen in den „unvollständigen" Familien oftmals prekär. Zunächst entfielen unmittelbar nach der Kapitulation sogar die Versorgungszahlungen, so daß die Witwen auf die Fürsorge angewiesen waren oder sie sich das nötige Geld durch Erwerbsarbeit oder irgendwie sonst verdienen mußten. Dazu waren Geldersparnisse inflationär entwertet, Vermögensgegenstände zurückgelassen, im Luftkrieg vernichtet oder schwer verwertbar – wenn sie überhaupt vorhanden waren. Eine Wiederaufnahme der Zahlungen wurde dann 1946 von der britischen Besatzungsmacht veranlaßt. Anspruch auf Wehrmachtshinterbliebenen-Versorgung hatten nur Witwen, die über 60 Jahre alt oder zu zwei Dritteln erwerbsunfähig waren oder mindestens zwei Kinder unter 8 Jahren zu versorgen hatten.[23]) Unter diesen Bedingungen waren die Frauen, deren Mann vermißt war, darauf angewiesen, ihren Mann für tot erklären zu lassen, ein oft nicht leicht genommener Entschluß, um überhaupt in den Genuß einer Versorgung zu kommen. Gleichzeitig wurden alle Steuererleichterungen und Kinderfreibeträge für Witwen aufgehoben. Die Frauen von gefallenen Soldaten fielen also oft aus den Bedingungen der Versorgung heraus, und so ergab sich für sie eine schwerwiegende Verschlechterung der wirtschaftlichen Situation. Erst die allmählich verbesserte Konjunktur erlaubte es, die Kriegsopferversorgung einzuführen.

Der Familienlastenausgleich aus dem Jahre 1954 und die Rentenreform 1957 waren weitere Schritte zur Verbesserung der wirtschaftlichen Situation dieser „unvollständigen" Familien.

Nicht verschwiegen werden soll, daß auch Frauen im Krieg getötet worden sind: Noch 1950 wurden in Schleswig-Hostein über 15.000 Frauen vermißt.[24]) Das heißt, es gab – wenn auch anteilmäßig in sehr viel geringerem Maße – auch Männer, die in „unvollständigen" Familien den Nachkriegsalltag zu bestreiten hatten. Auch von den Flüchtlingsfamilien waren in der Folge schwierigster Evakuierungs- und Fluchtwege überdurchschnittlich viele „unvollständig". Besonders hoch war der Anteil der unvollständigen Familien in den Großstädten.

Ehescheidungen

In der unmittelbaren Nachkriegszeit stieg die Zahl der Ehescheidungen drastisch an. Ließen sich in der preußischen Provinz Schleswig-Holstein 1939 noch 1400 Paare scheiden, so waren es 1946 etwa 5000 Paare und dann bis 1950 ca. 6000 Paare pro Jahr, die die Scheidung vollzogen.

Schleswig-Holstein hatte insgesamt auch eine höhere Scheidungsziffer als zum Beispiel Bremen. Es war das einzige Bundesland, in dem 1950 noch die Scheidungsziffer stieg, während sie in allen anderen Ländern fiel. (Allerdings lag die Scheidungsziffer in Schleswig-Holstein bereits vor dem Zweiten Weltkrieg über der des Reiches.) Hier ist aber immer daran zu denken, daß die Hälfte der Einwohner unter krassen Bedingungen zugewandert war. Ist im allgemeinen festzustellen, daß die Scheidungshäufigkeit in Großstädten besonders hoch war, so gilt dies für Schleswig-Holstein nicht. Die Verteilung in den kreisfreien Städten und in den Landkreisen war hier relativ gleichmäßig.

Tab. 3:
Ehescheidungen pro Zehntausend der Bevölkerung im Bundesgebiet und in Schleswig-Holstein

Bereich / Jahr	1939	1946	1947	1948	1949	1950	1951	1952
Bund / Dt. Reich	7,4	11,2	16,8	18,8	16,9	15,7	...	...
Schleswig-Holstein	8,9	18,6	23,0	22,9	21,2	22,7	16,2	13,7

Quelle: Wirschaft und Statistik 1957, S. 391 und Statistisches Handbuch, Kiel 1951, S. 531

Aus dem drastischen Anstieg der Ehescheidungen ist gefolgert worden, daß viele Ehen durch die jahrelangen Trennungen zerrüttet gewesen seien, daß die Männer bei ihrer Rückkehr Schwierigkeiten mit den neuen Rollenverteilungen oder auch ihrer eigenen Position als Verlierer (Soldaten und Parteifunktionäre) gehabt hätten, daß aufgrund des gestiegenen Selbstbewußtseins der Frauen ein Infragestellen und eine Krise der Institution Ehe stattgefunden habe und daß die Ehe aufgrund veränderter Lebensziele und Vorstellungen einen Bedeutungswandel erfahren habe. Keine dieser Hypothesen ist mit den Frauenbelastungen jener Jahre unvereinbar. Generell kann festgehalten werden, daß der Anstieg der Scheidungszahlen keine zureichende Auskunft über die Motive von Männern und Frauen gibt, ihre Ehen auflösen zu lassen. Sicher erfassen alle Erklärungen einen Teil der Wirklichkeit, ohne jedoch zufriedenzustellen. Nähere Auskunft über die Motive zur Ehescheidung gäbe eine Aktenanalyse der vor Gericht verhandelten Scheidungsgründe, obwohl auch hier festgehalten werden muß, daß aus juristischen Gründen nur bestimmte Trennungsmotive vor Gericht offen verhandelt wurden.

Die Hauptbegründung der Ehescheidungen, die ja *immer* eine Begründung brauchten (*„Schuldprinzip"*, kein *„Zerrüttungsprinzip"* des Scheidungsrechts), war 1948 die Kategorie *„andere Eheverfehlung"*: *„ein sittenloses und ehrloses Verhalten des oder der Ehepartner, wodurch die Ehe so zerrüttet ist, daß ein Wiederaufbau unmöglich ist"*. In Schleswig-Holstein machte sie ca. 75% aller Fälle aus. 10% aller Ehescheidungen wurden mit dem *„Ehebruch"* begründet, 6,3% mit dem *„Ehebruch"* in Verbindung mit anderen Eheverfehlungen und 6,5% mit der *„Auflösung der ehelichen Gemeinschaft"*. Der verschwindend geringe Rest der Ehen wurde aufgrund der rechtlichen Scheidungsgründe *„anstek-*

kende Krankheiten" oder „*geistige Störungen*" eines Ehepartners geschieden. Um das Bild der Ehescheidungen in der Nachkriegszeit weiter zu verdeutlichen, folgt eine Aufstellung der Antragsteller der Ehescheidung und der geschlechtsspezifischen Anteile der Schuldiggesprochenen.

Tab. 4:
Ehescheidungen in Schleswig-Holstein nach Antragstellern und Schuldsprüchen

	Antragsteller		Schuldig gesprochen 1948		
	vor 1945 und nach 1950	1945 bis 1950	wegen anderer Eheverfehlungen	Ehebruch	Gesamt
Frauen	65%	über 50%	35%	65%	40%
Männer	35%	unter 50%	65%	35%	60%

Quelle: Statistische Monatshefte 1949, S. 146

Auch bei diesen Zahlen muß zunächst hervorgehoben werden, daß die Ehescheidungsverfahren nach formellen Rechtsprinzipien durchgeführt wurden. Sie geben deshalb ohne Kontextanalyse <u>keine</u> Auskunft über die wirklichen Trennungsmotive und -initiativen von Frauen und Männern. Trotzdem erlauben sie die Vermutung, daß Männer die stärkeren Schwierigkeiten hatten, sich den veränderten Nachkriegsbedingungen ihrer Ehe anzupassen, und daß sie ihre Frauen nicht selten mehr als erwartet belasteten und weniger erleichterten. Gleichzeitig ist zu berücksichtigen, daß Frauen in der Ungewißheit der Kriegs- und Nachkriegszeit sich einen anderen Partner gesucht haben, zumal die Zahl der Schnell- und Not- (Fern-) Trauungen im Kriege hoch war. Belegen ließe sich allerdings aus diesen Zahlen die These eines gestiegenen Selbstbewußtseins der Frauen noch nicht. Auch können aus diesem Datenmaterial keine Rückschlüsse auf eine Krise der Institution Ehe gezogen werden.

Daß es sich beim drastischen Anstieg der Ehescheidungszahlen nicht ausschließlich um ein Kriegs-und Notzeitenphänomen handelt, zeigt übrigens ein Blick auf andere europäische Nationen.

Deutlich wird, daß die damals steigenden Scheidungszahlen durchaus ein europäisches Phänomen waren, von dem auch Länder wie z.B. Schweden betroffen waren, das nicht militärisch engagiert war. So verdoppelte sich die Ehescheidungsziffer in Dänemark und im neutralen Schweden von 1939 bis 1946. In diesem Zusammenhang ist auf die sich bereits in den 40er Jahren in Schweden vollziehende Modernisierung des Haushaltes hinzuweisen, die die außerhäusliche Erwerbsarbeit der Frauen begünstigt hat.

Tab. 5:
Ehescheidungen pro Zehntausend der Bevölkerung in Dänemark und Schweden

	1939	1946
Dänemark	9,6	18,3
Schweden	5,2	10,3

Quelle: Statistische Monatshefte 1949, S. 145

Die Eheschließungen und der Wandel der Partnerbeziehungen

Neben einer erhöhten Zahl von Ehescheidungen in der Nachkriegszeit ist gleichzeitig ein *Anstieg* der Eheschließungszahlen gegenüber der Vorkriegszeit zu beobachten, in Schleswig-Holstein von 1946 bis 1948 dann von 21.604 auf 27.734 an.[25] Aus diesem Befund läßt sich eine weitere, ja entsprechend den familiensoziologischen Befunden sogar eine verstärkte Orientierung an der Institution Ehe folgern, fast hin bis zur Räumung des Heiratsmarktes. Erst ab 1949 fiel die Zahl der Eheschließungen dann langsam und kontinuierlich bis zur Mitte der 50er Jahre auf ca. 17.000, um dann bis 1960 wieder auf über 20.000 zu steigen.

Es ist zunächst demographisch zu beobachten, daß der Rückgang der Eheschließungen nach 1948 eher die Lage auf dem Heiratsmarkt (kriegsbedingter Männermangel vor allem der Jahrgänge 1922 bis 1926) widerspiegelt und deswegen auch wenig Rückschlüsse in Hinsicht auf ein Hinterfragen von Ehe und Familie zuläßt. Die Motive zur Eheschließung arbeitet Rosemarie Nave-Herz in ihrer Analyse des Wandels der deutschen Nachkriegsfamilie anders heraus: *„[...] ein Bedeutungswandel von Ehe ist insofern ablesbar, als die Ehepaare, die 1950 geheiratet haben, ihre Wünsche und Hoffnungen bei Ehestart häufig gekoppelt mit materiellen Zielen beschreiben. Überhaupt definieren sie den Anfang und das Ziel ihrer Ehe im starken Maße als Solidaritätsverband. [...] [Diese] Wünsche bei Ehegründung [sind] Reaktionsformen auf abgelaufene gesamtgesellschaftliche Prozesse, wie Krieg, Vertreibung etc."* [26])

Ein Bedeutungswandel der Ehe bei gleichzeitiger Bewährung wird bereits von Helmut Schelsky Anfang der 50er Jahre festgestellt. Er spricht von einer *„starken Versachlichung der personalen Beziehungen"* und stellt fest, daß *„der soziale Wiederaufstieg zum Hauptziel der Familie"* wurde. Die Versachlichung der Ehe in der Nachkriegszeit zeigt einen Wandel insofern an, als daß bis zu diesem Zeitpunkt eher eine sehr weitgehende Unterordnung weiblicher Vorstellungen unter die von Männern gesetzten Ziele die gesellschaftliche Norm darstellte. In Umfragen wurde die Gleichrangigkeit der Ehepartner als wichtige Ehegrundlage angegeben.

Einschränkend müssen allerdings die Brüche erwähnt werden, in denen sich diese Bewegung vollzog. So standen Frauen vor dem Problem, daß sie zwar neue berufliche und wirtschaftliche Ziele in der Ehe geltend machen und formulieren konnten, aber noch nicht über ein diesen Zielen adäquates Muster in den Partnerbeziehungen verfügten. Die überkommenen Vorstellungen vom Frausein in der Familie fanden ihre Grenzen immer wieder an der gesell-

Die ersten Heimkehrer aus der sowjetischen Kriegsgefangenschaft im September 1953 in Flensburg.
(Stadtarchiv Flensburg)

schaftlichen Wirklichkeit. In dieser Wirklichkeit lernten Frauen z.B. das Arbeitsleben als andere soziale Erfahrung kennen, d.h. die endliche, abgegrenzte Arbeitszeit in der Produktion konnte als Differenz gegenüber der Erfahrung nie endender Tätigkeit im Haushalt wahrgenommen werden. Am Horizont bildet sich als Muster eine vorher so nicht bekannte Rhythmik von Arbeit und Freizeit heraus, das in Konkurrenz zu dem Muster ständiger Dienstbarkeit im Hause tritt. Darüber hinaus verfügten viele Frauen nun über ein eigenes Einkommen, dessen Verwendung sie selbst bestimmen konnten. Damit eröffneten sich ihnen Wahlmöglichkeiten, die mit dem veralteten Muster der geschlechtlichen Unterordnung eben nicht zu verarbeiten waren. Gravierend wirkte des weiteren, daß, wie weiter unten detailliert gezeigt wird, gerade die Bewährung der Frauen in der angespannten Nachkriegssituation im Haushaltsbereich alte Muster des weiblichen Lebenszusammenhanges und die traditionelle Rolle der Frau in der Familie paradox bestärkt und so die Herausbildung neuer, sozial adäquater Frauenbilder zeitlich verzögert hat.

Auch das „*männliche Selbstbewußtsein*" erfuhr in der Nachkriegszeit einen bedeutsamen Wandel. Die alte Norm, nach der der männliche Wille in der Ehe absolute Gültigkeit hatte, wurde nachhaltig dadurch erschüttert, daß die Männer als Verlierer aus dem Krieg in eine von Frauen organisierte Gesellschaft zurückkehrten. Sie wurden so, im Sozialprestige geschwächt, mit einer Situation konfrontiert, in der Frauen, wenn auch erzwungenermaßen, allein zurechtkamen. Ein nahtloses Anknüpfen an Muster alter Partnerschaftsbeziehungen war kaum noch möglich. Hinzu kam, daß viele zurückkehrende Soldaten Verwahrlosungserscheinungen zeigten. Sie kamen oft verlaust, entsetzlich abgemagert, in Furcht vor der Abrechnung der Sieger, ausgebrannt und demoralisiert aus einem Krieg, in dem sie sechs Jahre nichts anderes als Zerstörung praktiziert und gesehen hatten, oder aus dem Lager, in dem es – nach biographischen Erinnerungen stärker als im Ersten Weltkrieg – an Solidarität („Kameradschaft") gemangelt hatte und die Einzelnen oft starke Einbußen an Selbstachtung hatten hinnehmen müssen. Die Umstellungsschwierigkeiten der Männer zu einem Leben in der zivilen, auf Aufbau orientierten Gesellschaft hat Wolfgang Borchert als Zeitzeuge beschrieben.

Neben dem Bedeutungswandel der Ehe bildeten sich in der unmittelbaren Nachkriegszeit auch neue Formen des Zusammenlebens und der Partnerbeziehungen heraus. Meyer und Schulze haben darauf hingewiesen, daß diese Formen so vielfältig waren, daß kaum von einer einheitlichen sozialen Lage „der Frauen" gesprochen werden kann. Zunächst allerdings waren die meisten Frauen bei Kriegsende „alleinstehend"; aus dieser Lage heraus organisierten sie ihre Familien- oder Wahlfamilienverbände, und so entstanden die vielfältigen Formen von „*Solidaritätsgemeinschaften*". In den Jahren zwischen 1945 und 1949 wurden diese Formen allgemein anerkannt, aber mit der Stabilisierung der Verhältnisse und dem Wiedererstarken der Institutionen setzte sich die Ehe wieder als verbindliche Lebensform durch. Meyer und Schulze stellen fest: „*Was vorher kollektives Schicksal bei der überwiegenden Mehrheit von Frauen war, wurde nun zum Anlaß der Ausgrenzung und später zunehmenden Diskriminierung derer, die alleine waren und blieben.*"[27]) Anläßlich einer Umfrage aus Allensbach im Jahre 1950 waren 78% der Befragten der Auffassung, daß Alleinstehende „*vom Glück ausgeschlossen*" seien.

1950 waren 37% aller Frauen zwischen 18 und 50 Jahren unverheiratet, während es 1939 nur 31% gewesen waren. Dies geschah, wie gesagt, unter dem Vorzeichen, daß die Ehe immer noch als die Normalform des Lebens gesehen wurde. Auch hier hatte die „Bewährung" der Ehe zu ihrer sozialen Aufwertung geführt, was automatisch andere Muster abwerten mußte. Bereits erwähnt wurden die sogenannte „Onkelehen", in denen nicht verheiratete Paare aus rentenrechtlichen Gründen eheähnlich zusammen lebten. Darüber hinaus ist das „Bratkartoffelverhältnis" sprichwörtlich geworden, in dem Frauen „*stellungslose*" Männer versorgten. Infolge des Frauenüberschusses lebten nun auch mehr Frauen in Einzel- oder Mehrpersonenhaushalten ohne Ehemann. 1950 lebten in Schleswig-Holstein 113.000 Frauen in Einzelhaushalten und 131.000 Frauen waren Haushaltsvorstände in Mehrfamilienhaushalten.

Tab. 6:
Frauen in Schleswig-Holstein nach dem Familienstand

Familienstand	1946	1950
Frauen über 16 Jahre insgesamt	1.048.006	1.030.259
ledig	253.605	227.719
verheiratet	608.191	592.493
verwitwet	166.645	182.298
geschieden	19.565	27.749

Quelle: Die Bevölkerungsstruktur in Schleswig-Holstein, Kiel 1953, S. 39

Insgesamt kann von einer vielleicht zunächst erzwungenen „*Variation der Lebensstile*" gesprochen werden. Die Ehe bleibt zwar zunächst normsetzend, aber ihre Bedeutung wandelt sich, und daneben bilden sich neue Formen sowohl der Partnerbeziehungen als auch des Wohnens heraus.

Die zentrale Orientierung auf den bewährten „*Solidarverband*" Ehe, so kann vermutet werden, war eine Reaktion, die sowohl mit der gesellschaftlichen Realität als auch mit den politischen Wirkungsabsichten von Frauen tendenziell kollidierte, weil sie zuviele neuartige soziale Erfahrungen aufgenommen hatte.

Abtreibungen

Die zunehmenden Abtreibungen könnten als Indikator für Notlagen von Frauen herangezogen werden. Im Bereich der legalen Schwangerschaftunterbrechungen ist nach dem Krieg eine rapide Zunahme zu beobachten. Kommen in den Jahren vor 1933 und nach 1951 3-6 Abtreibungen auf 10.000 Einwohner, so sind es in Lübeck 1950 z.B. 22 Abtreibungen auf 10.000 Einwohner.

Es ist durchgängig zu beobachten, daß die Zahl der legalen Abtreibungen in den Jahren 1946 bis 1951 nach oben schnellt und sich danach wieder normalisiert.[28]) Für die illegalen Abtreibungen gibt es kaum Zahlenmaterial, sondern nur die bekannt unzuverlässigen, an den legalen Abtreibungen orientierten Schätzwerte. Auffällig ist allerdings, daß die Zahl der Verurteilungen wegen Abtreibung in den Jahren 1948 bis 1951 extrem hoch war. In Schleswig-Holstein wurden 1948 536 Frauen wegen Vergehen gegen das Leben und den Körper verurteilt und davon 385 Frauen wegen Abtreibung. Diese Zahl stieg dann 1949 auf über 500 Frauen, die wegen Verstoßes gegen den Paragraphen 218 StGB verurteilt wurden.[29]) Die Zahl der Anträge zur legalen Abtreibung lag im Jahre 1950 in Schleswig-Holstein bei 3064, über 2000 Schwangerschaftsunterbrechungen wurden in diesem Jahr genehmigt. Auch dies ist mit der Vermutung eines gestärkten Solidarverbandes Ehe vereinbar, gerade wenn sie außereheliche Schwangerschaften betrifft.

Der soziologische Befund einer nach 1945 eher gestärkten Institution „*Ehe*" wird durch den Einbezug der z.T. dramatischen Zahlenänderungen in den Bereichen „*unvollständige*" Familien, „*Ehescheidungen*" und „*Eheschließungen*" nicht erschüttert. Gleichwohl wandelt sich der Bedeutungsgehalt der Ehe in der Nachkriegszeit und es setzt, wenn auch zögerlich und gegen die zentrale Orientierung auf die Ehe, eine „*Variation der Lebensstile*" ein.

Frauenarbeit in der unmittelbaren Nachkriegszeit

Die sehr schlechte, sektoriell ganz darniederliegende Konsumgüterversorgung (1945/46) hatte unmittelbare Auswirkungen auf den Haushaltsbereich. Folgende themenbezogene Fragen sollen im Rahmen der anschließenden Untersuchung gestellt werden:

– Welche Auswirkungen hatten die erbrachten Leistungen im Rahmen der Überlebensarbeit auf das Selbstbewußtsein der Frauen – auch in Schleswig-Holstein?
– Haben die Frauen die Erfolge ihrer Haushalts- und Erwerbsarbeit als gute Möglichkeit auffassen können, die gesellschaftliche Gleichstellung der Frau zu verbessern?
– Haben die Frauen ein Bewußtsein speziell für die Möglichkeit entwickelt, durch ihr Handeln in die politische Öffentlichkeit vorzustoßen?

Die private Überlebensarbeit der Frauen

Zunächst wird der Einfluß der wirtschaftlichen Entwicklung auf die privat zu leistende Überlebensarbeit dargestellt.

Das Nachhinken der Gebrauchsgüterindustrie hinter der Grundstoffindustrie in der unmittelbaren Nachkriegszeit wirkte sich einschneidend auf die Versorgung der Bevölkerung mit lebensnotwendigen Gütern und damit auf die privat zu leistende Hausarbeit aus.

Folgende Beispiele verdeutlichen die dramatischen Auswirkungen des Primats der Grundstoffindustrie auf die Privathaushalte: Im Jahre 1946 erreichten die Produktionsziffern im britisch-amerikanischen Besatzungsgebiet im Vergleich zum Jahre 1939 in den Bereichen Elektrizitäts- und Gasversorgung 85%, Bergbau (ohne Kohle) 78%, Kohle 51%.

Die an die privaten Haushalte ausgegebenen Kohlezuteilungen waren jedoch derart knapp bemessen, daß vor allem im strengen Winter 1946/47 die Bevölkerung nicht nur fror, sondern immer wieder sogar Todesfälle durch Erfrieren vorkamen. Auch die an die privaten Haushalte abgegebenen Gas- und Strommengen waren – auch infolge des defekten Leitungssystems – völlig unzureichend.[30] Die langen Stromsparzeiten beeinflußten die Hausarbeit sehr stark und verlegten das Kochen in ungünstige Nachtstunden. Vorrangig blieb das Problem, die durch die Kriegszerstörungen in der Landwirtschaft sowie durch Zerstörung der Transportwege entstandenen Ernährungsengpässe zu bewältigen.

Zwar hatten die Alliierten ein Bezugsscheinsystem eingerichtet, teils übernommen, das die Verteilung der knappen Ressourcen – also von Kleidung, Möbeln, Hausrat, Brennstoff und Lebensmitteln – anhand von Bezugsscheinen und Karten regeln sollte, doch wurde schnell deutlich, daß die erhältlichen Waren nicht einmal ausreichten, um den notwendigsten Bedarf zu decken. *„Trägerinnen des zermürbenden Überlebenskampfes gegen den Hunger und die Entbehrungen aller Art waren die Frauen. Zum einen waren sie aufgrund ihrer hauswirtschaftlichen Kenntnisse, die im Rahmen der Autarkiebestrebungen der Nazis bereits systematisch er-*

Kohlenklau, hier in Kiel, war vor allem im Hungerwinter 1946/47 notwendig fürs Überleben.
(Stadtarchiv Kiel)

weitert und für Kriegszwecke funktionalisiert worden waren, prädestiniert für diese Art von Arbeit, zum anderen gab es bei Kriegsende in Deutschland 7,3 Millionen mehr Frauen als Männer."³¹)
Der Bevölkerung blieb kein anderer Ausweg, als die Waren aus der Verbrauchsgüterindustrie über jenseits des offiziellen Marktes liegende Quellen zu beziehen. Schwarzmarkt (Tauschgeschäfte) und Schattenwirtschaft sowie Hamsterfahrten wurden zu anstrengenden Aufgaben und Fertigkeiten, die zu einer – wenn auch temporären -Nivellierung der durch Lohneinkommen definierten sozialen Schichtung führten. Die Rolle der inflationierenden Reichsmark wurde durch Lebensmittelmarken, Sachwerte (die Zigaretten und Zündsteine) und Naturalien weitgehend ersetzt, was zur Folge hatte, daß legale Einkommensarten weniger einbrachten und Reproduktionsarbeit in diesen Jahren eine weit über das Normalmaß hinausgehende Ausdehnung erfuhr. Diese – immer vorwiegend von Frauen zu leistende – private Überlebensarbeit zeichnet sich durch eine hochgradige Intensivierung der familienbezogenen Aktivität aus: *"Schlangestehen, Hamstern, Tauschhandel, Obst- und Gemüseanbau auf dem Balkon, im Schrebergarten, in*

eigens dafür angelegten Parks und Grünanlagen, Kleintierhaltung, Sammeln von wildwachsenden Kräutern, Pflanzen und Beeren, Ähren und Kartoffelstoppeln, Wiederentdecken von Konservierungs- und Zubereitungsmethoden, Verrichten von Land- und Hausarbeit gegen Naturallohn".[32]) Weiteste Wege wurden Lasten im Leiterwagen, auf dem Fahrrad oder dem Rücken transportiert.

Zusätzlich zu diesen zeit- und kräftezehrenden Tätigkeiten im Haushaltsbereich mußten Frauen anstrengende Produktionsarbeit für den wirtschaftlichen Wiederaufbau leisten, denn die Mangelsituation der unmittelbaren Nachkriegszeit beschränkte sich keineswegs auf Nahrungsmittel, Wohnraum und Gebrauchsgüter. Vor allem im reparierenden, improvisierenden Wohnungsbau, im Schneidern, Beschuhen oder Backen gingen herkömmliche gewerbliche oder handwerkliche Produktionsaufgaben auf die Haushalte über.

Der Mangel an männlichen Arbeitskräften nötigte den Frauen auch *„traditionell männliche"* Schwerarbeiten auf.

Die Frauenerwerbsarbeit in den ersten Nachkriegsjahren

Es ist zu sehen, daß Frauen in der unmittelbaren Nachkriegszeit weitgehend zu einer *„industriellen Reservearmee"* wurden, denn in der Zeit des Mangels an männlichen Arbeitskräften wurden sie verstärkt in den Produktionsprozeß integriert.

Millionen Soldaten waren im Krieg gefallen oder in Gefangenschaft geraten. Dies bedeutete für die Frauen, daß sie zusätzlich zur Reproduktion die Tätigkeiten verrichten mußten, die traditionell Männern vorbehalten waren.[33]) Zwar wurden Frauen auch schon während des Zweiten Weltkrieges an männlichen Arbeitsplätzen in Industrie, Verwaltung und Diensten benötigt, dem nationalsozialistischen Frauenleitbild durchaus entgegen. Doch die noch in Kriegszeiten gegebene Möglichkeit, eingezogene Männer durch Zwangsarbeiter und Kriegsgefangene zu ersetzen, existierte nach der Kapitulation nicht mehr. Folglich entschlossen sich die Alliierten dazu, die weibliche Bevölkerung verstärkt in den Arbeitsprozeß zu integrieren. Aufgrund der Bereitschaft der Bevölkerung, sich an den notwendigen Aufräumungs- und Instandsetzungsarbeiten zu beteiligen, begannen die Behörden bereits im Sommer 1945, die arbeitsfähige Bevölkerung zur Pflichtarbeit heranzuziehen: Männer zwischen 14 und 65 Jahren und Frauen zwischen 16 und 45 Jahren wurden angewiesen, sich bei den zuständigen Arbeitsämtern zu melden. Frauen wurden auch in traditionell männlich dominierte Wirtschaftsbereiche integriert, für viele entfiel die Möglichkeit, in typische Frauenberufe (z.B. Dienstleistungsgewerbe oder Textilbranche) auszuweichen. Frauen arbeiteten fortan als LKW-Fahrerinnen, als Koksfahrerinnen in Hochofenbetrieben, als Straßenbahnschaffnerinnen und auf dem Bau. Damit sie in der Bauwirtschaft überhaupt eingesetzt werden konnten, wurden die Arbeitsschutzbestimmungen für Frauen von den Alliierten mit dem Kontrollratsgesetz Nr. 32 vom 10.Juli 1946 zeitweise aufgehoben. Mit Hilfe dieser Maßnahme konnten Frauen beim Schutträumen

Die Trümmerbeseitigung durch Frauen blieb im Gedächtnis, nicht aber die vielen anderen Tätigkeiten, in denen sie an die Stelle von Männern traten (Kiel 1945).

(Landesarchiv Schleswig: Nordmark-Film)

(„*Trümmerfrauen*"), zu Bauarbeiten, zur Wiederaufarbeitung und zur Produktion von Baumaterial herangezogen werden,[34]) um nur einige zeittypische Beispiele zu nennen. Kennzeichnend vor allem für die Beschäftigungsverhältnisse im Bau- und Baunebengewerbe war, daß sie eine relativ kurze Anlernzeit vorsahen und von den zuständigen Stellen besonders gefördert wurden. Die Diskriminierung der in der Nachkriegsproduktion tätigen Frauen wird anhand folgender Fakten transparent:

– Die Behörden ließen von Anfang an keinen Zweifel daran aufkommen, daß es sich bei der Frauenarbeit im Baugewerbe lediglich um eine Beschäftigung auf Widerruf handeln könne;

– aus diesem Grunde wurden Frauen nur als Hilfsarbeiterinnen mit entsprechend niedrigen Löhnen eingestuft;

– die Frauen hatten kein Recht darauf, sich zur Facharbeiterin ausbilden zu lassen.[35])

Da die Mehrzahl der Frauen parallel zu ihrer Berufstätigkeit den Haushalt zu versorgen hatte, wurde ihnen z.T. zu ihrer Entlastung ein monatlicher „*Hausarbeitstag*" gewährt, der jedoch sowohl von den Arbeitgebern („*Der Haushalts-*

tag ist zu teuer") als auch von den Gewerkschaften (*„Die Bestimmungen des Gesetzes sind zu unklar"*) aufs schärfste kritisiert wurde. Viele Frauen verzichteten von sich aus darauf, den Haushaltstag in Anspruch zu nehmen, weil sie Entlassungen befürchteten. Kennzeichnend für diese Phase der Frauenerwerbsarbeit ist, daß solche familienpolitischen Maßnahmen wie z.B. die Einführung des Haushaltstages außerhalb des öffentlichen Dienstes keine wesentliche Rolle spielten. Der Primat der Ökonomie läßt sich anhand der Auslegung diverser Arbeitsschutzbestimmungen für Frauen nachweisen. Mit dem Argument der Schutzbedürftigkeit der Frauen wurde ihnen zwar der Zugang zu den lukrativen, qualifizierten Männerberufen versperrt, doch wurde die Einhaltung diverser Schutzbestimmungen den Notwendigkeiten der Ankurbelung der industriellen Produktion angepaßt: Kaum eine der mit dem Arbeitsschutz beauftragten Behörden interessierte sich für die gesundheitsschädigenden Wirkungen der *„männlichen"* Tätigkeiten, die von Frauen verrichtet wurden. Dieser Zusammenhang wird von Schubert als lediglich scheinbarer Widerspruch analysiert: *„Die Ausbeutung der reproduktiven Arbeitskraft der Frau macht es erforderlich, ihrer Ausbeutung im Produktionsbereich Grenzen zu setzen durch Mutterschutz und Frauenarbeitsschutz. Gleichzeitig wurden genau diese Schutzmaßnahmen dazu benutzt, die Frau als Lohnarbeitskraft zu diskriminieren. Sie erfüllen so eine doppelte Funktion: Zum einen sichern sie die reproduktiven Leistungen auch der erwerbstätigen Frauen. Zum anderen gewährleisten sie das Fortbestehen des geschlechtsspezifischen Arbeitsmarktes, indem sie gegen die Frauen als Lohnarbeitskraft gewendet werden."* [36])

Das Ausmaß der Frauenerwerbsarbeit drückt sich in folgenden Quoten aus: Der Anteil der Frauen am Berufsleben erreichte im Jahr 1946 mit 36,6% (bezogen auf das vereinigte Wirtschaftsgebiet von amerikanischer und britischer Zone) seinen Nachkriegshöchststand (1939 gleich 35%) und sank dann allmählich von 35,7% (1947) auf 34,1% (1948) ab.

Deutlich wurde, daß – solange der Mangel an männlichen Arbeitskräften den Nachkriegsalltag bestimmte – auf die Erwerbstätigkeit von Frauen nicht verzichtet werden konnte.

Die Situation für Frauenerwerbsarbeit sollte sich ändern, als die Männer aus der Gefangenschaft zurückkehrten. Bereits gegen Ende der 40er Jahre wurde Frauenerwerbsarbeit aus arbeitsmarktpolitischer Sicht zum Problem, da durch sie männliche Arbeitsplätze blockiert wurden. Treffend bilanzieren Hagemann und Kolossa die Bedeutung weiblicher Erwerbsarbeit in der Nachkriegszeit: *„Der Männermangel"* führt nicht zu einer grundsätzlichen Öffnung der traditionell *„männlichen"* Segmente des Arbeitsmarktes für Frauen, sondern ließ diese zu *„Lückenbüßern"* werden, die sich als *„Manövriermasse"* beliebig auf dem Arbeitsmarkt verschieben ließen.[37])

Die Folgen der Währungsreform für die Erwerbstätigkeit der Frau

Erst in den Jahren der durch die Währungsreform angekurbelten Konjunktur wurden nach der Rückkehr der Männer Arbeitsplätze zu einer knappen sozialen

Ressource, so daß Frauen dann zum Teil aus dem Bereich der Erwerbstätigkeit wieder hinausgedrückt wurden. Daß Arbeitslosigkeit keineswegs ein geschlechtsunspezifisches Phänomen ist, läßt sich anhand der Entwicklung der Frauenerwerbsarbeit gegen Ende der 40er Jahre nachweisen.[38])

Die im Zuge der Währungsreform, die alle Arbeitseinkommen 1:1 aufwertete, reaktiv entstandene Arbeitslosigkeit läßt Frauen durch die die ökonomische Krise flankierenden arbeitsmarktpolitischen Entscheidungen zu Strukturwandel-Verlierern eigener Art werden. So stieg die Arbeitslosigkeit im Währungsgebiet innerhalb von 15 Monaten von 3,2% auf 12,2% im Frühjahr 1950. Das entsprach ca. 2 Millionen Arbeitslosen. Alsbald sahen Behörden und Gewerkschaften sich dazu veranlaßt, Maßnahmen zu ergreifen, deren vorrangige Adressaten Frauen in Männerberufen, Frauen ohne Berufsausbildung sowie (ehepaarbezogene) Doppelverdiener waren. Die Kampagnen gegen Doppelverdiener(innen), die bereits in den Jahren nach dem Ersten Weltkrieg sowie im Nationalsozialismus erfolgreich die Erwerbstätigkeit von Frauen eingeschränkt hatten, wurden erneut eingesetzt. Verheiratete Arbeitnehmerinnen, deren Männer erwerbstätig waren, wurden mit der Begründung entlassen, sie nähmen erwerbslosen Familienvätern die Arbeitsplätze weg und trügen damit dazu bei, die Existenzsicherung dieser Familien zu gefährden.[39]) Auch wurden die Arbeitsämter angewiesen, Männerarbeitsplätze nur noch Männern zur Verfügung zu stellen. Desweiteren wurde jetzt besonderer Wert auf die Einhaltung der Arbeitsschutzbestimmungen für Frauen gelegt. Der durch arbeitsmarktpolitische Entscheidungen und Maßnahmen eingeleitete Verdrängungsprozeß bewirkte einen überproportionalen Anstieg der Frauenarbeitslosigkeit. So betrug die Arbeitslosenquote von Frauen 1950 5,1%, die der Männer nur 2,6%.[40]) Insgesamt verzwölffachte sich die Zahl der weiblichen Erwerbslosen von Juni 1948 bis März 1950, während die Zahl der männlichen Erwerbslosen „lediglich" um das Fünffache zunahm.[41]) Dabei traf die Entlassung von Frauen aus traditionell männlichen Berufen in erster Linie Frauen ohne Berufsausbildung, die nicht problemlos in andere Berufe vermittelt werden konnten.

Besonderheiten der Frauenerwerbsarbeit in Schleswig-Holstein

Die Wirtschaft Schleswig-Holsteins stand traditionell auf zwei Säulen: Die erste Säule bildete die Landwirtschaft mit der zugehörigen Infrastruktur, wie dem Landhandel und Reparaturbetrieben. Die zweite Säule bildete die Werftindustrie mit ihren Zulieferfirmen. Dieser Zweig war durch einen starken Anteil an rüstungsindustrieller Fertigung gekennzeichnet und zu über 50% von öffentlichen Aufträgen abhängig.

Daneben existierte eine Reihe von weiteren Wirtschaftsbetrieben, deren Bedeutung – mit Ausnahme der nach 1933 stark expandierenden Rüstungsindustrie – für die schleswig-holsteinische Wirtschaft allerdings eher gering war.

Diese Grundstruktur veränderte sich nach dem Krieg, als die Rüstungsproduktion ganz eingestellt (so zum Beispiel der Kriegsschiff- und Flugzeugbau) oder auf Friedensproduktion umgestellt wurde (so Teile der Werftindustrie). An die Stelle der Werftindustrie traten nach dem Krieg andere industrielle Fertigungen – vor allem Nahrungsmittelverarbeitung, Maschinenbau, Textil- und Bekleidungsindustrie, so daß 1949 mit geringen Abweichungen die Verhältnisse zwischen Landwirtschaft, Industrie, Handwerk und den anderen Wirtschaftssektoren denen des Jahres 1936 in Schleswig-Holstein entsprachen. Im Zeitraum zwischen 1939 und 1946 und auch noch bis zur Währungsreform nahm die Zahl der Beschäftigten in der Landwirtschaft aber noch zu.[42]) Insgesamt arbeiteten 1946 fast 56.000 Menschen mehr in der Landwirtschaft als 1939. Dies erklärt sich zum einen aus der nationalsozialistischen Politik der autarken Nahrungssicherung, die dem Begehren der Bauern nach mehr Arbeitskräften bereitwillig nachkam und die Lücken, die die Einziehung der wehrfähigen Männer riß, durch Fremdarbeiter nicht nur auffüllte, sondern darüber hinaus mehr Arbeiter in die Landwirtschaft abstellte. Zum anderen waren nach dem Ende des Krieges Arbeitsplätze auf dem Lande begehrt, weil sie einen direkten Zugriff auf Lebensmittel ermöglichten. Der absoluten Zunahme der Arbeiterzahlen in der Landwirtschaft stand allerdings eine Abnahme der weiblichen Beschäftigten gegenüber.

Tab. 7:
Entwicklung der Anzahl der Erwerbspersonen in der Landwirtschaft Schleswig-Holsteins 1939 bis 1946

	1939	1946	Zu- / Abnahme
Frauen	104.123	95.239	– 8.884
Männer	117.122	181.856	+ 64.734
Insgesamt	221.245	277.095	+ 55.850

Quelle: Statistisches Handbuch, Kiel 1951, S. 332

Die erstaunliche Diskrepanz zwischen der Zunahme der Erwerbspersonen in der Landwirtschaft und der Abnahme der arbeitenden Frauen in diesem Bereich zeigt, daß Frauen die Landwirtschaft verließen oder schärfer: aus der landwirtschaftlichen Produktion herausgedrängt wurden. Den Flüchtling nahm der Bauer als billigen Knecht, die Frau hatte den arbeitsintensiven Familienhaushalt am Bein. Eine nachhaltige Bodenreform zugunsten geflüchteter Bauernfamilien erfolgte – trotz gerade in Schleswig-Holstein nennenswerter Ansätze – nicht. Die Abnahme der weiblichen Beschäftigten in der Landwirtschaft ist umso auffälliger, als im betrachteten Zeitraum eine absolute Zunahme der Beschäftigungszahl von Frauen zu beobachten ist.

Betrachten wir nun diejenigen Tätigkeitsbereiche, die den stärksten Zu-

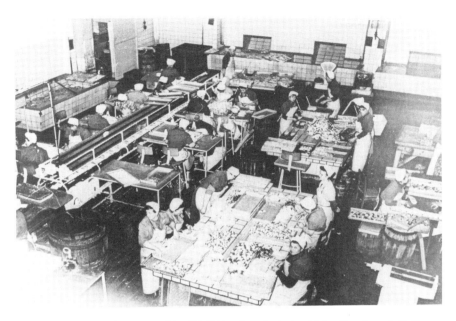

Die Lebensmittelverarbeitung war traditionell in Schleswig-Holstein ein wichtiger Erwerbszweig für Frauen. In der Fischindustrie, hier der Kieler Seefischmarkt 1960, stellten die Frauen in den 50er Jahren ca. 75 % der Arbeitskräfte. (Stadtarchiv Kiel)

wachs an Frauen zwischen 1939 und 1946 hatten. Da ist zunächst die Industrie und das Handwerk zu nennen. Dort arbeiteten 1946 über 25.000 Frauen mehr als 1936. Der größte Anteil, nämlich fast 12.000 Frauen hiervon, arbeiten im Bekleidungsgewerbe. Auffällig hierbei ist Tatsache, daß 60 % der neu in der Bekleidungsindustrie tätigen Menschen Frauen waren. Desweiteren findet eine Zunahme der weiblichen Erwerbstätigkeit in der Nahrungsmittelverarbeitung statt.

Ein starker Zuwachs arbeitender Frauen ist darüber hinaus im öffentlichen Dienst zu beobachten. Dort arbeiten 1946 26.000 Frauen mehr als 1936 im Reich. Da sich die Zahl der im öffentlichen Dienst arbeitenden Männer im gleichen Zeitraum nur um 4.000 erhöhte, stieg die Frauenerwerbsquote im öffentlichen Dienst von knapp 20 % 1936 auf 33 % 1946. Besonders auffällig wird dies in der Verwaltung, in der 1946 12.000 Frauen mehr tätig waren als 1936, und gleichzeitig 7.000 Männer weniger beschäftigt wurden. Eine weitere starke Zunahme der Frauenerwerbsarbeit nach dem Zweiten Weltkrieg fand bei der Post und der Bahn statt (+ 3.000). Auch dort konnten Frauen sich offensichtlich etablieren, wie entsprechende Zahlen aus den 50er Jahren zeigen.[43]) In diesem Bereich zeigt sich, daß auch in Schleswig-Holstein Frauen in „*Männerberufen*" tätig waren (Schaffnerinnen). Frauen arbeiteten 1946 verstärkt auch im Baugewerbe (2100, 1939: 1300), in der holzverarbeitenden Industrie (1500, 1939: 800) und im Bereich Bergbau/Torfstecherei (513, 1939: 26). Insgesamt stieg die Zahl der weiblichen Erwerbspersonen von 1939 bis 1946 von 250.426 auf 313.000. Dabei blieb das absolute Verhältnis von weiblichen zu männlichen Erwerbspersonen mit 1:2 erhalten. Die kriegsbedingte Zuwanderung war – wie bereits erwähnt – in Schleswig-Holstein gegenüber den anderen Ländern besonders hoch, und es gelang relativ rasch, Flüchtlinge in das Wirtschaftsleben zu integrieren. So waren allein in der Industrie Schleswig-Holsteins Anfang 1949 über 50.000 Flüchtlinge beschäftigt.[44])

In den Jahren 1948/50 dann kam es auch in Schleswig-Holstein zu einem schweren Einbruch bei den Beschäftigungszahlen von Frauen. Waren im September 1948 noch 22,3% aller Arbeitslosen weiblich, so stieg dieser Anteil bis zum September 1949 auf 30,5% an.

Tab. 8:
Erwerbslose 1948/49 unter Berücksichtigung der Frauenerwerbslosigkeit

	Arbeitslose	darunter weiblich
Sept. 1948	89.446	19.970
Sept. 1949	189.529	57.840

Quelle: Statistisches Jahrbuch, S. 332

Zusammenfassend kann festgehalten werden, daß die Befunde zur wirtschaftlichen Anfangssituation in den drei Westzonen – Primat der Grundstoffindustrie, Frauen in Männerberufen, Frauen als Strukturwandel-Verliererinnen – modifiziert auch für Schleswig-Holstein gelten. Abweichungen gegenüber allgemeinen westdeutschen Trends gehen zurück auf:

– die spezifischen Probleme der rapiden Zunahme der Bevölkerung infolge des Flüchtlingszustromes,

– den überdurchschnittlichen Anteil der landwirtschaftlichen Produktion,

– die unausgeglichene wirtschaftliche Struktur mit der starken rüstungswirtschaftlich begründeten Abhängigkeit von öffentlichen Aufträgen.

Die sozialdemokratische Regierung Lüdemann hatte sich bereits 1948 für die Stärkung der Konsumgüterindustrie gegenüber dem Primat des Grundstoffindustrie ausgesprochen[45]), sie scheiterte allerdings am Mangel an finanziellen Ressourcen und der gesamtwirtschaftlichen Entwicklung.

Ein Paradox: Der Anstieg der gesellschaftlichen Bedeutung der Frauenarbeit bleibt ohne Folge für den politischen Einfluß von Frauen

Die in vielen Familien antreffbare Organisation des Überlebens durch Frauen in der Nachkriegszeit wird häufig als Chance einer besseren, für die Frauenemanzipation günstigen Gesellschaftsordnung angesehen.[46]) In diesem Zusammenhang wird auf die faktische Erweiterung der Frauenrollen in dieser Zeit hingewiesen, die sich aus der Ausweitung und damit der gestiegenen Bedeutung der Haushaltsarbeit einerseits sowie aus der verstärkten Integration der Frau in den Produktionsprozeß andererseits entwickelt hat.

Die Einschätzung der Frauenarbeit hat hingegen deutlich gemacht, daß diese faktische Rollenerweiterung keineswegs als Ausgangsbasis für die Entwicklung eines neuen emanzipatorischen Frauenbewußtseins dienen mußte und diente.

Dieses Ergebnis läßt sich rückblickend so erläutern: Ein emanzipatorisches Selbstbewußtsein der Frauen konnte nicht zur Entfaltung kommen, weil die *Aufhebung der geschlechtsspezifischen Arbeitsteilung nur vorübergehend war*. Ursächlich hierfür waren nicht etwa rein ideologische Bestrebungen zur Verfestigung der geschlechtsspezifischen Arbeitsteilung, sondern die Tatsache, daß mit dem Einzug der Normalität in die gesellschaftlichen Beziehungen und mit dem Wiedererstarken der staatlichen Institutionen die Leistungen der Frauen im Haushalts- und Erwerbsbereich nicht etwa als – qualifizierende – funktionale Ersetzung bei Versagen der Institutionen gewertet wurden, sondern als Verstärkung des funktional für die Großinstitutionen stets *komplementären* hausarbeitlichen Bereichs; eine Qualifikation hier konnte voll anerkannt werden, war aber nicht als funktional politikäquivalent erkennbar. Mit den Begriffen bereits des Nestors der deutschen Soziologie, Ferdinand Tönnies: Eine *„gemeinschaftliche"* Problemlösung *kann* als *„gesellschaftliche"* gar nicht qualifizieren. Diese komplementären Frauen-Leistungen waren nun überflüssig geworden, und gerade weil Frauen hier Überragendes geleistet hatten, fiel die Zuschreibung und Selbstzuschreibung zum alten Rollengefüge, das heißt dem hauswirtschaftlichen Bereich, um so leichter.

Des weiteren waren die Leistungen der Frauen wesentlich auch private geblieben. Die prekäre Notsituation in der unmittelbaren Nachkriegszeit und die gravierenden sozialen Probleme wurden nur vorübergehend öffentlich thematisiert. Nach ersten Lösungen und der Verbesserung der Situation wurden soziale Fragen wieder in die Dunkelheit des Privaten entlassen. Die Politikerinnen hatten sich aber gerade hier als Expertinnen qualifiziert und verloren mit der Dethematisierung der sozialen Fragen an Bedeutung. Für eine öffentliche Tätigkeit in den neu entstehenden politischen Institutionen, die traditionell „*Männerdomänen*" waren, war eine vom hauswirtschaftlichen Bereich herkommende – Kinder, Jugend, Fürsorge, Bildung – politische Orientierung gerade nicht qualifizierend.

In diesem Lichte sind auch die arbeitsmarktpolitischen Maßnahmen der unmittelbaren Nachkriegszeit (z.B. Arbeitspflicht) zu sehen. Frauenerwerbstätigkeit wurde durchgängig als Übergangslösung, d.h. als temporäre ökonomische Notwendigkeit gesehen. Kuhn konstatiert in diesem Zusammenhang eine „*Kontinuität der geschlechtsspezifischen Arbeitsteilung, der Geschlechtsideologie und der strukturellen Ungleichheit der Frauen, die in einem offenen Widerspruch zur faktischen Entwicklung der erweiterten Frauenarbeit im Reproduktionsbereich und zu den er-*

fahrbaren Realitäten einer weiteren Auflösung der geschlechtsspezifischen Arbeitsteilung in der Nachkriegszeit stand".[47])

Aber – von damals aus gesehen – ist das Adjektiv „*offenen*" gerade falsch: „*Offenbar*", weil praktisch so bewährt, war den Beteiligten hier, daß gar kein Widerspruch vorläge. Die alte Ideologie der Arbeitsteilung zwischen Mann und Weib wurde befestigt, weil die Frauen sich *praktisch bewährt* hatten. Der Blick der Frauen – und der Männer – richtete sich gerade auf die bewährte „*Normalität*" und nicht auf den faktischen gesellschaftlichen Prozeß, und in dieser Normalität waren die alten Geschlechtsstereotypen bis zu diesem Zeitpunkt nicht transformiert worden.

Die Frage nach der politisch-ökonomischen Relevanz der Hausarbeit wurde zwar gestellt, aber nicht mit der Folge, daß die ebenso zu rechtfertigende wie für die Emanzipation der Frau erforderliche Transformierung der erfolgreichen Reproduktionsarbeit in Legitimation für staatlich-politische Macht einsetzte. Selbst als die Versorgungssituation sich 1946/47 weiterhin drastisch verschlechterte,„*akzeptierten*" Frauen ihre dadurch verschlechterte Lebenssituation als Herausforderung in ihren traditionellen Rollen. Sie vervielfachten die Intensität ihres Überlebenskampfes und protestierten erst dann, als die Entbehrungen lebensbedrohlich wurden. Teilweise kam es zu Hungermärschen, aber die Forderungen der Frauen gingen nicht über die Bestrafung der Schuldigen und die Behebung der akuten Engpässe hinaus. „*Weder kritisierten sie die in diesen Mißständen zum Ausdruck kommenden gesellschaftlichen Zusammenhänge, noch forderten sie als Sachverständige und Trägerinnen der Überlebensarbeit eine Beteiligung an den politischen Entscheidungen im ernährungswirtschaftlichen Bereich".*[48])

Auch andere Probleme, die im Gefolge der Überlebensarbeit entstanden, veranlaßten die Frauen also nicht dazu, politische oder wirtschaftlich partizipative Forderungen zu formulieren. Lösungen wurden vielmehr in privaten Organisationen gesucht. Zu erinnern wäre z.B. an die auch in Schleswig-Holstein vielerorts existierenden Frauenwohngemeinschaften, die aus Wohnungsnot und notwendiger Kinderbetreuung resultierten. In diesen Wohngemeinschaften setzten sich die traditionelle geschlechtsspezifische Rollenzuschreibung fort, wenn auch eine „*hausherrentypische*" Leitungsfunktion von Frauen mit übernommen wurde.[49])

Auch die materielle Entlohnung blieb nach wie vor auf den Bereich der Produktion beschränkt – und selbst dort für Frauen in eklatant geringerem Maße als für Männer.[50]) Eine Erweiterung ihrer Entlohnung hätte bedeutet, die Arbeit der Frauen, statt ihr nur verbal Lob und Anerkennung zu zollen auch institutionell und monetär zu honorieren, also sie mit Macht auszustatten. Weder die reproduktive noch die produktive Arbeit der Frauen erfuhr eine adäquate materielle Honorierung:

– Den Frauen wurden männliche Berufe langfristig nicht geöffnet;
– den Frauen wurden keine beruflichen Aufstiegschancen eingeräumt;

- die weibliche Berufsausbildung wurde nicht gezielt verbessert;
- die Frauenlöhne wurden denen der Männer nicht angeglichen;
- staatlicherseits oder behördlicherseits wurden keine Maßnahmen ergriffen, die der erwerbstätigen Frau die Hausarbeit erleichterten, ohne zugleich gegen die Frauen als Arbeitnehmerinnen gewendet zu werden (wie der Hausarbeitstag).[51])

Ferner muß veranschlagt werden, daß die psychischen und physischen Ressourcen der Frauen aufgrund der vielfältigen Belastungen des Nachkriegsalltags erschöpft waren. Sie selbst waren es, die – verständlicherweise – eine *„Normalisierung"* des Alltags herbeisehnten und ihre Aktivitäten selber darauf richteten. Auch deshalb vermutlich leiteten sie gegen Ende der 40er Jahre aus ihrer gesellschaftlich und ökonomisch erforderlichen Überlebensarbeit und dann häuslichen Aufbauarbeit keinen Anspruch – im Sinne eines gesellschaftlich definierten Konsenses – auf ihre Emanzipation ab. *„Frauen erfuhren in diesen Jahren [zwar] ihre individuelle Stärke; sie begriffen diese Stärke [aber] nicht als politische Macht und als Chance geschlechtsspezifische Rollenverengungen im Hinblick auf beide Geschlechter in einem gesamtgesellschaftlichen Zusammenhang zu überwinden".*[52])

Weder von ihrem Selbstverständnis noch von den damals herrschenden politischen und sozio-ökonomischen Rahmenbedingungen her war es den Frauen mithin möglich, in der faktisch gestiegenen Bedeutung ihrer reproduktiven und produktiven Arbeit eine emanzipatorische Chance zu erkennen. *„Vielmehr ließen Frauen sich widerstandslos in ihre alte Rolle zurückdrängen, als sich die Verhältnisse normalisierten. Viele Frauen empfanden die Wiederherstellung der alten Verhältnisse als eine lang herbeigesehnte Erleichterung".*[53])

Auch Schubert gelangt zu dem Ergebnis, daß die Arbeit der Frauen keine Chance im Sinne einer Verbesserung der gesellschaftlichen Stellung der Frau darstellte. Sie resümiert in diesem Zusammenhang, *„daß die objektiv gestiegene Bedeutung der Hausarbeit in der Nachkriegszeit, die Dominanz der reproduktiven Probleme im Alltag der Bevölkerung und die Rolle der Frauen als Trägerinnen des Überlebenskampfes nicht ein neues weibliches Selbstbewußtsein, eine Identitätserweiterung der Frauen zur Folge hatten".*[54]) Bezeichnenderweise erfuhr die private Hausarbeit parallel zu ihrer faktischen Diskriminierung eine *besondere Idealisierung*. In der Öffentlichkeit wurden immer wieder die *„übermenschlichen"* Leistungen der Frauen betont. Vorwiegend im Rahmen der alltagsgeschichtlichen Forschung erfährt die Frauengeschichte damit eine die Bedingungen und Leistungen der Frauenarbeit verschleiernde Heroisierung:

„Denn die Hervorhebung der Frauenleistungen nach '45 geht in der Regel in den alltagsgeschichtlichen Darstellungen Hand in Hand mit der Betonung der Ausnahmesituation nach '45. Die heroischen Leistungen der Frauen gelten, wie bei einem Betriebsunfall als Ersatzleistungen, die möglichst schnell durch eine Normalisierung der Gesellschaft überflüssig werden sollten".[55])

43

In den ersten Nachkriegsjahren übernahmen Frauen vielfach öffentliche Aufgaben, so wie hier die Verteilung der Lebensmittelkarten im Bezirk Kiel-Süd (1945/46) (Stadtarchiv Kiel)

Frauen nehmen in einer solchen Geschichtsauffassung zwar „ihren" festen Platz ein, doch die Frauenarbeit erscheint in diesem Lichte eher als eine „*enthistorisierte Heroisierung*".[56])

Abschließend soll festgehalten werden, daß sich in der unmittelbaren Nachkriegszeit aufgrund der geschilderten Bedingungen auffälligerweise *kein qualitativ neues Selbstverständnis* entwikkeln konnte. Dennoch scheint eine Relativierung nötig: Es wäre kurzsichtig und für weitere Analysen folgenschwer, ginge man von einer Statik des weiblichen Lebenszusammenhanges aus. Es ist bekannt, daß sich kulturelle Norm- und Wertvorstellungen (hier z.B. Emanzipationsforderungen im Gefolge eines gewandelten Selbstverständnisses der Frauen) *nicht* gleichzeitig und parallel zu den materiellen Rahmenbedingungen (z.B. Integration der Frauen in das Berufsleben) entwickeln. Die kulturellen Normen wandeln sich wesentlich über die Veränderung des Habitus, also langsam, während sozio-ökonomische Bedingungen zuweilen rapide umgewälzt werden. Die Fragen, wie die habituellen Veränderungen bei Frauen in der Nachkriegszeit vor sich gingen und wie diese Veränderungen sich, um eine Generation zeitverzögert, im Emanzipationsanspruch von Frauen äußerten, können im Rahmen dieser Abhandlung nicht mehr beantwortet werden.

So kann nur eine gewisse „*Erschütterung*" des traditionellen weiblichen Selbstverständnisses im Sinne einer Diffusion der Frauenrolle in der unmittelbaren Nachkriegszeit, wenn nicht schon während des Krieges, konstatiert werden. Diese Diffusion kann dann auch als eine der wesentlichen Voraussetzungen der Disponibilität von Frauen für ganz neue Rollen als neu sich entwickelnde Qualität des weiblichen Lebenszusammenhanges begriffen werden.

[1] G. Stüber, 1985, S. 201f.
[2] A. Hoecker, 1980, H. Jolles, 1965
[3] Hoecker, 1980, S. 115ff.
[4] K.-J. Ruhl, 1988, S.11
[5] Statistisches Handbuch für Schleswig-Holstein 1951, S. 421
[6] H. Lüdemann, 1948, S. 7 und Statistisches Handbuch für Schleswig-Holstein 1951, S. 421.
[7] G. Stüber, 1984, S. 64
[8] A. Hoecker, 1980, S. 13
[9] H.-R. Oellig, 1985, S. 169
[10] G. Stüber, 1984, S. 276
[11] LT-Wortprotokoll, 1. Legislaturperiode, Sitzung vom 4.5.1948
[12] G. Stüber, 1984, S. 584
[13] G. Stüber, 1984, S. 278
[14] K.-J. Ruhl, 1988, S. 12
[15] G. Stüber, 1984, S. 294
[16] Ebenda S. 278
[17] H. Rosenbaum, 1978, S. 1
[18] B. Willenbacher, 1988, S. 595
[19] K. Hagemann/J. Kolossa, 1990, S. 189
[20] B. Willenbacher, 1988, S. 604
[21] Ebenda
[22] Statistisches Handbuch, Kiel 1951, S. 33
[23] B. Willenbacher, 1988, S. 602

[24]) Statistisches Handbuch, Kiel 1951, S. 33
[25]) Lange Reihen, 1975, S. 20
[26]) R. Nave-Herz, 1984, S. 55
[27]) Meyer und Schulze, 1984, S. 370
[28]) Schleswig-Holsteinisches Ärzteblatt, Mai 1959
[29]) Statistische Monatshefte 1953, S.279ff.
[30]) D. Schubert, 1984, S. 236f.
[31]) Ebenda S. 235
[32]) Ebenda S. 242
[33]) Vgl. K.-H. Ruhl, 1988, S. 71 u. 392
[34]) A. Priemel/ A. Schuster, 1990, S. 124
[35]) D. Schubert, 1984, S. 256
[36]) Ebenda S. 256f.
[37]) K. Hagemann/ J. Kolossa, 1990, S. 196
[38]) Die folgende Darstellung beruht im wesentlichen auf K.-J. Ruhl, 1988, S. 72f sowie W. Abelshauser, 1983, S. 46ff.
[39]) D. Schubert, 1984, S. 260
[40]) Institut für Arbeitsmarkt- und Berufsforschung der Bundesanstalt für Arbeit, S. 36, zit. nach A. Priemel/ A. Schuster, 1990, S. 127
[41]) K. Hagemann/J. Kolossa, 1990, S. 200
[42]) Statistisches Handbuch, Kiel 1951, S. 332
[43]) Jahreszahlen zur Arbeitsstatistik 1952, S. 16
[44]) Sonderdienst des Statistischen Landesamtes Schleswig-Holstein, Industrieberichterstattung, Nr. 22, Dezember 1949
[45]) H. Lüdemann, 1948, S. 9
[46]) A. Kuhn, 1984, S. 171
[47]) Ebenda S. 180f.
[48]) D. Schubert, 1984, S. 241ff.
[49]) Ebenda S. 243
[50]) Ebenda S. 202ff.
[51]) Ebenda S. 253f.
[52]) A. Kuhn, 1984, S. 196
[53]) B. Hoecker/R. Meyer-Braun, 1988, S. 11
[54]) D. Schubert, 1984, S. 249
[55]) A. Kuhn, 1984, S. 172
[56]) Ebenda S. 172

Sabine Jebens-Ibs

Frauen in der schleswig-holsteinischen Politik

1. Der politische Neubeginn 1945 – 1947 unter der Britischen Militärregierung

Der politische Neubeginn in Schleswig-Holstein wurde wie in allen deutschen Ländern 1945 von den Entscheidungen der örtlichen Militärregierungen geprägt. Dabei verlief die Übernahme der Regierungsgewalt durch die alliierten Truppen immer nach dem gleichen Muster. Zunächst wurde die Bevölkerung durch Plakate mit den Absichten und den ersten Maßnahmen der Sieger bekannt gemacht. Bürgermeister und Landräte wurden nach sogenannten „Weißen Listen" ausgewählt, häufig erfolgte die Ernennung jedoch in Form einer ad-hoc-Entscheidung, so daß nicht wenige Berufene kurze Zeit später schon wegen ihrer nationalsozialistischen Vergangenheit entlassen werden mußten.

Die von den Militärregierungen berufenen Landräte, Bürgermeister und leitenden Beamten mußten sich streng an die Richtlinien der Militärregierung halten und Rechenschaft über ihre Maßnahmen ablegen. Das Ziel aller Maßnahmen sollte sein, Recht und Ordnung aufrechtzuerhalten, den Nationalsozialismus, das nationalsozialistische Beamtentum und alle militärischen Tendenzen auszurotten und jegliche unterschiedliche Behandlung aufgrund von Rasse, Religion oder politischer Überzeugung auszumerzen.

Diese Zielsetzungen schlossen zunächst einmal die umfassende Entnazifizierung der deutschen Behörden sowie die „Umerziehung" im Sinne einer Demokratie ein, in der sich dezentralisierte öffentliche Dienste unter gewählte Körperschaften unterordneten und die Beamten unparteiisch und neutral handelten. Da diese Ziele nicht so schnell zu erreichen und parallel zur Entnazifizierung zu sehen waren, sah die britische Militärregierung sich vor die Notwendigkeit gestellt, in ihrer Zone zunächst eine „wohlwollende Gewaltherrschaft" zu errichten, wobei die Deutschen für eine wirksame Durchführung von Befehlen der britischen Militärregierung zu sorgen hatten.

Den ersten Maßnahmen der Alliierten lag kein festes Konzept für die Wiederherstellung der deutschen Staatlichkeit zugrunde. Es kam zunächst einmal darauf an, die dringendsten Probleme wie die Versorgung der Bevölkerung mit Nahrung, Kleidung und Brennmaterial, vor allem aber auch die Unterbringung und Ernährung der Flüchtlinge zu lösen. Die Arbeitsanhäufung auf diesen Gebieten machten jedoch bald den Wiederaufbau der kommunalen und Landesverwaltung erforderlich, wobei den Parteien eine entscheidende Mittlerrolle zukommen sollte.

Aus der Sicht der Deutschen ging die Zulassung der eigenverantwortlichen politischen Arbeit viel zu langsam voran. Vor allem in der KPD und in der SPD war man enttäuscht über das im Frühsommer 1945 ergangene Verbot der politischen und öffentlichen Betätigung. Die SPD hatte in Kiel bereits im Januar 1945, also noch vor der Einnahme der Stadt durch die Briten, in den sogenannten „Stubenzirkeln" mit der Reorganisation der Partei begonnen, wurde dann aber durch die Militärregierung in ihren öffentlichen Aktivitäten gebremst. Vor der Zulassung von Parteien, die mit der Verordnung Nr. 12 der Militärregierung am 15. September 1945 erfolgte, mußte man also im Geheimen agieren. Trotzdem konnten KPD und SPD schon vor ihrer endgültigen Genehmigung in Kiel im Dezember 1945 eine breite organisatorische Basis schaffen, weil sie an die Organisationsstrukturen vor 1933 anknüpften. Demgegenüber gewann die CDU erst im Frühjahr 1946 ein festeres Fundament. Die Parteien durften aber zunächst nur auf Kreisebene arbeiten, weil den britischen Behörden eine organisch verlaufende politische Entwicklung von unten nach oben vorschwebte.

Parallel zur Wiederzulassung von Parteien erfolgte gegen Ende des Jahres 1945 in den Kommunen die Ernennung von sogenannten „vertretenden Räten", die als Vorstufe zu den später zu wählenden Räten zunächst die Kluft zwischen den Siegern und Besiegten überbrücken und der Bevölkerung die neu entstehende demokratische Gesellschaftsordnung nahebringen sollten. Abhängig von der Militärregierung hatten sie praktische Arbeit zu leisten und ganz langsam eine gewisse Verantwortung für die Zivilverwaltung zu übernehmen. Diese nach der „wohlwollenden Gewaltherrschaft" zweite Phase könnte auch als „praktische Übungen unter Anleitung" bezeichnet werden, in der die Deutschen beweisen mußten, daß sie sich auf dem Weg zur Demokratie befanden.

Kurze Zeit später erfolgte mit der Ernennung des Provinziallandtages, dessen konstituierende Sitzung am 26.2. 1946 in Kiel stattfand, der Schritt zur politischen Verantwortung der Deutschen auf der Landesebene.

Auch bei der Gewährung des Wahlrechtes beschritt die britische Militärregierung den Weg von unten nach oben: auf die Kommunal- und Kreistagswahlen im Herbst 1946 folgte zunächst noch im Dezember 1946 die Ernennung eines zweiten Landtages auf der Grundlage der auf der unteren Ebene erzielten Wahlergebnisse, bevor dann am 20.4. 1947 die erste Landtagswahl im neugegründeten Land Schleswig-Holstein stattfand.

Das war also der von der britischen Militärregierung vorgegebene politische Rahmen, vor dessen Hintergrund auch die politische Arbeit von Frauen in der unmittelbaren Nachkriegszeit zu bewerten ist, ganz zu schweigen von den im ersten Kapitel dargestellten Alltagsbedingungen.

Die Frauenpolitik der Briten: Re-education und Stärkung der weiblichen Lobby

Welche Rolle bei der Demokratisierung konkret den Frauen zugedacht wurde, ist für die britische Zone bisher nicht analysiert worden. Nach Rupieper, der die Frauenpolitik in der amerikanischen Zone untersucht hat, wurde im Herbst 1947 von amerikanischen (und deutschen) Stellen die Notwendigkeit, sich stärker um die politische Erziehung der Frauen zu kümmern und dafür organisatorische Maßnahmen zu treffen, mit dem Hinweis begründet, daß die Russen und Briten wesentlich aktiver auf diesem Gebiet seien. Damals arbeiteten in der Erziehungsabteilung der britischen Militärregierung sechs Expertinnen, die sich ausschließlich mit frauenrelevanten Themen beschäftigten, während sich ihre amerikanischen Kolleginnen auf freiwilliger Basis und nach Dienstschluß um die Belange der deutschen Frauen kümmerten.[1])

Die Briten wie die Amerikaner orientierten sich bei der Förderung politischer Aktivitäten von Frauen stark am anglo-amerikanischen Demokratiemodell, in dessen Rahmen Frauen in den Parlamenten nur eine untergeordnete Stellung einnahmen. So waren beispielsweise 1951 im britischen Unterhaus von 615 Abgeordneten nur 17 Frauen; im amerikanischen Repräsentantenhaus gab es unter den 435 Mitgliedern nur elf Frauen, unter den 95 Senatoren saß nur eine.

Statt auf eine Erhöhung der weiblichen Repräsentanz in den Parlamenten setzten die Briten eher auf den Aufbau weiblicher Pressuregroups im vorpolitischen Raum oder auf Frauenausschüsse in den Parteien, um auf diesem indirektem Wege frauenspezifische Interessen zur Geltung zu bringen.

Grundlage der Arbeit der britischen Expertinnen war die allgemeine Einschätzung der Siegermächte, daß weite Kreise der Bevölkerung an dem demokratischen Lernprozeß beteiligt werden müßten, um die tradierten Wertvorstellungen der *„autoritärkonservativen Gesellschaft mit ihrer Glorifizierung des Staates"* zu überwinden. Im Rahmen dieses Deutschlandbildes der Alliierten war das Image der Frauen ausgesprochen negativ: *„Autoritäre Familienstrukturen, das Dreigestirn Kinder-Küche-Kirche, die Entfernung der Frau aus dem politischen Leben während des Dritten Reiches, ihre Degradierung in der NS-Ideologie zur Nur-Hausfrau und NS-Gebärmaschine und die Entmündigung der Staatsbürger weiblichen Geschlechts durch die NS-Frauenorganisationen waren die verbreitetsten Perzeptionen bzw. Klischees, die in den Berichten der Besatzungsbehörden immer wieder auftauchen."* [2])

Im Demokratisierungsprozeß der deutschen Gesellschaft kam den Frauen eine zentrale Rolle zu, stellten sie doch in der unmittelbaren Nachkriegszeit, als sich noch 5 Millionen Männer in Kriegsgefangenschaft befanden, mit einem Überschuß von 7,28 Millionen Einwohnern die Mehrheit der Bevölkerung und damit das größte Wählerreservoir der Parteien. In Schleswig-Holstein waren 1946 von insgesamt 2,8 Millionen 1,6 Millionen Frauen.[3]) *„Sie waren die wichtigste Gruppe auf dem Arbeitsmarkt und konnten daher auch im wirtschaftlichen Bereich zu einer Demokratisierung der Strukturen beitragen. Sie waren – und dies galt als besonders wichtig – von nicht zu unterschätzender Bedeutung für die Sozialisation der Kinder und Jugendlichen. Wenn es gelang, Frauen*

Mitglieder des englischen Frauenhilfswerks besichtigen im April 1947 das Flüchtlingslager Rumohr. (Landesarchiv Schleswig: Nordmark-Film)

für die Demokratie zu gewinnen, dann war ein wichtiger Schritt im langfristigen Konzept der Demokratisierung der Gesellschaft und zum Abbau autoritärer Strukturen getan." [4])

Deshalb kam es darauf an, im Rahmen der allgemeinen Re-education („Umerziehung") das Verständnis der deutschen Frauen für das demokratische Modell und auch für die Notwendigkeit ihrer politischen Mitwirkung zu wecken.

Möglichst vielfältige Kontakte zwischen britischen und deutschen Frauen erschien den Besatzungsbehörden offenbar das geeignetste Mittel dafür zu sein. In der schleswig-holsteinischen Presse der Jahre 1946/47 finden sich zahlreiche Hinweise auf die Aktivitäten weiblicher britischer Offiziere sowie der Ehefrauen der Militärs, die im Frühjahr 1946 ihren Männern nach Schleswig-Holstein gefolgt waren. So erschienen im Dezember 1946 die Gattin des Gouverneurs von Schleswig-Holstein, Mrs. de Crespigny, und der Education Controlofficer an der Kieler Universität, Miss Caroline Cunningham, als Ehrengäste auf einer Kieler Adventsfeier, die vom Sozialwerk des Allgemeinen Studentenausschusses der Kieler Universität unter der Leitung von Frl. Middendorf auf dem Wohnschiff „Barbara" der Kieler Studenten veranstaltet wurde.[5]) Mrs. Wilcox, Ehefrau des für Erziehung, Schule und Kirche zuständigen Major Wilcox, und Mrs. Turner, die englische Beauftragte für deutsche Kinderheime und Waisenhäuser, waren im Januar 1947 in Kiel an der Gründung eines anglo-deutschen Frauenklubs beteiligt, der eng mit dem Bund Kieler Hausfrauen unter der Leitung der CDU-Landtagsabgeordneten Emmy Lüthje zusammenarbeitete. Der Klub wollte Hilfsarbeit in Flüchtlingslagern, die Betreuung von Kindern und die Anfertigung von Spielzeug leisten und auf diese Weise die Verständigung beider Nationen fördern.[6] In Veranstaltungen des Bundes Kieler Hausfrauen berichtete im Februar 1947 Mrs. Dorothy Mather über die Sorgen und Nöte der Hausfrauen ihrer Heimat, die auch unter Lebensmittelzuteilungen und Wohnraumnot litten.[7] Als Vorsitzende des anglo-amerikanischen Klubs nahm Mrs. Turner am 25. April 1947 auch an einer Kundgebung des wenige Tage zuvor von Else Richter gegründeten Deutschen Frauenbundes Kiel teil und beglückwünschte die deutschen Frauen zu ihrem Entschluß, einen überparteilichen und überkonfessionellen Frauenbund zu gründen. Auf dieser Veranstaltung hielt die Hannoveraner Regierungspräsidentin Thea Bähnisch einen Vortrag über *„Die Frau in der Krise der Zeit".*[8]

Auch in Lübeck gaben Britinnen prominente Schützenhilfe, als die Ärztin und spätere Sozialministerin Dr. Lena Ohnesorge-Voß im Mai 1947 eine Ortsgruppe der *„Internationalen Frauenliga für Frieden und Freiheit"* gründete. An der Gründungsversammlung nahmen die Präsidentin der britischen Sektion der Liga, Mrs. Duncan-Harris aus London, sowie die Leiterin der Traditionsgruppe Nottingham, Mrs. Philip, teil.[9] In Lübeck unterhielt auch der Frauenausschuß der Konsumgenossenschaften intensiven Kontakt zu englischen Frauen, die Kleider und andere Textilien schickten.[10] In Flensburg nahm im Dezember 1947 Mrs. Hasler von der britischen Militärregierung an einer Advents- und Vorweihnachtsfeier der SPD-Frauen teil, die einen rein unterhaltsamen Charakter hatte.[11]

Diese Beispiele zeigen ein breites Spektrum von Kontakten zwischen englischen und deutschen Frauen, bei dem die Grenzen zwischen dem vorpolitischen, mehr an Wohltätigkeit orientierten und dem dezidiert politischen Raum häufig verschwimmen.

Demgegenüber kann eine frühe Meldung der damals noch von den Besatzungsbehörden kontrollierten *Lübecker Post* als programmatische Äußerung und als Appell an die deutschen Frauen zugleich aufgefaßt werden, nach dem durch den Nationalsozialismus erzwungenen Rückzug aus der Politik jetzt wieder Aufgaben im Gemeinwesen zu übernehmen. Ausgehend von den Beispielen der englischen Erziehungsministerin Ellen Wilkinson, die sich gerade auf einer Deutschlandreise befand, der Ernennung von Mrs. Marjorie Spikes zum Attaché der britischen Botschaft in Washington sowie der Wahl von 30 weiblichen Abgeordneten ins französische Parlament, wurde im Oktober 1945 konstatiert, daß sich die Zeichen für eine wachsende Bedeutung der Frau im öffentlichen Leben mehrten und daß sie auch in Deutschland *„bei der Wahrnehmung öffentlicher Interessen nicht mehr* *ausgeschaltet sein soll(te)"*. So seien schon mehrfach Frauen in Bürgermeisterämtern bestätigt worden, eine Aussage, die die Zeitung im November und Dezember 1945 mit zwei Beispielen aus Schleswig-Holstein belegte, nämlich den Bürgermeisterinnen Elisabeth Blesgen in Koberg (Lauenburg) und Frieda David in den Landgemeinden Rehorst und Willendorf[12]). Beide sind mit ziemlicher Sicherheit von den britischen Militärbehörden eingesetzt worden.

Parallel zu den Kontakten innerhalb Schleswig-Holsteins förderte die Besatzungsmacht bis in die 50er Jahre hinein Reisen nach England und in die USA, auf denen sich Frauen gezielt vor Ort über demokratische Strukturen informieren und Anregungen für ihre eigene Arbeit mit nach Hause nehmen konnten. So hielt sich die Landtagsabgeordnete Frieda Döbel 1947 in Großbritannien auf, wobei sie sich vorrangig einen Eindruck von der Situation der deutschen Kriegsgefangenen verschaffen wollte. 1954 informierte sich Elisabeth Vormeyer, damals Vorsitzende des Deutschen Frauenrings Kiel und des Landesfrauenrates, auf Einladung des State Departments drei Monate lang in den USA über die Arbeit der Frauenorganisationen, denen sie Vorbildcharakter auch für die deutsche Frauenbewegung zuschrieb, zumal diese durch den Nationalsozialismus um eine Generation zurückgeworfen sei.

Neben diesen Programmen der staatsbürgerlichen Bildung griffen die britischen Militärbehörden gezielt frauenpolitisch ein, als die ersten kommunalen Räte im Herbst 1945 ernannt werden sollten.

Die Frauen der ersten Stunde in den kreisfreien Städten

Bei der Ernennung der ersten kommunalen Räte konnten die zugelassenen Parteien Vorschläge machen, die von den Briten auf eine nationalsozialistische Vergangenheit der Kandidaten hin überprüft wurden. Bei der Auswahl aus diesen Vorschlagslisten verfolgte die Militärregierung das Ziel, möglichst alle gesellschaftlichen Schichten bzw. Gruppen zu berücksichtigen. So repräsentierten die ernannten Räte in Neumünster neben den Interessen der berufsständischen Gruppen wie Großunternehmer, Handwerker, Angestellte und Arbeiter, Kaufleute, Rechtsanwälte, Religionsvertreter und Lehrer auch die der Hauseigentümer, der Mieter und Kleingärtner, der Wohlfahrtsverbände und des medizinischen Bereiches. Daß man seitens der Militärregierung auch von berechtigten Sonderinteressen der Hausfrauen ausging, zeigt sich daran, daß diese Gruppe explizit durch drei Frauen vertreten wurde, nämlich Marie Lohmann (KPD), Marie Schmelzkopf (SPD) und Ingeborg Schröder (CDU).

Die ernannten Mitglieder der Ratsversammlung wurden zwar Parteien zugeordnet, hatten aber nicht in erster Linie diese, sondern ihre Gruppe zu vertreten. So wurde die Rücktrittserklärung der Neumünsteraner Ratsfrau Marie Lohmann vom 15.3.1946, die sie mit ihrem Übertritt von der KPD zur SPD begründete, von der Militärregierung mit dem Hinweis zurückgewiesen, sie sei nicht als KPD-Mitglied berufen worden, sondern sitze als Vertreterin der Hausfrauen im städtischen Rat.[13])

Daß bei den ernannten Stadtvertretungen explizit die „Frauen" oder „Hausfrauen" als zu vertretende Gruppe benannt wurden, schloß nicht aus, daß weitere Ratsfrauen zusammen mit männlichen Kollegen andere Bereiche repräsentierten. So vertrat in Neumünster die Lehrerin Dorothea Ingwersen (CDU) ihre eigene Berufsgruppe, die Hebamme Emma Martens (SPD) den medizinischen Bereich und die Pflegerin Anni Gloe (SPD) die Wohlfahrt im Rat.

Das Beispiel aus Neumünster zeigt, daß die Richtlinien der Militärregierung eine gewisse weibliche Vertretung garantierten, wobei der Frauenanteil in den vier kreisfreien Städten recht unterschiedlich ausfiel, während die absoluten Zahlen nicht so stark differierten. In der Neumünsteraner Ratsversammlung stellten die sechs bereits erwähnten Ratsfrauen bei der konstituierenden Sitzung am 13.12.1945 19,4% der 31 Mitglieder. Dieser Rat wies damit den höchsten Frauenanteil unter den vier Kommunen auf, der innerhalb des betrachteten Zeitraumes von 1945 bis 1966 nur einmal durch die Kieler Stadtvertretung im Jahre 1959 mit 22,2% (= 10 Ratsfrauen) übertroffen wurde. In der Kieler Ratsversammlung saßen im Dezember 1945 unter den 39 Ratsmitgliedern vier Frauen (10,3%), im Januar 1946 kam eine weitere hinzu. In der statistischen Hierarchie folgt die Hansestadt Lübeck, deren Bürgerschaft Ende November 1945 einen Frauenanteil von 9,6%, d.h. fünf Frauen von 52 Mitgliedern, aufwies. Am schlechtesten schnitten hinsichtlich ihrer parlamentarischen Vertretung die Frauen in Flensburg ab. Die bereits am 7.9.1945 ernannten 14 Ratsmitglieder hatten nur eine Frau in ihren Reihen; als die Mitgliederzahl am 15.10.1945 verdoppelt wurde, kam eine zweite Ratsfrau hinzu. Der im Vergleich mit den anderen kreisfreien Städten niedrigere Frauenanteil von 7,1% änderte sich auch in den folgenden gewählten Stadtvertretungen nicht; Flensburg lag bis auf eine Ausnahme im Jahre 1948 immer unterhalb der anderen Städte.

Voraussetzung für eine Ernennung zum Ratsmitglied war eine einwandfreie, d.h. nichtnationalsozialistische Vergangenheit. Das implizierte naturgemäß eine stärkere Berücksichtigung der Frauen aus der Gruppe der NS-Verfolgten, insbesondere der KPD- und SPD-Mitglieder, zumal diese beiden Parteien durch die schnellere Reorganisation bei der Erstellung von Vorschlagslisten im Vorteil waren.

Von den 17 Frauen, die Anfang 1946 in den Kommunalparlamenten der vier kreisfreien Städte saßen, gehörten sieben der SPD, drei der KPD, vier der CDU und eine dem SSV an. Bei zwei Bürgerschaftsmitgliedern aus Lübeck fehlt eine Angabe über eine Parteizugehörigkeit; die Lehrerin Johanna Magdalena Hempel ist aber wohl als Konservative zu betrachten, denn sie gehörte von 1926 bis 1929 als Vertreterin des konservativen Hanseatischen Volksbundes der Lübecker Bürgerschaft an.

Neben Frau Hempel wiesen fünf weitere Frauen parlamentarische Erfahrungen auf: Thomasine (Toni) Jensen (SPD) aus Kiel gehörte bereits nach dem Ersten Weltkrieg zu den „Frauen der ersten Stunde". 1919 wurde sie in Kiel zur Stadtverordneten gewählt, von 1921 bis

Toni Jensen (1891–1970, SPD), 1921–1933 Abgeordnete im Preußischen Landtag, 1946–1956 Stadtschulrätin in Kiel, 1959–1966 Mitglied der Kieler Ratsversammlung.
(Stadtarchiv Kiel: Nafzger)

1933 saß sie im Preußischen Landtag und war am Ende der Weimarer Republik bei Braun und Severing als erster weiblicher Oberpräsident im Gespräch. Gertrud Voelcker (SPD) gehörte von 1929 bis 1933 der Kieler Stadtverordnetenversammlung an, Marie Schmelzkopf (SPD) war vor 1933 Mitglied der Neumünsteraner Ratsversammlung, und Maria Krollmann (KPD), 1945 zum Mitglied der Lübecker Bürgerschaft ernannt, wurde 1930 in die Hamburger Bürgerschaft gewählt. Lissie Neumann (SPD, später SPF) war von 1929 bis 1933 Stadtverordnete in Flensburg.

Jensen, Schmelzkopf, Völcker, Neumann und Krollmann gehörten zu den politisch Verfolgten des NS-Regimes, alle mußten 1933 ihre Mandate niederlegen. Toni Jensen wurde aufgrund des Gesetzes zur Wiederherstellung des Berufsbeamtentums aus dem Schuldienst entlassen und verdiente ihren Lebensunterhalt bis zum Kriegsende als Privatlehrerin in Kiel. Marie Schmelzkopf wurde mit vielen anderen Frauen nach dem Attentat vom 20. Juli 1944 verhaftet und vier Wochen in der „Blume", dem Kieler Polizeigefängnis, festgehalten. Dem Abtransport nach Ravensbrück entkam sie wahrscheinlich nur durch die Intervention der Neumünsteraner Aluminiumwerke Sörensen & Köster, die ihre damalige Arbeit als Werksküchenleiterin sehr schätzten und ihr nach der Entlassung sogar einen 14tägigen Erholungsurlaub gewährten.[14])

Zu den im Juli 1944 verhafteten Sozialdemokratinnen gehörten auch Lissie Neumann und Gertrud Voelcker; letztere wurde zunächst ins KZ Russee, dann ebenfalls in die „Blume" gebracht.[15]) Bereits 1934 hatte sie die Leitung des Jugendheimes am Werftpark in Kiel, das sie gemeinsam mit ihrem Mann aufgebaut hatte, abgeben müssen.

Am schlimmsten hatte es die KPD-Funktionärin Maria Krollmann getroffen, die nach dem Besuch der Leninschule in Moskau im Februar 1934 nach Deutschland zurückkehrte, um im Widerstand zu arbeiten. Sie wurde 1935 verhaftet, verhört und gefoltert und schließlich zu einer dreijährigen Haftstrafe verurteilt, die sie im Lübecker Gefängnis verbrachte. Anschließend kam sie in ein KZ bei Jauer in der Nähe von

Auschwitz, aus dem sie erst im April 1945 nach Lübeck zurückkehrte. Hier heiratete sie den KPD-Funktionär Erich Klann, der im Dezember 1948 an den Folgen seiner zwölfjährigen KZ-Zeit verstarb.[16]

Auch die Kielerin Hedwig Jung (KPD) wurde mehrfach von der Gestapo vorgeladen, weil sie illegal die Frauenarbeit ihrer Partei fortsetzte.[17]

Zu den politisch Verfolgten gehörten auch Marie Lohmann und ihr Ehemann aus Neumünster, die Anfang 1946 von der KPD zur SPD überwechselten.[18] Nicht politisch verfolgt, aber unbelastet war Anni Gloe (SPD). Sie hatte während der Krieges ihren Beruf als freie Pflegerin in der Wochen- und Säuglingspflege unter solch harten Bedingungen ausgeübt, daß sie im Juli 1945 im Alter von 34 Jahren einen körperlichen Zusammenbruch erlitt und fortan arbeitsunfähig war. Durch ihren Vater, der sich als Schwerkriegsbeschädigter des Ersten Weltkrieges im Reichsbund engagierte und 1945 der SPD beitrat, kam sie nach dem Krieg zur Neumünsteraner Kommunalpolitik.[19]

Zu den Unbelasteten gehörte auch Lotte Schubert, die im Oktober 1945 zur Ratsfrau des SSV in Flensburg ernannt wurde. Sie war von ihrer Ausbildung her Kindergärtnerin, hatte aber während des Krieges eine Tätigkeit als Lehrerin in verschiedenen Schulen ausgeübt.[20]

Über die Vergangenheit der Kommunistinnen und Sozialdemokratinnen ist relativ viel bekannt, weil die beiden Parteien ihre Kandidatinnen bei den ersten Nachkriegswahlen in der parteinahen Presse ausführlich vorstellten, wobei die Verfolgungen durch das NS-Regime hervorgehoben wurden, um eine demokratische Gesinnung zu demonstrieren. Hinzu kommt, daß beide Parteien sich stärker mit der Vergangenheit ihrer Organisation und ihrer Mitglieder auseinandersetzten als beispielsweise die CDU. Dementsprechend weiß man kaum etwas über die Lebensumstände der konservativen Frauen während der nationalsozialistischen Zeit.

Die 1945 ernannte Kieler Ratsfrau Dorothea Brede (CDU) hatte nach einer Tätigkeit als Lehrerin an den Städtischen Handelslehranstalten im Jahre 1917 die Leitung der Evangelischen Bahnhofsmission übernommen und betreute nach dem Zweiten Weltkrieg, damals bereits 69 Jahre alt, die in Kiel ankommenden Flüchtlingstransporte, Heimatlosen und Spätheimkehrer.[21] In dieser Funktion dürfte sie Kontakt zu den Besatzungsbehörden gehabt haben.

Die genannten Frauen hatten sich nicht nur durch ihre Distanz zum Nationalsozialismus und durch ihre politischen Erfahrungen in der Weimarer Republik oder im Widerstand für ihr Amt qualifiziert, sondern wiesen umfangreiche fachliche Kenntnisse auf. Von den 17 Frauen in den ernannten Räten der kreisfreien Städte waren fünf im Bildungsbereich (vier Lehrerinnen, eine Erzieherin), drei im handwerklich-industriellen Bereich (Handwebmeisterin, Kontoristin, Werksküchenleiterin) und zwei im Gesundheitswesen (Pflegerin, Hebamme) tätig oder tätig gewesen.

Die von sieben Frauen angegebene Berufsbezeichnung „Hausfrau", mit der landläufig eine mindere Qualifikation für ein öffentliches Amt assoziiert wird, deckt hier eher die tatsächlichen Erfahrungen und Kenntnisse zu. Die Sozialdemokratinnen und Kommunistinnen hatten z.T. nach ihrer Eheschließung den Beruf aufgegeben und sich in den 20er Jahren auf die Parteiarbeit verlegt, wo sie häufig in der Frauenarbeit oder in den Wohlfahrtsverbänden tätig wurden. Die 32jährige Neumünsteraner CDU-Ratsfrau Ingeborg Schröder leistete als Pastorenfrau Gemeindearbeit und konnte ihre Erfahrungen im sozialen Bereich einbringen.

Neben den 17 erwähnten Ratsfrauen arbeiteten viele Frauen als bürgerliche Mitglieder in den Ausschüssen mit. In Kiel waren es insgesamt 14 Frauen, von denen vier der KPD und fünf der SPD zugeordnet werden konnten. Zu ihnen gehörten Frieda Döbel (SPD) und Berta Schulze (KPD), die 1946 zu Mitgliedern des ersten Landtages ernannt wurden, sowie Ida Hinz (SPD) und Dr. Hilde Schäfer (später Portofée) (SPD), die bei der ersten Kommunalwahl im Oktober 1946 in die Kieler Ratsversammlung kamen.

In Neumünster war die Zahl der weiblichen bürgerlichen Mitglieder offenbar erheblich geringer; von den vier Frauen gehörte Olga Mestorff der KPD an; Hedwig Bücheler kam nach der Wahl 1946 als CDU-Vertreterin in die Ratsversammlung, der sie dann bis 1962 angehörte.

Abgesehen davon, daß auch diese bürgerlichen Mitglieder 1945/46 mehrheitlich schon sozial- bzw. parteipolitische Erfahrungen mitbrachten, war diese Form der Mitarbeit in den städtischen Ausschüssen nicht nur in der unmittelbaren Nachkriegszeit, sondern auch in den 50er Jahren häufig der Einstieg in die Kommunalpolitik und aus der Sicht der Parteien eine Rekrutierungsmöglichkeit für den Nachwuchs. Auf diesem Wege sammelten die Frauen über mehrere Jahre hinweg kommunalpolitische Erfahrungen und profilierten sich damit für eine anschließende Kandidatur.

Wohlfahrt, Gesundheit und Bildung: Frauen arbeiten in „ihrem" Bereich

Ihren Vorkenntnissen entsprechend engagierten sich die Ratsfrauen im sozialen und bildungspolitischen Bereich, so u.a. in den Wohlfahrts- und Flüchtlingsausschüssen, in der Jugendarbeit, in den Ausschüssen für Wohnungsfragen, Gesundheit und Fürsorge sowie in den Kommissionen für die verschiedenen Schularten, für Theater und Orchester. In Kiel saßen zudem drei Ratsfrauen in den Entnazifizierungsgremien.

In die Ausschüsse für Bauwesen, Wirtschaft und Verkehr, für Gewerbezulassungen, für Stadtwerke und Stadtsparkasse oder für Personalangelegenheiten drangen die Frauen dagegen auch später nicht vor. Angesichts des engen Handlungsspielraumes der für knapp ein Jahr ernannten Stadtvertretungen, deren Aktivitäten einerseits von den Briten kontrolliert, andererseits vom permanenten Kampf gegen den Mangel beherrscht waren, mochte es noch nicht als Manko erscheinen, daß sich die Frauen in sozialen und reproduktiven Bereichen engagierten, die eng mit ihrer weiblichen Lebenswelt verknüpft waren und in denen ihre Kenntnisse und Fähigkeiten jetzt so dringend gebraucht wurden, so daß sie ständig eine Bestätigung für ihre „*mütterliche*" Haltung erfuhren.

Beim Wiederaufbau der Städte und der Wirtschaft zu Beginn der 50er Jahre wurden im Bau- und Wirtschaftswesen jedoch Entscheidungen getroffen, die langfristig das Aussehen der Städte und das Leben der Menschen bestimmen sollten. Mit ihrer Absenz in diesen Bereichen verzichteten die (Rats-)Frauen – ob freiwillig oder unfreiwillig, muß hier zunächst dahingestellt bleiben – auch angesichts der enormen finanziellen Mittel, über die hier verfügt wurde, auf Einflußnahme und Macht, zumal es sich bei ihrem Tätigkeitsfeld um einen nachgeordneten Bereich handelte.

Verstärkt wurden diese Strukturen, die Frauen von wichtigen Entscheidungsfeldern ausschlossen, durch entsprechende Weichenstellungen in den Parteien selbst. So wurden bei einer ersten Aufgabenbeschreibung von dem SPD-Bezirksverbandsvorstand im August 1948 gegenüber der britischen Militärregierung hervorgehoben, daß die weiblichen Parteimitglieder „*für besondere Aufgaben in der Wohlfahrts- und Jugendpflege*" geschult werden sollten, während bei den vorgesehenen Schulungen für Mitglieder, für führende Mitglieder und für junge Menschen solche speziellen Ziele nicht ausgewiesen waren.[22] Der Tatsache, daß damals ein Frauenüberschuß herrschte, daß Frauen vielfach an die Stelle von Männern treten mußten und ihre Kompetenzen langfristig auch auf anderen als dem sozialen Gebiet hätten erweitert werden müssen, wurde mit dieser Programmatik nicht Rechnung getragen.

Das war in Ansätzen gut ein Jahr später offenbar auch den 60 Spitzenfunktionärinnen der SPD deutlich geworden, die sich am 5. und 6. November 1946 zur ersten Reichs-Frauen-Arbeitstagung in Frankfurt a. Main trafen, um zu allen wichtigen Tagesfragen Stellung zu nehmen, die besonders das Leben der Frauen berührten. In den verabschiedeten Resolutionen wurde gefordert, den großen Frauenüberschuß in das deutsche Wirtschaftsleben zu integrieren, allerdings mit der Einschränkung, daß die Berufe und Erwerbszweige ausgespart bleiben sollten, „*denen die körperliche und seelische Kraft der Frau nicht gewachsen ist.*"[23] Was hier als Schutz der Frau vor Überforderung gedacht war, mußte in Kombination mit dem ebenfalls in dieser Resolution aufgestellten Grundsatz, daß vordringlich die Aufgabe der Frau als Mutter und Erhalterin des Volkes zu beachten sei, auf eine Festlegung auf soziale und kaufmännische Berufsfelder hinauslaufen. Der Bausektor war und blieb damit weitgehend als Betätigungsfeld für Frauen ausgeschaltet. Insofern mußte die Durchsetzung der ebenfalls 1946 in Frankfurt aufgestellten Forderung, daß in den städtischen Ausschüssen, die jetzt die Baupläne für den Wiederaufbau der Städte entwickelten, Frauen vertreten sein müßten, „*um die Forderungen und Vorschläge der Hausfrauen und berufstätigen Frauen für eine Neugestaltung des Wohnungswesens zu vertreten*"[24], letztendlich auch langfristig an der Inkompetenz der Frauen scheitern. Denn Frauen schalteten sich nur dort ein, wo sie fachliche Kompetenz besaßen, und das waren die traditionellen Frauenbereiche.

In der CDU sah es nicht viel anders aus; am 21. Juni 1946 führte Emmy Lüthje auf der ersten Frauenkundgebung des Kieler CDU-Kreisverbandes zum Thema „*Frauen und Politik*" aus, daß die Ziele der Frauenarbeit in der Partei zunächst hauptsächlich in der Fürsorge für die Flüchtlinge, die Kleinsten, Kriegsversehrten und die aus der Gefangenschaft Entlassenen sowie im Wiederaufbau des Schulwesen lägen.[25]) Während viele Frauen, darunter auch Emmy Lüthje, mit dieser Aufgabenstellung auch über die unmittelbare Nachkriegszeit hinaus zufrieden waren, beklagte sich die Kieler CDU-Ratsfrau Elisabeth Vormeyer 1955 auf einer Veranstaltung der DAG mit dem Thema „*Die politische Frau heute*" darüber, daß die Männer den Frauen zwar die sozialpolitischen Aufgaben zuschöben, sie aber bewußt von der Wirtschafts- und Kulturpolitik abdrängten. An der damals konstatierten politischen Interesselosigkeit der Frauen seien insofern auch teilweise die Männer schuld.[26])

Zunächst wurde diese Einschränkung ihres politischen Handelns auf bestimmte Bereiche in den ersten Nachkriegsjahren von vielen Frauen nicht als Problem empfunden angesichts der tausendfachen Aufgaben im Wohlfahrtsbereich. Und so machten sich Hunderte von Frauen, häufig organisiert in Verbänden der freien Wohlfahrtspflege wie der Arbeiterwohlfahrt, der Caritas, des Evangelischen Hilfswerks und dem Deutschen Roten Kreuz, an die Arbeit, die Not der Menschen zu lindern.

Anschaulich schildert Inge Klatt in „Wir sind das Bauvolk", unter welch mühsamen Bedingungen die Frauen in der Kieler Arbeiterwohlfahrt, mit deren Reorganisation auf Landesebene Gertrud Voelcker von der SPD beauftragt wurde, das Elend zu meistern versuchten. Schulspeisungen wurden organisiert, um wenigsten den am schlimmsten von der Hungerkrise betroffenen Kindern zu helfen; in öffentlichen Nähstuben arbeiteten die Frauen alte Kleidungsstücke um und verteilten diese an die Bedürftigen; Sammlungen wurden durchgeführt und Spielzeug gebastelt für Weihnachtsfeiern, um Alten und Kindern einen kleinen Lichtblick in den düsteren Alltag zu bringen. Hinzu kam die Betreuung der Flüchtlingslager und die Pflege von Kranken, die mit Essen versorgt, gewaschen und betreut wurden.

Die Frauen versuchten nicht nur dem Mangel an Nahrung und Kleidungsstücken erfindungsreich zu begegnen, sondern nahmen sich der gesundheitlichen Probleme, insbesondere der Kinder an. So wurden im Sommer 1946 von der Arbeiterwohlfahrt erstmals wieder Strandfahrten für erholungsbedürftige Kinder und Jugendliche zunächst nach Laboe, später nach Falckenstein durchgeführt. Unter der Leitung von Magda Jung, die diese Strandfahrten bis 1955 organisierte, waren täglich an die 75 Helfer und Helferinnen im Einsatz, die ca. 1500 Kindern aus allen Kieler Stadtteilen betreuten und mit zwei Mahlzeiten versorgten. Für besonders gesundheitsgefährdete Kinder wurden auch mehrwöchige Ferienlager veranstaltet, die von Frieda Bendfeldt geleitet wurden.[27]) Ihre aufopferungsvolle Arbeit in diesen schweren Krisenjahren qualifizierte Magda Jung und Frieda Bendfeldt offenbar für ein politisches Amt: 1951 wurden

Weihnachtsfeier für Kinder in Kiel in der Nachkriegszeit. (Landesarchiv Schleswig: Nordmark-Film)

beide Sozialdemokratinnen Mitglieder der Kieler Ratsversammlung.

Ein weiteres gravierendes Problem, dessen sich einzelne Frauen annahmen, waren die Geschlechtskrankheiten, die sich – bedingt „*durch das Sinken der Moral als Folgeerscheinung des Krieges*", wie es in Presseartikeln damals hieß[28]) – in der unmittelbaren Nachkriegszeit sprunghaft ausbreiteten. In Kiel veranlaßte die KPD-Ratsfrau Hedwig Jung im Juli 1946 für die Frauen ihrer Partei eine Führung durch die Ausstellung „*Kampf den Geschlechtskrankheiten*" im Städtischen Gesundheitsamt, damit sie sich über die Folgen der Verschleppung sowie über die Heilungsmethoden informieren konnten.[29]) Im August 1946 organisierte Jung mit den kommunistischen Frauen Kiels eine Enttrümmerungsaktion auf dem Gelände der städtischen Krankenanstalt; mit den gewonnenen Steinen sollte das Fundament für das neue Gesundheitsamt geschaffen werden.[30])

In Lübeck wurde in der örtlichen Presse vor allem über die Aktivitäten der kommunistischen Frauen berichtet, die 1946 unter der Führung von der Ratsfrau Maria Krollmann(-Klann), der Kreisfrauenleiterin Edith Lachmann und Hildegard Kyburz in einem überparteilichen und überkonfessionellen Frauenausschuß aktiv waren, der neben

59

Ilse Brandes (1897–?, CDU, 1947–1950 Mitglied des Schleswig-Holsteinischen Landtages.
(Pressestelle des Schleswig-Holsteinischen Landtages)

allgemeinen frauenpolitischen Forderungen vor allem auf Hilfsmaßnahmen für Kinder, Jugendliche, Gebrechliche sowie Flüchtlinge und Ausgebombte abzielte. Krollmann, Lachmann und Kyburz bildeten im August 1946 ein Komitee, das die Anerkennung des Lübekker Frauenausschusses bei den Lübecker Behörden und der britischen Militärregierung durchsetzen sollte.[31] Die Mitarbeit der kommunistischen Frauen im Ausschuß wurde aber offenbar nicht allseits gewünscht; denn Ende August 1946 beklagte sich Edith Lachmann darüber, daß bei der ersten Zusammenkunft des alle Parteien umfassenden Ausschusses die Kommunistinnen nicht eingeladen worden waren, obwohl die Idee dazu von ihnen ausgegangen sei.[32]

Das Hilfswerk kommunistischer Frauen richtete in den einzelnen Wahlkreisen Nähstuben ein; die dort hergestellte Kinderkleidung, die vor allem an Flüchtlingskinder verteilt werden sollte, wurde bereits Anfang September 1946 in einer Ausstellung der Öffentlichkeit vorgestellt, offenbar um eine Vorbildwirkung zu erzielen, denn Edith Lachmann wies darauf hin, daß jetzt der Zeitpunkt gekommen sei, *„wo man die praktische Arbeit den schönen Worten vorzuziehen habe."* [33] So plante zur gleichen Zeit auch die Lübecker FDP-Kandidatin Johanna Krumpfer, deren Mann, ein Dresdener Porträtist, im KZ ums Leben gekommen war, durch Nähabende dem Bekleidungsmangel der Flüchtlinge Abhilfe zu schaffen.[34]

Im März 1947 schritt die britische Militärregierung ein, als der Lübecker Frauenausschuß wegen der aktuellen Hungerkrise eine Demonstration auf dem Marktplatz organisierte, an der 150 bis 180 Frauen teilnahmen.[35]

Solche Frauenausschüsse wie in Lübeck entstanden auch in anderen schleswig-holsteinischen Orten; im Juli 1947 fand eine Delegiertentagung dieser Ausschüsse in Neumünster statt, auf dem der Willen zur interzonalen Zusammenarbeit mit allen Frauenorganisationen betont wurde.[36]

Gingen die bisher beschriebenen Initiativen zur Linderung der Not vor allem von den Parteifrauen aus, so entsprang die 1945 in Lübeck gegründete Flüchtlingsfürsorge Ilse Brandes' ihrer Privatinitiative. Die spätere CDU-Landtagsabgeordnete war als Flüchtling nach Lübeck gekommen und richtete dort bereits

1945 in der Glockengießerstraße eine Beratungsstelle für Flüchtlinge ein, in der auch Kleidungsspenden der Wohlfahrtsverbände verteilt wurden. Im Oktober 1945 wurde Ilse Brandes in den Ausschuß für Flüchtlingsfürsorge berufen, in dessen Auftrag sie Flüchtlingslager und anderer Unterkünfte inspizierte.

Überraschend ist, daß trotz der herrschenden Not diese Privatinitiative nicht begrüßt wurde, sondern im Sommer 1946 bei den freien Wohlfahrtsverbänden auf vehemente Kritik stieß, und zwar in dem Augenblick, als Ilse Brandes in einer Eingabe vom 6.6.1946 die Art und Weise, wie das DRK das Flüchtlingslager Gothmund betreute, kritisierte und zudem noch öffentliche Zuschüsse bei der Notgemeinschaft Schleswig-Holstein – dem Zusammenschluß der Wohlfahrtsorganisationen DRK, Arbeiterwohlfahrt, Caritas, Evangelisches Hilfswerk und jüdische Wohlfahrt – für ihre Arbeit beantragte. Bereits im Frühjahr 1946 war von der Hansestadt die Finanzierung ihrer Stelle mit dem Hinweis abgelehnt worden, ihre Mitarbeiter entsprächen nicht dem politischen Zuverlässigkeitsmaßstab. Die Auseinandersetzung spitzte sich zu, als Ilse Brandes im Juni 1946 nach einem Vortrag über die unhaltbaren Zustände im Lager Gothmund tatsächlich von der Notgemeinschaft Schleswig-Holstein 2000 RM bewilligt bekam. Mit dem Vorwurf, Frau Brandes habe ungerechtfertigte Anschuldigungen erhoben und die Tatsachen verdreht, und mit dem Argument, der Aufbau von weiteren Wohlfahrtsorganisationen sei nicht sinnvoll und die Wohlfahrtspflege auch nach Vorschrift der Militärregierung nur den obengenannten Organisationen vorbehalten, erhob das DRK Einspruch gegen die Bewilligung von Geldern für Frau Brandes, *„da es undenkbar erscheint, daß die freie Wohlfahrtspflege selbst die Leute besoldet, die ihr Schwierigkeiten bereiten."* Der Lübecker Sozialsenator Haut (SPD) unterstützte die Argumente des DRK und drückte in einem Schreiben an die Sozialabteilung der Landesverwaltung in Kiel die Erwartung aus, daß Ilse Brandes wohl nach der von der Bürgerschaft beschlossenen Neubildung der Ausschüsse nicht mehr dem Flüchtlingsausschuß angehören werde. Die Lübecker Sozialverwaltung untersagte zudem im August 1946 Ilse Brandes, in ihrem Briefkopf die Ortsangabe *„Hansestadt Lübeck"* zu verwenden, die nur städtischen Dienststellen zustehe. Der DRK-Kreisverband hatte nämlich moniert, daß sich die private Einrichtung damit einen behördenmäßigen Anstrich gebe und so die Flüchtlinge täusche.[37])

Die ausführliche Darstellung der Vorgänge um diese Flüchtlingsfürsorge soll verdeutlichen, daß die auf den ersten Blick so spontan wirkenden, hundertfachen Aktivitäten schleswig-holsteinischer Frauen zur Linderung der Not einerseits stark in kanalisierten Bahnen verliefen, andererseits z.T. auch durch überkommene Strukturen behindert wurden. Letzteres zeigte sich beim DRK, das in der alten Organisationsstruktur fortbestand, bei den Parteien, die ihre alten Formen der Wohlfahrtspflege wiederbelebten, und bei den Behörden, die nicht von heut auf morgen neue Verwaltungsformen ausbildeten. Wer sich hier nicht einfügte – und Ilse Brandes hatte die Mitarbeit in den genannten Verbänden verweigert mit dem Hinweis, sie müsse in größerem Rahmen wirken[38]) – mußte sich in dem Konkurrenzkampf um die knappen Mittel, deren Zuweisung auch immer die Sicherung von Machtpositionen beinhaltete, auf Konflikte gefaßt machen. Im Fall Ilse Brandes' kamen parteipolitische Auseinandersetzungen hinzu, denn die Leiterin der privaten Flüchtlingsfürsorge war im Frühjahr 1946 der CDU beigetreten, mit deren Unterstützung sie im November 1947 das Christlich-Soziale Werk e.V. zur Lösung der Flüchtlingsprobleme gründete.[39])

In diesem Zusammenhang stellt sich die Frage, inwieweit die *„Frauen der ersten Stunde"* unter diesen Bedingungen ihre individuellen oder von gesellschaftlichen bzw. parteipolitischen Gruppen geprägten Vorstellungen in die Kommunal- bzw. Sozialpolitik einbringen oder gar frauenspezifische Interessen formulieren konnten.

Kompetente Frauen gesucht: die Ernennung der ersten Landtagsabgeordneten

Mit der Ernennung des ersten Provinziallandtages, dessen konstituierende Sitzung am 26.2.1946 in Kiel stattfand, vollzog die britische Militärregierung den nächsten Schritt zu mehr politischer Verantwortlichkeit der Deutschen.

Wie auf der kommunalen Ebene hatten die Briten auch hier wieder explizit die Vertretung von Frauen vorgesehen, allerdings in einem sehr beschränkten Umfang, wie es der Realität des britischen Parlaments entsprach. Die Liste über die zukünftigen 60 Repräsentanten der Provinz Schleswig-Holstein, die das Headquarter Military Government zur Vorbereitung des Beirates Anfang Februar 1946 dem Oberpräsidenten Steltzer schickte, umfaßte Vertreter der Kreise (21), der Kirche (3), der Gewerkschaften (4), der Flüchtlinge (5), des Erziehungswesens (3), der Frauen (5), der Universität (1), der Bauern (3), der freien Berufe (5) und der Parteien (10). Die Kreisabgeordneten sollten so ausgewählt werden, daß möglichst alle Bevölkerungsschichten vertreten waren; bei den Bauern und den freien Berufen wurde von der britischen Behörde angemerkt, daß sie bereits genügend Vertreter in den Kreisen hätten. Als Leitlinie für die Arbeit der Abgeordneten galt, daß sie dafür Sorge zu tragen hätten, *„daß die Ansichten und Bedürfnisse aller Bevölkerungsklassen berücksichtigt werden, wenn Beschlüsse zu fassen sind, die jedermann betreffen."* [40])

Welche Vorstellungen die Briten dabei hinsichtlich der spezifischen Interessen der Frauen hegten, bleibt undeutlich. Daß wohl eher die soziale Problematik als explizit politische Motive wie z.B. die Heranführung der Frauen an die Landespolitik im Vordergrund gestanden hat, läßt sich aus einem Artikel des *Kieler Kuriers* schließen, der bei der Mitteilung des Beschlusses, einen Beirat einzurichten, im Januar 1946 die Frauen- und Flüchtlingsvertreter in einem Atemzug nannte.[41])

Nicht nur angesichts dieser – zumindest für die Öffentlichkeit – unklaren Zielsetzung kann die gesonderte Aufstellung von Frauen nur mit gemischten Gefühlen betrachtet werden. Einerseits zeigt sich damit die Einsicht in die Tatsache, daß Frauen und ihre Interessen im politischen Leben so unterrepräsentiert sind, daß ihnen durch administrative Maßnahmen geholfen werden muß. Andererseits werden die Frauen auf ihre Geschlechtlichkeit reduziert. Obwohl sie durchaus die oben angeführten Kreise, Berufsgruppen, Parteien und Institutionen vertreten könnten, werden sie losgelöst von ihren Fähigkeiten und Qualifikationen betrachtet und diese damit in gewisser Weise entwertet – eine Problematik, der sich die heutigen „*Quotenfrauen*" nur allzusehr bewußt sind. Hinzu kommt, daß alle anderen Interessensvertretungen sich davon befreit sehen können, überhaupt noch Frauen für ein Amt zu nominieren, da sie ja bereits vertreten sind.

Insgesamt gesehen bleibt beim ersten ernannten Landtag, der vom 26.2.1946 bis zum 11.11.1946 tagte, die Zuordnung der weiblichen Abgeordneten, deren Zahl sich auf sechs erhöht hatte, zu bestimmten gesellschaftlichen Gruppen unklar. Bis auf Elisabeth Jensen waren alle Frauen parteipolitisch gebunden und auch aktiv, wurden aber unseres Wissens nicht als fünf von den zehn vorgesehenen Parteivertretern bewertet. Charlotte Werner wurde als Vertreterin der Flüchtlinge benannt; sie trat auf Anraten der Militärbehörden zugleich mit ihrer Nominierung einer Partei, nämlich der SPD, bei.[42]) Solche Überschneidungen zwischen Interessenvertretung von Gruppen und Parteimitgliedschaft gab es auch bei den Männern, und zwar zunächst stärker bei der SPD, da die Fraktionsbildung bei der CDU erst im Sommer 1946 abgeschlossen war.

Elisabeth Jensen (1908–1978), 2/1946–9/1946 parteiloses Mitglied des Ersten ernannten Landtages. (Pressestelle des Schleswig-Holsteinischen Landtages)

Wie auf der kommunalen Ebene konnten auch bei der Ernennung des Beirates die Parteien Vorschläge machen. Darüber hinaus wurden die Besatzungsbehörden bei der Suche nach geeigneten Persönlichkeiten auch selbst aktiv.

Elisabeth Jensen bekam Kontakt zur Schleswiger Besatzungsbehörde, weil diese ihr leerstehendes Tapetengeschäft beschlagnahmt und dort ein Lager für militärisches Zubehör eingerichtet hatte. Bei ihrem Auftreten als Bürgin im Entnazifizierungsverfahren für ihr bekannte Personen dürften ihre Bildung, ihre Eloquenz und ihr Selbstbewußtsein aufgefallen sein.[43]) Ihre Mitgliedschaft im Landtag stieß im übrigen bei Vertretern der Schleswiger CDU und der SPD auf Widerstand; sie sprachen sich im Februar 1946 in einem Telegramm an den Oberpräsidenten gegen ihre Ernennung aus, offenbar weil sie sich weigerte, einer Partei beizutreten.[44])

Charlotte Werner, in Hamburg geboren und 1945 aus Ostpreußen geflüchtet, war den Briten in Raisdorf bei Kiel aufgefallen, als sie sich 1945 über den dortigen Bürgermeister beschwerte, der sich nicht ausreichend für die Flüchtlinge einsetzte. Als die Ernennung des Landtages bevorstand, wurde sie von den Engländern nach Kiel gebracht und wie die anderen Landtagsbewerber eindringlich nach ihrer Vergangenheit im NS-Staat und ihrer politischen Einstellung befragt. Ihr soziales Engagement für die Flüchtlinge begründete sie mit dem Hinweis auf das DRK, das ohne Ansehen der Person und der Nationalität allen helfe. Ihr selbstbewußtes Auftreten vor der Behörde und ihr trotz ihrer norddeutschen Herkunft dezidiertes Selbstverständnis als Flüchtling dürfte u.a. den Ausschlag für ihre Ernennung zur Flüchtlingsvertreterin gegeben haben.[45])

Während diese beiden Frauen offenbar direkt über den Kontakt mit den britischen Militärbehörden in den Landtag gelangten, hatten sich die übrigen vier Frauen parteipolitisch profiliert und z.T. schon kommunalpolitische Ämter inne, so daß man bei ihnen auf eine intensive Überprüfung verzichten konnte. Zu ihnen gehörten die Neumünsteraner Stadträtin Marie Schmelzkopf (SPD)[46]) und die Sozialdemokratin Dora Möller aus Lübeck, die sich vor 1933 im Auftrage des Jugendamtes um verwahrloste Jugendliche in Lübeck gekümmert hatte und Jugendgruppenleiterin bei den Falken gewesen war. Ihr Mann wurde 1935 wegen illegaler politischer Betätigung eingesperrt, nach der Intervention Dora Möllers bei Göring kurze Zeit später aber wieder freigelassen. Bereits im Mai 1945 betätigte sie sich wieder in der Partei und kümmerte sich besonders um Jugendliche, indem sie Kindertransporte und Zeltlager begleitete.[47])

Auch die Kieler Gewerbelehrerin Frieda Döbel gehört zu den Sozialdemokratinnen der ersten Stunde. Als die Kieler SPD noch vor ihrer Zulassung im Juni 1945 die Reorganisation der Partei in den oben erwähnten Stubenzirkeln betrieb, fanden u.a. auch in den Wohnungen Frieda Döbels und ihres späteren Ehemannes Emil Hackhe Treffen statt. Aufgrund ihrer eigenen negativen Erfahrungen mit dem Bildungswesen der Weimarer Republik und der NS-Zeit, das ihr nur unter mühsamen Anstrengungen die Ausbildung zur Gewerbelehrerin ermöglichte, setzte sie sich für eine demokratische Schule ein, die auch Kindern aus den Unterschichten eine gute Ausbildung ermöglicht. Im Dezember 1945 wurde sie bürgerliches Mitglied der ernannten Ratsversammlung in den Fachausschüssen für Schule und Berufsschule. Im Fachausschuß für Jugendwohlfahrt saß sie als Vertreterin der weiblichen Jugendpflege, außerdem arbeitete sie im Entnazifizierungsausschuß *„Lehrer"* mit. Aufgrund dieser Tätigkeiten wurde sie nach eigener Aussage in den ersten ernannten Landtag berufen.[48])

Wenig Informationen besitzen wir über die beiden Kommunistinnen, die nacheinander Mitglieder des ersten ernannten Landtages waren. Agnes Nielsen gehörte bereits in den zwanziger Jahren der KPD an und kandidierte 1929 für die Stadtverordnetenversammlung. Als sie Anfang 30er Jahre Fürsorgerin bei der Stadt und zur Überparteilichkeit verpflichtet wurde, trat sie aus der Partei aus.[49]) Nach dem Krieg schloß sich Agnes Nielsen wieder der KPD an. Im Juni 1945 stand ihr Name auf einer Mitgliederliste des Komitees zur Bildung der freien Gewerkschaften; zusammen mit Gertrud Voelcker war sie für die Organisation des Ausschusses für Frauenfragen zuständig, der auf Vorschlag Voelckers das gesamte soziale Gebiet umfassen sollte.[50])

Im Februar 1946 wurde Agnes Nielsen zur Abgeordneten des Provinzbeirates ernannt. Aber schon nach der zweiten Sitzung des Landtages am 13.3.1946, auf der sie von ihrer Partei für den Katastrophenabwehrausschuß nominiert wurde, der sich mit Maßnahmen gegen die aktuelle Hungerkrise befassen sollte[51]), legte sie ihr Mandat nieder, weil sie ihre berufliche Stellung als Regierungsrätin im Amt für Volkswohlfahrt beim Oberpräsidenten beibehalten wollte.[52]) Auf der Kieler Gründungsveranstaltung des *„Vereins der Verfolgten des Nazismus"* am 19. August 1946 wurde Agnes Nielsen zur Ehrenvorsitzenden des VVN gewählt, weil sie sich vom ersten Tag der Kapitulation an für die Interessen der ehemaligen politischen Häftlinge eingesetzt hatte.[53]) Im Auftrag der Landesregierung führte sie im September 1946 eine Gedenkfeier für die

Berta Schulze (1889–1967, KPD), 5/1946–9/1946 Mitglied des Ersten ernannten Landtages.
(Pressestelle des Schleswig-Holsteinischen Landtages)

Opfer des Nationalsozialismus auf dem Kieler Friedhof *„Eichhof"* durch.[54]) Im Kommunalwahlkampf 1946 hielt sie u.a. in Rendsburg Vorträge über die Entwicklung der sozialen Stellung der Frau und erhob die Forderung ihrer Gleichstellung im wirtschaftlichen und öffentlichen Leben.[55]) 1948 trat Agnes Nielsen zur SPD über, um weiterhin an ihrer damaligen Arbeitsstelle im Amt für Wiedergutmachung tätig sein zu können. 1962 kandidierte sie bei der Kommunalwahl in Kiel unter der Berufsbezeichnung *„Sozialreferentin i.R."* für die Deutsche Friedens-Union.

Ihre Nachfolgerin im ersten ernannten Landtag wurde Bertha Schulze, die ebenfalls vor 1933 der Kieler KPD angehört hatte; damals ernährte sie ihre beiden Kinder durch Heimarbeit.[56]) Die Ausschußprotokolle der Kieler Ratsversammlung weisen sie im März und April 1946 als bürgerliches Mitglied in den Ausschüssen für Flüchtlingswesen und Jugendwohlfahrt aus; wahrscheinlich wurde sie wegen ihrer dortigen ehrenamtlichen Tätigkeit von ihrer Partei als Nachfolgerin Nielsens im Landtag vorgeschlagen, an dessen Sitzungen sie ab der 4. Sitzung im Mai 1946 teilnahm.

Agnes Nielsens Verzicht auf ein Mandat war kein Einzelfall. Das Handbuch des Landtages weist insgesamt 78 Mitglieder aus, von denen 26 nur zeitweilig dem Gremium angehörten, wobei auch, abgesehen von SPD und KPD, die einzelnen Fraktionen noch nicht festgefügt waren. So konnte auf der 5. Sitzung am 12.6.1946 der Landtagssekretär Dr. Rödel nach einer Fragebogenaktion feststellen, daß von den damaligen 68 Abgeordneten 23 der SPD, 6 der KPD und 2 der FDP angehörten, während sich der CDU 16 Mitglieder und 20 Gäste zugehörig fühlten.[57]) Zuvor hatte der parteilose Abgeordnete Ryba auf der zweiten und dritten Sitzung kritisiert, daß Parteilose und Flüchtlinge nicht ausreichend in den Ausschüssen repräsentiert seien, insbesondere nicht im Flüchtlingsausschuß, der sich aus fünf Einheimischen und zwei Vertriebenen (Paul Groß, Charlotte Werner) zusammensetzte, obwohl das Verhältnis zwischen beiden Gruppen in der Bevölkerung mittlerweile etwa 50:50 betrug.[58]) An der Nominierung der Ausschußmitglieder, bei denen die Fraktionen nur Parteimitglieder berücksichtigten, und an der Fragebogenaktion betreffs der Parteizugehörigkeit im Juni 1946 wird einmal mehr deutlich, daß das Denken und Handeln in parteipolitischen Strukturen im Vordergrund stand und trotz aller Krisen und gesellschaftlicher Umbrüche die Situation nicht so offen war, wie vielfach behauptet wird.

Die Parteien formieren sich: Die Frauen des zweiten ernannten Landtages

Mit den ersten Kreistags- und Kommunalwahlen im September und Oktober 1946 formierten sich die Parteien noch stärker, was unmittelbare Auswirkung auf die Zusammensetzung des zweiten ernannten Landtages hatte. Bei den Abgeordneten der Kreise wurde nun das Ergebnis der Wahlen zugrundegelegt, während die übrigen Abgeordneten weiterhin ernannt wurden.[59]) Im Landtag, der vom 2.12.1946 bis zum 19.4.1947, also knapp fünf Monate arbeitete, saßen 60 Abgeordnete; 25 gehörten der SPD, 23 der CDU, 4 der FDP, 4 dem SSV, 3 der KPD und einer der DKP an. Während die Parteilosen im ersten ernannten Landtag mit 23 der 78 Abgeordneten noch 29,5% ausmachten, waren jetzt alle Parteimitglieder. Offenbar war während des Sommer 1946 *„die Spreu vom Weizen getrennt"* worden: 27 (= 45%) der Mandatsträger waren neu nominiert worden, davon 10 bei der SPD und 11 bei der CDU. Wer nicht in einer Partei verankert war, hatte keine Chance mehr, in den Landtag zu kommen.

Das betraf im besonderen Maße offenbar die Frauen, denn von den sechs weiblichen Abgeordneten war nur Frieda Döbel übriggeblieben. Charlotte Werner hatte sich geweigert, neben ihrer umfangreichen Tätigkeit als Flüchtlingsvertreterin auch noch Parteiarbeit in der SPD zu leisten, und wurde durch die SPD-Bezirkssekretärin Anni Krahnstöver ersetzt.[60])

Elisabeth Jensen stand der konkreten Parteienlandschaft des Jahres 1946 ablehnend gegenüber und wollte sich zudem mit strukturellen Gegebenheiten wie z.B. die Parteidisziplin nicht abfinden, so daß sie sich nicht zu einem Beitritt entschließen konnte.[61])

Dora Möller spielte fortan in der Hierarchie der Lübecker Sozialdemokratie nur eine untergeordnete Rolle, sie hat auch auf der kommunalpolitischen Ebene kein Mandat mehr erhalten; entweder wurde sie innerhalb der Partei nicht für eine profilierte, für die Landespolitik geeignete Person gehalten oder sie strebte keine Mandate an. Als *„hundertzehnprozentige Sozialdemokratin"*, die zeitlebens *„wie ein Juso"* agierte, prägte Dora Möller aber eine Reihe Lübecker Sozialdemokratinnen, für die sie ein Vorbild war.[62])

Marie Schmelzkopf saß noch bis 1950 in der Ratsversammlung Neumünsters und im Vorstand der dortigen Allgemeinen Ortskrankenkasse. Im übrigen gehörte sie wie Bertha Schulze einer Altersgruppe an, die nach 1950 keine bedeutende politische Rolle mehr spielte. Auch Bertha Schulze hatte keine exponierte Position in der KPD; sie kandidierte in Kiel noch einmal erfolglos bei der Kommunalwahl im Oktober 1948 und ist dann politisch nicht mehr in Erscheinung getreten. Daß sie für den zweiten ernannten Landtag nicht wieder nominiert wurde, dürfte auch mit dem

Dora Möller (1894–1981, SPD), 2/1946–9/1946 Mitglied des Ersten ernannten Landtages.
(Privatbesitz K. Möller)

Mandatsverlust der KPD zusammenhängen, die drei KPD-Sitze wurden jetzt von Männern besetzt.

Dieser Klärungsprozeß in der Parteienlandschaft des Jahres 1946 hat im Endeffekt dazu geführt, daß nur noch drei Frauen im zweiten ernannten Landtag vertreten waren. Der Frauenanteil war damit auf 5% gesunken, d.h. auf den zweitniedrigsten Stand innerhalb des betrachteten Zeitraumes von 1946 bis 1966 (vgl. Tab. 2). Offenbar genossen die damals politisch aktiven Frauen, die vor allem auf der kommunalen Ebene erhebliche Wiederaufbauarbeit leisteten, nicht soviel Ansehen in ihren

Parteien, daß sie von den Vorständen in die Landespolitik geholt wurden.

Neu im Landtag waren Anni Krahnstöver von der SPD und Emmy Lüthje von der CDU; beide Frauen wiesen wie Frieda Döbel ein parteipolitisches Profil auf, das sie auch für eine langfristige politische Arbeit prädestinierte.

Anni Krahnstöver aus Eckernförde war gebürtige Kielerin; bereits im Alter von 24 Jahren wurde sie 1928 in Oppeln (Oberschlesien) Bezirkssekretärin der SPD. Im Januar 1945 kam sie als Flüchtling zunächst nach Mecklenburg, später in die Lüneburger Heide; 1946 wurde sie Bezirkssekretärin in Schleswig-Holstein, wo sie im zweiten ernannten Landtag die Nachfolge von Charlotte Werner als Flüchtlingsvertreterin antrat. Nach ihrer Wahl zum MdL im April 1947 gehörte sie zu den vier schleswig-holsteinischen Mitgliedern des am 10. Juni 1947 neugebildeten 27köpfigen (später 32köpfigen) Zonenbeirates der britischen Zone, der jetzt durch die Delegierung durch die Länderparlamente parlamentarisiert wurde, aber immer noch nur beratende Funktion hatte. Ihre Ernennung verdankte sie u.a. auch den britischen Behörden, denn nach der Maßgabe General Robertsons sollten dem Zonenbeirat auch Frauen angehören.[63]) Aufgrund ihrer überregionalen Erfahrung wurde Anni Krahnstöver 1948 vom Landtag in den im Juni 1947 gebildeten Wirtschaftsrat entsandt, als dessen Gesetzgebungskompetenz mit einem neuen Statut vom 5. Februar 1948 erweitert und seine Mitgliederzahl von 52 auf 102 erhöht wurde.[64]) Dem Wirtschaftsrat gehörte Anni Krahnstöver mit zwei weiteren Sozialdemokratinnen bis zur Bundestagswahl 1949 an, bei der sie als Direktkandidatin im Landkreis Pinneberg und als Spitzenkandidatin der SPD-Landesliste in den ersten Deutschen Bundestag gewählt wurde. Ihr Mandat hatte sie nur für eine Legislaturperiode inne, denn nach ihrer Eheschließung mit dem stellvertretenden SPD-Bundesvorsitzenden Mellies verzichtete sie auf eine weitere Kandidatur, weil es ihr nicht opportun erschien, daß ein Ehepaar dem Bundestag angehörte.[65])

Während die Ernennung zum Mitglied des Landtages bei Anni Krahnstöver den Grundstein für eine politische Karriere auf Bundesebene legte, erfüllten sich solche Ambitionen bei der CDU-Abgeordneten Emmy Lüthje nicht. Ihre politische Laufbahn begann wie bei vielen Frauen ihrer Partei im vorpolitischen Raum durch ihre Arbeit im Hausfrauenbund. Im Alter von 31 Jahren wurde sie bereits 1926 zweite Vorsitzende des Hausfrauenbundes Kiel; dieses Amt hatte sie bis zur Auflösung des Verbandes durch die Nationalsozialisten im Jahre 1933 inne.

Am 1. März 1946 gründete sie den Verband in Kiel neu und baute in der folgenden Zeit weitere Ortsvereine in Schleswig-Holstein auf. 1949 wurde sie sowohl Landes- als auch Bundesvorsitzende ihres Vereins, dessen bundesweiter Zusammenschluß am 16.6.1949 in Eutin erfolgte. Ihre parteipolitische Karriere in der CDU, der sie 1946 zusammen mit ihrem Mann, dem späteren Kieler Ratsmitglied Hermann Lüthje, beigetreten war, begann zunächst nicht sehr erfolgversprechend mit einer Kandidatur bei der ersten Kommunalwahl 1946 in Kiel. Sie konnte zwar kein Mandat erreichen, arbeitete aber ab Ende Oktober 1946 als bürgerliches Mitglied im Hauptausschuß für soziale Verwaltung und Flüchtlingsfragen sowie im Fachausschuß für allgemeine Fürsorge mit. Ihre Partei schlug sie dann für den zweiten ernannte Landtag vor, und in der Folgezeit konnte sie als *„Vollblutpolitikerin"*, die die Frauen auf Versammlungen begeisterte, ihre Stellung in der Partei ausbauen, vor allem mit dem Hinweis darauf, daß sie mit ihrem Hausfrauenbund ein nicht unerhebliches Wählerpotential der Partei hinter sich habe. Obwohl sie dreimal auf der Landesliste ihrer Partei für den Bundestag kandidierte (1949, 1953, 1957), schaffte sie nicht den Sprung über die Landesgrenzen hinaus.

Der Kampf gegen die Not: Die Arbeit der weiblichen Landtagsabgeordneten 1946 – 1947

Was die Arbeit der weiblichen Abgeordneten in den beiden ernannten Landtagen angeht, zeigt sich ein ähnliches Bild wie bei den Kommunalpolitikerinnen. Auch hier beschäftigten sich die Frauen in erster Linie mit sozialen und bildungspolitischen Fragen. Im ersten ernannten Landtag gehörten Marie Schmelzkopf und Agnes Nielsen dem Katastrophenabwehrausschuß an, der Maßnahmen zur Bewältigung der aktuellen Hungerkrise im Frühjahr 1946 ausarbeiten sollte; Marie Schmelzkopf arbeitete zudem im Ausschuß für Volkswohlfahrt mit. Dora Möller saß im Ausschuß für Gesundheitswesen, Charlotte Werner und Bertha Schulze im Ausschuß für Flüchtlingsfragen, während sich Frieda Döbel, ihrer Ausbildung als Gewerbelehrerin entsprechend, von 1946 bis 1950 im Volksbildungsausschuß engagierte, dessen Vorsitz sie in der ersten ordentlichen Legislaturperiode von 1947 bis 1949 übernahm. Damit fungierte sie als Stellvertreterin des Ministers dieses Ressorts. Eine Ausnahme hinsichtlich des Arbeitsgebietes der weiblichen Abgeordneten stellte im ersten ernannten Landtag Elisabeth Jensen dar, die dem Geschäftsordnungausschuß angehörte, der den Arbeitsrahmen des Landtages schaffen sollte.[66])

Im zweiten ernannten Landtag übernahmen zwei der drei weiblichen Abgeordneten jeweils den Vorsitz eines Ausschusses. Emmy Lüthje stand an der Spitze des Gesundheitsausschusses, dem auch Frieda Döbel angehörte. Anni Krahnstöver wurde Vorsitzende des Ausschusses für das Flüchtlingswesen; ihre Stellvertreterin war Emmy Lüthje, die außerdem noch in den Ausschüssen für Volksbildung und Volkswohlfahrt sowie im Sonderausschuß Sylt saß. Krahnstöver arbeitete in den Ausschüssen für Volkswohlfahrt und Wirtschaft mit; in letzterem dürfte sie sich für ihre Delegierung zum Zonenbeirat und zum Wirtschaftsrat im Sommer 1947 qualifiziert haben.

Diesem Überblick über die Ausschußtätigkeit läßt sich entnehmen, daß die Frauen im zweiten ernannten Landtag durch ihre gemeinsame Ausschußmitgliedschaft enger zusammengearbeitet haben müssen als im ersten Landtag. Besonders umfangreich war die Tätigkeit Emmy Lüthjes, die allen sozialen und bildungspolitischen Ausschüssen angehörte, wahrscheinlich weil sie hier den Sozialdemokratinnen nicht das Feld überlassen und die Interessen der konservativen Frauen vertreten wollte.

Im Gegensatz zum ersten ernannten Landtag, wo die Frauen über ihre Ausschußtätigkeit hinaus keine weiteren Funktionen übernommen hatten, wurden im zweiten Landtag Anni Krahnstöver und Emmy Lüthje zu Schriftführerinnen gewählt, und zwar hier noch als erste bzw. zweite Stellvertreterin, während in den späteren Legislaturperioden das Amt des Schriftführers regelrecht ein Frauenamt, insbesondere der weiblichen Neulinge wurde.

Die Wortmeldungen der weiblichen Abgeordneten entsprachen vor allem im ersten ernannten Landtag weder ihrem Anteil an den Abgeordneten noch spiegelten sie ihre tatsächlich geleistete Arbeit wider. Von den 1200 Redebeiträgen in den acht Arbeitssitzungen des ersten Landtages entfielen insgesamt drei (!) auf die Frauen, also 0,25%; 106 Beiträge hätten es sein müssen, wenn sich die Frauen ihrem Anteil von 8,8% entsprechend zu Wort gemeldet hätten.

Die Dominanz der männlichen Abgeordneten, die durchschnittlich fünfzehnmal redeten, resultierte u.a. aus der Struktur der Sitzungen, in denen nämlich zunächst die ausschließlich männlichen Ausschußvorsitzenden, die nach der am 12. Juli 1946 verabschiedeten vorläufigen Verfassung zu Ministern ernannt wurden, Bericht erstatteten, bevor man über anstehende Maßnahmen und Probleme diskutierte.

Die Zurückhaltung der weiblichen Abgeordneten liegt auch in den verhandelten Themen begründet, in denen sie wenig Kompetenz aufwiesen. Die Debatten drehten sich nämlich in der Hauptsache um die wirtschaftliche Situation Schleswig-Holsteins sowie um die Geschäftsordnung des Landtages und die zukünftige Verfassung des Landes, bei denen verfassungsrechtliche und juristische Probleme eine Rolle spielten und bei denen man vor allem auf den Rat von Fachleuten wie z.B. Prof. Mangoldt angewiesen war. Angesichts der Machtlosigkeit des Landtages, der kaum Entscheidungsbefugnisse hatte und völlig abhängig war von der Militärregierung, mögen diese Debatten den Frauen, die sich eher den konkreten Alltagsproblemen als den ordnungspolitischen Themen zuwendeten, auch als Schaukämpfe in den beginnenden parteipolitischen Auseinandersetzungen erschienen sein und sie von Diskussionsbeiträgen abgehalten haben. Hinzu kam, daß einige von ihnen zum ersten Mal in einem politischen Gremium saßen (Jensen, Werner) oder auch in ihrer Partei eine untergeordnete Rolle gespielt hatten (Nielsen, Schulze), also politisch relativ unerfahren waren. Eventuell wirkte auch hier noch die nationalsozialistische Herrschaft nach, die die Frauen zwölf Jahre vom politischen Leben systematisch ausgeschlossen hatte.

Und so meldeten sich die drei Abgeordneten Frieda Döbel, Charlotte Werner und Bertha Schulze nur in den Bereichen zu Wort, in denen sie die entsprechende Fachkompetenz hatten, ohne daß allerdings damit das Ausmaß ihrer außerhalb der Landtagssitzungen geleisteten Arbeit sichtbar wurde. Diese Arbeit ist schwer zu rekonstruieren; die Ausschüsse konstituierten sich praktisch erst im Mai 1946, weil zuvor offenbar weitgehende Unklarheit über ihre Zuständigkeiten herrschte und zudem die meisten Behörden der verschiedenen Ressorts erst im Aufbau begriffen waren. Da auch die Zeitungen kaum etwas berichteten, sind wir neben den Landtagsprotokollen auf die Schilderungen Charlotte Werners, der einzigen noch lebenden Abgeordneten der damaligen Zeit, angewiesen.

Als Mitglied des Flüchtlingsausschusses richtete sie innerhalb einer Fragestunde auf der 7. Sitzung am 30. Juli 1946 an die Landesregierung die Frage, ob dieser bekannt sei, *„daß nach einer Zusammenstellung der Gemeinschaftslagerverwaltung der Stadt Kiel die Kosten für den Einkauf der Kinderlebensmittelkarten ohne Kosten für Sonderzuwendungen RM 30,91 je Monat betragen, dagegen der Unterstützungssatz je Kind nur RM 16,50."*

Außerdem fragte sie danach, wieviel Bezugsscheine für Haushaltswaren ausgegeben würden.[67] In seiner Antwort gab der Landesminister für Volkswohlfahrt, Pohle, zwar zu, daß die Unterstützungssätze für Familien zu niedrig seien, verwies aber darauf, daß das Land keine finanziellen Mittel mehr habe und die Richtsätze nur mit Hilfe eines Reichsausgleichs erhöht werden könnten. Der Minister Diekmann beklagte dagegen, daß bisher nur ein geringer Teil der zonal bewirtschafteten Haushaltsgegenstände, die in Fabriken, beim Großhandel und Einzelhändlern lagerten, von der britischen Zentralstelle in Bünde ausgegeben worden seien. Zudem weigerten sich die britischen Behörden, die Quote von 20% auf 80% heraufzusetzen, wie von den deutschen Stellen gefordert worden war. Dieses Beispiel macht einmal mehr den enggesteckten Rahmen zwischen materiellem Mangel und britischer Besatzungspolitik deutlich, in dem sich das politische Handeln damals allgemein vollzog.

Charlotte Werners Anfrage ist Ausdruck des Elends, mit dem sie in den Flüchtlingslagern nicht nur als Landtagsabgeordnete, sondern auch als Bewohnerin einer Raisdorfer Baracke konfrontiert wurde. Dieses Elend, das sich u.a. auch in einem katastrophalen Mangel an Haushaltsgegenständen manifestierte, schilderte ein halbes Jahr später der Abgeordnete Lechner (SPD) als Mitglied des Flüchtlingsausschusses, um auf diese Weise die Notwendigkeit eines vorläufigen schleswig-holsteinischen Lastenausgleichs zu begründen, der die Anrechnung von freiwillig abgegebenen Gebrauchsgegenständen auf einen späteren Lastenausgleich vorsah: *„An dieser Stelle wurde kürzlich gesagt, daß nicht das ganze Volk hungert, sondern 50 Prozent, und den andern 50 Prozent ginge es relativ gut. Das ist richtig. Aber genauso richtig ist, daß etwa 50 Prozent des Volkes in einigermaßen erträglichen Verhältnissen leben, während 50 Prozent außergewöhnlich primitiv leben müssen, d.h. sie haben entweder geliehene Möbel oder gar keine und leben zum Teil ohne irgendwelchen Hausrat; sie essen aus Konservendosen und liegen auf Pritschen. Ich sah in einem Lager, daß von 260 Personen nur 160 ein Bett besaßen, die übrigen lagen auf Pritschen oder auf der Erde; die Menschen haben keine Wolldecken in ausreichendem Maße. Ich sah in einem Lager, daß eine Familie von 10 Personen nur neun Wolldecken*

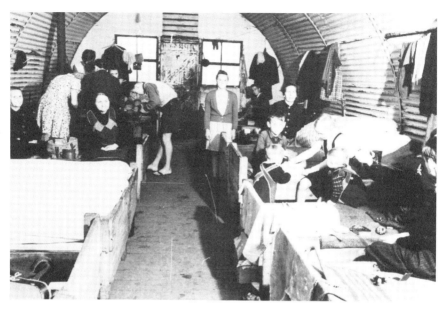

Um den bedrückenden Wohnverhältnissen in den Notunterkünften – hier eine Kieler Nissenhütte – wenigstens für einige Zeit zu entkommen, besuchten viele Frauen die Veranstaltungen der verschiedenen Frauenverbände.
(Stadtarchiv Kiel)

besaß, die Menschen sitzen auf den Bettkanten oder auf Holzklötzen, weil Bänke und Stühle ihnen nicht zur Verfügung stehen. Ich sah Menschen mit Säcken um die Füße, Kinder im Winter barfuß. Ich kam in einen Raum, in dem drei oder vier Familien zusammengepfercht waren, die weder einen vernünftigen Kochtopf noch sonstigen Hausrat besaßen, nicht einmal ein Herd oder ein Ofen war vorhanden." [69])

Aber nicht nur die Innenausstattung der Läger bereiteten Sorgen. So machte Bertha Schulze im August 1946 die Landesregierung darauf aufmerksam, daß in Schönberg bei Kiel noch Wohnbaracken leerstünden, weil sie aus Mangel an Material nicht repariert werden könnten, und unterbreitete zugleich den Vorschlag, durch den Abbruch einer Baracke mit dem gewonnenen Material die anderen instandzusetzen, um mit deren Belegung die Überfüllung der Kleinwohnungen zu mindern. Der Regierung war zwar von diesen Baracken in Schönberg nichts bekannt, vermutete aber, daß sie von den britischen Militärbehörden bisher nicht freigegeben worden seien. In diesem Zusammenhang beklagte sie auch die schleppende Arbeitsweise der britischen Behörden, die bereits vor zwei Monaten Materialien zugesagt hätten.[70])

Charlotte Werner (geb. 1909, SPD), 2/1946–9/1946 Mitglied des Ersten ernannten Landtages. (Privatbesitz Ch. Werner)

Daß sich die Arbeit der Mitglieder des Flüchtlingsausschusses nicht nur auf die Besichtigung von Lagern, die Berichterstattung über die Situation der Vertriebenen oder die Einbringung von Gesetzesinitiativen zur Linderung der Flüchtlingsnot beschränkte und nur unter Schwierigkeiten zu bewerkstelligen war, verdeutlicht das Beispiel Charlotte Werners. Als Flüchtlingsvertreterin war sie zuständig für den Kreis Plön, tatsächlich reiste sie aber in ganz Schleswig-Holstein herum, um bei den entsprechenden Behörden Anträge der Vertriebenen in Invaliditätssachen und zum Lastenausgleich einzureichen. Bei den Verwaltungsstellen stieß sie vielfach auf Widerstände, aber sie beherrschte bald die entsprechenden Taktiken, um bis zu den Verantwortlichen vorzudringen und ihr Anliegen durchzusetzen. Erschwert wurde ihre Arbeit durch die schlechte

Verkehrssituation; ihr stand nur selten ein Auto zur Verfügung, und so mußte sie Autofahrer anhalten, die nach Vorzeigen ihres Abgeordnetenausweises verpflichtet waren, sie mitzunehmen. Häufig war sie erst um Mitternacht zu Hause, so daß sie manchmal auch den letzten Bus von Kiel nach Hause verpaßte. Bei einer solchen Gelegenheit nahm sie einmal ein Autofahrer mit, der viel geschäftlich unterwegs war und Charlotte Werner schon an den verschiedensten Orten gesehen und sich darüber gewundert hatte. In Anerkennung ihrer Arbeit versprach er ihr, sie in Zukunft immer dann mitzunehmen, wenn sie eine Fahrgelegenheit benötige.[71])

Charlotte Werner rieb sich damals als Flüchtlingsvertreterin förmlich auf, und ohne die Unterstützung ihres Mannes, der die beiden Kinder während ihrer Abwesenheit betreute, hätte sie nach eigener Aussage nicht durchgehalten. Angesichts dieser Anstrengungen war es nicht verwunderlich, daß ihre Lungenkrankheit wieder auszubrechen drohte und sie u.a. anderem auch aus diesem Grund im Dezember 1946 aus der Landespolitik ausschied. Während sie von den Vertriebenen, für die sie sich so stark eingesetzt hatte, später viele Dankesbriefe erhielt, blieb die öffentliche Anerkennung aus; an die *„Frauen der ersten Stunde"* erinnerte man sich schon bald nicht mehr.

Neben den erwähnten Stellungnahmen bzw. Anfragen zum Flüchtlingsproblem kam das weibliche Element im ersten ernannten Landtag nur noch durch das bildungspolitische Engagement Frieda Döbels zum Tragen. Auf der 6. Sitzung am 10. Juli 1946, in der die Verhältnisse in den schleswig-holsteinischen Schulen zur Debatte standen, begründete die Sozialdemokratin den Antrag ihrer Fraktion, für begabte Waisen- und Flüchtlingskinder Internatsschulen einzurichten, Heimvolkshochschulen zu schaffen sowie Jugendferienheime, Jugendherbergen und Jugendheime möglichst schnell wieder zu öffnen. Grundtenor ihrer Rede war die Besorgnis über die Lage der Kinder und Jugendlichen in dem vom Flüchtlingsstrom so stark betroffenen Land Schleswig-Holstein. Die Internatsschulen sollten verhindern, daß begabte Kinder in den oben geschilderten Umständen frühzeitig verkümmerten und damit entwicklungsfähige, geistige Kräfte verlorengingen, auf die die Gesellschaft dringend angewiesen war. Die Heimvolkshochschulen sollten sich mit ihrem Programm vor allem an die Generation der 18- bis 30jährigen richten, die *„durch die große geistige Isolierung"* getroffen worden sei, die sich jetzt so lähmend auswirke. Diese Schulen sollten hier durch Arbeitsgemeinschaften und Vortragsreihen Anregungen für die Auseindersetzung mit den aktuellen Problemen der Zeit geben. Im Sinne einer *„Volksgesundung"* forderte Frieda Döbel abschließend die Wiedereröffnung der 36 Jugendherbergen des Landes, damit der Jugend Erholungsmöglichkeiten geboten werden könnten.[72]) Mit dem letzten Teil ihres Antrages hob sie eine Forderung bzw. Aufgabenstellung ihrer Partei, mit deren Durchführung auf kommunaler Ebene gerade in Form von Strandfahrten, Ferienlagern etc. z.B. in Kiel und Lübeck begonnen worden war, auf die landespolitische Ebene. Im übrigen wurde dieser Antrag wie alle anderen zur Schulpolitik in dieser Sitzung einstimmig angenom-

Anni Krahnstöver (1904–1961, SPD), 1946–1948 Mitglied des zweiten ernannten und des ersten gewählten Landtages, 1949–1953 Mitglied des Deutschen Bundestages.
(Parlamentsarchiv des Deutschen Bundestages)

men, ein Hinweis darauf, daß die Parteien 1946 bei der Bekämpfung des Elends noch an einem Strang zogen.

Während die Arbeit der weiblichen Abgeordneten des ersten ernannten Landtages weitgehend verborgen vor den Augen der Öffentlichkeit geleistet und auch in den Sitzungen des Landtages nicht deutlich wurde, traten die drei weiblichen Abgeordneten im zweiten ernannten Landtag, dessen konstituierende Sitzung am 2.12.1946 stattfand, etwas stärker hervor. Gegenüber dem ersten Landtag war die Gesamtzahl der Wortmeldungen in den sieben Sitzungen zwar auf 331 zurückgegangen, die Redebeiträge hatten aber aufgrund der zunehmenden Professionalisierung aller Abgeordneten und der größeren Befugnisse des zweiten Landtages an Qualität gewonnen. Hinzu kam, daß die Parteien vor allem im Kommunalwahlkampf an programmatischem Profil gewonnen hatten und für das Frühjahr 1947 die ersten Landtagswahlen ins Haus standen, so daß der zweite ernannte Landtag zur Bühne für Kontroversen zwischen den Fraktionen wurde. An diesen Kontroversen beteiligten sich auch die weiblichen Abgeordneten, die in den Debatten auch dadurch stärker gefordert waren, daß zwei von ihnen Ausschüssen vorsaßen und Anträge ihrer Fraktionen begründen mußten. Trotzdem blieben sie auch diesmal mit ihren 10 Redebeiträgen, die 3% ausmachten, hinter ihrem Anteil an den Landtagsabgeordneten von 5% zurück. Am stärksten profilierte sich die Vorsitzende des Flüchtlingsausschusses, Anni Krahnstöver, die sich fünfmal zu Wort meldete, gefolgt von Emmy Lüthje mit drei und Frieda Döbel mit zwei Beiträgen.

Die Themen, denen sich die Frauen im zweiten ernannten Landtag zuwandten, blieben die gleichen wie im ersten Parlament, nämlich das Flüchtlingsproblem und der damit zusammenhängende schlechte Gesundheitszustand der Bevölkerung sowie die Schulreform.

So appellierte Anni Krahnstöver auf der 4. Sitzung am 31.1.1947 dringend an die Abgeordneten, der von ihrer Fraktion beantragten vorläufigen Maßnahme zuzustimmen, die freiwillige Abgabe von Haushaltsgegenständen auf einen zukünftigen Lastenausgleich anzurechnen. Sie befürchtete eine Radikalisierung der Flüchtlinge, wenn nicht bald deren Situation entscheidend verbessert würde. Da aber ein umfasssender Lastenausgleich noch nicht in Aussicht genommen werden könne, weil sich die für den Ausgleich notwendige Währungsreform hinauszögere, müsse man schon jetzt an die Bevölkerung appellieren, freiwillig Gebrauchsgegenstände abzugeben, um die Not der 50 % Prozent zu lindern, die *„in die völlige Besitzlosigkeit verdrängt"* worden seien. Während die CDU schon in dieser Debatte einen Gesetzentwurf über die Erfassung des Hausrats und der Möbel sowie die Pflichtabgabe von dringend benötigten Gegenständen forderte, setzte Krahnstöver und mit ihr die gesamte SPD-Fraktion auch bei den in den nächsten Sitzungen folgenden Anträgen auf das Prinzip der Freiwilligkeit bei den Hilfeleistungen, um die zwischen Einheimischen und Flüchtlingen herrschende Feindseligkeit nicht zu verstärken. Auch wenn aufgrund ihrer eigenen Erfahrungen als Flüchtling ihr *„Glauben an die Menschlichkeit sehr stark ins Wanken geraten"* war[73]), betonte Krahnstöver in der 5. Landtagssitzung die Notwendigkeit, eine übermäßige Bürokratisierung zu vermeiden und *„eine menschliche Haltung zu diesen Dingen"* einzunehmen: *„Ich halte es für meine Aufgabe als Frau und Sozialistin, für eine Revolutionierung der Gesinnung einzutreten."* Unter anderem mit diesem Argument, aber auch mit dem Vorwurf, er wolle eine *„Flüchtlingsherrschaft"* errichten, wandte sich die sozialdemokratische Fraktion scharf gegen eine vom Minister für Volkswohlfahrt, Ryba (CDU), eingebrachte Verordnung, mit deren Hilfe eine hierarchisch aufgebaute, sich auf das ganze Land erstreckende Flüchtlingsverwaltung geschaffen werden sollte, um wie in anderen Ländern eine bessere Betreuung der Vertriebenen zu ermöglichen. Demgegenüber befürchtete die SPD eine Vertiefung der Kluft zwischen Einheimischen und Vertriebenen, wenn die 1,2 Millionen Flüchtlinge im Lande einer eigenen Verwaltung unterstellt würden, und eine Zunahme der Bürokratie, ohne daß *„den Flüchtlingen auch nur ein Kochtopf mehr"* besorgt werden könne (Krahnstöver).[74])

Hinter diesen Argumenten dürften aber auch wahltaktische Überlegungen gestanden habe, denn die SPD hätte Stimmenverluste bei ihren schleswigholsteinischen Stammwählern bei der Landtagswahl im April befürchten müssen, hätte sie zu schärferen Maßnahmen gegenüber den Einheimischen gegriffen, die vielfach noch Möbel und Hausrat ungenutzt herumstehen ließen oder gar horteten. Offenbar versuchte die CDU den umgekehrten Weg zu gehen, nämlich durch die Forderung schärferer Maßnahmen zur Lösung des Flüchtlingsproblems sich ein Wählerpotential bei den Vertriebenen zu erschließen.

Diese turbulente 5. Landtagssitzung am 28. Februar 1947, in der die Unterschiede in den Konzeptionen der beiden großen Fraktionen zur Lösung des Flüchtlingsproblems kraß zutagetraten, endete mit einem Mißtrauensantrag der SPD gegen den Minister Ryba und dessen Abwahl.

Trotz dieser parteipolitischen Kontroversen sprach Emmy Lüthje auf der letzten Sitzung des zweiten ernannten Landtages der Kollegin im Ausschuß für Flüchtlingswesen ihre Anerkennung aus und plädierte für die Zusammenarbeit der Parteien: *„Meine Damen und Herren! Als Abgeordnete und als Mitglied des Ausschusses für Flüchtlingswesen möchte ich hier einmal sagen, daß gerade Frau Krahnstöver die Frau ist, die mit allem Ernst das Flüchtlingswesen anpackt, und ich glaube, meine Damen und Herren, wir sind uns alle einig, daß nicht nur eine Partei dieses Flüchtlingsproblem mit großem Ernst anpackt, sondern alle Parteien dieses Problem gerade lösen wollen, weil es die größte Not bedeutet, die wir in Schleswig-Holstein haben."* [75])

Als Vorsitzende des Gesundheitsausschusses hatte Emmy Lüthje auf der 5. Sitzung eine weitere Facette des Flüchtlingsproblems beleuchtet: der schlechte Gesundheitszustand weiter Kreise der Bevölkerung aufgrund der Ernährungskrise und die zunehmende Ausbreitung der Tuberkulose durch die beengten Wohnverhältnisse, insbesondere in den überfüllten Massenunterkünften der Flüchtlinge. Im Zusammenhang mit der Ersten Lesung eines Gesetzes über die Röntgenreihenuntersuchung brachte sie einen Dringlichkeitsantrag mit einem Appell an die britische Militärregierung ein, die Ernährungssituation entscheidend zu verbessern und einen Teil des Exporterlöses für die dringende Beschaffung von Heilmitteln und Verbandsstoffen freizugeben. In eindringlichen Worten und mit anschaulichen Beispielen beschrieb sie die gesundheitlichen Folgen des Fettmangels, kritisierte die britischen Behörden, daß sie nicht zur rechten Zeit die Hausbrandverteilung organisiert hätten und jetzt für viele der Hunger- und Kältetod drohe, und warf den Briten indirekt vor, sehenden Auges die Kranken sterben zu lassen durch ihre Weigerung, dringend benötigte Heilmittel wie z.B. Insulin zu importieren. Ihr emotional geladener Appell an die Siegermächte kulminierte in der Feststellung: *„Unter dem Druck dieser unglaublichen Not sinkt die Moral, wächst die Korruption. Nur eines ist geblieben – die beispiellose Disziplin der deutschen Frau und Mutter, die die Folgen des harten Winters und die Konsequenzen alliierter und auch deutscher Unzulänglichkeit erträgt. Die Welt kann nicht so die Augen verschließen, daß sie diesem Heldenkampf der deutschen Mutter gegen Not, Hunger und Kälte tatenlos zusieht. Sie muß allen Menschen Hochachtung vor ihrer Haltung abzwingen. Aber sie ist am Ende ihrer Kraft und appelliert nochmals an das Weltgewissen!"* [76])

In die gleiche Richtung zielte Krahnstövers Hinweis, daß viele Mütter, die eine Säuglingskarte hätten, diese verkauften, um mit dem Geld Lebensmittel kaufen zu können.[77])

Lüthjes emotionaler Hinweis auf die Leistungen der Frauen und Mütter in diesem Hungerwinter 1946/47 lief letztendlich nur auf eine folgenlose, in der unmittelbaren Nachkriegszeit häufiger zu beobachtende Heroisierung der Frauen hinaus, aus der diese keinen Anspruch auf eine stärkere politische Partizipation ableiten konnten oder ableiten wollten. Als Mitte der 50er Jahre in der schleswig-holsteinischen Öffentlichkeit der zehnjährige Wiederaufbau der Städte und Gemeinden gefeiert wurde, waren

Mit Hungerdemonstrationen so wie hier am 13.5.1947 in Flensburg versuchte man der Kritik an der

die Leistungen der Frauen in diesem Bereich vergessen. Im Mittelpunkt der umfangreichen Sonderbeilagen der Zeitungen standen die Leistungen der Industrie, des Handwerks und der Bauwirtschaft, nicht die sozialen Leistungen bei der Bewältigung des physischen und psychischen Elends in den zerbombten Städten und in den Flüchtlingslagern.[78])

An den Äußerungen der Parlamentarierinnen wird zudem ein weiteres Moment der weiblichen Abgeordnetentätigkeit sichtbar: im Gegensatz zu den Männern wiesen die Frauen nicht nur in den ersten Nachkriegsjahren, sondern auch in den späteren Legislaturperioden während der Debatten häufig auf ihre Geschlechtszugehörigkeit bzw. ihre Frauenrolle hin, indem sie „als Frau", „als Mutter" oder auch „als Hausfrau" Stellung bezogen. Wenn es um die Situation, die Belange oder Probleme der Frauen in Schleswig-Holstein ging, so waren es

unzureichenden Ernährungspolitik der britischen Militärregierung Nachdruck zu verleihen.
(Stadtarchiv Flensburg)

in der Regel die weiblichen Abgeordneten, die die frauenspezifische Interessen thematisierten.

Ein weiteres Beispiel für eine solche Stellungnahme bot Anni Krahnstöver am 28. März 1947, als sie in einer Dringlichkeitsfrage ihrer Fraktion zur aktuellen Brotknappheit darauf hinwies, daß die Hausfrauen seit drei Wochen z.T. zwei und drei Stunden Schlange nach dem täglichen Brot stünden und dann vielfach keines oder nur sehr schwer verdauliches Maisbrot erhielten. Auch Krahnstöver verband wie Emmy Lüthje ihre Anfrage mit einer Kritik an den Besatzungsbehörden, die sich zu diesem Zeitpunkt allenthalben in der Öffentlichkeit erhob und vielfach gerade auch von Frauen geäußert wurden.

Auch die Bildungspolitik bot die Möglichkeit, als Frau Stellung zu nehmen. So unterstützte Emmy Lüthje den

Frieda Hackhe-Döbel (1911–1977, SPD), 1946–1949 Mitglied der ersten beiden ernannten sowie des ersten gewählten Landtages.
(Pressestelle des Schleswig-Holsteinischen Landtages)

von den Sozialdemokraten eingebrachten Gesetzentwurf zur Wiedereinführung des 9. Schuljahres mit folgenden Worten: *„Auch wir sind für die Wiedereinführung des 9. Schuljahres, und ich als Mutter muß dazu sagen, daß es unbedingt notwendig ist in der heutigen Zeit, daß unsere Kinder das 9. Schuljahr durchmachen, und zwar aus dem Grunde, weil sie erst dann infolge der Unterernährung überhaupt fähig sind, den Lebenskampf aufzunehmen. Es ist ja heute so, daß das Landesarbeitsamt, und mit dem Landesarbeitsamt die Handels- und Handwerkskammer uns immer wieder sagen, die Kinder können nicht untergebracht werden, und darum müssen schon diese Kinder neun Jahre die Schule besuchen. In einem Jahr wird es vielleicht möglich sein, einen großen Teil der Kinder schon in Lehrstellen unterzubringen, die sich heute noch herumtreiben würden und sich am Schwarzen Markt beteiligen würden, (...), und so die Moral unserer gesamten Jugendlichen in Frage stellt."* [79])

Damit nahm Lüthje Bezug auf die Darstellung des Landesministers Kuklinski (SPD), der in seiner Begründung des Gesetzes insbesondere auf den prekären Mangel an Lehrstellen für Mädchen hingewiesen hatte. Für die Ostern 1947 in Kiel aus der Schule zu entlassenden 919 Mädchen stünden nur 165 Lehrstellen zur Verfügung, die ihnen zudem noch von älteren Mädchen weggenommen würden, die bisher noch keine Lehrstelle erhalten und im Haushalt gearbeitet hatten. Nach den von Kuklinski zitierten Angaben des Landesarbeitsamtes entfielen damals auf eine Lehrstelle 10 männliche und 20 weibliche Bewerber. Nicht nur aus diesen Gründen, sondern auch um dem Ziel der Gleichbehandlung der Geschlechter zu entsprechen, sollte die neunjährige Schulpflicht jetzt auch für Mädchen gelten, während vor der Abschaffung des 9. Schuljahres durch die Nazis am 6. Juni 1938 die Jungen neun, die Mädchen aber nur acht Jahre zur Schule gehen mußten.[80])

Demgegenüber hatte die Abgeordnete Döbel die Frauen – hier als Lehrerinnen – nicht im Blickfeld, als sie bei ihrer Begründung eines von der SPD eingebrachten Lehrerausbildungsgesetzes davon sprach, daß man an den Schulen *„nicht den Professor, den wissenschaftlichen Hilfsarbeiter, den Dozenten, son-*

dern tüchtige Schul<u>männer</u> – Meister im wahrsten Sinne des Wortes – (Hervorhebung v.d. Verf.)" [81]) brauche. Sonst setzte sie sich in anderen, im Wahlkampf gehaltenen Reden durchaus für die Belange der Frauen ein. Neben der Einführung der sechsjährigen Grundschule und der Befreiung der Sexten und Quinten der höheren Schulen vom Schulgeld gehörte das von Döbel begründete Gesetz zur Lehrerausbildung zu einem Komplex schulpolitischer Maßnahmen, mit denen die SPD *„das Bildungsprivileg der besitzenden Klasse"* beseitigen, das Gesamtniveau der Volksbildung heben und den Weg zur Einheitsschule beschreiten wollte. Die Neuorganisation der Lehrerausbildung sah vor, daß nach einem sechssemestrigen Studium an einer Pädagogischen Hochschule, das mit der ersten Lehrerprüfung endete, alle Lehrer zwei Jahre an einer Grundschule unterrichten und nach ihrer Bewährung die zweite Lehrerprüfung ablegen sollten. Wer Studienrat werden wollte, sollte dann im Anschluß ein vier- bis sechssemestriges Vollstudium absolvieren, das mit einer Prüfung endete. Da sich der Lehrer schon im pädagogischen Bereich bewährt hatte, konnte das Referendariat entfallen. Das Gesetz zielte nach Döbel darauf ab, eine *„volksverbundene Lehrerschaft heranzubilden"*, die sich auch an den höheren Schulen der Mühen der Volksschullehrer bewußt sei und *„das Volk mit seinen Wünschen, seinen Nöten und seinen Kämpfen"* kenne.[82]) Die sich anschließende scharfe Kontroverse mit der CDU machte deutlich, wie schwer es sein würde, diese Bildungspolitik durchzusetzen, und so wurden die Anträge zunächst an die Ausschüsse zurückverwiesen.

Diese bildungspolitische Konzeption der SPD wurde hier deswegen so ausführlich dargestellt, weil sie in den folgenden Jahren die Abgeordneten und insbesondere die sozialdemokratischen Bildungspolitikerinnen Frieda Hackhe-Döbel und Dr. Elly Linden beschäftigen sollte und in der Öffentlichkeit sehr kontrovers diskutiert wurde. Die mangelnde Durchsetzungsmöglichkeit ihrer Vorstellungen, die sich zunehmend Ende der 40er Jahre abzeichnete, führte schließlich dazu, daß sich Frieda Hackhe-Döbel 1949 resigniert aus der Politik ins Privatleben zurückzog, obwohl sie als junge, profilierte Abgeordnete gute Aussichten auf eine langjährige politische Karriere gehabt hätte.

Bereits in den ersten ernannten Landtagen klangen alle Themen an, die auch in Zukunft die Politik der weiblichen Abgeordneten bestimmten. Abgesehen von Krahnstövers Mitgliedschaft im Wirtschaftsausschuß, die in den Debatten kaum zum Ausdruck kam, blieben die Frauen bei den Ressorts Bildung, Jugend, Soziales und Gesundheit.

2. Frauen und Politik – ein schwieriges Verhältnis
Vergangenheitsbewältigung: Schuld und Verantwortung der Frau

Mit den ersten Wahlkämpfen nach dem Kriege gewann die politische Arbeit eine neue Qualität; nach der Reorganisation der Parteien mußten deren Kandidatinnen und Kandidaten jetzt um Wählerstimmen werben, und zwar vor allen um die der Frauen, die nach der Volkszählung von 1946 in Schleswig-Holstein rund 173 000 Stimmen (22,6%) mehr als die Männer hatten. Ihre wahlentscheidende Mehrheit wurde immer wieder ins öffentliche Bewußtsein gehoben, zumal der Wahlausgang nach zwölf Jahren Diktatur und angesichts der Hungerkrise und des Flüchtlingselends für die Parteien nicht kalkulierbar war.

Wie würden sich die Frauen entscheiden? Würden sie sich ihrer Verantwortung entsprechend an der Wahl beteiligen, nachdem man ihnen nach zwölfjährigem politischen Ausschluß das Wahlrecht in der neuentstehenden Demokratie zugebilligt hatte? Welchen Parteien würden sie ihre Stimmen geben?

Um diese Fragen kreisen die Leitartikel der Zeitungen und die Stellungnahmen der Parteien, die häufig von der Angst geprägt waren, die Frauen könnten aufgrund der herrschenden Not anfällig für radikale Parolen werden, so wie am Ende der Weimarer Republik. Um das zu verhindern, mußte mit den Frauen in Wahlveranstaltungen geredet und in der Öffentlichkeit, sei es in der Presse oder auf Flugblättern, ihnen ihre Bedeutsamkeit vermittelt werden. Gleichzeitig mußte in Abgrenzung zur nationalsozialistischen Weiblichkeitsidologie und wegen der problematischen Rolle der Frauen im Nationalsozialismus ihr politisches Handeln im Sinne der Demokratie neu legitimiert und Frauen zur Mitarbeit bewegt werden.

Eine Argumentationsstrategie zielte auf die Bewältigung der jüngsten Vergangenheit ab, um einer Anfälligkeit für radikale Parolen vorzubeugen. Der Vorwurf, *„die deutsche Frau"* habe 1933 versagt, als sie Hitler wählte, kam dabei nicht nur unterschwellig zum Tragen, sondern wurde offen geäußert, um daraus ihre *„besonders schwere Verantwortung"* in der jetzigen Situation abzuleiten. So konstatierte der ehemalige Flensburger Bürgermeister Vellemar in einem Wahlaufruf der CDU mit der Überschrift *„Die Frau und die kommenden Wahlen"* im Flensburger Tageblatt vom 14.8. 1946, daß die Frauen im allgemeinen dem Nationalsozialismus williger und fanatischer Gefolgschaft geleistet hätten als die Männer. Wo Ausnahmen vorlägen, bestätigten sie nur die Regel. Die Ursache für diese Anfälligkeit sah er im *„Wesen der Frau"*, denn während der Mann sein Handeln nach verstandesgemäßen Überlegungen ausrichte, entscheide die Frau überwiegend gefühlsmäßig, was u.U. auch Vorzüge habe, da die verstandesgemäßen Entscheidungen des Mannes durch den Rat einer klugen Frau ergänzt werden könnten. Aber bei rein gefühlsmäßigen Entscheidungen seien eben solche verhängnisvollen Irrtümer wie 1933 nicht auszuschließen. Für die kommenden Wahlen sah Vellemar die Gefahr, daß wegen der katastrophalen Ernährungslage die radikalen Parteien Zulauf erhielten, die Demokratie gefühlsmäßig abgelehnt und damit der Wechsel des politischen Systems erschwert werde. Wie auch andere Kommentatoren betrachtete er die erste Wahl als *„Reifeprüfung"*: *„Die kommenden Wahlen werden in Bezug auf die Beurteilung unserer politischen Reife eine ungeheure Bedeutung haben. Das sollten sich vor allem die Frauen klarmachen, die zirka zwei Drittel der Wählerschaft ausmachen und damit den ausschlaggebenden Faktor darstellen. Auf ihnen la-*

stet eine besonders schwere Verantwortung. Wir wollen hoffen, daß die Frauen sich dessen bewußt sind, daß sie diesmal wieder gutzumachen haben, was sie durch Begünstigung des Nationalsozialismus gefehlt haben. Es ist daher mit Freude zu begrüßen, daß das politische Interesse der Frauen, soweit man es aus dem Besuche politischer Versammlungen erkennen kann, in starkem Wachsen begriffen ist, und es ist dankbar anzuerkennen, wenn die politischen Parteien sich bemühen, in großen Frauenkundgebungen, in denen berufene Frauen zu Frauen sprechen, die unbedingt erforderliche Aufklärung schaffen."*

Vellemar beendete seinen Artikel mit der Heroisierung der Leistungen der Frauen, ihrer *„geradezu übermenschlichen Anstrengungen, Entbehrungen und Opfer"* während des Krieges und dem Appell an ihren Friedenswillen: *„Gerade für die Frau dürfte die Parole ‚Nie wieder Krieg' entscheidende Bedeutung haben. Sie haben es mit ihrer zwei Drittel Majorität in der Hand, dafür zu sorgen, daß dem unerträglichen Zustand, daß in jeder Generation die Blüte unserer männlichen Jugend dem Kriegsmoloch als Kanonenfutter zum Opfer fällt, endlich ein Ende bereitet wird. Sie haben es in der Hand, dafür zu sorgen, daß die religiöse Verflachung und Geringschätzung jeder wahren Moral wieder ersetzt werden durch eine Rückkehr zum christlichen Glauben und damit eine Rückkehr zu persönlicher Freiheit, zu Recht und Menschenwürde, die allein auf dem Boden der christlich-abendländischen Kultur gewachsen sind."* [83])

Die Äußerungen des ehemaligen Flensburger Bürgermeisters weisen alle Facetten der damaligen Argumentation zum Thema *„Frau und Politik"* auf. Diese Argumentation, einerseits den Vorwurf der Begünstigung des Nationalsozialismus durch die Frauen zu erheben, andererseits ihnen die maßgebliche Rolle bei der Erhaltung des Volkes und der Friedenssicherung und als moralische Instanz zuzuschreiben, wirkt auf uns widersprüchlich. Die damaligen Zeitgenossen sahen diesen Widerspruch aber nicht; sie gingen davon aus, daß die Wurzel des Übels die mangelnde staatsbürgerliche Bildung der Frauen sei. Gäben diese ihr Desinteresse an der Politik auf, könnten sie ihrer friedenssichernden Aufgabe gerecht werden. Dieser Standpunkt wurde parteiübergreifend nicht nur von Männern, sondern auch von Frauen vertreten.

So bekannte die Leserbriefschreiberin Fella Oelmann am 29.5.1946 in den Kieler Nachrichten, daß ein großer Teil der Schuld für den *„Zusammenbruch"* (sic!) bei den Frauen infolge ihrer politischen Unwissenheit liege. *„Um uns nicht von irgendeiner Seite noch einmal ins Unglück führen zu lassen, müssen wir politisch wach werden. Besonders wir Frauen müssen dabei lernen, denn wir machen jetzt den größten Teil der Wahlberechtigten aus. Wir sind die Trägerinnen des Geistes in der Familie, der in unsern Kindern weiterlebt und weitergegeben wird. Nur auf unseren Kindern ruht die Zukunft Deutschlands."* [84])

Offensichtlich um die vielen politisch aktiven Frauen nicht zu verprellen, wurde in der SPD der Vorwurf, Hitler gewählt zu haben, verhaltener vorgetragen. So sprach Annedore Leber, Witwe des von den Nazis ermordeten Widerstandskämpfers Julius Leber, in der Lübecker Freien Presse zwar davon, daß die Frauen eine Schuld zu begleichen hätten, ohne diese jedoch genauer zu definieren. Sie billigte ihnen aber gleichzeitig zu, daß sie sich jetzt für die öffentlichen Dinge interessierten und um ihre Verantwortung für den *„Bau einer neuen staatlichen Gemeinschaft"* wüßten.[85]

Auch Magda Langhans-Kelm, kommunistisches Mitglied der ernannten Hamburger Bürgerschaft, äußerte im März 1946 auf einer Frauenversammlung der KPD in Flensburg, daß die Frauen sich von den Versprechungen Hitlers hätten blenden lassen.[86]) Die Schuld der Frauen, Hitler nicht verhindert zu haben[87]), wurde in der KPD – und nicht nur dort – allerdings durch die Erkenntnis relativiert, daß die *„Hitlerpolitik eine ausschließliche Männerpolitik"* gewesen sei. *„Sie konnte deshalb nur so gefährliche innen- und außenpolitische Ausmaße annehmen, weil der entscheidende Einfluß der Frau darin fehlte, und die damaligen Kriegsverbrecher und Sklavenhalter wußten schon, warum"* – so Lisa Feller-Dreyer im Norddeutschen Echo.[88])

Die Auseinandersetzung mit der nationalsozialistischen Vergangenheit der Frauen blieb seltsam unkonkret; neben dem Vorwurf einer allgemeinen Schuld, begründet im Wahlverhalten, Desinteresse an Politik und mangelhafter staatsbürgerlicher Bildung, wurde die schuldhafte Mitarbeit von Frauen im nationalsozialistischen System nicht öffentlich reflektiert.

Dabei konnten die Sozialdemokratinnen und Kommunistinnen am ehesten als Mahnerinnen auftreten, wenn sie auf Frauenversammlungen ihre Schilderungen von Verfolgung und Widerstand mit dem Appell an die Frauen verknüpften, politische Verantwortung zu übernehmen und dauerhaft den Frieden zu sichern. Sich aber im Wahlkampf genauer mit der jüngsten Vergangenheit und der Schuld der Frauen auseinanderzusetzen, hätte potentielle Wählerinnen abgeschreckt angesichts der allgemein herrschenden Tendenz, möglichst schnell zu vergessen.

Daß das Engagement vieler Frauen für den Frieden und den Aufbau einer demokratischen Gesellschaft aus den Erfahrungen mit der nationalsozialistischen Diktatur resultierte, soll hier keineswegs bestritten werden. Aber die Entnazifizierung war nur selten ein öffentlich verhandeltes Thema der politisch aktiven Frauen; nicht die Benennung von Schuldigen und die Analyse der Ursachen des Nationalsozialismus bestimmten ihr politisches Handeln, sondern der alltägliche Überlebenskampf, in dem die britische Besatzungsmacht schneller zum Gegner wurde als die eigentlichen Verursacher des Elends. Die Fixierung auf den Wiederaufbau gemäß einem Andreas-Gayk-Wort aus dem Jahre 1947, *„daß zur Salzsäule erstarrt, wer in so grauenvollen Zeiten den Blick nach rückwärts wendet"* [89], ließ selten Zeit für den Blick zurück – ein Verhalten, das Hannah Arendt in ihrem Reisebericht über Deutschland von 1950 aus der Distanz der Außenstehenden scharf kritisierte.

Ohne tiefergehende Analyse wurde in der Auseinandersetzung mit der Vergangenheit häufig der Satz gebraucht, das

Naziregime sei eine reine Männerherrschaft gewesen; er war nicht im Sinne heutiger feministischer Positionen als Patriarchatskritik gemeint, sondern zielte darauf ab, in Zukunft weibliche Werte in der Politik als Pendant zur Männerwelt zur Geltung zu bringen.

**Standortbestimmung:
Die Rolle der Frau in der Politik**

Die vielen Zeitungsartikel und die Äußerungen der PolitikerInnen zum Thema *„Frau und Politik"* vor allem während der Wahlkämpfe in der unmittelbaren Nachkriegszeit machen deutlich, daß nach der zwölfjährigen Vereinnahmung und Unterdrückung der Frauen im Nationalsozialismus, nach ihrer Degradierung zur Gebärmaschine ein großes Bedürfnis bestand, nicht nur die gesellschaftliche Rolle der Frau, sondern auch ihr „Wesen" und die genuin weiblichen Werte neu zu definieren, um von dort aus ihren Standort im politischen Leben der neuen Demokratie zu bestimmen.

Diese Standortbestimmung erschien auch deswegen notwendig, weil die Mehrheit der Frauen sich eben wegen der Erfahrungen im Nationalsozialismus von der Politik fernhielten. Das betraf insbesondere die jüngeren, die bislang keine demokratischen Erfahrungen sammeln konnten. Stellvertretend für die damals geführte Diskussion stehen Briefe von Leserinnen der Lübecker Nachrichten, die 1946 in der Rubrik *„Frauen unter sich"* veröffentlicht wurden, in der sich Leserinnen zu den politischen und alltäglichen Problemen äußern sollten. Eine Leserin sprach sich gegen das politische Engagement von Frauen aus:

„Mir scheint, der Drang, uns Frauen zu ‚organisieren', ist schon wieder recht spürbar. Allenthalben sollen Landfrauen-, Jungfrauen-, Lehrerinnen-, Ärztinnen- und sonstige Vereine gegründet werden. Die Parteien werben für ihre Frauenorganisationen, die Frau, die sich im ‚öffentlichen Leben' gern reden hört, meldet sich zum (sic!) Wort – und dann heißt es, wenn du nicht mitmachst, bist Du undemokratisch und reaktionär! Dagegen frage ich: warum laßt Ihr uns nicht endlich mal zur Ruhe kommen, uns wieder auf uns selbst besinnen? Wir sind froh, daß die Zeit, in der jede ‚unorganisierte' Frau immer mehr oder weniger als Staatsfeind betrachtet wurde, überwunden ist." Ihr Wunsch war es, den Männern die *„hohe Politik"* zu überlassen; die Frauen sollten im kleinen Kreis als *„Hüterinnen des Guten und Erhabenen im Leben wirken"* und ihrer Pflicht als Staatsbürgerin durch *„einen wohlbedacht ausgefüllten Wahlzettel"* genügen.[90])

In einer Antwort auf diesen Brief meinte eine Leserin, daß zwar die Ziele der Nationalsozialisten vielfach gut gewesen seien, wie zum Beispiel die Einrichtung von Mutter- und Kind-Heimen, von Kindergärten in Stadt und Land sowie Nähstuben, daß aber der Weg dorthin, nämlich die *„Ausrichtung"* aller falsch gewesen sei. Im Gegensatz zu der vorher zitierten Äußerung zog sie aber daraus die Begründung für die notwendige politische Betätigung der Frauen. Der demokratische Staat wolle *„gerade auch der Frau die Freiheit ihres Denkens und die Würde ihrer Persönlichkeit wiedergeben"*, die Mitarbeit in Vereinen sei freiwillig und man könne dort durchaus wertvolle politische, geistige und praktische Arbeit leisten. „*Sie (die Arbeit, S.J.-I.) wird dabei ihre Anhänger auch zeitlich nicht so sehr belasten, daß sie ihren Pflichten als Hausfrauen und Müttern nicht mehr nachkommen können, und manche Frau, wie die Praxis gezeigt hat, dankbar, wenn sie außer ihrem häuslichen Einerlei auch noch etwas hört von dem, was außerhalb ihrer vier Wände vor sich geht. (...) Und noch etwas: Warum sollte eine Frau, die rednerisch begabt ist, politisch denken und urteilen kann, nicht in öffentlichen Versammlungen zu Worte kommen? Sicher wird sie es nicht tun, wenn sie den Menschen nicht wirklich etwas zu sagen hat und durch ihren Einfluß nicht Maßnahmen getroffen werden könnten, die der Allgemeinheit nützlich sind und an die vielleicht der Mann nicht gedacht hätte. (...) Die demokratische Frau wird, wenn sie diesen Begriff recht verstanden hat, nicht wie das Hausmütterchen früherer Zeiten ihre Lebensaufgabe innerhalb ihrer vier Wände als abgeschlossen betrachten und sich in einer ihr meist anerzogenen Unterordnung dem Manne gegenüber ‚weniger' fühlen. Sie wird sich vielmehr in ihrer Eigenschaft als Frau als selbstverständliche Ergänzung des Mannes betrachten, deren Urteil in allen Dingen des Lebens als unentbehrlich und nicht zu übersehen gewertet wird. Schließlich ist es doch praktisch so, daß sich sehr viele Maßnahmen des Staates zuerst in der Familie auswirken und sich zunächst die Hausfrau und Mutter mit ihnen auseinanderzusetzen hat. Also sei es den einzelnen Vertreterinnen der Frauen und ihrer Organisationen auch gestattet, in diesen Dingen ein Wörtchen mitzureden. Vielleicht findet mancher Mann sein ‚Ideal' gerade in einer politisch aktiven Frau! Wenn sie klug ist, dann wird sie sich trotzdem so hübsch wie möglich für ihn machen und trotz ihres gewichtigen offiziellen Wirkens noch ganz ‚Frau' bleiben (...).*"[91])

Diese Diskussion macht deutlich, daß die politisch aktive Frau mit erheblichen Vorurteilen und den Nachwirkungen der jüngsten Geschichte zu rechnen hatte, wenn sie sich in der Öffentlichkeit zu Wort meldete, und daß sie vor allem auch von ihren Geschlechtsgenossinnen leicht in eine Außenseiterrolle gedrängt wurde.

Denn erstens war der Nationalsozialismus in den Köpfen der Frauen (wie auch der Männer) nicht gänzlich ausgerottet; bestimmte frauenpolitische Maßnahmen der Nationalsozialisten hatten bei der Mehrheit der Frauen Anklang gefunden, weil sie sie entlasteten und gleichzeitig ihre Mutterrolle aufgewertet wurde. Der Zusammenbruch der sozialen Einrichtungen wie z.B. der Kindergärten nach dem Krieg waren ein Rückschlag; hinzu kam die ideologische Verunsicherung, aus der vielfach politische Abstinenz resultierte. Verstärkend wirkte, daß auch in der Weimarer Zeit, vor allem in den Krisenjahren, kaum positive Erfahrungen mit der Demokratie gesammelt werden konnten; für die Mehrheit der Bevölkerung – nicht nur der Frauen – war der dominante Eindruck von Handlungsunfähigkeit der Parteien, von „*Parteienhaß und Parteienschacher*"[92]) bestehen geblieben; er wurde häufig auf die aktuelle Situation übertragen und bedingte auch ein Mißtrauen gegenüber Parteifrauen.

Politisches Engagement fiel deshalb zunächst den Frauen leichter, die bereits in der Weimarer Zeit in eine Partei oder einen Verband eingebunden gewesen waren und ihren ideologischen wie persönlichen Rückhalt hier auch während der Nazizeit nicht verloren hatten. Andere wiederum zogen gerade aus den negativen politischen Erfahrungen die Konsequenz, daß nur durch eigenes Handeln die Not überwunden und eine friedliche Zukunft gestaltet werden könne. Diese Motivation und das Gefühl, jetzt wirklich gebraucht zu werden, war ausschlaggebend dafür, daß sich von 1945 bis 1949 sehr viel mehr Frauen als in den 50er Jahren aktiv betätigten und in Wohlfahrtsverbänden wie in Parteien mitarbeiteten. Bei den damals zahlreich besuchten Wahlkampfveranstaltungen ist allerdings auch in Anschlag zu bringen, daß viele Frauen für einige Stunden ihren miserablen Unterkünften entfliehen wollten und hier zudem die neuesten Anordnungen der Behörden in Erfahrung bringen konnten, von denen man in den Hungerjahren immer unmittelbar betroffen war. Mit der Normalisierung der wirtschaftlichen Lage und der Installierung der öffentlichen Medien in den 50er Jahren entfiel diese Motivation weitgehend.

Eine zweite Hemmschwelle für das Eindringen der Frauen in die Politik war, daß diese als männliche Sphäre begriffen wurde, in der einerseits Fachkompetenz, Überblickswissen, Rationalität und Durchsetzungsvermögen gefordert waren, andererseits aber auch Machtstreben, Konkurrenzdenken und Intrigen herrschten, denen die Männer auf Grund ihrer Erfahrungen im Berufsleben besser gewachsen waren. In dieser Sphäre wurde der Frau nur unter bestimmten Bedingungen das Recht zur Mitsprache eingeräumt: äußern sollte sie sich nur da, wo sie Kompetenz aufwies, was auf die oben beschriebenen traditionellen Bereiche Soziales, Gesundheit, Bildung und Kultur hinauslief. Vorrang vor der Politik hatten zudem immer ihre Pflichten als Hausfrau und Mutter, die nicht vernachlässigt werden durften.

Drittens blieb die Ausrichtung auf den Mann bestehen. Selbst Frauen, die vehement die Notwendigkeit und Pflicht politischen Engagements ihren Geschlechtsgenossinnen gegenüber betonten, lehnten eine weibliche Führungsposition in der Politik ab und argumentierten im Grunde sehr defensiv, wenn sie die Aufgabe der Frau vorrangig darin sahen, dem Mann als Partnerin und Helferin zur Seite zu stehen und ihn in der Politik zu *„ergänzen"*. Die Frau in der Politik durfte auf keinen Fall *„vermännlichen"*, sie mußte bestrebt sein, ihre weiblichen Qualitäten zu erhalten (*„sich schön machen"*, *„ganz Frau bleiben"*, *„nicht mit lautem Organ Reden halten"*), was für die Politikerinnen nicht selten auf eine Gratwanderung zwischen Anpassung an die Männerwelt und Betonung der eigenen Weiblichkeit hinauslief.

Grundlage dieser Ergänzungstheorie ist die „Polarisierung der Geschlechtscharaktere" (Karin Hausen), nach der jeweils konträre Eigenschaften den beiden Geschlechtern zugeordnet und daraus ihre gesellschaftlichen Rollen abgeleitet wurden, die sich im Idealfall ergänzen und die Voraussetzung für eine harmonische Gesellschaft bilden sollten. Der

Mann galt demnach als rational, sachorientiert, machtbewußt und kämpferisch; ihm wurde die Sphäre der Öffentlichkeit, des Berufes und der Politik zugeordnet, in der er aufgrund der gesellschaftlichen und beruflichen Machtkämpfe allerdings Einbußen in seiner Menschlichkeit erfahren müsse. Die Frau wurde als emotional, personenorientiert, kommunikativ und schutzbedürftig definiert; sie habe im Hause ihren wesenseigenen Wirkungsbereich, in dem sie zwar dem Kleinen verhaftet bleibe, aber als *„Wahrerin des Guten und Schönen"* eine wesentliche gesellschaftliche Aufgabe in der Erziehung der Kinder und der Ausgestaltung des Heimes finde.

Diese aus dem 18. Jahrhundert stammenden Vorstellungen bestimmten auch nach 1945 noch die Leitbilder, wenn auch in modifizierter Form. Da seit der beginnenden Frauenemanzipation im 19. Jahrhundert Frauen zunehmend im Beruf und in der Politik auch aufgrund sozioökonomischer Notwendigkeiten an Terrain gewonnen hatten, konnte niemand mehr ernsthaft die völlige Beschränkung auf den häuslichen Bereich vertreten, vor allem nicht nach 1945, als die Frauen die tragenden Kräfte des Überlebenskampfes und des Wiederaufbaus waren und hunderttausende die Ernährerrolle in der Familie übernehmen mußten. Ihr Verhältnis zur Politik wurde auf der Basis der traditionellen Frauenrolle dahingehend interpretiert, daß sie ihre weiblichen Qualitäten und ihre Kompetenzen aus dem häuslichen Bereich in die Öffentlichkeit zu tragen und damit auf eine Humanisierung der Politik hinzuwirken hätten, zumal ja die *„reine Männerherrschaft"* des Nationalsozialismus Krieg und Elend herbeigeführt hätten. Die Äußerungen Michael Molanders in der Schleswig-Holsteinischen Volkszeitung von 1947 stehen stellvertretend für diese Position: *„Kriegführung ist Männerhandwerk, aber die Entscheidung darüber, ob und wie ein Krieg verhindert werden kann, sollte man wenigstens zu einem gewichtigen Teil auch von Frauen fällen lassen. Denn in dieser Schicksalsfrage dürfte das weiblich-menschliche Gefühl ausschlaggebender sein als der männlich-politische Geist, zumal dieser durch Haß und Rache oft zum Ungeist wird."* [93])

Dieses Konzept der *„organisierten Mütterlichkeit"*, das schon seit Ende des letzten Jahrhunderts und in der Weimarer Republik von der Frauenbewegung entwickelt wurde, prägte nicht nur das Bewußtsein der Basis, sondern auch das der Politikerinnen. Daran anknüpfend, entwickelten sie bei ihrer Werbung um Mitarbeit oder um Wählerinnenstimmen Redestrategien, die auf die Bedürfnisse der Frauen eingingen und ihre Berührungsängste berücksichtigten.

Mütterlichkeit und Politik des Herzens: Frauenleitbilder der Parteien

Vor diesem Hintergrund war das politische Klima der Nachkriegszeit nicht dazu angetan, radikale Forderungen zur Verbesserung der Situation von Frauen zu entwickeln, zumal die Frontlinien nicht zwischen Mann und Frau verliefen, sondern zwischen Deutschen und Besatzungsmächten oder zwischen Einheimischen und Flüchtlingen.

Ein Beispiel für die Gegnerschaft zu den Siegermächten einerseits, für die Ansicht vom positiven gesellschaftlichen Wirken der Frauen aus der Familie heraus andererseits lieferte im August 1946 Emmy Lüthje in einem pathetischen Appell an die Siegermächte („*Not der Hausfrauen – Not der Mütter!*"), ihre Ernährungspolitik zu ändern: „*Die deutsche Frau schweigt solange und tut solange ihre Pflicht, wie ihre Kräfte ausreichen. Wenn's aber nicht mehr gehen will, dann kommt sie aus ihrer Zurückhaltung heraus und sagt all denen den Kampf an, die sie daran hindern, ihr Werk, ihre Lebensaufgabe zu vollbringen! Jetzt ist dieser Zeitpunkt. Jetzt kann sie nicht mehr still sein und mit ansehen, wie ihre Familie von Tag zu Tag mehr dem Verhungern preisgegeben ist. Sie läßt es nicht geschehen, daß der Mann infolge der Entkräftung dem Lebenskampf nicht mehr gewachsen ist. (...) Die beste Helferin des Mannes ist die Frau, von ihr hängt es ab, ob der Mann immer wieder mit gleichem Mut an sein schweres Tagwerk geht. Verliert aber die Frau und Mutter die Kraft, um durchzuhalten, dann bricht alles zusammen.*" Ihr Artikel gipfelte in einem Aufruf an die Mütter aller Länder, aus christlicher Nächstenliebe den Deutschen zu helfen, damit kein Haß mehr gesät werde und ein friedliebendes Deutschland entstehen könne: „*Wir Frauen sind bereit, die wahre Menschlichkeit bei all denen wachzurufen, die unsere Kinder in dies bittere Elend stürzten! Warum nimmt man uns nicht die furchtbare Angst um die grauenvolle Zukunft? Warum gibt man uns nicht einen Lichtblick? Ja, dann würden wir Frauen zeigen, welche heilenden Kräfte uns innewohnen.*" [94])

Auf einer Frauenkundgebung der CDU im Juni 1946 in Kiel hatte sie bereits in ihrem Vortrag „*Frauen und Politik*" erklärt, „*daß die Frauen neben den Männern in einem ernsten und schweren Kampf stehen und daß sie durch die Sorge um unser aller Wohl erst die Möglichkeit für den Kampf geben.*" Als Ziele der Frauenarbeit in der CDU gab sie „*die Fürsorge für die Flüchtlinge, die Kleinsten, Kriegsversehrten und die aus der Gefangenschaft Entlassenen*" an.[95]) Charakteristisch für die Familienpolitik der Konservativen war auch der Wahlspruch Annie Petersens, 1946 Bürgerschaftskandidatin der Lübecker CDU: „*Die gute Familie ist das heilige Gefäß, aus dem die bessere Nachwelt hervorgeht.*"[96])

Aber von den CDU-Frauen wurde nicht nur eine Politik der Mütterlichkeit in Richtung eines sozialen Engagements vertreten, sondern auch die Aufstellung von Kandidatinnen „*in genügender Zahl*" gefordert, weil die Frauen schließlich die Mehrheit der Wähler stellten.[97]) Auf der Basis der CDU-Frauenorganisation und der bürgerlichen Frauenvereine vertraten sie diese Forderung immer wieder in den Wahlkämpfen bis zum Ende der 50er Jahre; häufig richteten sie damit zugleich an die Männern den öffentlichen Vorwurf, sie von wichtigen Bereichen auszuschließen und an den Rand zu drängen.

In dieser Hinsicht waren die Sozialdemokratinnen von Anfang zurückhaltender, da zunächst die Zeit der Verfolgung und der Wiederaufbau der Partei, nach 1950 die Oppositionsrolle im Schleswig-Holsteinischen Landtag ihnen ein

89

größeres Maß innerparteilicher Solidarität abverlangte.

In einer Entschließung zur Frauenfrage betonte der Vorstand und Ausschuß der SPD in Frankfurt vom August 1946 die Notwendigkeit „*der kameradschaftlichen Zusammenarbeit zwischen Männern und Frauen in einer starken sozialdemokratischen Partei*"; er lehnte deshalb die Gründung einer Frauenpartei oder „*sogenannter unpolitischer Frauenvereinigungen*" ab.[98]) Dementsprechend und angesichts der herrschenden Not sprach sich Annedore Leber in einem „*Wort an die Frauen*" im September 1946 gegen deren „*Sonderstellung*" aus: „*Ist es heute noch an der Zeit, wo ein ganzes Volk unter den Folgen einer maßlosen Detonation zittert, wo die primitivsten Erfordernisse des menschlichen Zusammenlebens nicht erfüllt werden können, Ansprüche auf eine Sonderklassifizierung zu stellen? Darf man sich eine Lage der zufälligen Stärke und des zahlenmäßigen Übergewichts zunutze machen? Nicht gut mutet in dieser Stunde das viele Gerede von Frauenrechten, Frauenbewegung, Frauenparteien und Frauenlisten an.*" Nach der Schilderung der Not von Kriegsverletzten, von elternlosen Kindern, Alten und Flüchtlingen sowie der aus dem Krieg heimgekehrten Männer fuhr sie fort: „*Explodiert ist das ,Heim', der Lebensinhalt unzähliger Frauen, die unerfahren im Berufswettstreit sich und ihren Kindern eine Existenz schaffen müssen. Welche Gefahr, wenn ihre politische Unkenntnis in das Meer neuer Verwirrung einmündet! Noch ist nicht zu der Achtung vor Leben und Tod zurückgefunden, noch sind keine Gesetze, die die menschlichen Rechte jedes deutschen Staatsbürgers sichern, geschaffen. Aber wir reden von Frauenrechten und Frauenparteien. Immerhin, die Zahl der Frauen – und es sind vielleicht die lebendigsten, willigsten und bereitschaftlichsten – ist nicht gering, die es weit von sich weist, als ‚Frauenrechtlerinnen' gekennzeichnet zu werden, was wohl bezeugt, daß es der neuen Frauengeneration nicht an gutem Instinkt und klarem Blick für die Zeitverhältnisse mangelt. (...) Sie sind bereit, hart und fest zu arbeiten, Lücken zu füllen, die der Krieg gerissen hat. Aber sie wollen nicht immer wieder als Frauen und nur oder gerade besonders als Frauen abgestempelt werden. Nur keine Sonderstellung, das ist ihr Wunsch. Sie glauben zum Ganzen zu gehören und wollen als solches geachtet, gehört und eingerechnet werden. Es geht ihnen darum, menschliche Verpflichtungen zu erfüllen, eben in erster Linie Menschen zu sein.*"[99])

Diese Argumentationsstrategie, den Kampf um Frauenrechte als sekundär gegenüber der Not anderer sozialer Gruppen und angesichts der politischen Instabilität zu werten und an die Vernunft der „*neuen Frauengeneration*" zu appellieren, zielte in erster Linie darauf ab, im Wahlkampf die Arbeit der wiederentstandenen bürgerlichen Frauenvereine und der überparteilichen Frauenausschüsse, in denen die Kommunistinnen häufig eine starke Position innehatten, abzuwerten und engagierte jüngere Frauen zumindestens mit ihrer Wählerstimme an die SPD zu binden. Die Distanz zwischen bürgerlicher und sozialistischer Frauenbewegung blieb auch nach 1945 bestehen, wenn es auch im konkreten politischen Handeln viele Beispiele für die parteiübergreifende Zusammenarbeit gab (Landesfrauenrat, Arbeitsgemeinschaft Kieler Frauen), die im Prinzip gegen sozialdemokratische Parteibeschlüsse verstieß.

Den zitierten Äußerungen zum Trotz behielten auch innerhalb der SPD die Frauen eine „Sonderstellung" bei, einerseits in organisatorischer Hinsicht, andererseits in den Programmen, in denen mit der Forderung nach der Gleichberechtigung der Frau der faktischen Benachteiligung dieser Gruppe Rechnung getragen wurde. Gleicher Lohn für die gleiche Arbeit, gleiche Ausbildungs- und Aufstiegsmöglichkeiten für Männer und Frauen, Anerkennung und Wertung der gesellschaftlichen Leistungen der Hausfrauen und Mütter, eine fortschrittliche Sozialgesetzgebung – mit der stärkeren Betonung dieser sozialpolitischen Forderungen grenzten sich die Sozialdemokratinnen von den konservativen Frauen ab. Dabei wurde häufig die Situation der Frauen reflektiert, die ihren Mann im Krieg verloren hatten und jetzt dazu „*verurteilt*" waren, die Ernährerrolle zu übernehmen. Für diese Frauen forderte beispielsweise Anna Stiegler (Bremen) auf einer Kundgebung in Lübeck Aufstiegsmöglichkeiten in allen verantwortlichen Ämtern, „*auch im Staatsleben*".[100])

In den ersten Wahlkämpfen trat dieses Programm allerdings stark hinter einer Weiblichkeitsideologie zurück, die sich kaum von der der CDU-Frauen unterschied und der oben beschriebenen Theorie der Ergänzung der Geschlechter entsprach. Mit Wahlplakaten wie „*Mutter, denk an Dein Kind, wähle SPD*" (1946), „*Frauen wollen Frieden und Brot, sie wählen SPD*" (1946) und mit Wahlbriefen und -broschüren wie „*Es geht um unsere Kinder, deshalb Sozialdemokraten*" (1947), in denen auf die unheilvolle Vergangenheit hingewiesen wurde, sprach die Partei die Frauen und Mütter als „*Garanten der Menschlichkeit*" (Andreas Gayk 1946) an und appellierte an deren Verantwortungsgefühl. In Presseartikeln und in Reden auf Frauenkundgebungen hoben die Sozialdemokratinnen die Lebensaufgabe der Frau als Mutter und Erhalterin des Volkes hervor, allerdings in Abgrenzung zum Nationalsozialismus, dessen Wertschätzung der Frau als Mutter diese zur Gebärmaschine degradiert habe. Trotz der veränderten Lebensumstände, die die Frauen auch zur Ausübung von Männerberufen zwängen, hätten sie ein Anrecht auf die Wahrung ihrer Eigenart. Sie müßten zwar in Zukunft politisch aktiv werden und das Gemeinwesen mitgestalten, sollten aber erkennen, „*daß nichts gewonnen wäre, wenn sie etwa nur die Männer auf vielen Gebieten abzulösen oder zu ersetzen gedächten. (...) Es wäre eine armselige Uniformierung des Daseins und eine seelische Verarmung, wenn sich alles auf männliche Zweckmäßigkeiten ausrichten müßte. An solchen Zerrformen haben wir lange genug gelitten. Hier liegt mitbegründet eine der Ursachen unserer Tragödie. Über die Krisen, Katastrophen und den Kriegslärm hinweg ist das Reich der Frauen lange genug mit Füßen getreten worden. (...) Kaum eine Gesellschaftsordnung wird der Frau so gerecht als die sozialistische, die nicht nur einst und jetzt die Gleichberechtigung beider Geschlechter vertrat, sondern, die aus der*

Es geht um unsere Kinder!

Du bist Mutter? Ich bin es auch. Du hast Kinder? Genau wie ich. Und Du möchtest manchmal verzweifeln, wenn Dich die Trostlosigkeit des gegenwärtigen Lebens überfällt?

Tu es nicht. Sei stark, habe Mut und Hoffnung! Denn es geht um Deine Kinder, die einmal ein besseres Los haben sollen, als es uns beschieden wurde. Wir wußten es vielleicht nicht besser, als wir vor 15 Jahren den warnenden Stimmen der Sozialdemokraten keinen Glauben schenken wollten, die damals prophezeiten: „Wer Hitler wählt, der wählt den Krieg!" Wir haben es zugelassen, daß dieser Unmensch und seine Helfershelfer an die Macht kamen, weil wir uns von Phrasen einfangen ließen und politisch zu unerfahren waren, um ihre verbrecherische Hohlheit zu erkennen. Und wir haben es dann nicht mehr verhindern können, daß dieser gleiche „von der Vorsehung bestimmte Führer" mit besonderer Freude Sozialdemokraten in die Konzentrationslager sperren, mißhandeln, hinrichten und wie räudige Hunde totschlagen ließ. In Blut und Terror, Tränen und Tod hat er die Stimme des Volkes erstickt.

Nun sind uns die Augen aufgegangen.

Nun fangen wir an, selbständig politisch zu denken: Fast zwei Drittel aller Stimmen werden bei der kommenden Landtagswahl von uns Frauen und Müttern abgegeben! Das ist eine große Verantwortung für uns. Wir haben es jetzt in der Hand, wie ein künftiges Deutschland aussehen, wie sich das Schicksal unserer Kinder gestalten soll. Noch sitzen wir in Verzweiflung und Elend. Wir haben keine Wolle, um die Löcher in den Strümpfen unserer Kinder zu stopfen, es fehlen die nötigsten Haushaltsgeräte, und fast täglich erleben wir, daß Menschen verhungern und erfrieren.

Aber das soll anders werden! Wir wollen dafür sorgen, daß an Stelle von Aschenbechern und anderem Krimskrams Hausgerät, an Stelle von „kunstgewerblichen" Täschchen Schuhe, statt „künstlerischer" Wandbehänge Kleiderstoffe angefertigt werden. Wir wollen, daß unsere Kinder wieder etwas anzuziehen und satt zu essen haben. Wir müssen mitbestimmen können, wie die wirtschaftliche und politische Führung im kommenden Deutschland aussieht. Um unserer Kinder willen gibt es für uns am 20. April deshalb nur eins:

Die Kandidaten der SPD ankreuzen!   **Selbständig Politisch Denken!**

SPD-Flugblatt aus dem Landtagswahlkampf des Jahres 1947, mit dem gezielt um die Mehrheit der Wahlberechtigten, die Frauen, geworben wurde. (Stadtarchiv Flensburg)

Wesensart der Frau mit ihre wichtigsten ideellen Beweggründe und Erkenntnisse geschöpft hat." [101]) Eine etwas andere Gewichtung der weiblichen Aufgaben nahm Kurt Schumacher in einem programmatischen Sylvester-Aufruf 1947 (*„Sozialdemokratie und Frauen"*) vor, als er sich gegen deren Zurückdrängung auf die traditionellen Gebiete wie Fürsorge-, Frauen- und Erziehungsfragen aussprach und stattdessen ihre Einflußnahme auf das Gesamtgebiet der Politik forderte. Die Frauen in Sonderorganisationen der Partei zusammenzufassen, sei zwar notwendig und historisch begründet, aber in letzter Konsequenz sei die Gesamtorganisation der Partei maßgebend für das politische Bild der Frauen.[102])

Die Ergänzung der Geschlechter, die Frau als gleichberechtigte Partnerin des Mannes, die Unterordnung von frauenspezifischen Interessen unter die sozialistischen Ziele, die Aufhebung des Geschlechtergegensatzes in der sozialistischen Gesellschaft – dieses alte, aus den Anfängen der Arbeiterbewegung stammende Programm findet sich nach 1945 nicht nur bei der SPD, sondern auch bei der KPD wieder.

So betonte deren Frauenleiterin in Kiel, Gertrud Cordes, daß die Frau im politischen Leben schon deshalb eine Rolle spielen müsse, weil sie zahlenmäßig der stärkere Teil *„unserer Generation"* sei, und daß die kommunistische Partei die einzige Partei für die Gleichberechtigung der Frau in der Wirtschaft eintrete.[103]) Tatsächlich finden sich im Wahlkampf der KPD häufiger als bei der SPD die Forderungen nach einer Verbesserung der Situation der berufstätigen Frauen; neben gleicher Arbeit für gleichen Lohn stand der Arbeitsschutz auf dem Programm. Außerdem wurde von Magda Langhans-Kelm gefordert, bei den notwendig werdenden Entlassungen zu berücksichtigen, daß in vielen Fällen die Frau nicht nur Erzieherin, sondern auch Ernährerin der Familie sei. Trotz der stärkeren Ausrichtung auf die Berufstätigen wurde aber auch in der KPD die Hauptverantwortlichkeit der Frau in der Erziehungsarbeit gesehen,[104]) Berufstätigkeit und politische Arbeit als sekundär betrachtet: *„Und die Frau, die keinen Mann hat, oder durch die Verluste des Krieges um ihren schönsten und natürlichsten Beruf gebracht worden ist, findet neuen Inhalt und Lebenswürde in der Wohlfahrtspflege, der Gewerkschaft, der Partei, in Ehrenämtern und Frauenausschüssen. Wir sind nicht dazu da, glücklich zu sein, sondern glücklich zu machen."* [105]) Unter der Überschrift *„Mütter, schafft mit uns eine glückliche Zukunft für unsere Kinder"* hieß es in einem Wahlaufruf der KPD 1946: *„Wir Frauen bringen neues Leben. Wir sind von der Natur dazu bestimmt, Leben zu geben, es zu pflegen und es zu erhalten. Nie wieder dürfen sich Tragödien wie in der Hitlerzeit wiederholen. Unsere ganze Kraft werden wir jetzt einsetzen, um eine neue Zukunft zu bauen. Die deutsche Frau muß sich ihrer Verantwortung bewußt sein. (...) Gleichberechtigt neben dem Manne soll die Frau für Frieden und Freiheit wirken."* [106])

Von heute aus gesehen wirken die programmatischen Äußerungen der Nachkriegspolitikerinnen zum Verhältnis Frau und Politik sehr defensiv, weil immer wieder betont wurde, daß die weibliche Mehrheit nicht im Sinne von mehr Macht ausgenutzt werden sollte, die Frau dem Mann als Partnerin vor allem im sozialpolitischen Bereich, also faktisch nachgeordnet, zur Seite stehen müsse und die wesentliche Aufgabe die Mutterrolle bleibe. Aber einem offensiven Vorgehen mit dem Ziel, stärker an der Macht zu partizipieren, standen in den ersten Nachkriegsjahren erhebliche ideologische und materielle Hemmnisse entgegen. Der Nationalsozialismus hatte die deutschen Frauen in ihrer politischen Entwicklung praktisch um eine Generation zurückgeworfen: während die Kräfte der älteren Frauengeneration durch den Widerstand oder durch innere Emigration gebunden worden war und keine Weiterentwicklung weiblicher Leitbilder mehr stattfinden konnte, hatte die jüngere so negative Erfahrungen mit der nationalsozialistischen (Frauen-)Politik gemacht, daß die staatsbürgerliche Bildung nur mit kleinen Schritten in Richtung Gleichberechtigung vorangehen konnte, wobei auch das verdeckte Weiterwirken der nationalsozialistischen Weiblichkeitsideologie in Rechnung gestellt werden muß.

Hinzu kam die Nachkriegsnot, in der es angesichts des Leides schwächerer Gruppen (Kinder, Alte, Kriegsversehrte) nicht opportun erschien, in der Öffentlichkeit radikale frauenrechtlerische Positionen zu vertreten. Die starke Rolle der Frauen beim Meistern der Not und beim Wiederaufbau, ihre Selbständigkeit und die übernommene Ernährerfunktion – all dies wurde als Ausnahmesituation empfunden und auf die Rückkehr der Normalität gehofft, dafür arbeitete man. Der Kampf um mehr Mandate mußte beispielsweise in dieser Situation als zweitrangig erscheinen.

Und noch etwas gilt hier festzuhalten: Auch die Mehrheit der Männer hatte im Nationalsozialismus versagt, aber eine Neudefinition ihrer Rolle in der Politik und in der Gesellschaft wurde nicht für notwendig erachtet. Die programmatischen Äußerungen der männlichen Kandidaten in Wahlkämpfen hatten den Anstrich der Allgemeingültigkeit, gaben sich sachorientiert und blieben geschlechtsneutral. Demgegenüber wurde die politische Frau sowohl von Männern als auch von Frauen immer in erster Linie als Geschlechtswesen betrachtet und damit trotz aller anderslautenden Bekundungen „abgestempelt" – entweder im positiven Sinne als *„Garantin der Menschlichkeit"* oder im negativen als defizitäres Wesen mit politischem Nachholbedarf.

**Wahlergebnisse:
Frauen wählen konservativer als Männer**

Ziel aller Wahlkampfappelle an die Frauen war, sie bei den Kommunalwahlen 1946 und bei den ersten Landtagswahlen 1947 an die Wahlurnen zu bringen, denn im Sinne der oben erwähnten *„Reifeprüfung"* kam es darauf an, durch eine hohe Wahlbeteiligung den Siegermächten das Interesse und die Reife der Deutschen für die Demokratie zu signalisieren. Insofern hing tatsächlich von der Entscheidung der Mehrheit der Wahlberechtigten, also der Frauen, viel ab.

Die folgende Darstellung kann das weibliche Wahlverhalten in Schleswig-Holstein nur streiflichtartig beleuchten.

Die ersten Kommunal- und Kreistagswahlen des Jahres 1946 brachten zunächst das Ergebnis, daß radikale Parteien keinen bestimmenden Einfluß gewinnen konnten und die Frauen sich zahlreich am Gang an die Wahlurnen beteiligten. Bei den folgenden Wahlen konnte das geschlechtsspezifische Wahlverhalten genauer analysiert werden, weil man Männer und Frauen in ausgewählten Stimmbezirken getrennt wählen ließ.

So ergaben die ausgewerteten 16735 Männerstimmen und die 20716 Frauenstimmen bei den Gemeindewahlen 1948, daß die Wahlbeteiligung bei den Frauen mit 77,5% nur um 2,2% unter der der Männer lag, was angesichts vergleichbarer Ergebnisse in der Weimarer Republik einen Erfolg darstellte. Dabei wählten die Frauen konservativer als die Männer: 33,5% wählten SPD, bei den Männern waren es 34,8%; 40,4% der weiblichen und 38,5% der männlichen Stimmen gingen an die CDU; die KPD wurde von 1,7% der Frauen und 2,4% der Männer gewählt.

Bei den Kreistagswahlen 1948 war die Wahlbeteiligung insgesamt etwas geringer, die Frauen beteiligten sich aber etwas stärker (Männer 74,1%, Frauen 74,5%). Hier fällt insbesondere die hohe Wahlbeteiligung der Frauen von 75,4% in Kiel auf, die deutlich über der der Männer (70,0%) lag, was aber auf die mangelhafte Wahlbeteiligung der in Lagern untergebrachten Männer in einigen Bezirken zurückzuführen ist. Bei den Kreistagswahlen erhielt die SPD 38,4% der weiblichen Wählerstimmen (Männer 40,6%), die CDU 43,7% (Männer 40,6%), die KPD 3,0% (Männer 5,0%).

Bei der FDP waren die Unterschiede zwischen den Geschlechtern nicht so ausgeprägt, auf sie entfielen bei den Kreistagswahlen 4,8% der Frauen- und 4,5% der Männerstimmen, bei den Gemeindewahlen war das Ergebnis mit 5,3% identisch.[107])

Schon bei diesen Wahlen des Jahres 1948 wurde beklagt, daß unabhängig vom Geschlecht vor allem die jüngere Generation lethargisch sei: in Kiel waren über 42% der 21- bis 30jährigen Wahlberechtigten den Wahlkabinen ferngeblieben, bei den 31- bis 40jährigen waren es noch rund 30%, bei den 41- bis 50jährigen 22,6%, während von den 51- bis 60jährigen nur 19,8% nicht wählten. Aufgrund dieser Ergebnisse wurde bei den nächsten Wahlen insbesondere an die jüngeren Wähler appelliert, ihrer staatsbürgerlichen Pflicht nachzukommen.[108])

Bei der Wahl zum ersten Deutschen Bundestag 1949 lag die Wahlbeteiligung bei den Männern mit 83,3% wieder geringfügig höher als bei den Frauen (81,7%), ebenso wie bei der Wahl des Jahres 1953, die mit 88,5% die höchste Wahlbeteiligung nach Kriegsende aufwies (Männer 87,8%, Frauen 86,2%). Auch hier konnte festgestellt werden, daß von allen Altersgruppen die der 21- bis 25jährigen das geringste Wahlinteresse hatte, wobei sich aber die Jungwählerinnen mit 73% noch stärker an den Wahlen beteiligten als ihre männlichen Altersgenossen (70%). Die Gruppe der Nichtwähler war damals mit fast 25% am höchsten bei den über 70 Jahre alten Frauen.[109])

Die Tab. 1 vermittelt einen Eindruck von den parteipolitischen Präferenzen

Tab. 1: Anteile der Parteien an den gültigen Stimmen nach Geschlecht und Altersgruppen in %

Geschlecht / Wahl / Altergruppe	SPD	CDU	GB/BHE	FDP	übrige		SPD	CDU	GB/BHE	FDP	übrige
Frauen						Landtagswahl 1958					
						Frauen					
Landtagswahl 1954	30,0	34,5	14	7	15	21 bis unter 30 J.	38,2	45,9	5	5	6
Bundestagswahl 1957	28,2	51,8	8	5	7	30 bis unter 60 J.	33,6	46,3	7	6	7
Landtagswahl 1958	33,3	47,4	7	5	7	60 J. und älter	30,3	50,5	8	4	7
Männer						Männer					
Landtagswahl 1954	33,9	29,7	13	8	16	21 bis unter 30 J.	41,9	41,1	4	6	7
Bundestagswahl 1957	34,8	43,1	8	6	8	30 bis unter 60 J.	40,8	38,7	6	7	8
Landtagswahl 1958	39,6	40,2	6	6	8	60 J. und älter	35,8	42,6	8	5	9

Quelle: Statistische Monatshefte Schleswig-Holstein 2/1959, S. 28

der Geschlechter wie der einzelnen Altersgruppen in den 50er Jahren.

Die Ergebnisse der Gemeindewahlen 1948 wiederholen sich hier in der Tendenz. Differenzen zwischen den Geschlechtern werden vor allem bei den großen Parteien SPD und CDU sichtbar. Besonders gravierend fiel der Unterschied bei der Wahl zum dritten Deutschen Bundestag 1957 aus, als 8,7% mehr Frauen die CDU wählten (51,8%, Männer 43,1%), während die Männer zu 6,6% mehr die SPD bevorzugten.

Auch bei der Landtagswahl am 28. September 1958 gaben die Frauen ihre Stimmen zu 47,4% der CDU (Männer 40,2%), so daß die Überschrift in den Kieler Nachrichten *„Die Frauen verhalfen von Hassel zum Wahlsieg"* [110]) ihre Berechtigung hatte. Demgegenüber läßt sich, abgesehen von der Differenz von 1% bei der Landtagswahl 1954, beim BHE keine geschlechtsspezifischen Vorlieben feststellen.

Die Aufschlüsselung der Ergebnisse nach der Altersstruktur ergibt, daß Ende der 50er Jahre vor allem die älteren Frauen über 60 Jahre die CDU wählten (50,5%), daß aber auch von den Jungwählerinnen die CDU bevorzugt wurde.

Inwieweit die Art und Weise der Wahlkampfführung die Wahlentscheidungen der Frauen beeinflußte, läßt sich im einzelnen für Schleswig-Holstein schwer ausmachen.

Tatsache ist aber, daß seit Ende der 40er Jahre bei Landtags- und Kommunalwahlen die Frauen nicht mehr so stark angesprochen wurden wie in den oben beschriebenen ersten Nachkriegswahlkämpfen. Die Standortbestimmung der Frau in der Politik war damals grundlegend vorgenommen worden, und die Wahlergebnisse zeigten, daß man sich bei der Wahlbeteiligung und bei der Stimmabgabe – zumindestens bei den Konservativen – auf die Frauen verlassen konnte. Zu denken geben mochte allenfalls die Politik- und Parteienferne der jüngeren Männer und Frauen, stellten sie doch in absehbarer Zeit das Potential für den Nachwuchs der Parteien dar.

Das Thema *„Frau und Politik"* war damit aber in der 50er Jahren nicht gänzlich vom Tisch. Vor allem die Landespolitikerinnen und die Ratsfrauen der kreisfreien Städte bemühten sich weiterhin um ihr weibliches Wählerpotential, aber nicht mehr so emotional wie 1946/47, sondern eher nüchtern im Sinne der staatsbürgerlichen Bildung. Hervorgehoben werden müssen hier vor allem die Aktivitäten des Deutschen Frauenrings Kiel, der unter der Leitung von Elisabeth Vormeyer während der Wahlkämpfe Kandidatenbefragungen vornahm und Veranstaltungen zur Aufgabe und Rolle der Frauen in der Politik veranstaltete.

3. Repräsentanz von Frauen in den politischen Gremien

Frauen in der Minderheit: Der Frauenanteil in den gewählten Landtagen 1947-1966

Der Bedeutung der Frauen als Mehrheit der Wahlberechtigten wurde nicht durch eine stärkere Partizipation an den politischen Gremien Rechnung getragen. In den ernannten sowie den gewählten Landtagen von 1946 bis 1966 saßen

Tab. 2: Frauenanteil im Schleswig-Holsteinischen Landtag 1946 – 1966

	Mitglieder insges.	Frauen abs.	%	Parteizugehörigkeit CDU	GB/BHE	SPD	KPD	FDP	parteil.
1.ern. LT (1946)	68(78)[1]	6[2]	8,8	–	–	4	2	–	1
2.ern. LT 1947	60	3	5	1	–	2	–	–	–
1. Wahlperiode (1947 – 1950)	70	6 (5) 8,6 (7,1)[3]		2	–	4	–	–	–
2. Wahlperiode (1950 – 1954)	69	4 (5) 5,8 (7,2)[4]		1	2	2	–	–	–
3. Wahlperiode (1954 – 1958)	69	5 (6) 7,2 (8,7)[5]		2	2	2	–	–	–
4. Wahlperiode (1958 – 1962)	69	3	4,3	1	–	2	–	–	–
5. Wahlperiode (1962 – 1966)	69	6 (7) 8,7 (10,1)[6]		3	–	2(3)	–	1	–

[1]) Einige der insgesamt 78 Abgeordneten gehörten nur zeitweilig dem Landtag an. Für die Ermittlung des Frauenanteils wurde die Abgeordnetenzahl nach der Anwesenheitsliste vom 12.6.1946 (68) zugrundegelegt.

[2]) Agnes Nielsen (KPD) wurde im Mai 1946 von Berta Schulze (KPD) abgelöst.

[3]) Anni Krahnstöver (SPD) wurde am 4.2.1948 in den Wirtschaftsrat gewählt und durch den Abgeordneten Wilhelm Schmehl (SPD) ersetzt.

[4]) Berta Wirthel (SPD) rückte am 25.1.1954 für Reinhold Rehs (SPD) nach.

[5]) Erna Kilkowski (CDU) rückte am 9.12.1957 für Gerhard Stoltenberg (CDU) nach.

[6]) Anni Trapp (SPD) rückte am 24.11.1964 für Walter Lurgenstein (SPD) nach.

zu Beginn der Legislaturperioden im Höchstfall sechs Frauen; durch eine Nachrückerin im Jahre 1966, am Ende des betrachteten Zeitraums, waren es sieben Frauen (Tab. 2).

Da sich weder die Zahl der Frauen noch die der gesamten Abgeordneten zwischen 1947 und 1966 gravierend veränderten, sind nur geringfügige Schwankungen im Frauenanteil festzustellen, der sich mit Ausnahme von 1964 bis 1966 immer unter der Zehn-Prozent-Marke bewegte. Während bei der ersten Wahl im April 1947 einer der höchsten Frauenanteile mit 8,6% erreicht wurde – geringfügig übertroffen nur 1957 (8,7%) und 1965 (10,1%) durch Nachrückerinnen –, lag ein Tiefpunkt nach der vierten Landtagswahl 1958 mit 4,3%.

Schlüsselt man den weiblichen Anteil an den im Landtag vertretenen Fraktionen auf (Tab. 3), zeigt sich, daß CDU und SPD 1947 und 1950 nicht sonderlich stark voneinander abweichen und daß sich bei den späteren Wahlen geringfügige Verschiebungen mal zugunsten der SPD (1954 und 1958), mal zugunsten der CDU (1962) ergeben.

Demgegenüber lag der Frauenanteil in der Fraktion des GB/BHE schon 1950 bei 13,3%, er stieg – als Folge von Mandatsverlusten bei den männlichen Abgeordneten – nach der Landtagswahl im Jahre 1954 auf 20%. Daß 1958 keine Frau mehr in der BHE-Fraktion des Landtages mitarbeitete, lag daran, daß die Abgeordneten Dr. Lena Ohnesorge und Margareta Weiß inzwischen aus der Partei ausgetreten waren.

Der geringe Frauenanteil in den gewählten Landtagen war schon durch die

Tab. 3: Frauenanteil bei den Fraktionen zu Beginn der Legislaturperiode 1947 – 1962[1])

	CDU			SPD			GB/BHE			FDP		
	Mitgl. ges.	Frauen abs.	%	Mitgl. ges.	Frauen abs.	%	Mitgl. ges.	Frauen abs.	%	Mitgl. ges.	Frauen abs.	%
20.04.1947	21	2	9,5	43	4	9,3	–	–	–	5	–	–
09.07.1950	16	1	6,3	19	1	5,3	15	2	13,3	8	–	–
12.09.1954	25	1	4,0	25	2	8,0	10	2	20,0	5	–	–
29.09.1958	33	1	3,3	26	2	7,7	5	–	–	3	–	–
23.09.1962	34	3	8,8	29	2	6,7	–	–	–	5	1	20,0

[1]) Berücksichtigt wurden nur die Fraktionen, denen Frauen angehörten.

Abb. 1: **Frauenanteil bei den Kandidaten und den Mitgliedern des Schleswig-Holsteinischen Landtages 1946–1962 (zu Beginn der Legislaturperiode)**

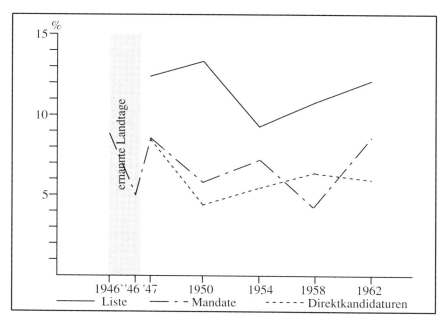

Aufstellung der Kandidatinnen vorprogrammiert. Frauen hatten eher die Chance, von ihren Parteien einen Listenplatz als einen Wahlkreis zu erhalten.

Abb. 1 verdeutlicht das Verhältnis zwischen Direkt- und Listenkandidaturen sowie tatsächlich erreichten Mandaten. Bei den Direktkandidaturen lag der höchste Anteil 1947 bei 8,7% und entsprach damit in etwa den tatsächlich erreichten Mandaten; er sank schon 1950 auf 4,4,% ab, um dann wieder geringfügig auf 6,4% (1958) anzusteigen. Bei den Landeslisten sah es für Politikerinnen etwas günstiger aus, der Frauenanteil war bei der zweiten Landtagswahl 1950 mit 13,3% am höchsten, erreichte dann 1954 mit 9,3% einen Tiefpunkt, um dann bis zu Beginn der 60er Jahre wieder anzusteigen.

Vor allem im Jahre 1950 ist ein deutliches Mißverhältnis zwischen Direktmandaten und Listenkandidaturen zu verzeichnen, weil nur vier Parteien, nämlich CDU, SPD, KPD und GB/BHE, zusammen 10 Frauen von insgesamt 229 Wahlkreisbewerbern nominierten, während von den 165 Listenkandidaten 22 Frauen (13,3%) waren.

Tab. 4: Frauenanteil bei den Direktbewerbungen für den Schleswig-Holsteinischen Landtag 1947 – 1962

Partei	20.4.1947			9.7.1950			12.9.1954			28.9.1958			23.9.1962		
	Bew.ges.	Frauen abs.	%	Bew.ges.	Frauen abs.	%	Bew.ges.	Frauen abs.	%	Bew.ges.	Frauen abs.	%	Bew.ges.	Frauen abs.	%
CDU	42	3	7,1	24	1	4,2	40	2	5,0	42	2	4,8	42	2	4,8
SPD	42	2	4,8	46	2	4,3	42	2	4,8	42	2	4,8	42	2	4,8
FDP	29	–	–	9	–	–	38	2	5,3	42	2	4,8	42	2	4,8
KPD	42	6	14,2	46	3	6,5	42	3	7,1	–	–	–	–	–	–
DFU	–	–	–	–	–	–	–	–	–	–	–	–	42	6	14,3
SSV/SSW	14	–	–	14	–	–	12	–	–	12	–	–	13	–	–
DKP/DRP	34	6	17,6	18	–	–	28	3	10,7	38	3	7,9	–	–	–
parteilos	1	–	–	2	–	–	–	–	–	12	–	–	–	–	–
Zentrum	4	1	25,0	–	–	–	–	–	–	–	–	–	–	–	–
GB/BHE-GDP	–	–	–	44	4	9,1	40	2	5,0	42	2	4,8	42	2	4,8
DP	–	–	–	12	–	–	–	–	–	42	1	2,4	–	–	–
SRP	–	–	–	14	–	–	–	–	–	–	–	–	–	–	–
BdD	–	–	–	–	–	–	42	4	9,5	42	8	19,0	–	–	–
SHB	–	–	–	–	–	–	41	–	–	–	–	–	–	–	–
SHLP	–	–	–	–	–	–	41	–	–	–	–	–	–	–	–
DG	–	–	–	–	–	–	–	–	–	–	–	–	9	1	7,1
gesamt	208	18	8,7	229	10	4,4	328	18	5,5	312	20	6,4	232	14	6,0

Quelle: Amtsblatt für Schleswig-Holstein

Tab. 5: Frauenanteil bei den Listenbewerbungen für den Schleswig-Holsteinischen Landtag 1947 – 1962

Partei	20.4.1947 Bew.ges.	Frauen abs.	%	9.7.1950 Bew.ges.	Frauen abs.	%	12.9.1954 Bew.ges.	Frauen abs.	%	28.9.1958 Bew.ges.	Frauen abs.	%	23.9.1962 Bew.ges.	Frauen abs.	%
CDU	32	3	9,4	36	3	8,3	29	3	10,3	28	3	10,7	43	4	9,3
SPD	45	7	15,6	38	6	15,8	59	5	8,5	55	8	14,5	50	9	18,0
FDP	20	1	5,0	10	1	10,0	22	2	9,1	27	2	7,4	25	2	8,0
KPD/DFU	44	7	15,9	34	6	17,6	25	3	12,0	–	–	–	25	5	20,0
SSV/SSW	28	1	3,6	12	1	8,3	14	1	7,1	10	–	–	9	–	–
DKP/DRP	28	5	17,9	–	–	–	25	4	16,0	14	2	14,3	–	–	–
Zentrum	4	1	25,0	–	–	–	–	–	–	–	–	–	–	–	–
GB/BHE-GDP	–	–	–	23	4	17,4	39	2	5,1	17	1	5,9	24	2	8,3
DP	–	–	–	12	1	8,3	–	–	–	20	1	5,0	–	–	–
SRP	–	–	–	–	–	–	–	–	–	–	–	–	–	–	–
BdD	–	–	–	–	–	–	19	3	15,8	21	4	19,0	–	–	–
SHB	–	–	–	–	–	–	27	1	3,7	–	–	–	–	–	–
SHLP	–	–	–	–	–	–	–	–	–	–	–	–	–	–	–
DG	–	–	–	–	–	–	–	–	–	–	–	–	14	1	7,1
gesamt	201	25	12,4	165	22	13,3	259	24	9,3	192	21	10,9	190	23	12,1

Quelle: Amtsblatt für Schleswig-Holstein

Abb. 2: Frauenanteil bei den Kandidaten und den Fraktionsmitgliedern der SPD im Landtag 1947–1962 (zu Beginn der Legislaturperiode)

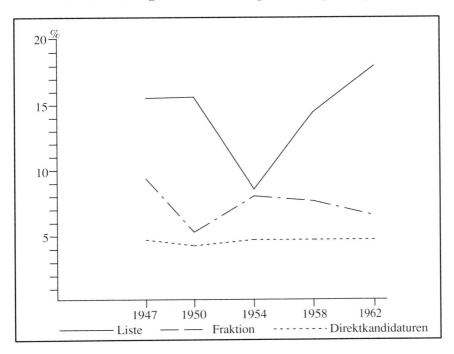

Betrachtet man die Nominierungen der einzelnen Parteien (Tab. 4 und 5), so läßt sich feststellen, daß der Frauenanteil bei den Splittergruppen sowohl bei den Direkt- als auch bei den Listenkandidaten häufig höher war, was auf eine geringere Anzahl von Kandidaten oder auf einen Mangel an Parteimitgliedern zurückzuführen ist. Bei der KPD, die wie die SPD schon in der Weimarer Republik einen hohen Frauenteil aufwies, war die häufige Nominierung von Frauen Ausdruck des von ihr vertretenen Gleichberechtigungsanspruchs. Eine ausgesprochene Männerpartei auf Landesebene war die Vertretung der dänischen Minderheit, der SSV bzw. SSW, der nie eine Direktkandidatin aufstellte und nur bei den ersten drei Wahlen jeweils eine Frau auf seine Landesliste setzte.

Die großen Parteien CDU und SPD stellten während der 50er Jahre in den 42 Wahlkreisen nur jeweils zwei Kandidatinnen auf (4,8%). Bei der FDP, die 1947 und 1950 keine Direktkandidatinnen benannte, und beim GB/BHE, der

Abb. 3: Frauenanteil bei den Kandidaten und den Fraktionsmitgliedern der CDU im Landtag 1947–1962 (zu Beginn der Legislaturperiode)

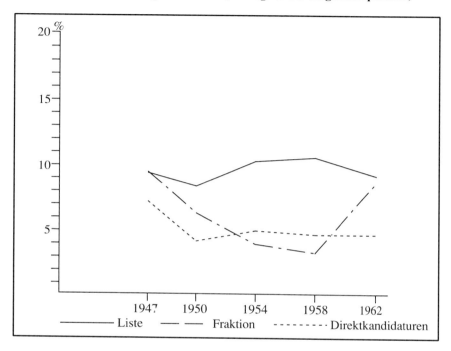

bei seinem ersten Auftreten 1950 gleich vier Frauen in Wahlkreisen nominierte, sah das Verhältnis in den übrigen Wahljahren genauso aus wie bei CDU und SPD.

Hinsichtlich der Listennominierungen schneidet die SPD besser ab als die CDU. Während letztere im Höchstfall vier Frauen (1962) nominierte und der Frauenanteil kaum einmal die Zehn-Prozent-Marke überschritt, was in etwa dem Frauenanteil bei den Mitgliedern von 10,5 % entsprach, schwankte die Anzahl der Listenbewerberinnen bei der SPD zwischen fünf im Jahre 1954 (8,5 %) und neun im Jahre 1962 (18 %). Dieser hohe Frauenanteil bei den Kandidatinnen spiegelte aber nicht annähernd den Organisationsgrad der Frauen im schleswig-holsteinischen Landesbezirk wider, denn ihr Anteil an den SPD-Mitgliedern betrug 1954 24,1 %, 1964 25,1 % – womit der Landesbezirk an dritter Stelle im Bundesgebiet stand.[111])

Die Anzahl bzw. der Anteil der nominierten Frauen sagt selbstverständlich noch nicht viel über deren Chancen, in den Landtag zu kommen, aus. Ausschlaggebend ist neben dem Wahlerfolg der eigenen Partei die Nominierung in einem sicheren Wahlkreis bzw. auf einem vorderen Listenplatz. Von den 27 Mandaten, die Frauen in den ersten fünf gewählten Landtagen bis 1966 innehatten, wurden zehn (37%) direkt und 14 (51,8%) über Liste gewonnen, drei (11,1%) entfielen auf Nachrückerinnen.

Die Abbildungen 3 und 4 verdeutlichen noch einmal graphisch die Veränderungen im Frauenanteil sowie das teilweise erhebliche Mißverhältnis zwischen Nominierungen und tatsächlich erhaltenen Landtagsmandaten bei der SPD und der CDU.

Auffällig in der Abb. 2 ist die große Diskrepanz zwischen dem hohen weiblichen Anteil bei den Listenkandidaten und den tatsächlich erreichten Mandaten in den Wahljahren 1950 und 1962. Bei der Abb. 3 fällt zunächst ins Auge, daß im Vergleich mit der SPD der Frauenanteil bei den CDU-Listenplätzen deutlich niedriger liegt und nur in den Wahljahren 1954 und 1958 knapp die Zehn-Prozent-Marke übersteigt. Dagegen lag 1947, als die CDU drei Politikerinnen direkt nominierte, der Frauenanteil in den Wahlkreisen mit 7,1% über dem der SPD; in den 50er Jahren glichen sich hier die beiden Parteien bei 4,8% aber aneinander an. Daß in der Regel sowohl bei CDU als auch bei SPD ein deutliches Mißverhältnis zwischen dem Anteil bei den Nominierungen und bei den Fraktionssitzen vorlag, macht deutlich, daß die Kandidaturen der Frauen in den Wahlkreisen und auf den Listen als nicht besonders aussichtsreich eingestuft werden können.

Das Nominierungsverhalten der SPD

Dabei stellt sich insbesondere der ins Auge fallende hohe weibliche Anteil bei den sozialdemokratischen Listenkandidaten im Jahre 1962 als wenig überzeugend hinsichtlich der Erfolgsaussichten heraus. Denn von den neun nominierten Frauen kandidierten sieben chancenlos ab Platz 31 der Landesliste, während die bisher immer erfolgreichen Direktkandidaturen der beiden Spitzenkandidaten Anna Brodersen (Kiel-Nord) und Dr. Elly Linden (Lübeck-Nord) noch zusätzlich durch den sicheren vierten und fünften Listenplatz abgesichert wurden.

Eine weitere erhebliche Kluft zwischen Listenplätzen und tatsächlich erhaltenen Mandaten tut sich bei der SPD im Jahre 1950 auf. Während bei der ersten Wahl im Jahre 1947 noch vier Sozialdemokratinnen, nämlich Frieda Hackhe-Döbel, Dr. Luise Klinsmann, Anni Krahnstöver und Dr. Elly Linden, ein Mandat erhielten, schaffte nach der eklatanten Wahlniederlage der SPD 1950 nur die Lübeckerin Linden den Sprung in den Landtag und repräsentierte damit einen Frauenanteil von 5,3% in der 20köpfigen SPD-Fraktion.

Die Wahlniederlage der SPD wirkte sich offenbar negativ für die SPD-Politikerinnen aus, denn 1954 wurden auf der Landesliste statt sechs nur noch fünf Frauen nominiert, was angesichts der stark angewachsenen Liste einen Rückgang von 15,8% auf 8,5% ausmachte. Da die SPD diesmal sechs Mandate hinzugewinnen konnte und sich in der Folgezeit die politischen Verhältnisse in Schleswig-Holstein stabilisierten, wurden auch die Frauen wieder stärker be-

Dr. Luise Klinsmann (1896–1964, SPD), 1946–1964 Kultursenatorin in Lübeck, 1947–1950 Mitglied des ersten gewählten Landtages.
(Pressestelle des Schleswig-Holsteinischen Landtages)

rücksichtigt. Daß ihr Anteil bei den Listenbewerbern auf 14,5 % stieg, bedeutete aber auch in diesem Fall keineswegs die Aussicht auf ein Mandat.

Denn ab 1954 kamen nur noch Dr. Elly Linden und Anna Brodersen zum Zuge, während andere Kandidatinnen nur als Nachrückerin eine Chancen hatten, in den Landtag zu kommen, so 1954 die Lübecker Senatorin Berta Wirthel und 1964 Anny Trapp, die seit 1959 Mitglied der Eutiner Ratsversammlung und seit 1962 Mitglied des Kreistages war.

Im Vergleich mit diesen festgefügten Strukturen innerhalb der SPD in den 50er und 60er Jahren herrschte in der unmittelbaren Nachkriegszeit eine größere Fluktuation bei den weiblichen Landespolitikern.

Drei „*Frauen der ersten Stunde*", die 1946 für die SPD im ersten ernannten Landtag saßen, waren schon 1947 nicht mehr in der Landespolitik präsent: Charlotte Werner aus Preetz trat in diesem Jahr aus der SPD aus, weil sie mit der Flüchtlingspolitik der Partei unzufrieden war und sich aus gesundheitlichen Gründen nicht mehr politisch betätigen konnte. Zudem war sie als „Quereinsteigerin" nicht in der Partei verankert. Sie schloß sich 1950 dem BHE an, ohne allerdings die politische Bühne wieder zu betreten. Marie Schmelzkopf kandidierte bei der Landtagswahl 1947 zwar noch auf dem 35. Listenplatz, ihr Arbeitsschwerpunkt lag aber auf der Kommunalpolitik. Sie gehörte von 1945 bis 1950 der Neumünsteraner Ratsversammlung an und betätigte sich dann in der Arbeiterwohlfahrt. Dora Möller spielte nur noch eine untergeordnete Rolle in der Frauengruppe Holstentor-Süd der Lübecker Sozialdemokratie.

Von den vier Sozialdemokratinnen des ersten gewählten Landtages wurde Anni Krahnstöver 1949 in den Bundestag gewählt, dem sie eine Legislaturperiode angehörte. Dr. Luise Klinsmann kandidierte zwar 1950 noch auf Platz 19 der Landesliste, beschränkte sich dann aber nach der Wahlniederlage der SPD auf ihr Amt als Lübecker Kultursenatorin. Frieda Hackhe-Döbel, die bereits den beiden ernannten Landtagen angehört hatte, zog sich 1949 nach der Geburt ihres Kindes aus der Politik zurück.

Berta Wirthel (1900–1979, SPD), 1946–1970 Mitglied der Lübecker Bürgerschaft, 1951–1955 Senatorin für Wohnungswesen, 1954 Mitglied des Schleswig-Holsteinischen Landtages.
(Privatbesitz E. Gleich)

Nach 1950 macht die SPD also hinsichtlich ihrer weiblichen Landtagsabgeordneten den Eindruck einer „geschlossenen Gesellschaft". Dieser Eindruck manifestiert sich beim Blick auf die Wahlkreisbewerberinnen und die Landeslisten. Bei den fünf Wahlen von 1947 bis 1962 nominierte die SPD nur 4 Frauen direkt: Frieda Hackhe-Döbel und Ida Hinz, Ratsfrau aus Kiel, kandidierten je einmal, Anne Brodersen dreimal und Linden fünfmal in Wahlkreisen.

Zudem wurden innerhalb dieses Zeitraums 23 Frauen auf die Listen gesetzt. 15 von ihnen kandidierten nur einmal, bei ihnen handelt es sich z.T. um „Frauen der ersten Stunde" aus den Lübecker und Kieler Stadtvertretungen oder um SPD-Frauen aus mittleren oder kleinen Gemeinden, die sich in der Partei oder auch auf kommunaler Ebene qualifiziert hatten.[112]) Auch die Frauen, die häufiger auf der Liste nominiert wurden, hatten vorwiegend in Lübeck und Kiel ein kommunales Amt inne, das offenbar Voraussetzung für die Nominierung war. Denn es garantierte politische Erfahrungen und einen gewissen Bekanntheitsgrad der Bewerberinnen, die im Wahlkampf der SPD zugute kamen.

Daß die SPD in Schleswig-Holstein ihr Wählerpotential vor allem in den Städten fand, spiegelt sich auch in der regionalen Herkunft der Frauen wider. Von den 24 Frauen, die zwischen 1947 und 1962 direkt oder auf der Liste kandidierten, stammten neun aus Kiel oder seiner näheren Umgebung, sechs aus Lübeck und Umgebung, fünf aus dem Hamburger Umland, drei aus Holstein und eine Frau aus Neumünster. Der Landesteil Schleswig wurde überhaupt nicht repräsentiert.

Insgesamt kann festgestellt werden, daß die Art und Weise, wie Frauen in der SPD nominiert wurden, während der 50er und 60er Jahre nicht dazu angetan war, den Frauenanteil im Schleswig-Holsteinischen Landtag zu erhöhen. Denn während zwischen 1950 und 1962 die Direktkandidaturen der SPD-Frauen in sicheren Wahlkreisen erfolgte, können angesichts der Wahlergebnisse nur etwa 8 (28,5%) der insgesamt 28 für Frauen reservierten Listenplätze als aussichtsreich eingestuft werden. Da sich auch keine Kandidatin von den hinteren

Listenplätzen „hochdiente", drängt sich hier der Verdacht auf, daß viele Frauen nur pro forma kandidierten, sich in Wirklichkeit aber mit ihren kommunalen Ämtern zufrieden gaben. Es kann also mit Fug und Recht von „Alibi-Frauen" gesprochen werden, die dazu beitragen sollten, im Wahlkampf vor allem für die städtischen Wählerinnen das Bild einer frauenfreundlichen Partei herzustellen. Ihre Kandidaturen legitimierten ihre Wahlkampfauftritte, die wiederum ihr kommunalpolitisches Ansehen hoben und ihren Bekanntheitsgrad steigerten.

Für die beiden Abgeordneten Anne Brodersen und Dr. Elly Linden trifft diese Aussage über die Alibi-Funktion allerdings nicht zu; bei ihnen handelte es sich um hochkarätige Politikerinnen, die mit Sachverstand und Engagement ihre Ziele verfolgten, so daß auch ihre politischen Gegner ihnen Anerkennung zollten.

Anne Brodersen (1903-1971), aus einer kinderreichen Kieler Arbeiterfamilie stammend, war schon 1920 der sozialistischen Arbeiterjugend beigetreten, bei der sie ihren Mann, den Maler und Kartographen Niels Brodersen kennenlernte. Nach der Heirat und der Geburt ihrer beiden Söhne (1922, 1924) übte sie ihren Beruf als Kontoristin nicht mehr aus, übernahm stattdessen aber Ende der 20er Jahre Funktionen als Frauenleiterin in der SPD. Nach einer dreiwöchigen Inhaftierung im Jahre 1933 zogen die Brodersens nach Berlin, wo sie Kontakt zum Widerstand hielten und Anne Brodersen zusammen mit Gayk und Rickers den *„Weckruf"* herausgab. Trotz schwerer Schicksalsschläge (der eine Sohn war im Krieg gefallen, der andere kam kriegsversehrt und als Pflegefall zurück) begann Anne Brodersen 1945 sofort wieder mit der Parteiarbeit; bis 1948 leitete sie die Frauengruppe in Berlin-Köpenick. Nach der Rückkehr nach Kiel (1949) wurde sie 1951 in die Kieler Ratsversammlung gewählt, der sie bis 1963 angehörte. Parallel dazu gehörte sie dem Schleswig-Holsteinischen Landtag von 1954 bis 1968 an; dort arbeitete sie in den Ausschüssen für Volksbildung, Volkswohlfahrt, Arbeit und Aufbau sowie Ernährung, Landwirtschaft und Forsten mit. Über ihre Tätigkeit als Abgeordnete und Ratsfrau hinaus engagierte sich Anne Brodersen im Landesfrauenrat, in dem sie 1950 die SPD-Frauen vertrat und bis 1970 das Amt der stellvertretenden Vorsitzenden innehatte.

Während Anne Brodersen nach Herkunft und Bildung die damals typische Sozialdemokratin verkörperte, gehörte Dr. Elly Linden (1895-1987) zu den wenigen Akademikerinnen der Partei. Geboren in Plauen/Thüringen, aufgewachsen bei der Großmutter in Weimar, absolvierte sie zunächst von 1911 bis 1915 eine Ausbildung als Volksschullehrerin in Erfurt, studierte dann aber nach kurzer Berufstätigkeit Philologie, Geschichte, Geographie und Pädagogik in Jena, Göttingen und Marburg. Nach ihrer Promotion im Jahre 1921, nach dem Staatsexamen für das Lehramt an höheren Schulen und einem weiteren Studium der Wirtschaftswissenschaften in Berlin unterrichtete sie ab 1923 an der Öffentlichen Handelslehranstalt in Lübeck. Ihren Beruf gab sie allerdings nach ihrer Heirat mit dem Studienrat Dr. Wilhelm Linden

1925 auf. 1926/27 trat sie der SPD bei, in der sie sich als Referentin für Frauenarbeit engagierte, bis sie sich 1933 aus der Politik zurückzog, nicht zuletzt um die Stelle ihres Mannes im Staatsdienst nicht zu gefährden. 1946 wurde sie wieder in der SPD aktiv; von 1946 bis 1948 war sie ehrenamtliches Mitglied des Lübecker Kulturausschusses, von 1959 bis 1962 Mitglied des Finanzausschusses. Schwerpunkt ihrer Arbeit im Landtag, dem sie von 1947 bis 1967 ununterbrochen angehörte, war die Bildungspolitik; nach dem Ausscheiden Frieda Hackhe-Döbels übernahm sie von 1949 bis 1950 deren Funktion als parlamentarische Vertreterin des Ministers für Volksbildung, Wilhelm Siegel. Außer im Volksbildungs- und Erziehungsausschuß saß sie im Ausschuß für Gesundheitswesen, im Innen- und im Aufbauausschuß. Von 1954 bis 1962 arbeitete sie zudem im Finanzausschuß mit; ab 1962 kümmerte sie sich im Agrarausschuß vorwiegend um Verbraucherfragen.

Dr. Elly Linden (1895–1987, SPD), 1947–1967 Mitglied des Schleswig-Holsteinischen Landtages. (Privatbesitz v. Richter)

Nominierungen der CDU

Was die personelle Situation angeht, wies die CDU genauso festgefügte Strukturen auf wie die SPD. 1947 wurde die konservative Partei noch durch zwei weibliche Abgeordnete vertreten, nämlich Ilse Brandes, die sich in Lübeck durch eine private Flüchtlingsfürsorge profiliert und im November 1947 das CDU-nahe Christlich-Soziale Werk e.V. gegründet hatte, und Emmy Lüthje, die bereits Mitglied des zweiten ernannten Landtages gewesen war. Ilse Brandes trat ein halbes Jahr vor der Wahl im Jahre 1950 aus der CDU aus, weil sie von ihrer Partei nicht wieder als Kandidatin aufgestellt worden war. Als Abgeordnete gehörte sie dem Flüchtlingsausschuß an; zudem wurde sie Mitglied des amtlichen Flüchtlingsbeirates der drei Westzonen.

In der zweiten und dritten Legislaturperiode war Emmy Lüthje – abgesehen von der Nachrückerin Erna Kilkowski – die einzige CDU-Abgeordnete im Landtag. Sie war bereits 1946 in die CDU eingetreten und hatte sich Reputation durch die Gründung des Hausfrauenbundes erworben, der in einem nicht unerheblichen Maße Wählerinnenpotential für ihre Partei darstellte. 1947 kandi-

Emmy Lüthje (1895–1967, CDU, später FDP), 1946–1958 Mitglied des Schleswig-Holsteinischen Landtages, bei einem Eiertestessen der Hausfrauen-Union in Kiel 1961. Sie gründete bereits im März 1946 den Hausfrauenbund in Kiel wieder und rief nach ihrem Austritt im Jahre 1955 die Hausfrauen-Union ins Leben. (KN-Archiv)

dierte Emmy Lüthje erfolglos in Kiel-Süd gegen Frieda Hackhe-Döbel (SPD), kam aber durch den fünften Listenplatz in den Landtag; 1950 und 1954 gewann sie, abgesichert durch die Listenplätze 24 bzw. 10, ihr Mandat im Wahlkreis Kiel-Mitte. Diesen sicheren Wahlkreis mußte sie 1958 an Dr. Arthur Schwinkowski, dem Landtagsvizepräsidenten dieser Legislaturperiode, abtreten; dafür sollte sie einen unsicheren Wahlkreis erhalten, den sie aber verärgert ablehnte. Aus Erbitterung über diesen Vorgang wechselte sie nach einem Besuch Erich Mendes 1961 in Kiel zur FDP über, die sie aber auch bereits nach einem Jahr verließ. Als Abgeordnete des ersten gewählten Landtages engagierte sich Emmy Lüthje vor allem im Gesundheits- und im Flüchtlingswesen. Wegen ihrer Kritik an der britischen Militärregierung wurde ihr im Oktober 1947 von den britischen Behörden die Landtagsarbeit für ein halbes Jahr untersagt. Ab 1950 arbeitete sie in den Ausschüssen für Volkswohlfahrt, Gesundheitswesen und Heimatvertriebene sowie im Petitionsausschuß mit. Im selben Jahr war sie maßgeblich an der Einrichtung der Frauenreferate in den Ministerien beteiligt.

Nach Lüthjes Ausscheiden aus dem Landtag trat Erna Kilkowski an ihre Stelle, die bereits im Dezember 1957 mit dem 14. Listenplatz für den in den Bundestag gewählten Gerhard Stoltenberg nachgerückt war. Sie wurde von ihrer Partei nicht direkt nominiert, sondern gelangte 1958 über den 8., 1962 über den 14. Listenplatz der CDU in den Landtag. Bei der letztgenannten Wahl wurde sie auf der Landesliste durch die seit 1957 amtierende Sozialministerin Dr. Lena Ohnesorge überrundet, die 1958 den BHE verlassen hatte, erst 1959 in die CDU eingetreten war, aber bereits jetzt den 6. Listenplatz erhielt.

Erna Kilkowski, 1907 in Breslau geboren, war 1945 mit ihrer Tochter aus Königsberg nach Dithmarschen geflohen, wo sie in Hemmingstedt einen Strohverarbeitungsbetrieb mit 50 Angestellten gründete. 1946 trat sie in die CDU ein, für die sie von 1948 bis 1951 im Gemeinderat Hemmingstedts und von 1957 bis 1970 im Kreistag von Süderdithmarschen saß. Neben diesen Mandaten hatte sie wichtige Parteiämter inne; seit 1949 gehörte sie dem Landesvorstand der CDU an, 1951 wurde sie Kreisgeschäftsführerin der CDU für Norder- und Süderdithmarschen und von 1958 bis 1970 war sie Mitglied des Bundesvorstandes der CDU-Frauenvereinigung. Als Landtagsabgeordnete gehörte sie den Ausschüssen für Jugendfragen, Volksgesundheit und Heimatvertriebene an. 1971 zog sich Erna Kilkowski aus der parlamentarischen Arbeit zurück, um vorrangig in der *„Gesellschaft für staatsbürgerliche Familienberatung e.V."* zu arbeiten, die sie 1962 gegründet hatte.

Neu im Landtag war 1962 Annemarie Schuster aus Lübeck, die wie Kilkowski ihr Mandat über Liste erhielt und dieses bis 1988 innehatte.

Ein Vergleich der CDU-Nominierungen mit denen der SPD ergibt, daß zwischen 1947 und 1962 insgesamt 8 Frauen in Wahlkreisen aufgestellt wurden, also doppelt so viele wie bei der SPD. In diesem Zeitraum kandierte Emmy Lüthje dreimal, alle anderen Frauen jeweils einmal. Allerdings handelte es sich hierbei nicht um sichere Wahlkreise, denn nur drei von den insgesamt 10 Direktnominierungen führten zum Erfolg, nämlich bei Lüthje und Ohnesorge.

Auf den Landeslisten der CDU tauchten in dem angegebenen Zeitraum dagegen nur 12 Frauen auf, während es bei der SPD 23 waren. Zehn Frauen kandidierten nur jeweils einmal, zwei Frauen, nämlich Lüthje und Kilkowski, dreimal.

Die Kandidatinnen rekrutierten sich wie bei der SPD teilweise aus der Kommunalpolitik, aber auch aus den Verbänden der bürgerlichen Frauenbewegung. Zu den relativ chancenlosen Landtagskandidatinnen gehörte die Kieler Ratsfrau Elisabeth Vormeyer, die zwar aufgrund ihres Engagements im Landesfrauenrat und im Deutschen Frauenring hohes Ansehen genoß, trotzdem aber 1958 erfolglos gegen Anna Brodersen im Wahlkreis Kiel-Süd kandidierte. Dazu gehörten auch Lena Schröder und Elisabeth Kette, die sich in den 50er Jahren in der Kieler bzw. Lübecker Kommunalpolitik profiliert hatten, sowie die Kreispräsidentin von Stormarn, Dr. Erika Keck.

Bei der regionalen Herkunft der insgesamt 15 Kandidatinnen fällt auf, daß im Gegensatz zur SPD die Frauen anteilsmäßig stärker den ländlichen und kleinstädtischen Bereich repräsentierten, dem sieben (= 46,6%, bei der SPD 33,4%) Frauen entstammten: jeweils zwei Bewerberinnen kamen aus Nordfriesland, Dithmarschen und dem Hamburger Umland, eine aus Ostholstein. Aber auch hier gaben die Frauen aus den kreisfreien Städten den Ton an: vier Kandidatinnen kamen aus Lübeck, drei aus Kiel und eine aus Neumünster. Im Gegensatz zu ihren männlichen Parteikollegen schafften die Flensburger CDU-Politikerinnen nicht einmal bei den Kandidaturen den Sprung in die Landespolitik.

Nominierungen des GB/BHE

Mit seinem hohen Frauenanteil von 13,3% und 20% in der Landtagsfraktion während der zweiten und dritten Legislaturperiode (vgl. Tab. 3) nimmt der GB/BHE eine gewisse Sonderrolle ein. Nach den Aussagen von Margareta Weiß[113]) warb Waldemar Kraft schon vor der offiziellen Gründung des BHE massiv um *die* Frauen, die sich so wie Ohnesorge für die Flüchtlinge eingesetzt hatten, und stellte ihnen Spitzenkandidaturen in Aussicht. So gehörten Dr. Lena Ohnesorge und Margareta Weiß schon zu den Gründungsmitgliedern des BHE, wobei Weiß die einzige Einheimische war. Das Werben um die Frauen machte Sinn, denn die Flüchtlingsfrauen stellten ein erhebliches Wählerpotential in Schleswig-Holstein dar.

Da der BHE nicht damit rechnen konnte, Wahlkreise direkt zu gewinnen, kam es hier entscheidend auf die Listenplätze an. So wurden die Kandidatinnen Dr. Ohnesorge und Margareta Weiß durch vordere Listenplätze abgesichert.

Bei der Landtagswahl vom 9.7.1950, bei der der BHE auf Anhieb 15 Mandate erreichte, kamen Dr. Ohnesorge und Margareta Weiß über den vierten und zehnten Listenplatz in den Landtag, Ohnesorge kandidierte zudem bei dieser und der folgenden Wahl direkt im Wahlkreis Lübeck-Mitte, den sie aber erst 1962 als CDU-Kandidatin gewann.

Der im Vergleich zur SPD und CDU höhere Anteil bei den Direktbewerbungen von 9,1 % beruhte darauf, daß neben Dr. Ohnesorge drei weitere Frauen in Wahlkreisen kandidierten: Gertrud Kuligowski in Rendsburg-Nord, Margarete Döring in Kiel-West und Lieselotte Uffelmann in Lübeck-Ost. Die Kandidatinnen waren zwar chancenlos, konnten aber während des Wahlkampfes vor allem in den städtischen Bereichen, in denen durch die Barackenlager das Flüchtlingselend besonders kraß hervortrat, das Bild einer Partei vermitteln, die sich um die Not der Flüchtlingsfrauen kümmerte, die die Mehrheit in den Lagern bildeten.

Bei der Landtagswahl 1954 ging der Frauenanteil bei den Kandidaturen stark zurück (Abb. 4). Der BHE stellte wie die anderen Parteien nur noch zwei Frauen in Wahlkreisen auf; neben Lena Ohnesorge kandidierte jetzt Margareta Weiß im Wahlkreis Steinburg-Ost, sie kam aber gerade noch über den 10. Listenplatz in den Landtag – der BHE errang damals nur 10 Mandate –, während Ohnesorge auf Platz 6 der Liste stand.

Abb. 4: Frauenanteil bei den Kandidaten und den Fraktionsmitgliedern des BG/BHE im Landtag 1947–1962 (zu Beginn der Legislaturperiode)

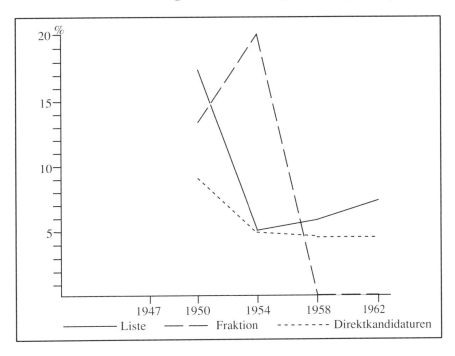

Dr. Lena Ohnesorge-Voß, 1898 in Prenzlau/Uckermark geboren, hatte sich nach ihrem Medizinstudium wie ihr Ehemann in ihrem Heimatort als Ärztin niedergelassen. Nach der Flucht mit ihren fünf Kindern eröffnete sie ihre Praxis in Lübeck und wurde dort 1947 in der „Internationalen Frauenliga für Frieden und Freiheit" aktiv. Bereits 1946 hatte sie eine Denkschrift zum Flüchtlingselend verfaßt; daß sie zu den Gründungsmitgliedern des BHE gehörte, war eine Folge ihres sozialpolitischen Engagements, das sich während ihrer Abgeordnetentätigkeit vor allem auf die Reform des schleswig-holsteinischen Gesundheitswesens richtete. Im Oktober 1957 wurde sie vom Ministerpräsidenten von Hassel als Nachfolgerin des ausgeschiedenen Sozialministers Asbach zur ersten Ministerin des Landes ernannt.

Margareta Weiß wurde 1912 in Sülfeld (Krs. Gifhorn) geboren, wuchs aber in Neumünster auf, wo sie das Oberlyzeum besuchte und anschließend eine Ausbildung als Kindergärtnerin absolvierte. Als die während des Krieges in Hannover ausgebombt wurde, zog sie mit ihren drei Söhnen wieder nach Neumünster. Ihr Mann fiel während des Krieges, so daß sie ihre Kinder allein durchbringen mußte. Vom BHE umworben, lehnte sie die Parteiarbeit wegen ihrer familiären Situation zunächst ab; der Überredungskunst Lena Ohnesorges war es zu verdanken, daß sie schließlich doch kandidierte. Neben ihrer Abgeordnetentätigkeit engagierte sie sich in der Neumünsteraner Kommunalpolitik; von 1951 bis 1952 und von 1955 bis 1959 war sie BHE-Ratsfrau, von 1966 bis 1970 gehörte sie der Ratsversammlung als FDP-Mitglied an.

Margareta Weiß (1912–1990), 1950–1958 als GB/BHE-Abgeordnete, 1962–1971 als FDP-Abgeordnete Mitglied des Schleswig-Holsteinischen Landtages. (KN-Archiv)

Als einzige Listenkandidatinnen neben 37 Männern waren die beiden Abgeordneten 1954 die weiblichen Zugpferde der Partei; offenbar war es der Partei nicht gelungen, eine größere Zahl von Frauen an sich zu binden, die aktiv mitarbeiteten, was sicher auch auf die gegenüber Einheimischen schwierigere materielle Situation der Flüchtlingsfrauen, die sich eine neue Existenz aufbauen mußten, zurückzuführen ist. Hinzu kam, daß natürlich auch in dieser Partei die Männer dominierten und sich die aussichtsreichsten Plätze sicherten.

1958 war es mit der Repräsentanz der BHE-Frauen auf der Landesebene vorbei. Wegen der internen Auseinandersetzungen, die seit Mitte der 50er Jahre das Bild des BHE in der Öffentlichkeit bestimmt hatten, mußte die Partei bei der Bundestagswahl 1957, bei der übrigens Margareta Weiß in Neumünster kandidierte, eine Niederlage hinnehmen; sie verfehlte die Fünf-Prozent-Marke. Auch in Schleswig-Holstein war der Stern der Interessenspartei am Sinken, und so wandten sich neben vielen anderen Mitgliedern auch die beiden schleswig-holsteinischen Landtagsabgeordneten Ohnesorge und Weiß vom GB/BHE ab.

Kurz vor der Landtagswahl 1958, bei der der BHE nur noch fünf Mandate erringen konnte, trat Dr. Ohnesorge aus. Sie bekam als Parteilose zwar kein

Dr. Lena Ohnesorge-Voß (1898 – 1987), 1950 bis 1958 als GB/BHE-Abgeordnete, 1962 – 1967 als CDU-Abgeordnete Mitglied des Schleswig-Holsteinischen Landtages; hier bei ihrer Vereidigung als erste schleswig-holsteinische Ministerin. Sie leitete von 1957 – 1967 das Sozialministerium. (KN-Archiv)

Landtagsmandat, behielt aber ihren Posten als Sozialministerin auch im zweiten Kabinett Kai-Uwe von Hassels bis 1962. Im Oktober 1959 schloß sie sich der CDU an, weil sie hier ihre Wirkungsmöglichkeit am höchsten einschätzte, was angesichts ihres Erfolges als Ministerin eines CDU-Ministerpräsidenten auch nicht weiter verwunderlich war. Ministerin blieb sie bis 1967.

Margareta Weiß zog für sich aber den gegenteiligen Schluß; sie ging bereits im November 1957 in die FDP, die zwar ihrer Meinung nach in Schleswig-Holstein nicht sehr prägend gewirkt hatte, aber ihr mehr Chancen bot: *„Und ich hab' mir gesagt, Mensch in so 'ner kleinen Partei, da hast du mehr. Was bist du in der CDU – gar nichts. Also ich wäre nicht in die SPD gegangen. Das steht für mich fest."* [114])

Bereits bei der Landtagswahl 1958 kandidierte sie auf dem 6. Listenplatz der FDP; sie mußte ihre politische Arbeit im Landtag allerdings für eine Legislaturperiode unterbrechen, weil die FDP nur drei Mandate erhielt. 1962 trat sie wieder als Direktkandidatin im Wahlkreis Plön-Süd an und kam als Schlußlicht der fünf FDP-Abgeordneten mit dem 5. Listenplatz wieder in das Landesparlament, dem sie dann bis 1971 angehörte.

Nach dem Ausscheiden Ohnesorges und Weiß' aus der Partei nominierte der BHE 1958 zwar noch Frauen, sie hatten aber keine Aussichten, in den Landtag zu kommen. Zu ihnen gehörte die Frauenreferentin des Ministeriums für Arbeit, Soziales und Vertriebene, die Juristin Maria-Eva Geimick, und die Lübecker Kommunalpolitikerin Ruth Ankermann.

Es läßt sich also feststellen, daß Weiß und Ohnesorge jeweils die richtige Entscheidung getroffen hatten, als sie in die FDP bzw. CDU wechselten. Beide Parteien konnten von ihrem Bekanntheitsgrad als Abgeordnete und von ihrer Sachkompetenz in bestimmten Bereichen – bei Weiß die Jugendpolitik, bei Ohnesorge die Gesundheits- und Sozialpolitik – profitieren und ermöglichen ihnen dementsprechend eine weitere Karriere als Landtagsabgeordnete. Angesichts der Tatsache, daß es allen Parteien in den 50er Jahren nicht gelungen war, jüngere Frauen in die Landespolitik einzubinden, konnte man es sich offenbar nicht leisten, auf so profilierte Politikerinnen wie die beiden genannten zu verzichten.

Im Zeitraum von 1946 bis 1966 bestimmten auf der Landesebene insgesamt 19 Frauen die Landespolitik mit, wobei sich Anfang der fünfziger Jahre ein „harter Kern" herausschälte, der z.T. bis in die siebziger Jahre hinein im Landtag vertreten war. Was Bremme bereits 1956 für die Bundesebene feststellte, daß keine neuen Frauen Zugang zur Politik fanden[115]), trifft also auch auf Schleswig-Holstein zu. Zum einen lag der weibliche Nachwuchsmangel sicherlich in den Parteistrukturen begründet, die immer nur wenigen Frauen den politischen Aufstieg ermöglichten. Hinzu kam, daß auch die Politikerinnen selbst offenbar nicht bereit waren, auf ihr Mandat zugunsten jüngerer zu verzichten, weil sie sich noch nicht am Ziel ihrer Wünsche sahen oder u.U. auch meinten, wegen ihrer Erfahrungen unverzichtbar zu sein. Sie gehörten mehrheitlich einer Generation an, die ihre politische Sozialisation in der Weimarer Republik erfahren hatte, in ihrer politischen Entfaltung durch den Nationalsozialismus behindert worden war und nach dem Krieg einen ungeheuren Nachholbedarf hatte, ohne daß ihr Ehrgeiz immer hinreichend befriedigt werden konnte. Beide Faktoren, verkrustete Parteistrukturen und das Festhalten der Älteren an ihren Posten, mögen zu dem in den 50er Jahren vielfach beklagten und gescholtenen Verhalten der jüngeren Generation geführt haben, sich nicht mehr parteipolitisch zu engagieren.

Ein weiterer wesentlicher Grund für die mangelnde Repräsentanz von Frauen im Landesparlament ist die ländliche Struktur Schleswig-Holsteins. Im Vergleich zu den anderen Bundesländern lag Schleswig-Holstein am Anfang des Jahres 1954 mit einem Frauenanteil von 5,8% an viertletzter Stelle, gefolgt von Baden-Württemberg (5%), Niedersachsen (4,4%) und Bayern (3,4%). Demgegenüber wiesen vor allem die Stadtstaaten Frauenanteile in den Parlamenten von über 10% auf (Berlin 17,3%, Bremen 14,0%, Hamburg 12,3%). Hier kamen die gleichen Faktoren zum Tragen, die auch die Möglichkeiten zur Mitarbeit der Frauen in der Kommunalpolitik bestimmten. In ländlichen Gebieten verhinderten nicht nur die stärkere Bindung der Frauen, insbesondere der Bäuerin, ans Haus, sondern vor allem die konservativen, im Süden Deutschlands auch konfessionell bedingten Einstellungs- und Verhaltensweisen der Bevölkerung hinsichtlich der Geschlechterrollen eine Beteiligung der Frauen am politischen Prozeß. Mit der Berufstätigkeit von Frauen wird eine erste Bresche in diese Vorurteile und überlieferten Verhaltensweisen geschlagen, so daß in den städtischen Gebieten, in denen die außerhäusliche Erwerbstätigkeit der Frauen prozentual höher liegt, die Aversion gegen ihre Mitgestaltung des öffentlichen Lebens sinkt und in der Folge Frauen stärker in den parlamentarischen Gremien vertreten sind. Hinzu kommt, daß die erwerbstätigen Frauen leichter einen Zugang zum öffentlichen Leben und zu Parteien finden, da ihnen vom Berufsleben her die *"Organisation"* nichts Fremdes mehr ist. Entscheidend für die politische Mitarbeit von Frauen ist also auch der Grad der Industrialisierung und der damit verbundene größere Anteil der Frauen an der erwerbstätigen Bevölkerung.[116])

Exkurs: Umstrukturierungen in der Frauenerwerbstätigkeit Schleswig-Holsteins (1951-1960)

Vor diesem Hintergrund lohnt es sich, einen Blick auf die Statistiken der 50er Jahre zu werfen unter der Frage, wie die weibliche Erwerbstätigkeit in Schleswig-Holstein strukturiert war und ob sich Veränderungen abzeichneten, die in der Folgezeit auch das politische Verhalten der Frauen, ihre Partizipation an der Politik sowie die frauenpolitischen Themen bestimmen konnten.

Zunächst ist festzuhalten, daß in der Zeit von 1951 bis 1960 die Zahl der abhängig beschäftigten Frauen in Schleswig-Holstein von 191 832 auf 260 590 stieg (Tab. 6). Die Zuwachsrate von insgesamt 35,8% bei den weiblichen Beschäftigten wurde vor allem in den Bereichen Eisen- und Metallverarbeitung (+ 144,9%), Handel-, Geld- und Versicherungswesen (+ 114,0%) und öffentlicher Dienst (+ 44,6%) erheblich übertroffen. In diesen Bereichen wurden auch absolut gesehen die meisten neuen Arbeitsplätze für Frauen geschaffen.

Insgesamt gesehen profitierten die Frauen mit einem Zuwachs von 35,8% stärker als die Männer (+ 29,2%) von der Ausdehnung des schleswig-holsteinischen Arbeitsmarktes in den 50er Jahren, sieht man zunächst einmal davon ab, daß sie zumeist in den niedrig bezahlten Tätigkeitsbereichen arbeiteten. Analysiert man den Frauenanteil in den einzelnen Wirtschaftsbereichen (Tab. 7), so erscheinen die Verschiebungen, die zwischen 1951 und 1960 auf dem Arbeitsmarkt stattfanden, auf den ersten Blick als nicht besonders gravierend. Der Anteil der weiblichen Beschäftigten stieg nur um 1,1% auf 33,0% und lag damit im bundesrepublikanischen Trend. 1961 war also fast jeder dritte Arbeitsplatz in Schleswig-Holstein mit einer Frau besetzt.

Tab. 6: **Weibliche abhängig Beschäftigte nach Wirtschaftsbereichen 1951 und 1960**

	1951	1960	Veränderungen Frauen abs.	%	Männer %
0 Landwirt. etc	23910	11723	− 12187	− 51,0	− 35,6
1 Bergbau etc.	724	1378	+ 654	+ 90,3	+ 25,4
2 Eisen/metall	7308	17897	+ 10589	+ 144,9	+ 61,9
3/4 verarb. Gew.	37680	57126	+ 19446	+ 51,6	+ 18,5
5 Bau	1119	2650	+ 1531	+ 136,8	+ 118,0
6 Handel/Geld/Vers.	29384	62874	+ 33490	+ 114,0	+ 35,1
7 Dienstleist.	51155	48753	− 2402	− 4,7	+ 38,0
8 Verkehrswesen	4728	6384	+ 1656	+ 35,0	+ 23,4
9 öff. Dienst	35824	51805	+ 15981	+ 44,6	+ 8,5
alle Bereiche zus.	191832	260590	+ 68758	+ 35,8	
Männer	410277	530037	+ 119760	+ 29,2	
gesamt	602109	790627	+ 188518	+ 31,3	

(Quelle: Statistisches Jahrbuch für Schleswig-Holstein 1952 und 1961)

Tab. 7: **Frauenanteil in den einzelnen Wirtschaftsbereichen (in %)**

	1951	1960	Veränderungen
0 Landwirt. etc	26,9	21,9	− 5,0
1 Bergbau etc.	5,1	7,5	+ 2,5
2 Eisen/metall	10,0	14,5	+ 4,5
3/4 verarb. Gew.	38,5	44,5	+ 6,0
5 Bau	2,4	2,6	+ 0,2
6 Handel/Geld/Vers.	40,8	52,2	+ 11,4
7 Dienstleist.	88,0	83,6	− 4,4
8 Verkehrswesen	9,5	10,6	+ 0,8
9 öff. Dienst	35,3	42,0	+ 6,7
Alle Bereiche zus.	31,9	33,0	+ 1,1

In einzelnen Sparten waren die Umstrukturierungen wesentlich stärker, als die beiden Tabellen zunächst ausweisen.

Die Zahl der in der Landwirtschaft beschäftigten Frauen ging um 51 %, d.h. um 12 187 zurück, was auf eine zunehmende Rationalisierung und damit einhergehende Freisetzung des Gesindes zurückzuführen ist. Mit der Technisierung des Haushaltes übernahmen die Bäuerin bzw. die mithelfenden Familienmitglieder die Arbeit der Mägde. Auch die Zahl der abhängig beschäftigten Männer in der Landwirtschaft ging von 65 094 (1951) auf 41 924 (1960) zurück; anteilsmäßig wirkte sich das mit 35,6 % aber nicht so stark wie bei den Frauen aus.

Ein weiterer Abbau weiblicher Arbeitsplätze ist bei den privaten Dienstleistungen zu verzeichnen, der in der Tab. 6 mit einem Minus von rund 2400 Stellen angegeben wird. Tatsächlich war der Rückgang in diesem Sektor erheblich höher, denn im Bereich der häuslichen Dienste gingen mehr als 17 000 Stellen verloren bzw. konnten nicht mehr besetzt werden, weil ein großer Teil der erwerbstätigen Frauen sich neue Arbeitsfelder erschlossen.

Vor diesem Hintergrund wurde Ende der 50er Jahre in der Öffentlichkeit und auch im Landtag eine Diskussion um die Einführung eines sozialen Jahres für Mädchen geführt. Vor allem die bürgerlichen Parteien sprachen sich für eine solche Maßnahme aus, um einerseits den Mangel an weiblichem Dienstpersonal zu beheben, andererseits im Sinne der konservativen Familienpolitik den Mädchen für ihr späteres Eheleben eine vernünftige Haushaltsausbildung mitzugeben. Die Gewerkschaften und Sozialdemokratinnen sprachen sich vehement dagegen aus; letztendlich erwies sich das Konzept als nicht durchsetzungsfähig, so daß der Ministerpräsident von Hassel einen Rückzieher machte.

Parallel zum Stellenabbau in den häuslichen Diensten wurden 14 693 neue Stellen im privaten Dienstleistungssektor geschaffen, so daß im Vergleich mit 1951 zu Beginn der 60er Jahre hier 30,1 % der Frauen an einem neuen Arbeitsplatz tätig waren. Vor allem das Gaststättenwesen erfuhr eine erhebliche Ausdehnung: 6 196 neue, meist minderqualifizierte Stellen wurden für Frauen geschaffen. Zudem ist eine weitere, bis heute anhaltende Tendenz im Dienstleistungssektor abzulesen: der Drang in die frauentypischen Bereiche wie die Gebäudereinigung, deren hohe Zuwächse in den 50er Jahren offenbar auf eine Institutionalisierung in Form von Reinigungsfirmen zurückzuführen ist und in dem 1961 83,3 % der Beschäftigten Frauen waren (1951: 27,0 %), oder wie der Friseurberuf (+ 3651 Stellen), der noch stärker als 1951 zum ausgeprägten Frauenberuf wurde. 1951 betrug der Frauenanteil hier 56,8 %, 1960 schon 80,6 %. Die häuslichen Dienste wurden zu 99,7 % von Frauen ausgeübt. Es muß davon ausgegangen werden, daß gerade in diesen Bereichen die Zahl der erwerbstätigen Frauen wesentlich höher war, da viele Beschäftigungsverhältnisse in den Bereich der Schattenwirtschaft fielen.

Ein stärkerer Anstieg des Frauenanteils zeichnet sich im Handels-, Geld- und Versicherungswesen ab (+ 11,4 %);

wo die Frauen 1961 mit 52,2% erstmals die Mehrheit der abhängig Beschäftigten stellten, während sie diese im Dienstleistungsbereich traditionell innehatten (83,6%). Die Rangfolge der beiden Bereiche vertauschte sich zwischen 1951 und 1962, betrachtet man die „Beliebtheitsskala" der verschiedenen Wirtschaftszweige. 1951 rangierte der private Dienstleistungsbereich noch auf Platz 1 (51 155 Stellen), 1961 war er auf den 4. Platz abgerutscht, während der Handel und das Geld- und Versicherungswesen auf den ersten Rang (62 874 Stellen) rückten.

Einen höheren Anteil stellten die Frauen auch im verarbeitenden Gewerbe und im öffentlichen Dienst, wo sie 6,0 bzw. 6,7% mehr Stellen als 1951 besetzten, während die Bereiche Bergbau und Energieversorgung, Eisen- und Metallerzeugung und -verarbeitung sowie Bau- und Verkehrswesen typische Männerdomänen blieben. Auch in der Landwirtschaft waren schon 1951 vergleichsweise wenig Frauen beschäftigt; sie arbeiteten hier vorwiegend als mithelfende Familienangehörige und tauchen deshalb nicht in den hier ausgewerteten Statistiken, sondern in anderen auf.

Die Tendenz zum Frauenberuf läßt sich hingegen auch im öffentlichen Dienst ablesen. Von seiner Ausweitung in den 50er Jahren um 21 793 Stellen profitierten wiederum überproportional die Frauen, wobei Arbeitsplätze im größeren Umfang vor allem in der Verwaltung, in der Krankenpflege, in Kirche und Bildungswesen sowie in der Volkspflege und Fürsorge geschaffen wurden. Trotzdem blieb die Verwaltung eine Männerdomäne; der Frauenanteil stieg hier nur von 19,6% auf 24,0% an, während 1960 die Krankenpflege zu 78,4% (1951: 74,1%), die Volkspflege und Fürsorge zu 87,8% (1951: 81,7%) in den Händen der Frauen lag. Der Trend zum traditionellen Frauenberuf verstärkte sich in diesen Bereichen also noch. Aufholen konnten die Frauen beim Personal der Kirche und im Bildungswesen; statt 35,9% besetzten sie jetzt 42,8% der Stellen.

Von 48 489 neuen Arbeitsplätzen im Bereich des Handels, des Geld- und Versicherungswesens wurden 33 490, also 69,1% von Frauen besetzt, wobei das Gros der Stellen auf den Handel entfiel. Der Frauenanteil betrug im Handel 53,6%, im Geld- und Versicherungswesen 43,1%. Wie heute arbeitete damals die Mehrheit der Frauen für niedrige Löhne und Gehälter als Verkäuferinnen oder Kassiererinnen, während die besser dotierten Arbeitsplätze bei Banken und Versicherungen von Männern besetzt wurden.

Von den insgesamt 51 060 neu geschaffenen Arbeitsplätzen in der Eisen- und Metallerzeugung und -verarbeitung entfielen nur 26,2% auf die Frauen, während es im verarbeitenden Gewerbe, einem traditionellen Tätigkeitsfeld der Frauen, immerhin 63,7% der 30 543 Stellen waren. Die geschlechtsspezifische Arbeitsteilung in den verschiedenen industriellen Bereichen wurde folglich prinzipiell beibehalten, wenn sich der Frauenanteil in der Metallindustrie auch leicht erhöhte, vor allem durch die Schaffung von 3 286 neuen Arbeitsstellen in der Elektroindustrie oder von 2 469 Arbeitsplätzen im Maschinen-, Apparate und Armaturenbau. Im Sektor

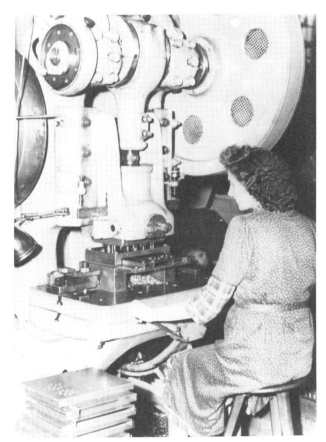

In der Metall- und Eisenverarbeitenden Industrie, hier die Firma Hagenuk in Kiel (1950), entstanden zwischen 1951 und 1960 rund 10 600 neue Arbeitsplätze für Frauen, die allerdings mit 14,5 % immer noch die Minderheit in diesem Wirtschaftsbereich darstellen.
(Stadtarchiv Kiel)

des verarbeitenden Gewerbes wurden von allem in der Zuckerwaren- und Schokoladenindustrie neue Stellen geschaffen (+ 3 095 Stellen) – ein Hinweis auf die Zunahme des Konsums in der Bundesrepublik während der 50er Jahre, an dem die Mehrheit der Verbraucher im „Armenhaus" Schleswig-Holstein erst in den späten 60er Jahren teilhatte.

Die beschriebenen Umstrukturierungen im Erwerbsleben der schleswig-holsteinischen Frauen lassen nur vorsichtige Schlußfolgerungen hinsichtlich der Auswirkungen auf die Politik bzw. ihres Verhältnisses zur Politik oder zum politischen Engagement zu, weil genauere Untersuchungen zur Ausbildungssituation der Mädchen und zur beruflichen

Qualifikation der Erwerbstätigen sowie deren Auswirkungen auf den öffentlichen Bereich fehlen. Festzuhalten ist aber, daß Frauen eher den traditionellen Bereichen verhaftet blieben, in der Regel schlechter entlohnt wurden und durch die Unterbrechung oder die Aufgabe des Berufes bei der Eheschließung erhebliche Nachteile in Kauf nehmen mußten.

Positive Wirkungen in Richtung politischen Engagements konnten wahrscheinlich aus dem öffentlichen Dienst kommen aufgrund der Nähe zur Verwaltung bzw. Politik. Deutlich wird aber auch, daß mit dem Abbau der häuslichen Dienste u.U. Frauenvereine wie der Hausfrauenbund, der die Ausbildung der Hausmädchen und Hauswirtschafterinnen kontrollierte und auch eine politische Lobby darstellte, erhebliche Funktionsverluste hinnehmen mußten, wenn sie ihren Aufgabenbereich nicht erweiterten. Die Verbraucherberatung stellte eine solche Erweiterung dar.

So läßt sich auch für das überwiegend agrarisch strukturierte Schleswig-Holstein feststellen, daß einerseits der Frauenanteil im Landtag im Vergleich zu den stärker industrialisierten Ländern bis in die 60er Jahre hinein recht niedrig war, und daß sich andererseits die Mehrheit der Landespolitikerinnen aus den größeren Städten, vor allem Kiel und Lübeck, rekrutierte, in denen ein größeres Potential beruflich qualifizierter und politisch interessierter Frauen vorhanden war und zudem eine intensivere Parteipolitik stattfand, die z.T. auf die Interessen ihrer weiblichen Klientel Bezug nahm. Hier boten sich am ehesten die Möglichkeiten zu einer eigenständigen *„Frauenpolitik"*, die sich z.B. in der Gründung des Landesfrauenrates 1950 manifestierte.

Schleswig-holsteinische Abgeordnete im Deutschen Bundestag 1949 – 1966

Der Frauenanteil bei den schleswig-holsteinischen Bundestagsabgeordneten, deren Gesamtzahl zwischen 23 (1949, 1957) und 26 (1953) schwankte, lag in der zweiten Legislaturperiode mit 7,8% am höchsten, in der 1. und der 3. Wahlperiode mit jeweils 4,3% am niedrigsten (Tab. 8).

Die Frauen aus Schleswig-Holstein waren während des untersuchten Zeitraums von 1949 bis 1965 im Vergleich zum Frauenanteil im Bundestag immer unterrepräsentiert, denn hier schwankte ihr Anteil zwischen 6,8% (1949), und 9,2% (1957). Im Jahre 1957 war die Differenz mit 4,9 Prozentpunkten am höchsten. Zu diesem Zeitpunkt, als aus Schleswig-Holstein nur eine Frau Mitglied des Bundestages war, stieg die Zahl der weiblichen Abgeordneten von 45 auf 48.

Insgesamt waren in dem betrachteten Zeitraum von 1949 bis 1965 drei Frauen als schleswig-holsteinische Abgeordnete im Deutschen Bundestag vertreten: die beiden Sozialdemokratinnen Anni Krahnstöver (1949-1953) und Annemarie Renger (1953-1990) sowie Gräfin Finckenstein (1953-1957) vom GB/BHE. Auf den Werdegang Anni Krahnstövers wurde bereits oben eingegangen.

Die Journalistin Eva Gräfin Finckenstein hatte bei der Landtagswahl 1950 auf dem 20. Platz der BHE-Liste kandidiert, kam aber nicht in den Landtag. Stattdessen wurde sie persönliche Refe-

Tab. 8: Frauenanteil im Deutschen Bundestag und bei den schleswig-holsteinischen Bundestagsabgeordneten 1946 – 1966
(zu Beginn der Legislaturperiode)

	Bundestag insges.	Frauen abs.	%	schleswig-holsteinische Bundestagsabgeordnete insges.	Frauen abs.	%
1. Wahlperiode (1949 – 1953)	410	28	6,8	23	1	4,3
2. Wahlperiode (1953 – 1957)	509	45	8,8	26	2	7,8
3. Wahlperiode (1957 – 1961)	519	48	9,2	23	1	4,3
4. Wahlperiode (1961 – 1965)	521	43	8,3	24	1	4,7

Quelle: Handbuch des Deutschen Bundestages; A. Huber, 1984, S. 257; Datenhandbuch zur Geschichte des Deutschen Bundestages, 1984, S. 188

rentin des Finanzministers Kraft und Presse- und Frauenreferentin im Finanzministerium. 1953 gelangte sie neben Kraft und Dr. Gille als schleswig-holsteinische Abgeordnete über die Landesliste des BHE in den Bundestag. Gräfin Finckenstein schloß sich der Kraft-Oberländer-Gruppe an, als diese im Juli 1955 aus dem BHE austrat und damit die in der Folgezeit zu beobachtenden Auflösungserscheinungen der Vertriebenenpartei auslöste. 1956 trat die Gruppe in die CDU ein.[117])

Während Krahnstöver und Finckenstein nur für eine Legislaturperiode im Bundestag saßen und danach politisch nicht mehr in Erscheinung getreten sind, gehörte Annemarie Renger zu den wenigen weiblichen Nachwuchskräften der SPD, die schon in der unmittelbaren Nachkriegszeit den Grundstein zu einer langjährigen politischen Karriere legen konnte. 1919 als Tochter des Geschäftsführers der Dachorganisation des Arbeitersports, Fritz Wildung, in Leipzig geboren, war ihr die Bindung an die Partei selbstverständlich, und sie gehörte bis 1933 der Kinderfreunde- und Arbeitersportbewegung an. Nach ihrer Flucht aus Berlin in den letzten Kriegstagen fand die junge Kriegerwitwe mit ihrem Sohn Unterkunft bei Verwandten in der Lüneburger Heide. Da sie nichts anderes im Sinn hatte, *„als politisch tätig zu sein"*, beschloß sie, Parteisekretärin zu werden, und bewarb sich um eine Stelle bei Kurt Schumacher, für den sie zu-

Annemarie Renger (geb. 1919, SPD), 1953–1990 Abgeordnete des Deutschen Bundestages.
(Parlamentsarchiv des Deutschen Bundestages)

nächst als Privatsekretärin in Hannover, später in Bonn arbeitete.[118])

Während Anni Krahnstöver 1949 die Landesliste der SPD anführte und ihr Mandat der Wahl im Kreis Pinneberg verdankte, kam Annemarie Renger als eine der jüngsten Abgeordneten 1953 nicht direkt, sondern durch 4. Platz der Landesliste in den Bundestag, dem sie bis 1990 angehörte und dem sie von 1972 bis 1976 als Präsidentin vorstand. Auch Eva Gräfin Finckenstein errang ihr Mandat über die Liste des GB/BHE, der sie auf den dritten Platz plaziert hatte.

Nach den Zahlen und dem Werdegang der drei Abgeordneten zu urteilen, sind die Einflußmöglichkeiten der Politikerinnen aus Schleswig-Holstein auf die Bundespolitik auch im Sinne einer Interessensvertretung schleswig-holsteinischer Frauen als äußerst gering einzuschätzen, zumal zwei Abgeordnete durch ihren baldigen Rückzug aus der Politik keine kontinuierliche Arbeit begründen konnten und Annemarie Renger vorrangig in der Bundespolitik ihrer Partei statt in der schleswig-holsteinischen Landespolitik verankert war.

Wie bei den Kandidaturen für den Landtag wurden auch bei den Bundestagswahlen die Frauen in erster Linie mit Listenplätzen bedacht[119]), und zwar in einem noch ausgeprägteren Maße. Während 1949 noch sechs Frauen direkt kandidierten (1 SPD, 1 DP, 3 DKP, 1 KPD), waren es bei den folgenden Wahlen 1953 nur drei (1 KPD, 1 GB/BHE, 1 DNS), 1957 vier (1 SPD, 1 GB/BHE, 1 BdD, 1 DRP) und 1961 drei Frauen (1 SPD, 2 DFU), wobei die Chancen dieser Direktkandidatinnen vor allem bei den kleinen Parteien gen Null gingen. Aber auch Annemarie Renger, einzige Direktkandidatin der SPD in diesen Jahren, hatte kaum Aussichten, ihren Wahlkreis zu gewinnen, da seit 1953 alle 14 Direktmandate an die CDU gingen.

Realistische Chancen, ein Direktmandat für den Bundestag zu gewinnen, hätte demnach seit diesem Zeitpunkt nur eine Kandidatin der CDU gehabt. In Frage gekommen wäre Emmy Lüthje, die zwar von ihrer Partei für den Bundestag nominiert wurde, sich aber mit dem 4. (1949, 1957) bzw. dem 7. Listenplatz (1953) begnügen mußte und damit wegen der Erfolge ihrer Kollegen in den Wahlkreisen wiederum ohne Chancen war. Die CDU setzte bei den vier Bundestagswahlen von 1949 bis 1961 im Wechsel zwei oder drei Frauen auf die Landesliste, der Frauenanteil unter den Listenkandidaten lag 1949 mit 12,5% am höchsten, 1957 mit 9,5% am niedrigsten (Tab. 9).

Neben Emmy Lüthje wurde 1949 die CDU-Geschäftsführerin Erna Kilkowski aus Meldorf auf dem 13. Platz nominiert; 1953 standen Dr. Erika Keck aus Ahrensburg (14.) und die pensionierte Sozialreferentin Irmgard Jäger aus Kampen/Sylt (19.), 1957 die Lehrerin und Neumünsteraner Ratsfrau Alexandrine von dem Hagen (12.) auf der Liste. 1961 kandidierten Erna Kilkowski, damals Landtagsabgeordnete (5.), Gräfin vom Hagen, Vorsitzende der CDU-Frauenvereinigung, (10.) und die pensionierte Rektorin Emma Faupel aus Rendsburg (18.).

Bei der SPD, die von 1953 bis 1961 jeweils sieben Abgeordnete aus Schleswig-Holstein über ihre Landesliste in den Bundestag schicken konnte, hätte im Vergleich zur CDU nur durch den umgekehrten Weg der Frauenanteil unter den schleswig-holsteinischen Bundestagsabgeordneten erhöht werden können. Hier hätten vordere Listenplätze für weibliche Kandidaten reserviert werden müssen, das Gegenteil war aber der Fall. 1949 standen fünf Kandidatinnen auf der Landesliste; neben der Bezirkssekretärin Anni Krahnstöver aus Eckernförde (1. Platz) wurden die Kommunalpolitikerinnen Anna Brodersen (11.), Anni Stolze (20.) und Gertrud Voelcker (24.) aus Kiel sowie Käthe Praus (16.) aus Lübeck nominiert. 1953 bewarben sich nur noch drei Frauen um ein Bundestagsmandat.

Die Auswahl der Kandidatinnen, deren politischen Aktivitäten sich bis auf wenige Ausnahmen auf die engere Region (Kommune, Landkreis) sowie Parteiorgane oder ihr nahestehende Organisationen (Frauenvereinigung, Gewerkschaft) beschränkten, sowie ihre aussichtslose Plazierung sowohl bei CDU als auch bei SPD machen deutlich, daß es den Parteien in erster Linie darauf ankam, die nominierten Frauen im Wahlkampf einzusetzen und mit ihnen um weibliche Wählerstimmen zu werben. Wie die Frauen ihre Kandidaturen beurteilten, ob sie sich der Parteistrategie freiwillig beugten oder nur mit Murren oder ob sie sich von der *„Ochsentour"* sogar langfristig Erfolg und ein Mandat erhofften, ist bisher nicht bekannt.

In der Öffentlichkeit wurde diese Kluft zwischen Anspruch und Wirklichkeit den Wählerinnen allerdings nicht deutlich gemacht; stattdessen präsentierten sich die Bundestagskandidatinnen als überzeugte und überzeugende Vertreterinnen ihrer Parteien, wie beispielsweise auf einer Kandidatinnenbefragung, die vom Deutschen Frauenring unter der Leitung Elisabeth Vormeyers in Kiel während des Bundestagswahlkampfes im August 1953 organisiert worden war und an der Emmy Lüthje, Annemarie Renger, Margarita Lillelund (FDP), Margarete Weiß und Clemence Budow (DP) teilnahmen. Selbst die chancenlos kandidierende Emmy Lüthje stellte hier ein Programm für ihre Bun-

Tab. 9: Frauenanteil bei den Listenbewerbungen für den Bundestag 1949 – 1961 in Schleswig-Holstein

Partei	16.8.1949 Bew. ges.	Frauen abs.	%	6.9.1953 Bew. ges.	Frauen abs.	%	15.9.1957 Bew. ges.	Frauen abs.	%	17.9.1961 Bew. ges.	Frauen abs.	%
CDU	16	2	12,5	22	3	12,0	21	2	9,5	25	3	12,0
SPD	25	5	20,0	26	3	11,5	26	4	15,4	25	3	12,0
FDP	10	1	10,0	15	1	6,7	20	2	10,0	20	2	10,0
GB/BHE	–	–	–	29	4	13,8	14	1	7,1	29	2	6,7
KPD	10	2	20,0	13	2	15,4	–	–	–	–	–	–
DFU	–	–	–	–	–	–	–	–	–	19	6	31,5
GVP	–	–	–	9	2	22,2	–	–	–	–	–	–
DP	9	1	11,1	22	1	4,5	20	2	10,0	–	–	–
Zentrum	5	–	–	–	–	–	–	–	–	–	–	–
RSF	10	1	10,0	–	–	–	–	–	–	–	–	–
SSW	7	–	–	15	–	–	11	–	–	6	–	–
DG	–	–	–	–	–	–	–	–	–	–	–	–
DKP/DRP	15	3	20,0	8	2	25,0	15	1	6,7	14	2	14,3
DNS	–	–	–	10	1	10,0	–	–	–	–	–	–
BdD	–	–	–	–	–	–	15	3	20,0	–	–	–
	107	15	14,0	169	19	11,2	142	15	10,6	152	18	11,8

Quelle: Amtsblatt für Schleswig-Holstein

Margarete Weiß im Wahlkampf für den GB/BHE. (Privatbesitz P. Weiß)

destagsarbeit im Falle ihrer Wahl vor.[120])

Selbstverständlich zielte auch der GB/BHE, der 1953 erstmals drei Abgeordnete aus Schleswig-Holstein in den Bundestag entsandte, mit seinen Kandidatinnen auf die Wähler(innen)stimmen ab, aber er nominierte immerhin zwei von ihnen auf dem 3. und 4. Listenplatz, mit dem Erfolg, daß Gräfin Finckenstein in den Bundestag einzog, während die Landtagsabgeordnete Margarete Weiß ihr Mandat knapp verfehlte.

Insgesamt läßt sich feststellen, daß innerhalb des untersuchten Zeitraums nur eine einzige schleswig-holsteinische Politikerin, nämlich Anni Krahnstöver, den Sprung in die Bundespolitik schaffte. Annemarie Renger wurde als Parteipolitikerin mit einem Mandat „*versorgt*".

Bei der Gräfin Finckenstein ist der Fall ähnlich gelagert; ihr Werdegang und das private Umfeld deuten daraufhin, daß ihre persönlichen Ambitionen von vornherein über die regionale politische Betätigung hinausgingen und ihr Umzug nach Bonn im Jahre 1953 in politischer Hinsicht eine endgültige Abkehr von Schleswig-Holstein darstellte.

Die Analyse der Kandidaturen von Frauen bei den Land- und Bundestageswahlen hat ergeben, daß die Chancen auf ein Mandat in Schleswig-Holstein auf der höheren politischen Ebene geringer wurden, auch wenn bei den Bundestagswahlen in der Regel der Frauenanteil bei den Listenbewerbern höher war. Hier stellt sich die Frage, ob auch der Umkehrschluß gilt: je niedriger die politische Ebene, je höher die Chancen der Frauen, die Politik zu beeinflussen.

Der Frauenanteil in den Kommunalparlamenten der vier kreisfreien Städte

Zunächst einmal muß festgehalten werden, daß die Möglichkeiten weiblicher Einflußnahme in erster Linie von der Gemeindegröße abhängen, wobei nicht die Einwohnerzahl an sich ausschlaggebend ist, sondern die soziale und konfessionelle Struktur, die sich entsprechend auf die Einstellungen gegenüber weiblicher Mitarbeit in der Politik auswirkt, wie oben bereits erläutert wurde. Während die Großstädte einen hohen Anteil an Frauen in den Kommunalparlamenten aufweisen, treten in den kleineren und mittleren politisch engagierte Frauen nur vereinzelt auf.[121])

Als Beispiel für einen Mittelpunktsort haben wir Husum gewählt. Während der ernannten Kommunalvertretung, deren konstituierende Sitzung am 18. 1. 1946 stattfand, wahrscheinlich auf Drängen der Briten zwei Frauen angehörten, Margot Buchecker und Helena Struve, waren in den nächsten beiden Legislaturperioden keine Frauen mehr vertreten. Bei den Kommunalwahlen 1951, 1955 und 1959 wurde jeweils eine Frau gewählt, 1962 waren es zwei (Tab. 10).

Tab. 10: **Anzahl der Frauen in ausgewählten Kommunalparlamenten 1945 – 1966**

Kommune	1945/46	1946-1948	1948-1951	1951-1955	1955-1959	1959-1962	1962-1966
Flensburg	1 (2)	3	3	3 (4)	1 (2)	4	3 (4)
Kiel	4	6	5 (6)	7	6 (8)	10	9
Lübeck	5	4	3	4	4	6	5
Neumünster	6	6 (5)	5 (3)	3	4 (6)	6	6 (7)
Husum	2	–	–	1 (2)	1	1	2

Quelle: Verwaltungsberichte Flensburg, Kiel, Neumünster; Stadtarchiv Lübeck; Das Stadtverordnetenkollegium der Stadt Husum 1946 – 1966.

Ein weibliches Mitglied der Stadtverordnetenversammlung, die ehemalige Flensburger Ratsfrau Charlotte Schubert (SSW), die aus beruflichen Gründen nach Husum gezogen war, rückte im März 1952 nach; dadurch erreichte der Frauenteil den höchsten Stand von 8,3%, während er sonst nach den Wahlen bei 3,8% (1959), 4,1% (1951, 1955) oder 7,6% lag (Tab. 11).

Abgesehen von den Jahren, wo keine Frau im Kommunalparlament saß, konnte sich Husum aber im Vergleich zum kreisfreien Flensburg, das eine erheblich höherere Einwohnerzahl hatte, durchaus sehen lassen, denn bei den ersten drei Kommunalwahlen wurden hier jeweils nur drei Frauen gewählt (Tab.10), die damit einen Anteil zwischen 7,3% (1948) und 8,1% (1951)

Tab. 11: **Frauenanteil in ausgewählten Kommunalparlamenten 1945 – 1966 (in %)**

Kommune	1945/46	1946-1948	1948-1951	1951-1955	1955-1959	1959-1962	1962-1966
Flensburg	7,1	7,7	7,3	8,1 (10,8)	3,0 (6,7)	10,0	7,7 (10,3)
Kiel	10,3	13,3	11,4 (13,6)	15,6 (17,8)	13,3	22,2	18,7
Lübeck	9,6	8,9	6,8	8,9	8,7	12,2	10,2
Neumünster	19,4	18,2 (15,2)	14,7 (8,8)	8,6	11,4 (17,1)	15,4	15,4 (17,9)
Husum	6,8	–	–	4,1 (8,3)	4,1	3,8	7,6

stellten. Durch eine Nachrückerin – Heinke Brodersen (CDU) – wurde hier 1952 der höchste Frauenanteil während des betrachteten Zeitraums mit 10,8% erreicht, er sank jedoch schon in der folgenden Legislaturperiode auf 3% ab (Tab. 11), als nur die Reederin Greta Korn gewählt wurde, eine Kandidatin der „*Wahlgemeinschaft Deutsches Flensburg*" aus CDU, FDP und GB/BHE, die damals mit 15 Mandaten die stärkste Fraktion wurde.

Auch wenn in den beiden folgenden Legislaturperioden der Frauenanteil wieder anstieg, so bildete Flensburg doch hinsichtlich der Repräsentanz der Frauen immer das Schlußlicht im Vergleich zu den anderen kreisfreien Städten. Der extrem niedrige Frauenanteil von 3% im Jahre 1955 ist u.a. darauf zurückzuführen, daß zum einen CDU, FDP und GB/BHE, zum andern der neugegründete Schleswig-Holstein-Block, die Deutsche Partei (DP) und die Deutsche Reichs-Partei (DRP) zu Wahlbündnissen zusammenfanden, so daß sich die Gesamtzahl der Kandidatinnen und Kandidaten und damit die Chancen für Frauen, ein Mandat zu erhalten, verringerten, zumal deren niedrigere Bewerberzahl nicht durch eine bessere Plazierung wettgemacht wurde. Diese Auswirkungen von Wahlbündnissen auf die Kandidaturen von Frauen ist auch in anderen Städten, wie z.B. in Kiel im Jahre 1955, zu beobachten. In Flensburg verschärfte sich allerdings die Lage durch den Grenzkampf, der seit 1945 die Kommunalpolitik beherrschte und alle anderen Themen, so auch die „*Frauenpolitik*", völlig in den Hintergrund drängte bzw. sie zum Anlaß für die Auseinandersetzung zwischen Deutsch- und Dänentum nahm. Führte die Abwehrhaltung gegenüber den Dänen bei den konservativen Bekennern zum Deutschtum zu breiten Wahlbündnissen während der Kommunalwahlen 1951 und 1955, die 1951 zum ersten Mal wieder eine deutsche Mehrheit in der Ratsversammlung brachten, so stand auf der anderen Seite die Spaltung der Sozialdemokratischen Partei, deren dänenfreundlicher Flensburger Kreisverein im Juli 1946 ausgeschlossen worden war und als SPF in den folgenden Jahren mit dem SSW zusammenarbeitete, während der neugegründete Kreisverein der SPD keinen politischen Einfluß gewann.

In diesen Auseinandersetzungen hatten die Frauen offenbar das Nachsehen. So brachte bei der Kommunalwahl 1951 das Wahlbündnis aus SSW und SPF, das 18 Mandate erringen konnte, noch zwei Frauen, Juliane Decker (SPF) und Gertrud Koch-Thorbecke (geb. Uldall, SSW), ins Ratshaus; vier Jahre später erhielt keines ihrer weiblichen Mitglieder ein Mandat, weil diese Parteien im Wahlergebnis schlechter abschnitten und die Frauen wie üblich nicht vorn plaziert waren. Die Spaltung der SPD war zwar inzwischen überwunden (1954), aber sie konnte wegen ihrer dänenfreundlichen Haltung nur fünf Sitze erringen; der SSW verlor vier Mandate.

Die Jahre 1959 und 1962 brachten mit der Wahl von vier bzw. drei Frauen dann wieder bessere Ergebnisse hinsichtlich der weiblichen Repräsentanz. Von 1959 bis 1962 stellte die CDU zwei Ratsfrauen, die Reederin Greta Korn und die Bäckermeisterin Heinke Brodersen, die bereits zweimal in den beiden vorhergehenden Legislaturperioden nachgerückt war; für den GB/BHE saß Anna Zachau in der Ratsversammlung, für den SSW wieder Gertrud Uldall, die auch 1962 gewählt wurde.

Insgesamt wirkten innerhalb des untersuchten Zeitraums von 1945 bis 1966 nur 13 Ratsfrauen an der Flensburger Kommunalpolitik mit, während es in Lübeck 17, in Neumünster 22 und in Kiel 26 waren. Der die politischen Auseinandersetzungen beherrschende Grenzkampf bewirkte vermutlich auch, daß keine Politikerin aus dem Flensburger Raum in der Landespolitik vertreten war.

Die Abb. 5 verdeutlicht noch einmal die Entwicklung des Frauenanteils in den vier Kommunalparlamenten. Auffällig ist hier die Entwicklung in Neumünster, deren ernannte Ratsversammlung 1945/46 mit 19,4% (6 Frauen) den höchsten Frauenanteil der vier Kommunen aufwies; er fiel aber nach der 2. Kommunalwahl von 18,2% (1946) auf 14,7% (1948) und 8,6% (1951). Schon im Mai 1950 war der Frauenanteil auf 8,8% zurückgegangen, als 11 Mitglieder aus der Ratsversammlung ausschieden und durch neue ersetzt wurden. Dieser Wechsel ging vor allem zu Lasten der Frauen, denn unter den Ausscheidenden waren die vier sozialdemokratischen Ratsfrauen Frieda Borgwardt, Anna Lemke, Marie Schmelzkopf und Mia Schulz, die durch die Studienrätin Elisabeth Nasse (CDU) und die Sozialreferentin Frieda Grünke (GB/BHE) ersetzt wurden, so daß jetzt zusammen mit Hedwig Bücheler (CDU) nur noch drei Frauen im Kommunalparlament saßen. Wie in den übrigen Städten stieg der Frauenanteil erst Ende der 50er Jahre wieder und stabilisierte sich bei 15,4%.

In Neumünster erhielten während des betrachteten Zeitraums insgesamt 22 Frauen ein Mandat, von denen 9 der SPD, 9 der CDU, 3 dem GB/BHE und eine Frau der FDP angehörten. Mit dieser vergleichsweise hohen Zahl von Ratsfrauen rangierte Neumünster gleich nach Kiel, wo von 1945 bis 1966 insgesamt 26 Frauen Mitglied der Ratsversammlung wurden. Hinzu kam, daß schon in der unmittelbaren Nachkriegszeit und verstärkt in den 50er Jahren die CDU mehr Frauen als in Flensburg (vier CDU-Ratsfrauen) oder Lübeck (drei

Abb. 5: Frauenanteil in den Kommunalparlamenten der vier kreisfreien Städte 1945–1962 (zu Beginn der Legislaturperiode)

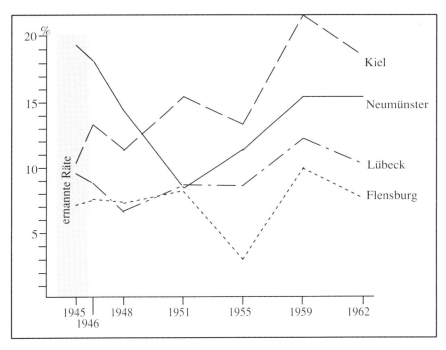

CDU-Ratsfrauen) für die Kommunalpolitik gewinnen konnte, die z.T. über längere Zeit hinweg Mandate innehatten. Diese neun CDU-Ratsfrauen, von denen auffälligerweise sechs Lehrerinnen waren, bildeten ein Gegengewicht zur gleichen Zahl Sozialdemokratinnen, deren politische Arbeit in enger Verbindung zur Arbeiterwohlfahrt (Marie Schmelzkopf) oder Gewerkschaft (Mia Schulz) stand. Vermutlich hatte die damals noch starke Ausrichtung der Neumünsteraner Wirtschaft auf die Textilindustrie mit ihren vielen Frauenarbeitsplätzen Auswirkungen auf die Nominierung von Frauen; evtl. wurde hier auch an eine frauenpolitische Tradition der 20er Jahre angeknüpft, die in der unmittelbaren Nachkriegszeit den hohen Frauenanteil im Kommunalparlament bewirkte. Es stellt sich hier zudem die Frage, warum abgesehen von Marie Schmelzkopf, die nur dem ersten ernannten Landtag angehörte, und Margarete Weiß, die erst nach ihrer Wahl zur Landtagsabgeordneten 1951 Stadträtin wurde, keine der Neumünsteraner Ratsfrauen den Sprung in den Landtag schaffte, während die Ver-

„Frauen regieren Kiel! So jedenfalls sah es in der gestrigen Ratsversammlung aus." Mit dieser Bildunterschrift erschien das Foto am 17.4.1959 in den Kieler Nachrichten. Von links nach rechts: Irmgard Kremer (CDU), die stellvertretende Stadtpräsidentin Ida Hinz (SPD), Rosa Wallbaum (SPD); am Rednerpult Dolly Franke (SPD). (KN-Archiv)

bindungen der Lübecker und Kieler Frauen zur Landespolitik enger waren.

Daß in Kiel der Frauenanteil, abgesehen von der Sonderentwicklung Neumünsters von 1945 bis 1950, höher lag, verwundert nicht angesichts der großstädtischen Struktur der Stadt und ihrer zentralen Funktion als Landeshauptstadt, die Frauen viele Möglichkeiten zur Erwerbstätigkeit wie zur politischen Mitarbeit in Parteien oder kulturellen Betätigung in Vereinen, nicht zuletzt Frauenvereinen, bot.

Die Abb. 5 macht deutlich, daß aber auch hier keine gradlinige Entwicklung zu mehr Partizipation von Frauen am politischen Leben stattfand, sondern die Politikerinnen hinsichtlich der Mandatsverteilung in der Stadtvertretung auch Rückschläge hinnehmen mußten. So gingen die in den 50er Jahren geschlossenen Wahlbündnisse – 1951 „*Kieler Gemeinschaft*" aus CDU und FDP, 1955 „*Kieler Block*" aus CDU, FDP, GB/BHE uns SHB – zu Lasten der konservativen Frauen, die 1951 keine und 1955 zwei Vertreterinnen in die Ratsversammlung bringen konnten. Zwar waren gegenüber 1951 im Wahljahr 1955 vom Kieler Block mehr Frauen direkt (1951: 3,7%; 1955: 14,8%) und auf der Liste (1951: 7,4%; 1955: 13,7%) nominiert worden, letztendlich stellten sie trotz des Wahlsieges der bürgerlichen Parteien aufgrund ihrer schlechteren Plazierung nur 8,3% der 24 Ratsmitglieder. Die Hauptverluste bei dem Rückgang des Frauenanteils auf 13,3% trugen die Sozialdemokratinnen, die aufgrund des schlechten Wahlergebnisses ihrer Partei, die acht von 29 Sitzen verlor, nur noch vier Stadträtinnen stellten, während es 1951 sieben gewesen waren.

Im Wahljahr 1959, als keine Wahlbündnisse mehr geschlossen wurden und die SPD wieder die absolute Mehrheit gewann, erreichten die Kieler Frauen hinsichtlich ihrer Vertretung in der Kommunalpolitik einen Spitzenwert: von 45 Ratsmitgliedern stellten sie mit zehn Frauen einen Anteil von 22,2%. Sieben Ratsfrauen gehörten der SPD an, zwei der CDU und eine der FDP. Der Frauenanteil fiel dann aber bereits bei der nächsten Wahl wieder auf 18,7% zurück, weil eine Abgeordnete kein Mandat mehr erhielt.

Insgesamt läßt sich feststellen, daß der Frauenanteil in den Kommunalparlamenten der kreisfreien Städte – mit Ausnahme Flensburgs – in der Regel höher als im Landtag oder bei den schleswig-holsteinischen Bundestagsabgeordneten lag. Das gleiche Bild bietet sich bei den Kandidaturen für die Stadtvertretungen. Im Vergleich zu den Landtagswahlen ließ man Frauen eher im Wahlkreis kandidieren; der Frauenanteil bei den Direktkandidaturen überstieg in den Städten sogar noch den Anteil bei den Mandaten und erreichte 1962 in Kiel einen Spitzenwert von 23,1%, am niedrigsten lag er in Lübeck mit 8,1% bei der Kommunalwahl des Jahres 1951.

Demgegenüber näherte sich bei den meisten Wahlen der Frauenanteil an den kommunalen Listenkandidaturen dem der Landtagswahlen an; nur in Kiel lag er in den Jahren 1948 (+ 8,4%), 1959 (+ 8,5%) und 1962 (+ 9,9%) deutlich über dem Wert bei den vorhergehenden bzw. im gleichen Jahr stattfindenden Landtagswahlen.

Es bleibt festzuhalten, daß die Hemmschwelle für die Mitwirkung von Frauen in den größeren Städten deutlich niedriger lag als auf der höheren politischen Ebene. Trotzdem erschien den politisch aktiven Frauen in den 50er Jahren das bisher Erreichte nicht genug, so daß sie versuchten, weitere Frauen für die Mitarbeit in der Kommunalpolitik zu motivieren. Unter der Leitung Elisabeth Vormeyers, die selbst der Kieler Ratsversammlung von 1955 bis 1970 angehörte, organisierte der Kieler Frauenring Ende November 1955 zusammen mit dem Kieler Oberbürgermeister Dr. Müthling eine Veranstaltung für Frauen, in der über die *„Frau als Mitarbeiterin und Kundin im Rathaus"* informiert wurde.[122])

Diese Bemühungen, den Frauenanteil in den Kommunalparlamenten weiter zu erhöhen, scheint aber im Hinblick auf das gesamte Land Schleswig-Holstein vergeblich gewesen zu sein, denn noch im Jahre 1964 beklagte die damalige Ministerin Dr. Ohnesorge auf einer Veranstaltung des *„Arbeitskreises der Frauen in der CDU"* (Kreisverband Flensburg-Land), daß die gegenwärtige Lage *„nicht erfreulich"* sei, denn nach den letzten Kommunalwahlen im Jahre 1962 seien nur 226 Frauen Mitglied in Gemeindevertretungen gegenüber mehr als 14 000 Männern. Landesweit betrug damit der Frauenanteil in den kommunalen Gremien nur etwa 1,5%; nach Ohnesorge lag der Anteil der Frauen in Gemeinden unter 2000 Einwohnern noch weit unter einem Prozent. In diesem Zusammenhang konstatierte die Ministerin, daß unter den Frauen das Interesse an der Politik wachse, aber noch nicht in die notwendige Aktivität umgesetzt werde, obwohl doch gerade die Mitarbeit in der Gemeinde – und hier vor allem in der Sozial- und Kulturpolitik – sich als *„natürlicher Schritt aus der Familie in die Öffentlichkeit"* anbiete. Auch der Widerstand der Männer sei nicht sehr groß, und dort, wo er vorhanden sei, könne man ihm nur mit umfangreicher Sachkenntnis entgegentreten.[123])

Damit wiederholte Ohnesorge einen Standpunkt, der schon seit den 40er Jahren die Diskussion um die politische Mitarbeit von Frauen beherrschte, ohne daß sich die Parteistrukturen geändert hätten oder die Vorurteile bei Männern wie bei Frauen gegenüber einer politischen Betätigung des weiblichen Geschlechts grundlegend abgebaut werden konnten. Meiner Meinung nach wurden von den weiblichen Wortführern die politischen Strukturen letztendlich nicht hinterfragt und die von ihnen ausgehenden Benachteiligungen für die Frauen nicht scharf genug analysiert, so daß die oben erwähnten Veranstaltungen zur Motivierung von Frauen als ein *„Herumdoktern an den Symptomen"* bewertet werden muß.

4. Zur Sozialstruktur der schleswig-holsteinischen Politikerinnen

Da noch nicht alle vorliegenden Lebensläufe systematisch ausgewertet werden konnten, sind die folgenden Überlegungen hinsichtlich der Sozialstruktur der Politikerinnen als vorläufig zu betrachten. So konnte eine umfassende Darstellung der sozialen Herkunft und des Bildungsganges z.T. auch aufgrund fehlenden Materials noch nicht geleistet und die familiäre Situation der Frauen auch nur an Einzelbeispielen verdeutlicht werden.

Zur Familiensituation der Politikerinnen

Die Pastorenfrau Ingeborg Schröder bat nach ihrer Wiederwahl in die Neumünsteraner Ratsversammlung bereits am 2. Oktober 1947 mit folgender Begründung um die Entbindung von ihren Pflichten als Ratsmitglied: *„Meine Pflichten als Hausfrau und Mutter von vier Kindern, sowie die ständig wachsenden Aufgaben, die mir als Pfarrfrau in der caritativen Arbeit der Gemeinde zufallen, lassen mir nicht mehr die nötige Zeit zur Erfüllung der Aufgaben eines Ratsmitgliedes. Ich bedaure außerordentlich, aus dieser Arbeit ausscheiden zu müssen, – glaubte ich doch, an meinem Platz als Ratsmitglied die Interessen der Hausfrauen wahrnehmen und die Sorgen und Lasten der Hausfrauen erleichtern helfen zu können. Die Praxis hat ergeben, daß es einer Hausfrau und Mutter mehrerer Kinder – wenigstens nach meinen Erfahrungen – unter den gegenwärtigen Verhältnissen unmöglich ist, neben der Sorge für die Familie den Pflichten gerecht zu werden, die ein öffentliches Ehrenamt, wie das eines Ratsmitgliedes, sie auferlegt."* [124])

Dieser Brief bringt einerseits das Bedauern der Ratsfrau darüber zum Ausdruck, nicht mehr politisch tätig sein können, andererseits wird hier wieder das allseits beklagte Dilemma der Frau deutlich, sich zwischen Beruf/Politik und Familie entscheiden zu müssen. Die Kinder und der Beruf des Mannes gehen für sie vor, während der familiäre Bereich für den Mann sekundär ist und ihn in der politischen Arbeit nicht behindert. Im Falle Ingeborg Schröders kam verschärfend die Versorgungskrise des Jahres 1947 hinzu, in der die Reproduktionsarbeit in der Familie, zumal mit mehreren Kindern, noch erheblich mehr Zeit in Anspruch nahm als beispielsweise in den 50er Jahren.

Demgegenüber hatten ältere Frauen, die keine Kinder hatten oder deren Kinder halbwüchsig oder gar erwachsen waren wie im Falle der Landtagsabgeordneten Dr. Elly Linden, Anna Brodersen oder Emmy Lüthje, einen größeren Freiraum für die politische Arbeit, zumal wenn – wie bei Emmy Lüthje – Personal einen Großteil der häuslichen Arbeit abnahm. Z.T. sprangen auch die Ehemänner ein; so betont Charlotte Werner, daß sie ohne die Hilfe ihres Mannes, der während ihrer Abwesenheit die Kinder versorgte, ihr Amt nicht hätte ausüben können. Die Einstellung des Ehemannes zur politischen Arbeit der Frau dürfte eines der wichtigsten Momente bei der Entscheidung für die politische Arbeit gewesen sein; zog er nicht mit, hätte sie kaum aktiv werden können angesichts der traditionellen Ehestruktur der 50er Jahre, die dem Mann auch juristisch die Entscheidungsbefugnis über die Gestaltung der Ehe zubilligte. Deshalb kann es auch nicht verwundern, daß wir bei der Betrachtung der verheirateten Politikerinnen auf *„politische Ehepaare"* sowohl bei der SPD als bei der CDU sto-

ßen: beide Partner sind Mitglied der gleichen Partei, kandidieren z.T. auch beide für diese (Lüthje, Linden, Vormeyer), ja sind sogar gleichzeitig Mitglied der Ratsversammlung, so wie die Bendfeldts (SPD) in Kiel.

Den größten Freiraum hinsichtlich des politischen Engagements haben demzufolge die Witwen, denen es am ehesten gelingt, eine langjährige politische Karriere aufzubauen (Dr. Linden, Dr. Klinsmann, Dr. Ohnesorge-Voß, Weiß). Ihnen, vor allem den Akademikerinnen, scheint die Politik zudem die Möglichkeit zu bieten, ihrem Leben einen neuen Sinn nach dem Verlust des Partners zu geben. Womit es zusammenhängt, daß nur wenige ledige Frauen, wie z.B. Toni Jensen (Kiel) oder Anni Gloe (Neumünster) in der schleswig-holsteinischen Politik anzutreffen sind, müßte noch genauer untersucht werden. Klarer zutage treten die Vorurteile gegenüber geschiedenen Frauen wie beispielsweise im Falle der Frauenreferentin Gerda Grehm, wo mit dem Hinweis auf ihre Scheidungen ihr berufliches Fortkommen in der Verwaltung behindert wurde.

Die Altersstruktur der schleswig-holsteinischen Politikerinnen: Nachwuchsprobleme

Da Frauen stärker als Männer an die Familie gebunden sind, ist davon auszugehen, daß die meisten Frauen ihre politische Karriere erst in einem Alter beginnen können, in dem ihre Kinder *„aus dem Gröbsten heraus"* sind. Das bestätigt sich auch bei Analyse der Altersstruktur der schleswig-holsteinischen Politikerinnen, bei der die Lebensdaten von 92 Frauen ausgewertet wurden. Wie aus der Tab. 12 hervorgeht, übernahmen im behandelten Zeitraum von 1945 – 1962 die meisten Frauen im Alter von 40 bis 59 Jahren ihr erstes Mandat. Die bekannten Mandatsübernahmen von sieben Frauen in den 20er Jahren blieben hier unberücksichtigt, weil z.T. noch genaue Angaben fehlen. Von den 92 Landes- und Kommunalpolitikerinnen waren 20 bei ihrer Amtsübernahme unter 40. Fünf von ihnen hatten in der unmittelbaren Nachkriegszeit ein Mandat inne, schieden aber bald wieder aus der politischen Arbeit aus.

Das Durchschnittsalter bei Mandatsübernahme lag bei den Landtagsabgeordneten bei 48,2 Jahren, bei den Kommunalpolitikerinnen zwischen 46,4% in Neumünster und 48,3% in Kiel. Daß hier kaum signifikante Unterschiede zwischen kommunaler und Landesebene auftreten, liegt vor allem daran, daß nur bei fünf Frauen die untere politische Ebene als Einstieg in die Landespolitik fungierte. Der Vergleich der großen Parteien zeigt, daß im Landtag die Abgeordneten der SPD und CDU im Durchschnitt etwa gleich alt waren, während die SPD auf kommunaler Ebene, vor allem in Kiel und Neumünster, mehr jüngere Frauen rekrutieren konnte.

In Kiel handelt es sich bei den Kommunalpolitikerinnen fast ausschließlich um Frauen, die bereits in den 20er Jahren in Kiel entweder in der sozialistischen Jugendbewegung, insbesondere der *"Kinderfreundebewegung"* um Andreas Gayk, oder in der Arbeiterwohlfahrt aktiv waren und sich 1945 sofort wieder in die Partei integrierten. Anhand der Lebensläufe gewinnt man den Eindruck,

Tab. 12: Anzahl der Politikerinnen in den einzelnen Altersgruppen bei der Mandatsübernahme

Altersgruppe	abs.	%
20 – 24 Jahre	–	–
25 – 29 Jahre	1	1,1
30 – 34 Jahre	8	8,6
35 – 39 Jahre	12	13,0
40 – 44 Jahre	17	18,6
45 – 49 Jahre	16	17,4
50 – 54 Jahre	16	17,4
55 – 59 Jahre	15	16,3
60 – 64 Jahre	4	4,3
65 – 69 Jahre	3	3,2
	92	100

daß es sich hier um einen eng begrenzten Kreis von Funktionären und Funktionärinnen handelt, der es nicht erreichte, vermutlich aber auch nicht anstrebte, Neulingen eine politische Karriere zu ermöglichen.

Um die Partei schnell wieder aufbauen zu können, brauchte man die Erfahrung der alten Genossen und Genossinnen. Sie knüpften an die Parteistrukturen der 20er Jahre an und reagierten gegenüber Neulingen auch deshalb mißtrauisch, weil man nicht sicher sein konnte, ob sich nicht alte Nazis in die Partei einschlichen. Bei der Verteilung von Parteiämtern stand man jungen Leuten auch deshalb sehr zurückhaltend gegenüber, weil sie keine Erfahrungen mit der Parteiarbeit der SPD hatten, vor allem aber weil sie ihre politische Sozialisation in der Nazi-Diktatur erfahren hatten. Bei einem nicht unerheblichen Teil der SPD-Mitglieder herrschte damals die Meinung vor, die Jugend habe die Verantwortung für die Greuel der Diktatur zu übernehmen, sei sie doch die treueste Gefolgschaft Hitlers gewesen. Mit dieser Haltung gefährdete man natürlich langfristig den Erhalt einer Mitgliederpartei wie der SPD; daß die Gefahr der Überalterung drohte, wenn man das Nachwuchsproblem nicht löste, war dem Bezirksvorstand in Kiel schon 1945 bewußt: *„Es wird den beiden Generationen, die heute zwischen 45 und 75 Jahren stehen, gelingen, noch einmal eine große Partei auf die Beine zu stellen. Aber die Zukunft der Bewegung und damit die Zukunft Deutschlands hängt davon ab, inwieweit es gelingt, den nachfolgenden Generationen unsere Ideen beizubringen und sie organisatorisch um uns zu sammeln. Es ist darum notwendig, im Gefühl der Verantwortung für diese große Aufgabe den leistungsfähigen und einsichtigen Teil der Jugend auch gleich für größere Aufgaben heranzuziehen und in seinen besten Vertretern auch öffentlich herauszustellen. Wir müssen jeden jungen Menschen von Kraft und Einsicht in die ersten Reihen der Kämpfenden stellen, ihm Vertrauen und Anerkennung zollen! Die Gefahr der Überalterung der Partei ist nach zwölf Jahren der Nazidiktatur und nach den großen Kriegsverlusten unter der jungen Generation besonders groß. Wir müssen sie auf jeden Fall bannen!"* [125])

Betrachtet man das Alter der SPD-Politikerinnen, die von 1945 bis 1966 und teilweise darüber hinaus in der Landes- und Kommunalpolitik wirkten, so wird deutlich, daß die SPD bei den

Charlotte Werner lebt heute in einem Altersheim in Preetz. (Privatbesitz S. Jebens-Ibs)

Frauen ihre Zielsetzung, die jüngeren Jahrgänge *„für größere Aufgaben heranzuziehen"*, langfristig nicht erreicht hat. Von den 44 altersmäßig erfaßten SPD-Frauen waren acht (= 18,2%) unter 40 Jahre, als sie ein Mandat übernahmen. Alle traten ihr Amt in der Zeit von 1945 bis 1951 an, aber nur drei, nämlich Lisa Schmid (geb. 1926) aus Neumünster sowie Dolly Franke (geb. 1913) und Dr. Hilde Schäfer-Portofée (geb. 1912) aus Kiel waren über die Mitte der 50er Jahre hinaus politisch tätig, wobei Dr. Portofée ihre Karriere von 1951 bis 1966 unterbrach, wahrscheinlich um ihre Familie zu versorgen.

Ob auch in der CDU Überlegungen hinsichtlich einer Nachwuchsförderung angestellt wurden, entzieht sich unserer Kenntnis. Aber auch hier sind die jüngeren Jahrgänge bei den Frauen unterrepräsentiert. Von den 31 erfaßten CDU-Frauen waren nur fünf (= 16,1%) bei ihrer Mandatsübernahme unter 40; Ruth Roestel (geb. 1913) gehörte nur der ernannten Kieler Ratsversammlung an und kandidierte in der Folgezeit nicht wieder. Irmgard Kremer (geb. 1918) kam 1957 als Nachrückerin in die Kieler Ratsversammlung, schied aber 1959 nach der Wahl wieder aus. Nur Anne Regine Niebuer (geb. 1930) blieb für acht Jahre (1962-1970) Ratsfrau in Neumünster, während Ingeborg Schröder (geb. 1913) sich 1947 aus familiären Gründen ins Privatleben zurückzog. Lieselotte Juckel (geb. 1919) gehörte der Neumünsteraner Ratsversammlung mit einer kurzen Unterbrechung von 1959 bis 1978 an.

Über die Gründe dafür, warum die jüngeren Frauen häufig schon nach kurzer Zeit wieder aus der Politik ausschieden, können bei den meisten nur Vermutungen geäußert werden. Neben familiären (Schröder, Hackhe-Döbel) und gesundheitlichen Gründen (Werner) mögen auch Probleme mit den parteiinternen Strukturen, wie im Fall Charlotte Werners, oder Enttäuschungen über die allgemeine politische Entwicklung eine Rolle gespielt haben. So äußert Frieda Hackhe-Döbels Sohn die Vermutung, daß seine Mutter die familiären Gründe bei ihrem Rückzug aus der Politik nur vorschob, in Wirklichkeit aber angesichts des Aufstiegs des Adenauer-Staates mit seinen Wertvorstellungen und der Wiederaufrüstung zunehmend resigniert hatte.[126])

Vermutlich hat das Generationenproblem eine größere Rolle gespielt, als gemeinhin von den Parteien zugegeben wird. Aus der Tab.13 geht hervor, daß die Altersgruppe der zwischen 1895 und 1904 geborenen Mandatsträgerinnen das politische Geschehen während des gesamten Zeitraums von 1945 bis 1966 dominierte. Eine allmählich Verjüngung fand erst Mitte der 60er Jahre statt.

Diese Politikerinnen gehörten folglich der Generation an, die als junge Frauen ihre politische Sozialisation während des Ersten Weltkrieges bzw. in der unmittelbaren Nachkriegszeit erfuhren und von dem eben eingeführten Wahlrecht profitierten, insofern sie es als Chance zur politischen Partizipation begriffen, wie vielfach aus den Lebensläufen hervorgeht. Hinzu kam, daß diese Frauen im Vergleich zu ihren Müttern und eben durch den Krieg bedingt, in dem Frauen die eingezogenen Männer in allen Erwerbszweigen ersetzten, wesentlich erweiterte Möglichkeiten in der Berufsausbildung und -ausübung hatten, wenn es hier auch nach der sozialen Schichtung zu differenzieren gilt. Das Engagement dieser Frauen wurde durch die nationalsozialistische Politik gebremst, so daß nach dem Zweiten Weltkrieg ein enormer Nachholbedarf – und das nicht nur in politischer Hinsicht – bestand, der auch dazu beigetragen haben dürfte, daß diejenigen, die in den oben beschriebenen Parteistrukturen mühevoll ein Mandat errungen hatten, nicht so schnell bereit waren, es jüngeren Frauen zu überlassen. Diese hier vermutete *„soziale Schließung"* ist nicht nur bei den Frauen zu beobachten, sondern auch bei den männlichen Politi-

Tab. 13: Altersstruktur schleswig-holsteinischer Politikerinnen (Landtag/kreisfreie Städte) nach Geburtsjahrgängen

Geburtsjahrgänge	Mandatsträgerinnen 1945 – 1950/51		Mandatsträgerinnen 1950/51 – 1958/59		Mandatsträgerinnen 1958/59 – 1966		Mandatsträgerinnen gesamt (1945 – 1966)	
1875 – 1879	1	2,0 %	–	–	–	–	1	1,1 %
1880 – 1884	2	3,9 %	–	–	–	–	2	2,2 %
1885 – 1889	5	9,8 %	–	–	–	–	5	5,4 %
1890 – 1894	8	15,7 %	3	9,1 %	4	9,8 %	11	12,0 %
1895 – 1899	10	19,6 %	9	27,3 %	7	17,1 %	17	18,5 %
1900 – 1904	11	21,6 %	7	21,2 %	8	19,5 %	17	18,5 %
1905 – 1909	7	13,7 %	6	18,2 %	7	17,1 %	15	16,3 %
1910 – 1914	7	13,7 %	5	15,1 %	5	12,2 %	13	14,0 %
1915 – 1919	–	–	2	6,1 %	5	12,2 %	6	6,5 %
1920 – 1924	–	–	–	–	1	2,4 %	1	1,1 %
1925 – 1929	–	–	1	3,0 %	3	7,3 %	3	3,3 %
1930 – 1934	–	–	–	–	1	2,4 %	1	1,1 %
	51*	100 %	33*	100 %	41*	100 %	92	100 %

* Politikerinnen, die über einen großen Zeitraum hinweg tätig waren, wurden mehrfach gezählt.

kern, deren Altersstruktur nicht eben viel günstiger aussah.

Die Tab. 13 macht auch deutlich, daß von 1945 bis 1950/51 wesentlich mehr Frauen politisch aktiv waren bzw. eine größere Fluktuation herrschte als in den 50er Jahren – ein weiteres Indiz für die verfestigten Strukturen der Wirtschaftswunderjahre.

Es wurde bereits mehrfach vermutet, daß sich jüngere Frauen von den herrschenden politischen Strukturen und dem Gebaren der älteren abgestoßen fühlten. Direkte Äußerungen liegen uns zwar nicht vor, aber Mitte der 50er Jahre wird auch in der Öffentlichkeit beklagt, daß sich die Generationen aufgrund ganz unterschiedlicher Lebenserfahrungen nicht mehr verstünden. So wird auf der Frauenseite der *Kieler Nachrichten* im Juni 1955 von den Untersuchungen der Oberregierungsrätin Dr. Elisabeth Lippert (Wiesbaden) berichtet, die zu dem Ergebnis kommt, daß eine Generationengrenze etwa bei dem Jahrgang 1928 liege. Die Ende der 20er Jahre Geborenen hätten erst nach 1945 ihre Erstprägung erfahren; die Vorkriegs- und Kriegserlebnisse seien bei ihnen weitgehend ins Unterbewußtsein verdrängt, während das Leben der Geburtsjahrgänge von 1903 bis 1928 sowohl durch Perioden langandauernder körperlicher Überanstrengung aufgrund von *„Doppeltätigkeit im Haushalt und Dienstverpflichtung, Transporte schwerer Lasten, lange Fußmärsche"* etc. als auch durch psychische Belastungen aufgrund der langjährigen Trennung vom Partner und der damit verbundenen Entfremdung gekennzeichnet sei.[127])

Diese Differenzen in der Lebenserfahrung lassen sich auch für den politischen Bereich konkretisieren: die der älteren Generation angehörenden Politikerinnen Schleswig-Holsteins wurden in ganz anderer Weise elementar geprägt von den Krisen zu Beginn und am Ende der Weimarer Republik sowie von der Unterdrückung und Verfolgung durch den Faschismus als die Jüngeren von den Krisen des Kalten Krieges in den 50er Jahren, die weitgehend von dem Wirtschaftswunder überdeckt wurden.

Diese unterschiedlichen Lebenserfahrungen dürften sich auch auf die politischen Zielvorstellungen und auch auf die Frauenleitbilder der Generationen ausgewirkt haben. Diese Differenzen herauszuarbeiten, muß allerdings einer späteren Untersuchung vorbehalten bleiben.

Zum Image als „Flüchtling"

Bei der Beschäftigung mit den Lebensläufen der Politikerinnen fällt auf, daß während des betrachteten Zeitraums nur wenige Flüchtlinge in der schleswigholsteinischen Politik Fuß fassen konnten.

Das Mißtrauen, das man in der SPD zunächst den jungen Leuten gegenüber an den Tag legte, herrschte auch gegenüber den Flüchtlingen, über deren Vergangenheit man in der Regel wenig wußte. Ein Beispiel für dieses Mißtrauen lieferte der Lübecker Sozialsenator Haut, der anläßlich seiner Stellungnahme zu einer Denkschrift Dr. Lena Ohnesorges, in der sie radikale Maßnahmen zur Lösung des Flüchtlingsproblems forderte, am 7.3.1946 die Trägheit und Passivität der Vertriebenen kritisierte und die mangelnde Opferbereitschaft der Einheimischen folgendermaßen begründete: *„Zudem spielen auch die politischen Gegensätze eine große Rolle. Grundsätzlich wird jeder Flüchtling als ein ehemaliger ‚Nazi' angesprochen, der nur wegen seiner Parteizugehörigkeit sein Land und seinen Besitz verlassen hat. Die Flüchtlinge hätten – so meinen unsere Lübecker – ungestört in ihrer Heimat verbleiben können, wenn sie in politischer Beziehung ein reines Gewissen gehabt hätten. Wenn diese Meinung auch keineswegs hundertprozentig zutrifft, so ist das Mißtrauen nun einmal da, und besonders diejenigen, die während des verflossenen ‚1000jährigen Reiches' ihrer Gesinnung treu geblieben sind, lehnen die Aufnahme von Flüchtlingen aus dem vorbezeichneten Grund entschieden ab (...)".*[128]

Folgerichtig hatten Flüchtlinge, also auch Flüchtlingsfrauen, in der SPD offenbar nur eine Chance, wenn sie bereits vor 1933 ein Mandat oder ein Parteiamt innegehabt hatten. Dazu gehörte Helene Ullmann, die 1923 in die SPD eingetreten war, wenige Jahre später Vorsitzende der sozialistischen Frauenbewegung in Greifenhagen und Mitglied des Provinziallandtages von Pommern wurde. Während der Nazidiktatur stand sie zwar unter Polizeiaufsicht, hielt aber trotzdem Verbindung zu illegalen Kreisen der SPD. Im März 1945 wurde sie mit ihren beiden Kindern von Stettin nach Lübeck evakuiert, wo sie nach Kriegsende sofort wieder in der Partei aktiv wurde[129]. 1946 wurde sie in die erste Lübecker Bürgerschaft gewählt.

Ähnlich lag der Fall bei Anni Krahnstöver, die den GenossInnen noch besser bekannt gewesen sein dürfte, da sie in Kiel geboren wurde. Ihr Amt als Bezirkssekretärin in Oppeln (Schlesien) und ihre Flucht qualifizierten sie in den Augen der einheimischen Parteimitglieder zur Flüchtlingsvertreterin. Sie selbst, die 20 Jahre im Osten gelebt hatte, empfand es als „Kuriosum", ein schleswig-holsteinischer Flüchtling zu sein, fühlte sich aber solidarisch mit den Vertriebenen, deren Schicksal sie teilte.[130]

Auch in der CDU waren Flüchtlingsfrauen in der Minderheit; von ihrer Integration kann erst zu Beginn der 60er Jahre die Rede sein.

5. Schlußbemerkung

Das vorliegende Kapitel beschäftigte sich im wesentlichen mit den Strukturen, in denen sich die erste Generation der Nachkriegspolitikerinnen bewegte. Dabei ist zu konstatieren, daß sich in der unmittelbaren Nachkriegszeit wesentlich mehr Frauen politisch engagierten als in den 50er Jahren. Zum einen hing das damit zusammen, daß die Frauen dringend bei der Bewältigung der Notsituation benötigt wurden, zumal Politik in erster Linie Überlebensarbeit, d.h. Reproduktionsarbeit bedeutete und damit der lebensweltliche Bereich der Frauen mit dem der Politik naturwüchsig zusammenfiel. Darüber hinaus werden viele Frauen, deren Engagement durch den Nationalsozialismus 12 Jahre lang verhindert wurde, die Situation als befreiend und offen empfunden haben, offen insofern, daß ihnen Möglichkeiten zur aktiven Mitgestaltung geboten wurden, daß sich die familiären und gesellschaftlichen Ordnungen in Auflösung befanden und nach neuen Orientierungen gesucht werden mußte.

Aber auch für die Frauen gab es keine „*Stunde Null*": sehr schnell, nämlich schon im Jahre 1946 und verstärkt mit der Teilung Deutschlands im Zuge des Kalten Krieges, kristallisierten sich im Kampf um die Macht die traditionellen Parteistrukturen heraus, in deren Rahmen Frauen einen Minderheitenstatus einnahmen. Trotz aller gegenteiliger Bekundungen, die auf Werbeveranstaltungen zur Motivierung von Frauen geäußert wurden, gelang es den Parteien nicht, eine größere Anzahl vor allem auch jüngerer Frauen zur politischen Mitarbeit zu gewinnen. Das lag zum einen daran, daß sie sich kaum Chancen ausrechnen konnten, auf der höheren politischen Ebene (Landtag, Bundestag) ein Mandat zu erhalten; sie wurden vielmehr eher als Werbeträgerinnen denn als ernstzunehmende Kandidatinnen eingesetzt. Hinzu kam, daß die älteren Politikerinnen offenbar selbst einen so hohen Nachholbedarf hatten, daß sie möglichst lange, und das hieß z.T. bis in die 70er Jahre hinein, an ihren Mandaten festhielten, eine Erscheinung, die im übrigen auch an ihren männlichen Kollegen zu beobachten ist.

Die unterschiedlichen Lebenserfahrungen der Generationen mögen ein übriges dazu beigetragen haben, daß bis Mitte der 60er Jahre kein weiblicher Nachwuchs herangezogen werden konnte.

Wenn hier so stark auf festgefügte, männlich dominierte Parteistrukturen abgehoben worden ist, so darf das nicht darüber hinwegtäuschen, daß auch die Politikerinnen selbst – abgesehen von bloßen Lippenbekenntnissen – wenig Anstrengungen unternahmen, den Frauenanteil in den politischen Gremien zu heben. Den Anspruch auf eine stärkere Beteiligung an der Macht zu formulieren, hätte *Konflikt* bedeutet, und zwar Konflikt mit den Parteifreunden bzw. -genossen. Die gesellschaftlichen Konfliktlinien verliefen aber in den 40er und 50er Jahren nicht zwischen Mann und Frau im Kampf um die politische Macht, sondern zunächst zwischen Siegern und Besiegten, sprich zwischen Besatzungsmacht und nach Autonomie strebenden Deutschen, und später zwischen kommunistischer Diktatur im Osten und demokratischer Ordnung im Westen. Diese Abwehrhaltung gegenüber dem politischen Gegner, und das betraf im Innern auch die Auseinandersetzung zwischen der CDU und der SPD, implizierte die Anpassung an die Parteinorm, um nach außen Geschlossenheit demonstrieren zu können.

Wo war hier der Raum, eine innerparteiliche weibliche Opposition zu formieren, die auch in der Öffentlichkeit den Kampf um mehr Mandate für Frauen ausfocht? In Schleswig-Holstein scheinen in diesem Punkt die konservativen Frauen gegenüber den Sozialdemokratinnen im Vorteil gewesen zu sein; von ihnen wurde eher öffentlich Kritik am Nominierungsverhalten ihrer Partei geübt als von den Sozialdemokratinnen, deren Partei sich seit 1950 in der Opposition befand. Hinzu kam, daß die lange Geschichte der Verfolgung in der SPD Solidarisierungseffekte hervorrief, die auch die Frauen einschlossen; *der* und *die* einzelne fühlte sich aufgehoben, denn die Partei betreute in der damaligen Zeit noch jedes Mitglied *„von der Wiege bis zur Bahre"* (Dolly Franke).

Daneben stehen Versuche der Frauen auf kommunal- wie auf landespolitischer Ebene, sich zu überparteilichen Bündnissen zusammenzuschließen, um spezifische Fraueninteressen durchzusetzen. So wurde 1950 in Kiel die *„Arbeitsgemeinschaft Kieler Frauen"*, die sich beispielsweise für die Einrichtung einer Eheberatungsstelle einsetzte, oder der Landesfrauenrat gegründet, der für ein Jahrzehnt die frauenpolitischen Akzente im Lande setzte. Aber auch diese Zusammenschlüsse von Frauen zerbrachen Ende der 50er Jahre nicht zuletzt an parteipolitisch bestimmten Kontroversen, an denen sich zeigte, daß die angenommenen und vielfach beschworenen Gemeinsamkeiten Illusion waren.

Ein weiterer Grund für die mangelnde Repräsentanz der Frauen in der Politik lag in den herrschenden Leitbildern von Weiblichkeit und Männlichkeit, die vor allem in der unmittelbaren Nachkriegszeit die Diskussion um die politische Mitarbeit von Frauen bestimmten. Diese Leitbilder wiederholten Stereotypen, die seit dem 18. Jahrhundert auf eine *„Polarisierung der Geschlechtscharaktere"* (Karin Hausen) hinausliefen, wobei der öffentliche, politische Bereich mit all seinen Konflikten dem vernunftorientierten männlichen Geschlecht, der häusliche, harmonische Bereich dem intuitiv und emotional orientiertem weiblichen zugeordnet wurde. Das Muster wird jetzt dahingehend variiert – und auch das war nicht neu, sondern Argumentationsmuster der Frauenbewegung seit Ende des 19. Jahrhunderts –, daß durch die Frauen *„Mütterlichkeit"* als neue Qualität in die Politik hineingebracht werden müsse, zumal sich die *„reine Männerherrschaft"* mit dem Faschismus ad absurdum geführt habe. Nicht nur daß diese Art der Auseinandersetzung mit dem Faschismus inkonsequent und widersprüchlich war, mit dieser Mütterlichkeits-Ideologie gerieten die Politikerinnen in einen Circulus vitiosus, der in den 50er Jahren wegen des Fehlens einer grundlegenden Kritik der männlich dominierten Strukturen nicht durchbrochen werden konnte. Mit dem Mütterlichkeits-Konzept blieben sie nämlich den traditionell weiblichen Bereichen, der Sozial-, Jugend- und Bildungspolitik, verhaftet, in denen sie zwar aufgrund ihres Lebenszusammenhanges und ihrer Vorbildung kompetent agieren konnten, die aber von den eigentlichen Machtzentren Wirtschaft und Finanzen, in denen die wesentlichen politischen Entscheidungen getroffen wurden, weitgehend abgekoppelt waren.

[1] H.-J. Rupieper, 1991, S. 73.
[2] H.-J. Rupieper, 1991, S. 65
[3] FlT v. 25.9.1946
[4] H.-J. Rupieper, 1991, S. 76f.
[5] KN v. 14.12.1946
[6] KN v. 1.2.1947; vgl. auch KN v. 23.4.1947 und v. 17.7.1947
[7] KN v. 8.2.1947
[8] KN v. 30.4.1947
[9] LN v. 30.4.1947 und v. 17.5.1947
[10] LFP v. 20.12.47
[11] FlT v. 9.12.1947
[12] Lübecker Post v. 31.10.1945, 1.11.1945, 22.12.1945
[13] C. Obst, 1987, S. 68f.
[14] Interview mit Frau Wolter, der Tochter Marie Schmelzkopfs, am 15.1.1991. Das Gespräch führte M. Zachow-Ortmann.
[15] F. Osterroth, 1962, S. 116f. Vgl. auch die Lebenserinnerungen Gertrud Voelckers, die als Manuskript im Kieler Stadtarchiv vorliegen.
[16] Interview mit Maria Klann am 28.2.1991. Das Gespräch führte K. Boehlke.
[17] NE v. 25.9.1946
[18] Schreiben von Anni Wadle vom 27.6.1991.
[19] Telefongespräch mit Anni Gloe am 10.8.1991. Das Gespräch führte S. Jebens-Ibs.
[20] Sprogforeningens Almanak 1988, S. 137-138.
[21] KN v. 29.10.1954
[22] Schreiben des Bezirksverbandsvorstandes an den Bezirksgouverneur der Britischen Militärregierung v. 28.8.1945, zitierte nach H.-U- Schilf, 1985, S. 48.
[23] LFP 13.11.1946
[24] LFP v. 13.11.1946
[25] KN v. 26.6.1946.
[26] SHVZ v. 22.10.1955
[27] I. Klatt, 1985, S. 185ff.
[28] NE v. 24.7.1946; vergl. auch LN v. 7.9.1946.
[29] NE v. 24.7.1946
[30] NE v. 14.8.1946
[31] LN v. 17.8.1946
[32] LN v. 31.8.1946
[33] LN v. 7.9.1946
[34] LN v. 7.9.1946
[35] LN v. 12.3.1947
[36] FlT v. 23.7.1947

37) Schreiben des DRK-Kreisverbandes Lübeck an den Oberstadtdirektor Helms vom 24. 6.1946, Schreiben des Lübecker Sozialsenators Haut an die Sozialabteilung der Landesverwaltung Schleswig-Holsteins vom 27.7.1946, Eingabe von Ilse Brandes an der Oberpräsidenten in Kiel, Abt. Notgemeinschaft vom 6.6.1946, Schreiben des Hilfswerks der Evangelischen Kirche, Hauptbüro Lübeck, v. 4.7.1946, Schreiben der Stadt vom 5.8.1946 an Ilse Brandes, alle: StHL, F4.
38) Schreiben des Sozialsenators Haut vom 27.7.1946, StHL, F4.
39) KN v. 8.11.1947
40) Schreiben des Headquarters vom 7.2.1946 an Steltzer, zitiert nach E. Maletzke/K. Volquartz, o.J., S. 24 ff.
41) Kieler Kurier Jan. 1946, abgedruckt bei E. Maletzke/K. Volquartz, o.J., S. 23.
42) Gespräch mit Charlotte Werner am 11.12.1990. Das Gespräch führten K. Boehlke und S. Jebens-Ibs.
43) Gespräch mit der Tochter, Frau Diercks, am 19.2.1991. Das Gespräch führte M. Zachow-Ortmann.
44) Telegramm von CDU/SPD Schleswig v. 26.2.1946, Archiv des Landtages, Personelles der MdL, 1. u. 2. Landtag.
45) Gespräch mit Frau Werner am 11.12.1990. Das Gespräch führten K. Boehlke und S. Jebens-Ibs.
46) Vgl. die Lebensläufe in K. Boehlke, Th. Herrmann, S. Jebens-Ibs, U.C. Schmatzler, M. Zachow-Ortmann, 1991, Anhang.
47) Gespräch mit ihrem Sohn, Herrn Möller, Frau Senatorin Gröpel und Frau Lücke-Walter am 5.3.1991. Das Gespräch führten K. Boehlke und M. Zachow-Ortmann.
48) Undatierter Lebenslauf Frieda Döbels, verfaßt anläßlich ihrer Kandidatur bei der ersten Landtagswahl im April 1947. Das Material wurde uns von ihrem Sohn, Ulrich Hackhe, zur Verfügung gestellt.
49) Informationen von D. Siegfried vom 29.11.1990. Das Gespräch führte Th. Herrmann.
50) K. Byner, 1985, S. 108.
51) Wortprotokoll der Landtagssitzung vom 13.3.1946, S. 30.
52) Schreiben des Oberpräsidenten an das Headquarter v. 20.3.1946, Archiv des Landtages, 1. u. 2. Landtag, Personelles der MdL, Personal des Sekretariats, Stenographen.
53) NE v. 21.8.1946
54) NE v. 17.9.1947
55) NE v. 7.9.1946
56) Nach Auskunft von Anni Wadle am 8.2.1991. Das Gespräch führte S. Jebens-Ibs.
57) E. Maletzke/K. Volquartz, o.J., S. 30. Die Abgeordnetenzahl 68 wurde der Statistik über den Frauenanteil in den Landtagen (Tab. 2) zugrundegelegt.
58) Wortprotokoll der 2. Landtagssitzung v. 13.3.1946, S. 29; Wortprotokoll der 3. Stizung v. 11.4.1946. Dr. Ryba wurde im Anschluß an seine Kritik von der CDU als eines ihrer 6 Mitglieder im Katastophenabwehrausschuß nomiert, lehnte die ihm auf der 3. Sitzung angebotene Mitgliedschaft im Flüchtlingsausschuß allerdings ab.
59) Vorwort zu den Wortprotokollen des ersten ernannten Landtages, S. 7.

[60] Gespräch mit Charlotte Werner am 11.12.1990. Das Gespräch führten K. Boehlke und S. Jebens-Ibs.
[61] Gespräch mit der Tochter, Frau Diercks, am 19.1.1991. Das Gespräch führte M. Zachow-Ortmann.
[62] So Frau Gröpel in dem Gespräch am 5.3.1991.
[63] LFP v. 2.5.1947
[64] K.D. Erdmann, 1984, S. 274
[65] So Kurt Schulz, ehemaliger Bürgermeister von Eckernförde, am 4.12.1991. Das Gespräch führten K. Boehlke und M. Zachow-Ortmann.
[66] Wortprotokolle der 1. Sitzung des ersten ernannten Landtages v. 26.2.1946, S. 21, und der 3. Sitzung v. 11.4.1946, S. 23 ff. Die Angabe zu Bertha Schulze wurde der Abgeordneten-Datei des Landtages entnommen.
[67] Wortprotokoll der 7. Sitzung des ersten ernannten Landtages vom 30.7.1946, S. 57.
[68] Wortprotokoll der 7. Sitzung des ersten ernannten Landtages v. 30. Juli 1946.
[69] Wortprotokolle der 4. Sitzung des zweiten ernannten Landtages v. 31.1.1947, S. 7.
[70] Wortprotokoll der 8. Sitzung des ersten ernannten Landtages v. 20.8.1946, S. 47.
[71] Interview mit Charlotte Werner am 11.12.1990. Das Gespräch führten K. Boehlke und S. Jebens-Ibs.
[72] Wortprotokoll der 6. Sitzung des ersten ernannten Landtages v. 10. Juli 1946, S. 72 ff.
[73] Wortprotokoll der 4. Sitzung des 2. ernannten Landtages v. 31.1.1947, S. 15.
[74] Wortprotokoll der 5. Sitzung des 2. ernannten Landtages v. 28.2.1947.
[75] Wortprotokoll der 7. Sitzung des 2. ernannten Landtages v. 10.4.1947, S. 37.
[76] Wortprotokoll der 5. Sitzung des 2. ernannten Landtages v. 28.2.1947, S. 72.
[77] Wortprotokoll der 4. Sitzung des 2. ernannten Landtages v. 31.1.1947, S. 16.
[78] Vgl. die Sonderbeilagen der KN v. 18./19.6.1955 und der SHVZ v. 18.6.1955.
[79] Wortprotokoll der 5. Sitzung des 2. ernannten Landtages v. 28.2.1947, S. 69.
[80] Wortprotokoll der 5. Sitzung des 2. ernannten Landtages v. 28.2.1947, S. 66 f.
[81] Wortprotokoll der 4. Sitzung des 2. ernannten Landtages v. 31.1.1947, S. 39; Hervorhebung durch die Verf.
[82] Wortprotokoll der 4. Sitzung des ersten ernannten Landtages v. 31.1.1947, S. 38 f.
[83] FLT 14.8.1946
[84] Fella Oelmann in den KN v. 29.5.1946
[85] LFP v. 14.9.1946
[86] Flensburger Nachrichtenblatt v. 1.3.1946
[87] Wahlkampfanzeige der KPD im NE v. 12.10.1946
[88] NE v. 14.9.1946
[89] Zitiert nach J. Jensen (1985), Kieler Zeitgeschichte im Pressefoto, 2. Aufl. Neumünster 1985, S. 13.
[90] LN v. 15.6.1946
[91] Ln v. 22.6.1946

⁹²) LN v. 6.7.1946
⁹³) SHVZ v. 9.8.1947
⁹⁴) KN v. 10.8.1946
⁹⁵) KN v. 26.6.1946
⁹⁶) LN v. 7.9.1946
⁹⁷) KN v. 14.9.1946
⁹⁸) LFP v. 31.8.1946
⁹⁹) LFP v. 19.9.1946
¹⁰⁰) LN 21.9.1946
¹⁰¹) LFP 27.4.1946
¹⁰²) LFP 31.12.1947
¹⁰³) NE v. 25.9.1946
¹⁰⁴) Flensburger Nachrichtenblatt 1.3.1946
¹⁰⁵) NE v. 14.9.1946
¹⁰⁶) NE v. 12.10.1946
¹⁰⁷) Statistische Monatshefte Schleswig-Holstein, Sonderheft B: Die Kommunalwahlen in Schleswig-Holstein am 24. Oktober 1948, S. 83 ff.
¹⁰⁸) KN v. 6.8.1949
¹⁰⁹) Statistische Monatshefte Schleswig-Holstein, 1/1954, S.52.
¹¹⁰) KN v. 19.12.1958
¹¹¹) G. Bremme, 1956, S. 178; M. Fülles, 1969, S. 41.
¹¹²) Die Lebensläufe der Kieler und Lübecker SPD-Frauen konnten weitgehend rekonstruiert werden, während wie bei der Einschätzung der Kandidatinnen aus den anderen Gemeinden auf Vermutungen angewiesen sind.
¹¹³) Undatiertes Interview Klaus Albrechts mit Margareta Weiß Pressestelle des Landtages
¹¹⁴) Interview von Klaus Albrecht mit Margareta Weiß, S. 25.
¹¹⁵) G. Bremme, 1956, S. 151
¹¹⁶) G. Bremme, 1956, S. 133 ff.
¹¹⁷) Die parteiinternen Auseinandersetzungen im BHE schildert detailliert H. J. Varein, 1964, S. 246 ff. Die Angaben zur Gräfin Finckenstein wurden dem Datenhandbuch zur Geschichte des Deutschen Bundestages 1949-1982, Bonn 1983/84, S. 243 f. entnommen.
¹¹⁸) A. Renger, 1984, S. 121 f. Vgl. auch Amtl. Handbuch des Deutschen Bundestages, 2. Wahlperiode (1953 – 1957), S. 469.
¹¹⁹) Ausgewertet wurden das Amtblatt für Schleswig-Holstein v. 6.8.1949, 27.8.1953, 24.8.1954 und 2.9.1961. Ab 1953 werden die Direktkandidaten nicht mehr gesondert ausgewiesen.
¹²⁰) KN v. 5.8.1953
¹²¹) G. Bremme, 1956, S. 133 ff.
¹²²) KN v. 1.12.1955
¹²³) FIT v. 14.9.1964

[124] Schreiben von Ingeborg Schröder an den Oberbürgermeister der Stadt Neumünster vom 2.10.1947, StANMS Akte 2902.
[125] Mitteilungen über Organisationsfragen Nr. 2 v. 4.9.1945, zitiert nach H.-U. Schilf, 1985, S. 47.
[126] Brief des Sohnes Ulrich Hackhe an K. Boehlke vom 21.2.1991.
[127] KN v. 2.6.1955
[128] Schreiben des Senators Haut vom 7.3.1946, StAHL F4u.
[129] LN v. 5.10.1946 (Kandidatenvorstellung zur Wahl)
[130] Wortprotokoll der 4. Sitzung des 2. ernannten Landtages v. 31.1.1947, S. 15.

Maria Zachow-Ortmann

Frauen organisieren sich

1. Hoffnungsfroher Neubeginn
Alte Frauenverbände – neu belebt

Als der Krieg vorüber war, ließen Frauen auch in Schleswig-Holstein keine Zeit verstreichen, um ihre alten Vereine zu beleben und sich neu zu organisieren. 1946 und 1947 fand eine große Anzahl von Gründungsversammlungen statt. Tagungen, Kongresse und öffentliche Veranstaltungen wurden abgehalten, die ganze Säle füllten mit Frauen, die sich informieren, die mitmachen wollten beim Aufbau einer neuen besseren Gesellschaft. Auch die Ankündigungen von Sitzungen, z.B. der SPD-Frauengruppen, im Anzeigenteil der Tageszeitungen deuten auf bemerkenswerte Aktivitäten hin. Zu den ersten Frauen, die sich in der CDU engagierten, gehörte Emmy Lüthje. Bereits am 1. März 1946 rief sie den Bund Kieler Hausfrauen wieder ins Leben, dessen 2. Vorsitzende sie schon einmal von 1926 bis 1933 gewesen war. Kaum saß sie im zweiten ernannten Landtag, beantragte sie einen Benutzungsausweis für den PKW, *„da sie an jedem Wochenende zu Veranstaltungen reisen müsse*[1]*"*. Die Beweglichkeit anderer Frauen war begrenzter. Sie fuhren per Anhalter zu Veranstaltungen durchs Land, wie Charlotte Werner, oder ließen sich in abenteuerlichen Fahrgemeinschaften zu den Sitzungen des Landtages kutschieren, wie Elisabeth Jensen[2]. Selbst die 20 Pfennige für die Straßenbahn waren für viele von ihnen zu teuer, frau ging also zu Fuß und kam demzufolge zu spät zu den Veranstaltungen, da zuvor auch noch die Kinder ins Bett gesteckt werden mußten. Um zu sparen, kamen Frauen zu Veranstaltungen mit gemeinsamem Kaffeetrinken erst, wenn der selbst zu zahlende Kaffee ausgetrunken war. Aber es gab auch Einladungen: anläßlich der ersten Frauenkundgebung ihrer Partei am 21. Juni 1946 rief Emmy Lüthje die Frauen zur Fürsorge für die Flüchtlinge, die Kleinsten, die Kriegsversehrten und die aus der Gefangenschaft Entlassenen auf. Zum *„anschließenden Kaffeeausschank spielte das Kieler Konzertorchester beliebte Operettenweisen, Kuchen gab es für 50 g Brotmarken, für Rückfahrgelegenheiten war gesorgt"*.

Längst arbeiteten die Frauen in ihren bewährten Ehrenämtern bei der Arbeiterwohlfahrt und anderen Wohlfahrtsverbänden, im Deutschen Roten Kreuz, in den Konsumgenossenschaften und leisteten die unentgeltliche Sozialarbeit, ohne die das Chaos auf den Bahnhöfen, wo die Flüchtlinge und die aus der Gefangenschaft Entlassenen eintrafen, und in den Lagern vollkommen gewesen wäre. Sie betreuten Alte und Kranke, organisierten Näh- oder Wärmestuben und Milchküchen, gaben Essen an Schulkinder aus, räumten Trümmer weg und erbaten Spenden, schickten Pakete

Martha Füllgraf (1887–1969) gründete 1946 den Verband Deutsche Frauenkultur in Kiel, dem sie bereits vor seiner Auflösung im Jahre 1933 angehört hatte. (KN-Archiv)

Aller Not zum Trotz fand im November 1946 die erste Nachkriegsmodenschau der Kieler Ortsgruppe des *Verbandes Deutsche Frauenkultur* statt, der unter der Leitung von Martha Füllgraf[3]) wieder zum Leben erweckt worden war, die ihm schon vor seiner Auflösung 1933 angehörte. Im Mai 1947 fand die erste öffentliche Veranstaltung in Schleswig-Holstein der (zum Ende des 1. Weltkrieges gegründeten) *Internationalen Frauenliga für Frieden und Freiheit* unter der Leitung von Lena Ohnesorge, der späteren Sozialministerin, statt. Gäste aus Großbritannien waren die Präsidentin der britischen Sektion, Mrs. Duncan-Harris, London, und Miss Philip, Nottingham, die über das weltumspannende Programm der Liga berichtete, und Frau Hoppstock-Huth, die Präsidentin der deutschen Sektion. Ziele der Liga sollten der Protest gegen jegliche Art von Kriegseinrichtungen sein, die Abschaffung der Wehrpflicht in aller Welt sowie die Gleichstellung der Kinder aus Mischehen in der Charta der Menschenrechte.

an Kriegsgefangene, übernahmen Vormundschaften und fuhren mit Kindergruppen im Sommer an den Strand. Sie leisteten mit unvergleichlichem Engagement öffentliche Aufgaben, die in keiner volkswirtschaftlichen Berechnung zu Buche schlagen und in keiner Statistik auftauchen – und für die sie kein Entgelt erwarteten.

Als Anni Trapp in Eutin viel später einmal vorschlug, die ehrenamtliche Arbeit der Frauen zu honorieren, entgegnete einer der Stadtvertreter: „*Wieso, wir kriegen doch auch nichts*", ohne an seine Sitzungsgelder und Fahrtkosten zu denken, die ihm zustanden. Man einigte sich auf einen Ehrenteller und eine Einladung zum Neujahrsempfang der Stadt.

Ebenfalls 1947 wurde der *Landfrauenverband* wieder ins Leben gerufen. 1913 in Schleswig-Holstein erstmalig gegründet, hatte er sich 1934 wie so viele andere aufgelöst. 1947 gründete auch Emmy Beckmann die *Arbeitsgemeinschaft Mädchen- und Frauenbildung* wieder, in Nachfolge des Allgemeinen Deutschen Lehrerinnenvereins (ADLV), dessen Vorsitzende sie bis zu seiner Auflösung 1933 gewesen war. Die Veranstaltungen der Kieler Arbeitsgemeinschaft, in der Frauen wie Dr. Elisabeth Kardel[4]) und die Kieler Rektorin Irmgard Leopold wirkten, bereicherten

Dr. Elisabeth-Kardel (1896–1957) wurde nach dem Ausscheiden Dr. Emmy Beckmanns (Hamburg) 1951 die Vorsitzende der Arbeitsgemeinschaft Mädchen- und Frauenbildung; von 1952 bis 1954 stand sie dem Landesfrauenrat vor.
(Privatbesitz; überreicht v. Frau Ambrosius)

viele Jahre das kulturelle und Informations-Angebot für Frauen in Kiel. In *Eutin* fand im Juli 1949 auf Veranlassung von Emmy Lüthje eine Arbeitstagung der Hausfrauenverbände Deutschlands statt, die sich zum *Deutschen Hausfrauenbund* zusammenschlossen und Emmy Lüthje zu ihrer ersten Bundesvorsitzenden wählten.

Neues Engagement – unter einen Hut gebracht

Aber auch neue Zusammenschlüsse entstanden. Trotz der vielen praktischen Arbeit – oder auch gerade des allein nicht zu bewältigenden Übermaßes wegen – nahmen Frauen sich die Zeit, in eigener Verantwortung neue Kooperationsformen zu entwickeln, in denen ihre sozialen Aktivitäten koordiniert wurden, die ihnen aber auch die Möglichkeit boten, sich auszutauschen, Gedanken und Ideen zu entwickeln, – ohne an vorgegebene Strukturen gebunden zu sein, wie sie z.B. in der SPD sofort in alter Tradition wieder auflebten. In verschiedenen Städten Schleswig-Holsteins wurden, wie in anderen Ländern auch, Frauenausschüsse gegründet, in denen sich Frauen unabhängig von konfessioneller oder parteipolitischer Gebundenheit zusammenfanden, um die zahllosen Probleme des Neubeginns gemeinsam anzugehen.

Im August 1946 fand sich der überparteiliche und überkonfessionelle *Lübecker Frauenausschuß* zusammen und wählte zunächst ein vorläufiges Komitee, mit Maria Krollmann (später verh. Klann), Edith Lachmann und Hildegard Kyburz, um seine Anerkennung bei der britischen Militärregierung durchzusetzen. Neben der praktischen Hilfestellung für Kinder, Jugendliche, Flüchtlinge und Ausgebombte stellten die Lübecker Frauen einen Zielkatalog auf, der ein bemerkenswertes Maß an politischem Bewußtsein deutlich werden läßt und damit seinesgleichen suchte in Schleswig-Holstein[5]):
– Beteiligung aller Frauen am Neuaufbau Deutschlands,
– Beseitigung des Nationalsozialismus und Militarismus,
– Erringung des den Frauen aufgrund ihrer zahlenmäßigen Überlegenheit

zustehenden Platzes im demokratischen Deutschland,
- Erziehung des Volkes, besonders der Jugend im Geiste der Völkerversöhnung,
- wirtschaftliche, politische und soziale Gleichberechtigung der Frau in allen Verwaltungsstellen, auf allen Gebieten des öffentlichen Lebens,
- gleiche Berufsausbildung und gleiche Aufstiegsmöglichkeiten für Frauen und Mädchen,
- gleicher Lohn für gleiche Arbeit,
- Ausbau der Fürsorge für Mutter und Kind,
- Berufung von Frauen in alle Berufs-, Industrie-, Gewerbevertretungen etc.,
- Anerkennung der Arbeit der Hausfrau durch Heranziehung bei allen wirtschaftlichen Fragen.
- Heranziehung der Frauen beim Neuaufbau der Städte und Wohnungen,
- entscheidendes Mitwirken der Frauen in der Schule und bei der Erziehung,
- Rechts- und Gesetzesgleichheit.

Es gab also durchaus Frauen, die wußten, worauf es ankommen würde, wollten sie endlich einen den Männern ebenbürtigen Platz in der Gesellschaft erreichen.

Nachdem Frauen der vier Parteien SPD, CDU, FDP und KPD sowie Frauen verschiedener Konfessionen sich zu einem vorbereitenden Ausschuß zusammengefunden hatten, wurde am 21. April 1947 der *Deutsche Frauenbund Kiel* gegründet, der wie die Frauenausschüsse überparteilich und überkonfessionell wirken sollte. Die Vorsitzende, Else Richter, erläuterte auf der Gründungsversammlung im Kieler Rathaus die Ziele[6]:
- Verwirklichung eines dauernden Friedens,
- Linderung der körperlichen und seelischen Not unserer Zeit,
- Gesundung des Familienlebens,
- Wiedererweckung des Gefühls für menschliche Würde,
- stärkere Einschaltung der Frau in das öffentliche Leben, um seiner Entseelung, Verflachung und Verbürokratisierung entgegenzuwirken,
- kameradschaftliche Zusammenarbeit von Mann und Frau unter gleicher Wertung ihrer Arbeit,
- Gedankenaustausch und Verbindung mit den Frauen anderer Länder.

Klipp und klar wurde festgestellt, daß „*die Frauen die Mehrheit des Volkes seien und Gelegenheit haben müßten, ihre Gedanken und Pläne miteinander zu besprechen und zu verbessern, um sich am öffentlichen Leben maßgeblich zu beteiligen*". Obwohl auch hier die Notwendigkeit und das Recht der politischen Beteiligung von Frauen festgehalten wurde, ist der Unterschied zu den Forderungen des Lübecker Frauenausschusses entscheidend. Während die Kieler Frauen auf die kameradschaftliche Zusammenarbeit mit den Männern hofften und ihre eigenen Betätigungsfelder ganz im Rahmen dessen sahen, was Frauen aufgrund des überkommenen Rollenverständnisses zugestanden wurde, hatten die Lübecker Frauen alle Schwierigkeiten, an denen die Gleichberechtigung scheitern konnte, messerscharf herausgearbeitet, ohne die Frau auf ihre Weiblichkeit zu reduzieren.

Diese Differenz war sicher nicht zuletzt auf die Mitarbeit der kommunistischen und sozialistischen Frauen zurückzuführen, die in der politischen Analyse geschult waren. Dennoch hatten sowohl die einen wie die anderen in den eigenen männlich strukturierten Parteien nichts zu lachen, und die Analyse der Situation der Frauen in der Gesellschaft ist im Prinzip ihre eigene (Frauen)Sache geblieben, die sie in der Folge sträflich vernachlässigt haben.

Wenige Tage nach seiner Gründung fand schon die erste Kundgebung des *„Deutschen Frauenbundes Kiel"* in der Pädagogischen Hochschule statt, auf der Theanolte Bähnisch, damals schon (bundesweit einzige) Regierungspräsidentin des Regierungsbezirks Hannover, über „Die Frau in der Krise der Zeit" referierte. Sie hielt neben der Mitarbeit in einer Partei den überparteilichen und überkonfessionellen Zusammenschluß von Frauen für notwendig, um das männliche Handeln außerhalb der Partei fair und ohne Haß zu ergänzen. Wichtig sei, daß die Frau einen eigenen, frauenspezifischen Standpunkt vertrete. Frau Bähnisch gab ihrer Hoffnung Ausdruck, daß die Gründung von Frauenbewegungen – und dies in der Tradition der „alten" Frauenbewegung von vor 1933 – einmal zur Bildung einer *Frauen-Friedensfront* führen möge. Wie schnell diese utopische Vision den politischen Realitäten zum Opfer fallen sollte, ahnte damals wohl keine der Frauen, die über alle konfessionellen und Parteigrenzen hinweg von einer Idee – dem Frieden – beseelt schienen.

Der Auftritt Theanolte Bähnischs in Kiel war Ausdruck der schon die Landesgrenzen wieder überschreitenden Kontakte unter Frauen. Einen Monat später fand die erste interzonale Frauentagung vom 21.-23. Mai 1947 in Bad Boll statt. Dort forderte Bähnisch den Zusammenschluß der Frauenverbände, und auf der zweiten großen Frauentagung nach Kriegsende vom 20.-23. Juni desselben Jahres wurde sie zur ersten Vorsitzenden des *„Frauenringes der britischen Zone"* gewählt.

Im November 1947 gründeten die Ortsvereine des Deutschen Frauenbundes in Neumünster – in Anwesenheit von Gästen des Frauenringes der britischen Zone – den *Frauenring Schleswig-Holstein*, dessen Vorsitzende Else Richter wurde. Die Leitung des *Frauenringes Kiel* übernahm Elisabeth Vormeyer, die in Kiel den Schrifttumskreis im Verband Deutsche Frauenkultur seit 1931 auch über die NS-Zeit hinweg geleitet hatte. Im Juni 1948 wurde auch in *Flensburg* unter der Leitung von Christine (Stinemie) Christiansen ein Ortsring gegründet.

Aus *Ahrensbök* nahm Lieselotte Bischoff Ende 1948 erste Kontakte zur Deutschlandzentrale der *W.O.M.A.N.* auf, der Welt Organisation der Mütter aller Nationen, die gerade mit Genehmigung der Alliierten in das Vereinsregister eingetragen worden war. Mitte 1949 wurde beim Ministerium für Ernährung, Landwirtschaft und Forsten ein *Verbraucherausschuß* unter der Leitung von Hertha Just eingerichtet, die in der Folge *Kreisverbraucherausschüsse* im ganzen Land initiierte, in denen vornehmlich Frauen zusammenarbeiteten.

Am 8. und 9. Oktober 1949 fand in Bad Pyrmont die Gründungsversamm-

153

Am 8./9. Oktober 1949 fand in Bad Pyrmont die Gründungsversammlung des Deutschen Frauenrings statt, Emma Faupel vorne ganz rechts im Bild. (Privatbesitz A. Giese)

lung des *Deutschen Frauenringes* (DFR) statt, nicht ohne schleswig-holsteinische Beteiligung: im ersten Vorstand war auch eine Schleswig-Holsteinerin vertreten, die Rendsburger Ratsfrau und spätere langjährige Senatorin, die Rektorin Emma Faupel[7]).

Im Februar 1950 gründeten die 5 Kieler Ratsfrauen Ida Hinz, Dr. Hilde Schäfer/Portofee, Gertrud Brauer, Käthe Kühl und Magdalena Schröder einen weiteren Frauenzusammenschluß: die *Arbeitsgemeinschaft Kieler Frauen*, gedacht als Dachorganisation der Kieler Frauenvereinigungen, in der auch Einzelmitglieder, soweit sie im öffentlichen Leben der Stadt eine Rolle spielten, mitwirken konnten. In Kiel-Gaarden fand im April die Gründungsversammlung einer Ortsgruppe des *Demokratischen Frauenbundes Deutschlands* (DFD) statt. An der *Internationalen sozialistischen Frauenkonferenz*, die am 30./31.5.1950 in *Kopenhagen* abgehalten wurde, nahmen als deutsche Vertreterinnen Hertha Gotthelf, Frauensekretärin der SPD, und Anni Krahnstöver, Bundestagsabgeordnete und ehemaliges Mitglied des schleswig-holsteinischen Landtages, teil. In *Eckernförde* kamen im August 1951 Frauen zur Gründungsversammlung des dortigen *Frauenringes* zusammen und wählten Frau Jüttner zu ihrer Vorsitzenden.

Initiativen schleswig-holsteinischer Frauen im politischen und öffentlichen

Wohnungen waren wegen des hohen Flüchtlingszustroms in den Städten und auf dem Land zu einem hohen Prozentsatz überbelegt. (Landesarchiv Schleswig: Nordmark-Film)

Leben der ersten Jahre nach dem Kriege beschränkten sich also keineswegs auf die Landeshauptstadt, und als am 1.Dezember 1950 die Gründungsversammlung des Landesfrauenrates stattfand, vertraten die 31 Gründungsmitglieder die beachtliche Zahl von 200000 Frauen im Lande.

Eines sollte hervorgehoben werden bei der Betrachtung der bemerkenswerten Aktivitäten dieser Jahre des Aufbruchs: Zeit hatten die meisten Frauen nicht. Die Schwierigkeiten, den Mangel des Alltags zu verwalten und zu gestalten, belasteten Frauen über alle Maßen. Vergegenwärtigen wir uns jedoch die katastrophale Wohnraumsituation, die uns in den Gesprächen mit ZeitzeugInnen[8]) durch eindrucksvolle Beispiele belegt wurde – angefangen mit dem monatelangen Campieren auf einer Holzpritsche im Büro bis zum jahrelangen Untermietverhältnis in äußerster Enge – so kann es kaum einen Zweifel geben: Frauen flohen auch aus den menschenunwürdigen Behausungen, suchten und schafften sich Anlässe, sich aus den elenden vier Wänden zu entfernen, in denen kaum Behaglichkeit zu schaffen war und die keine Intimität zuließen. Es handelte sich gewissermaßen um das gegenteilige Phänomen dessen, was sie einige Jahre später – mit zunehmendem Wohlstand und der Wiederherstellung der vier Wände als „dem Reich der Hausfrau" – zurückholte aus der Öffentlichkeit und in die Privatheit zurückkehren ließ. Aber nicht nur die Wohnsituation entspannte sich. Männer kamen aus der Gefangenschaft nach Hause, krank und mußten gepflegt werden, oder auch nicht so krank, aber Frauen mußten nun wieder Rechenschaft ablegen über ihre außerhäuslichen Aktivitäten. Der revolutionäre Elan, der aus den formulierten Zielvorstellungen jener Tage spricht, fiel auch der wiederhergestellten Rollenverteilung im sich normalisierenden Alltag zum Opfer.

Frieden – ein gemeinsames Ziel für die Zukunft

Frieden, und zwar in seiner eigentlichen und ursprünglichen Form: Frieden ohne Militär und Waffen, war das alle Frauengruppierungen der ersten Nachkriegszeit verbindende Ziel. Der Wunsch nach Frieden, der Wille, sich an seiner Durchsetzung, seiner Einhaltung und Gewährleistung aktiv zu beteiligen, wurde immer wieder öffentlich benannt. Vordergründig gelang der erste Schritt auf diesem Weg durch zahlreiche Kontakte – auch schleswig-holsteinischer Frauen – zu Frauen der Besatzungsmächte und zu Frauen im Ausland, von denen viele Besuche ausländischer Gäste bei hiesigen Frauengruppen zeugen, und Einladungen, denen schleswig-holsteinische Frauen bis in die USA folgten.

Im November 1946 traf sich die Frauengruppe der *Deutschen Friedens-Gesellschaft* in Kiel zu ihrer ersten öffentlichen Monatsversammlung mit einem Referat von Elisabeth Vormeyer. Auch der Zusammenschluß englischer und deutscher Frauen im Januar 1947 in Kiel zu einem *anglo-deutschen Frauenclub* unter dem Vorsitz von Mrs. Turner sollte einen Schritt zur Verständigung beider Nationen tun, indem Frauen gemeinsam Wohlfahrtsarbeit leisteten. In wöchentlichen Zusammenkünften wollte man Spielzeug anfertigen, sollten Kinder betreut, Flüchtlingen und Kranken geholfen werden. Nachdem die *Internationale Frauenliga für Frieden und Freiheit* im Mai 1947 unter dem Vorsitz Lena Ohnesorges getagt hatte, die damals als Ärztin in Lübeck praktizierte, fand anläßlich der Kieler Woche 1947 eine Frauentagung „*Frauen und Frieden*" mit Referentinnen mehrerer Parteien statt. Im Juni war „*Frieden und die Einigung der europäischen Völker*" das Thema des ersten Kongresses der Europa Union in Eutin, auf dem Prof. Dr. Anna Siemsen Vortragende war. Im September 1947 gab es wiederum zum Thema „Frieden" im Gewerkschaftshaus Kiel eine Kundgebung, die von „dem einzigen weiblichen Pastor in Schleswig-Holstein", Victoria Haseloff, eröffnet wurde.

Es ist nicht leicht, die verschiedenen Facetten dieses Engagements für den Frieden zu differenzieren aufgrund der äußerst geringen Zahl authentischer Äußerungen. In den meisten Fällen liegt der Filter der Presseberichterstattung dazwischen, der Gewichtungen verschieben kann und uns verführt, als Ganzes zu betrachten, was tatsächlich ein Konglomerat unterschiedlicher Vorstellungen war, entstanden aus den Schrecken des Krieges, denen man gerade entronnen war. Zwischen dem emphatischen Aufruf der amerikanischen Journalistin Dorothy Thompson zum Frieden im Namen der Mütter der ganzen Welt[9]) und der von Theanolte Bähnisch zum Ausdruck gebrachten Hoffnung, die „neuen"

Frauenbewegungen möchten einmal zur Bildung einer Frauen-Friedensfront der Frauen aller Länder führen, eine direkte Verbindung herzustellen und davon zu träumen, was passiert wäre, wenn die Frauen dem bereits einsetzenden kalten Krieg widerstanden hätten, ist verführerisch. Aber es gab durchaus unterschiedliche Gewichtungen. Mit Lena Ohnesorge und Elisabeth Vormeyer z.B. hatten sich zwei Frauen für den Frieden engagiert, die beabsichtigten, sich in der Folgezeit in Schleswig-Holstein parteipolitisch zu betätigen. Für die Frauenausschüsse bedeutete Frieden die Absage an den Militarismus. SPD-Frauen, wie Frieda Hackhe-Döbel, nutzten jede öffentliche Rede, um über die Notwendigkeit des Friedens zu sprechen, vor allem aber auch über die Verantwortung der Frauen dafür. Nachdem der Nationalsozialismus die Frauen auf ihre Mutterrolle reduziert hatte, erscheint es uns kaum verständlich, daß gerade die aus dem „Wesen der Frau", insbesondere der Mutterschaft, gleichsam natürlich sich ergebende Verantwortung der Frau für den Frieden so vehement beschworen wurde, zeugte dies doch ebenfalls von einer Festlegung auf das überkommene Rollenverständnis. Auch die W.O.M.A.N. berief sich auf die Verantwortung der *Mütter* der Welt für den Frieden, wobei sie sich über ideologische Verdächtigungen und politische Zuordnungen selbstbewußt hinwegsetzte.

SPD- und KPD-Frauen waren im übrigen die einzigen, die noch die Verantwortlichkeit für die Verbrechen des Nationalsozialismus thematisierten, wobei sie diese vor allem den Männern zuschrieben, um daraus den Schluß zu ziehen, daß Frauen sich an der Gestaltung des demokratischen Staates und der Erhaltung des Friedens schon allein deswegen beteiligen müßten. Die Bereitschaft sich mit der jüngsten Vergangenheit auseinanderzusetzen, war insgesamt erschreckend gering. Da machten die Frauen keine Ausnahme. Aus Schleswig-Holstein sind uns Beispiele aus der Nachkriegszeit für eine Auseinandersetzung von Frauen mit der eigenen Rolle im Nationalsozialismus nicht bekannt. Schon auf der ersten interzonalen Frauentagung in Bad Boll war 1947 deutlich geworden, daß man sich möglichst rasch von der eigenen Vergangenheit distanzieren wollte – ohne der gefolterten, gefangenen und ermordeten Frauen und der Widerstandskämpferinnen besonders zu gedenken[10]).

Neben diesem Unvermögen, die Vergangenheit angemessen zu behandeln, hatten die interzonalen Frauentagungen 1947 auch schon die Abgrenzung gegenüber den Frauen der sowjetischen Zone deutlich gemacht. So kann es eigentlich nicht sonderlich überraschen, daß sich viele Frauen bald darauf in den Bann des kalten Krieges ziehen ließen. Wenn man bedenkt, mit welcher Mühe die meisten Frauen für „staatsbürgerliche Bildung" zu interessieren waren, machten sie sich die Überzeugung der Männer, der Frieden sei nur mit Waffengewalt zu sichern, aber doch überraschend schnell zu eigen. Die Chance, den Männern vorzumachen, wie der Friedensgedanke ideologische Grenzen überwindet, nahmen Frauen nicht wahr. Sie ließen es vielmehr entgegen ihres anfangs bei jeder Gelegenheit bekundeten Willens zu, daß die Idee vom Frieden ohne

Waffen zum angeblichen Produkt kommunistischer Umtriebe verkam. Und so dauerte es nicht lange, bis jedes Engagement für den Frieden sich dem Verdacht der kommunistischen Steuerung oder doch zumindest Unterwanderung ausgesetzt sah. Westliche Frauen, wie auch Lena Ohnesorge, gingen auf Distanz zur Friedensbewegung und überließen den Kampf für den Frieden anderen, die dessen „Anrüchigkeit" nicht scheuten, wie z.b. Doris Pott, deren lebenslanges friedenspolitisches Engagement allen Widerständen zum Trotz nie erlahmte. *„Keine Frau war damals für die Wiederbewaffnung"*, sagt sie im Gespräch heute. Dennoch war in den fünfziger Jahren nichts mehr zu lesen und nichts mehr zu spüren von der einmal alle Frauen beseelenden Idee einer Welt ohne Waffen. So geriet dieselbe auf der Prioritätenliste der Ziele, die es zu verwirklichen galt, ins Hintertreffen und behielt nur in Ausnahmen den ersten Platz. Bis auf die W.O.M.A.N. gelang es den organisierten Frauen nicht, ihre Idee von einer friedfertigen Welt über jeden Ideologieverdacht zu erheben und selbstbewußt zu ihm zu stehen. Sich weiter für einen Frieden ohne Waffen einzusetzen, bedeutete gewissermaßen den Verzicht auf gesellschaftliche Anerkennung und eine Reduzierung, wenn nicht den Verlust politischer Durchsetzungschancen – aber auch Frauen wollten noch soviel erreichen!

Die größte Not war gelindert, die Machtpositionen verteilt, es ging daran, den Lebensstandard zu erhöhen und zu sichern. Die Phase der Konsolidierung begann.

2. Zahlen und Fakten

Bevor im folgenden über die Jahre der Konsolidierung berichtet werden wird, in denen die Menschen sich einrichteten in den Verhältnissen, waren sie nun von ihnen geschaffen oder ihnen vorgegeben, sollen einige ausgewählte Zahlenbeispiele deutlich machen, in welcher Situation sich Frauen befanden. Selbstverständlich kann hier von Vollständigkeit keine Rede sein, können doch nur Schlaglichter auf die Lebenssituation dieser Jahre geworfen werden. Deutlich wird daran aber auch, daß es eben keine *Frauengeschichte* gibt, sondern daß der Teil der Geschichte, der Aufschluß geben kann über das Leben von Frauen, mühsam herausgearbeitet werden muß aus den Quellen, die alles, was Menschen tun, unter dem männlichen Blickwinkel festgehalten und der Nachwelt überliefert haben. Hätten Frauen die statistischen Angaben verfaßt, auf die wir uns hier stützen können, so wäre sicher eine andere Auswahl des Berichtenswerten überliefert worden, keineswegs vollkommener, aber doch mit anderen Gewichtungen. So müssen wir uns an das halten, was Männer für aussagekräftig hielten, um die Entwicklung der Gesellschaft festzuhalten, und darum werben, daß der Blick der StatistikerInnen sich weiten möge in der Zukunft.

In ihrem Buch „*Unerhört*" über die Geschichte der deutschen Frauenbewegung[11] verweist Ute Gerhard in ihrem Nachwort auf Virginia Woolf, die 1938 in ihrem Essay „*Drei Guineen*" beinahe alle Argumente des alten und des neuen Feminismus vorgebracht, erwogen und bestätigt habe: „*Sie beharrte darauf, daß die materiellen Voraussetzungen – Kapital, Grundbesitz und Grundrechte, die gleichen Ausgaben und Chancen für Bildung, die gleichen Löhne für Frauen und die Bezahlung ihrer privaten Dienste stimmen müssen, um überhaupt von Selbständigkeit, Autonomie, politischem Einfluß der Frauen reden zu können."* [12])

Betrachten wir das Bemühen der Frauen um politische Einflußnahme unter diesem Aspekt, so wird sehr deutlich, welche materiellen Bedingungen Frauen daran gehindert haben, Erfolg zu haben, und das gilt selbstverständlich nicht nur für den hier vorgestellten Zeitabschnitt der Geschichte. Versuche, für das Scheitern der Frauen an der Macht andere Erklärungsmuster zu finden, müssen stets notwendig unvollständig bleiben, wenn sie die reale ökonomische Situation von Frauen ausblenden. Das gilt heute so wie zu Virginia Woolfs Zeiten, und leider scheint diese Erkenntnis für einige Zeit in Vergessenheit geraten zu sein, denn kein Wort finden wir darüber in den zahlreichen zeitgenössischen Überlegungen, wie Frauen für eine Mitarbeit am öffentlichen und politischen Leben[13]) der fünfziger Jahre zu gewinnen seien.

So sah Gabriele Bremme 1958 die Frauen als *„zu spät gekommen"*: *„Das klingt in der Tat sehr pessimistisch, Tatsache ist jedoch, daß die Frauen, als sie die politische Gleichberechtigung erlangten, sich einem politisch-parlamentarischen System gegenüber sahen, das in seiner Grundstruktur und Form bereits verfestigt war, und auf dessen Gestaltung sie daher keinen Einfluß hatten. Ihr Wille zur Mitarbeit stieß zudem auf eine Vielzahl von gesellschaftlichen Kräftegruppen, die ihre Ansprüche bei der Verteilung politischer Macht anmeldeten, Gruppen, in denen Frauen ebenfalls ohne Einfluß waren."* [14]) Auch die Leiterin des Frauenreferats im Bundesministerium des Innern, Dr. Dorothea Karsten, ging 1958 in ihren Ausführungen über den Beitrag der Frau in der heutigen Gesellschaft mit keinem Wort auf die materiellen Bedingungen ein, unter denen Frauen leben. Berufstätigkeit von Frauen wurde in ihren positiven Aspekten auf den inneren Gewinn reduziert, den die Frau – und ihr Ehemann! – davontragen.[15]) Helmut Schelsky konstatierte gar schon 1955 die vollzogene Emanzipation: *„Die entscheidende Frage der ‚gelungenen Emanzipation' ... scheint aber darin zu bestehen, daß ihr sozialer Status (der Frau – d. Verf.) so sehr seine grundsätzliche Spannung und Unterschiedlichkeit zu dem des Mannes verloren hat, daß nun die Differenzierung in den sozialen Interessenlagen der Frauen untereinander gewichtiger wird als deren Gemeinsamkeit gegenüber dem Manne, womit die Frau nun in der Tat den sozialen Strukturprinzipien der ‚männlichen' Welt gleichberechtigt unterworfen ist."* [16]) Wenn Schelsky über die sehr unterschiedlichen sozialen Konfigurationen räsonierte, in die *„das"* Wesen *„der"* Frau eingehen könne und gerade *„für unseren gegenwärtigen Gesellschaftszustand eine derartige hohe Variabilität des sozialen Status der Frau"* unterstellte, dann kann sich seine Vermutung nur auf den sozialen Status beziehen, der Frauen aus dem Status ihres Ehemannes zufiel. Zahlen über Einkommen und Karriere berufstätiger Frauen, über die Repräsentanz von Frauen in Öffentlichkeit, Politik und

Kultur lassen keineswegs den Schluß zu, daß es ihnen – bis 1955 nicht und auch noch viel länger – gelungen wäre, sich aus eigener Kraft aus den sozialen Niederungen zu befreien. Daß auch die Unterschiedlichkeit der Motive weiblicher Berufs- und Erwerbstätigkeit (Zwang oder Spaß) sich keineswegs in dem daraus resultierenden Status, sprich der Entlohnung, niederschlugen, ignorierte Schelsky gänzlich. Obendrein meinte er eine *„Nivellierung zum Mann"* feststellen zu können, vermutete gar die eigentlichen Bundesgenossen für spezielle Interessen von Frauen eher unter den Männern, ohne allerdings näher zu beschreiben, um welche Frauen, welche Männer und welche Interessen es sich dabei handeln könnte. Kurzum, auch hier geriet der Blickwinkel, unter dem „die Frau (der fünfziger Jahre)" betrachtet wurde, entschieden zu eng, unterstellte er doch eine Differenzierung, die nicht gegeben war.

Hier kann nur ein Blick auf die Fakten helfen, die, aus dem unübersichtlichen Zusammenhang der offiziellen Statistiken ins Licht gestellt, an Deutlichkeit nichts zu wünschen übrig lassen.

Tabelle 1
Löhne und Gehälter: Männer

Beschäftigtengruppe	von 100 männlichen Angestellten bzw. Arbeitern verdienen	
	unter 175 DM	400 DM und mehr je Monat (brutto)
Angestellte in der priv. Wirtschaft	12	27
Angestellte im öff. Dienst	2	22
Industriearbeiter	6	2

Mai/Sept. 1949, Quelle: Statistische Monatshefte 1950, S. 381

Tabelle 2
Löhne und Gehälter: Frauen

Beschäftigtengruppe	von 100 weiblichen Angestellten bzw. Arbeiterinnen verdienen	
	unter 175 DM	400 DM und mehr je Monat (brutto)
Angestellte in der priv. Wirtschaft	43	8
Angestellte im öff. Dienst	12	3
Industriearbeiter	81	0

Mai/Sept. 1949, Quelle: Statistische Monatshefte 1950, S. 382

Diese beiden kleinen Tabellen machen sehr anschaulich, daß der soziale Status der berufstätigen Frauen in Schleswig-Holstein 1949 erheblich homogener ist, als im Vergleich zwischen den Geschlechtern. Immerhin verdienten gut 45% von ihnen unter 175 DM brutto im Monat, während es bei den Männern nur 6,6% sind, die sich mit einem solchen Einkommen zufrieden geben mußten. Und während nur 3,6% der Frauen über 400 DM verdienten, waren es bei den Männern 17%.

Insgesamt sah die Einkommensverteilung (ohne UnterstützungsempfängerInnen und RentnerInnen!) in Schleswig-Holstein 1949 so aus, daß die ärmere Hälfte der Bevölkerung, zu der in besonderem Maße die alleinstehenden Frauen mit und ohne Kinder zu zählen sein dürften, mit knapp einem Viertel des Gesamteinkommens auskommen mußte, während die reiche Hälfte mehr als drei Viertel des Gesamteinkommens zur Verfügung hatte.[17])

Alle nicht berufstätigen verheirateten Frauen – die Rentnerinnen, Fürsorge- und Arbeitslosengeldempfängerinnen (und solche, die von ihrem Vermögen lebten) einmal ausgenommen – konnten allenfalls den sozialen Status ihres Ehemannes für sich in Anspruch nehmen, der sich aus der ersten Tabelle ergibt, sofern es sich denn um einen berufstätigen Ehemann handelte und nicht um einen der 154811 (Dez. 49) Arbeitslosen. Außerdem dürfen wir nicht vergessen, daß viele Frauen allein für eine Familie zu sorgen hatten, also „Alleinernährerinnen" waren. Im Hinblick auf diese mutet die Berechnungsgrundlage für den Lebenshaltungsindex des statistischen Landesamtes übrigens abenteuerlich an: man ging aus *„von den durchschnittlichen Lebens- und Verbrauchsgewohnheiten einer vierköpfigen Arbeitnehmerfamilie, in der sich zwei Verdiener (nur etwas über 30% der Frauen sind überhaupt berufstätig!) und ein Kind unter vierzehn Jahren befinden."*[18])

Alleinerziehende Frauen mit Kindern machten einen nicht unerheblichen Anteil der durch die Fürsorge unterstützten Personen aus und stellten die größte Zahl derer, die kein anderes Einkommen zur Verfügung hatten. Bei der Volkszählung 1946 fielen letztere übrigens noch unter die Rubrik *„selbständige Berufslose"*, unter der alle Personen versammelt wurden, *„die ohne eigene Erwerbstätigkeit Einkommen beziehen, wie z.B. Altersrentner, Altenteiler, Pensionsempfänger, Fürsorgeempfänger, Insassen von Altersheimen und Versorgungsanstalten, Irrenanstalten und Strafanstalten, wie auch Schüler und Studenten, die nicht bei ihren Familien wohnen."*[19]) *„Die laufende Bearbeitung der Zählpapiere zeigt jedoch, daß die ‚selbständigen Hausfrauen ohne Angabe einer Erwerbsquelle', die 1946 einen wesentlichen Teil dieses Personenkreises ausmachten, nur noch in geringem Maße vorhanden sind. Durch die Rückkehr der Kriegsgefangenen fallen die Frauen der Rückkehrer wieder unter den Begriff ‚Angehörige', während sie vorher zur oben angeführten Gruppe gerechnet wurden."*[20])

Und in der Tat drückte sich in dieser „Umbenennung", dem Aufstieg oder Fall von der *selbständigen Berufslosen*

Schichtung der Monatseinkommen der Angestellten und Beamten in der gesamten öffentl. Verwaltung
Anfang 1950 - i.v.H.

Einkommensgruppe	Erwerbspersonen nach Geschlecht	Schiffahrt, Häfen und Wasserstrassen	Post	Bahnen	Bildungswesen und Kirche	Gesundheitspflege u. Fürsorge	Landwirtschaft	Öffentl. Verwaltung	Öffentl. Verwaltung insgesamt
unter DM 100,--	Angest. m	11,1	4,8	49,1	-	10,5	16,6	0,6	11,8
	" w	-	-	-	4,7	8,3	7,6	2,9	5,4
	Beamte m	-	-	1,1	-	-	-	-	0,3
	" w	-	-	-	-	-	-	-	-
DM 101,-- bis DM 250,--	Angest. m	33,3	63,9	45,7	18,8	42,1	62,5	26,6	38,2
	" w	-	85,7	66,7	61,9	50,0	69,3	56,2	59,5
	Beamte m	-	19,1	16,5	8,0	-	25,0	9,5	12,8
	" w	-	28,0	20,0	33,4	-	-	35,0	30,0
DM 251,-- bis DM 400,--	Angest. m	22,3	36,1	3,5	31,3	26,3	20,9	49,7	33,9
	" w	-	9,5	33,3	23,8	36,1	23,1	39,0	32,2
	Beamte m	-	50,0	62,4	34,0	-	33,4	49,7	49,9
	" w	-	72,0	80,0	52,3	-	-	45,0	58,3
DM 401,-- bis DM 550,--	Angest. m	33,3	-	-	37,5	10,6	-	18,9	12,5
	" w	-	-	-	9,6	2,8	-	1,9	2,4
	Beamte m	-	26,5	16,5	28,0	-	8,3	30,2	25,0
	" w	-	-	-	14,3	-	-	10,0	8,3
DM 551,-- bis DM 700,--	Angest. m	-	-	-	12,4	5,3	-	4,2	3,0
	" w	-	-	-	-	-	-	-	-
	Beamte m	-	4,4	3,5	22,0	-	25,0	7,8	8,6
	" w	-	-	-	-	-	-	5,0	1,7
DM 701,-- bis DM1000,--	Angest. m	-	-	-	-	5,2	-	-	0,3
	" w	-	-	-	-	2,8	-	-	0,5
	Beamte m	-	-	-	6,0	-	8,3	2,8	2,3
	" w	-	-	-	-	-	-	5,0	1,7
DM 1000,-- bis DM 1350,--	Angest. m	-	-	1,7	-	-	-	-	0,3
	" w	-	-	-	-	-	-	-	-
	Beamte m	-	-	-	2,0	-	-	-	0,3
	" w	-	-	-	-	-	-	-	-
Einkommensgruppen insgesamt	Angest. m	100,0	100,0	100,0	100,0	100,0	100,0	100,0	100,0
	" w	100,0	100,0	100,0	100,0	100,0	100,0	100,0	100,0
	Beamte m	100,0	100,0	100,0	100,0	100,0	100,0	100,0	100,0
	" w	100,0	100,0	100,0	100,0	100,0	100,0	100,0	100,0

Die Übersicht über die Monatseinkommen von 1950 macht deutlich, daß Frauen im öffentlichen Dienst mehrheitlich in den unteren Einkommensgruppen zu finden waren (Landesarchiv Schleswig: LAS 601, 557)

Flüchtlingskinder im Kieler Lager an der Eckernförder Chaussee. Das Los dieser Kinder zu mildern, war eines der Hauptanliegen der aktiven Frauen in der unmittelbaren Nachkriegszeit. (Landesarchiv Schleswig: Nordmark-Film)

zur *Angehörigen* die Ambivalenz dessen aus, was den Frauen widerfuhr.

1956 waren 4930 alleinerziehende Frauen, aber nur 10 alleinerziehende Männer unterstützungsberechtigt. Zur gleichen Zeit waren von 27980 Einzelpersonen, die soziale Fürsorge erhielten, zwei Drittel, nämlich 18260 Frauen.[21]

1946 gab es übrigens 258000 **Kinder** zwischen 0 und 6 Jahren in Schleswig-Holstein und 455000 Kinder waren zwischen 6 und 15 Jahre alt. 1950 waren „nur noch" 208000 Kinder zwischen 0 und 6 Jahre alt, 455000 zwischen 6 und 15.

Kindergartenplätze waren 1955 für 10324 Kinder vorhanden. Landesweit gab es nur zwei Krippen mit jeweils 23 Plätzen.

Nur 2800 Kinder fanden einen Platz in Kinderhorten und -tagesstätten.

1951 wurden in Schleswig-Holstein „*239 Erwachsene*" wegen Abtreibung verurteilt[22]), 1953 waren es 131 Verurteilungen, ein Jahr später 111.

Nicht enthalten in der Tabelle 2 ist die große Zahl der Frauen, die im **hauswirtschaftlichen Bereich** arbeiteten, meistens zweifellos „schwarz", (also nicht unter „private Wirtschaft" zu erfassen) und dementsprechend schlecht bezahlt. Aber auch in ganz offiziellen Zusammenhängen war die Entlohnung so, daß damit kaum eine eigene Existenz finanziert werden konnte. 1949 verdienten z.B. Reinemachfrauen bei der Landesregierung Schleswig-Holstein 56 Pfennig pro Stunde. Bei einer Arbeitszeit von 48 Wochenstunden wäre dies ein Wochenlohn von DM 26,88, also ein Monatslohn (4,5 Wochen) von DM 120,96 gewesen, unabhängig vom Alter der Beschäftigten.

Aber auch **in der Landwirtschaft beschäftigte Frauen** und **Heimarbeiterinnen** müssen wir zu denen zählen, deren Einkommen an der Grenze des Existenzminimums lag. Für Mägde, von denen die Statistik für 1950 immerhin 22 488 ausweist, wurde z.B. 1951 der Jahresbarlohn durch einen Schiedsspruch auf 864 DM festgesetzt, was eine Erhöhung um 31% (!) gegenüber 1950 bedeutete. Die **weiblichen mithelfenden Familienangehörigen** dürften ebenfalls kaum über ein höheres *eigenes* Einkommen verfügt haben, zumal die wenigsten von ihnen als „Frau des Hauses" Entscheidungen über Ausgaben des Betriebsgewinns treffen konnten, gab es doch 1950 nur 41 146 selbständige Landwirte gegenüber 63 022 mithelfenden weiblichen Familienangehörigen, also Ehefrauen, Mütter, Töchter, Tanten, Nichten etc.[23])

Damit stellten diese Frauen (und es gibt ja auch in anderen Bereichen wie dem Handwerk z.B. mithelfende Familienangehörige) übrigens die größte Gruppe unter den berufstätigen Frauen.

Gleichzeitig dürften diese Frauen jedoch zu dem Personenkreis gehört haben, der am wenigsten direkt von den Kriegsauswirkungen in Mitleidenschaft gezogen worden war, wenngleich auch gerade die ländlichen Bereiche dem Ansturm der Flüchtlinge gerecht werden mußten. „*Die Vorstellung, alle hätten von vorn angefangen und alle hätten nichts gehabt, läßt sich nicht länger aufrechterhalten*"[24]), stellen M. Jung und M. Scheitenberger fest, die 1992 eine Ausstellung über Frauen in Hannover 1945-1948 organisierten.

So war beispielsweise die **Wohnraumsituation** in hohem Maße angespannt, für die Flüchtlinge allemal, aber durchaus auch für alle, die ihre eigenen vier Wände mit mehreren Untermietparteien zu teilen gezwungen waren. Unzählige Flüchtlingslager boten nicht viel mehr als ein Dach über dem Kopf, und noch 1954 lebten in Schleswig-Holstein 68 662 Menschen in „*anerkannten Vertriebenenlagern*", deren baulicher Zustand zu 70% als schlecht und sehr schlecht eingestuft wurde; 1957 waren es immerhin noch 47 995, die in 449 Lagern untergebracht waren[25]).

Die Zahlen der **weiblichen Rentenempfängerinnen** lassen gleichzeitig noch einen deutlichen Rückschluß auf den Gesundheitszustand der Frauen zu. Bei ihnen spielte im Gegensatz zu den Männern die Frühinvalidität eine nicht zu unterschätzende Rolle. Waren bei den Männern 1953 in beiden Versicherungszweigen rund 80% der Rentenempfänger 65 Jahre und älter, so stellte sich das Bild bei den Frauen recht anders dar: „*Von den rund 56 000 Frauen, die eine eigentliche Invalidenrente bekamen, wa-*

ren 34% noch keine 65 Jahre alt, bei den (9600 – d. Verf.) Ruhegeldempfängerinnen (Angestelltenversicherung) betrug dieser Anteil sogar 49%."[26])

Darüber hinaus bezogen 62000 Menschen aus der Invalidenversicherung und 25000 Menschen aus der Angestelltenversicherung Kriegsfolgenrenten, die zu über 90% an die Witwen und Waisen der Kriegsgefallenen (des Zweiten und des Ersten Weltkrieges) gezahlt wurden.

Die Anzahl der Frauen, die eine **Beamtenpension** bezogen, war dagegen verschwindend gering, nämlich 993 am 30. September 1956.

921 von ihnen – aus dem gehobenen Dienst – werden ehemalige Lehrerinnen gewesen sein, während die 30 aus dem höheren, die 29 aus dem mittleren und die 13 aus dem einfachen Dienst nicht bestimmten Funktionen zugeordnet werden können.[27])

Und was gab es zu kaufen für das hart verdiente Geld? Die Wochenarbeitszeit lag 1949 bei durchschnittlich 46,8 Stunden – kein Wunder also, daß der Hausarbeitstag, wie im folgenden noch zu zeigen sein wird, ein Thema blieb. Einige Preisbeispiele (Tabelle 3) können jeder, die selber einkauft, einen anschaulicheren Eindruck vermitteln als es der Preisindex für die Lebenshaltung aus den o.a. Gründen möglicherweise vermag.

Die Statistischen Monatshefte faßten im Dezember 1950 zusammen:

„*Die rückläufige Preistendenz des Vorjahres (1949) setzte sich in abgeschwächtem Maße bis etwa Mitte dieses Jahres fort, <u>um dann in das Gegenteil umzuschlagen</u>*".[28])

Tabelle 3

1 kg	15.1.49	15.1.50
Bohnenkaffee	27,50	29,95
Roggenbrot	0,36	0,37
Weizenmehl	0,65	0,50
Schweinekotelett	3,20	4,48
Deutsche Markenbutter	5,12	5,12
Tafelmargarine	2,44	2,39
Eier pro Stück	0,57	0,22
Entrahmte Frischmilch	0,22	0,22
Mettwurst, feine	5,43	5,77
Leberwurst	4,65	4,84
Kinderstiefel Gr. 35 Rindbox mit Gummisohle	23,65	17,35
Besohlen mit Absätzen für Männer	10,62	7,53
Frisieren, Waschen, Legen für Frauen	2,45	2,44
Wannenbad	0,77	0,81
Frauenschlüpfer, Wolle	10,99	8,83
Feinseife 100 g	0,85	0,58
Kittelschürze	20,08	13,51

Die bittere Notwendigkeit zur Erwerbstätigkeit blieb also vorerst bestehen, und wer wollte den Versuch wagen, in so einer Situation die Motive für die Ausübung eines Berufes: Lust, Interesse und Zwang auseinanderzudividieren?

Schelsky zitierte in seinem o.a. Aufsatz genüßlich eine Autorin der Zeit-

Tabelle 4

Frauenanteil nach Wirtschaftsabteilungen und -zweigen 30.9.54:
(in runden Klammern Anteil an der Gesamtarbeitnehmerzahl i.d. Bereich)
<in spitzen Klammern Anteil am weibl. Arbeitsmarkt>

Dienstleistungen (einschließlich häusl. Dienste)	52912	(86,92%)	<24,61%>
verarbeitendes Gewerbe (ohne Eisen- und Metallverarbeitung)	45733	(41,80%)	<21,27%>
öffentlicher Dienst und Dienstleistungen im öff. Interesse:	38213	(37,82%)	<17,78%>
Handel, Geld- und Versicherungswesen	37598	(43,66%)	<17,49%>
Landwirtschaft etc.	24067	(27,46%)	<11,19%>
Eisen- und Metallerzeugung und -verarbeitung	9433	(10,73%)	< 4,39%>
Verkehrswesen	4825	(9,02%)	< 2,24%>
Bau-, Ausbau- und Bauhilfsgewerbe	1219	(1,54%)	< 0,56%>
Bergbau, Gewinnung und Verarb. von Steinen und Erden, Energiewirtschaft	931	(5,25%)	< 0,43%>
Gesamt	214931	(31,46%)	

Quelle: Stat. Jahrbuch S-H 1955, S. 33/34

schrift *„Wort und Wahrheit"*, die 1954 den Akademikerinnen unterstellte, genau wie die Fabrikarbeiterinnen am liebsten den Beruf aufgeben zu wollen, wenn sie denn Geld hätten.[29] Aber welcher Mann wollte nicht aus dem Beruf heraus, *„wenn er nur Geld hätte"*, zumal, wenn er feststellen müßte, daß seine Leistung ständig schlechter bezahlt wird als die seiner Kolleginnen?

Der Anteil der Arbeitnehmerinnen blieb zu Beginn der fünfziger Jahre recht konstant bei etwas über 31% aller ArbeitnehmerInnen, um dann bis 1958 auf 34% anzuwachsen.

Hinter diesen wenig schwankenden Prozentzahlen verbergen sich jedoch durchaus nicht unerhebliche Veränderungen:

Die repräsentative Vorauswertung der Volks- und Berufszählung 1950 konstatierte im Zeitraum zwischen 1946 und 1950 eine *„recht starke Zunahme"* der Frauenerwerbstätigkeit, obwohl sich zwar die absolute Zahl der berufstätigen Frauen zwischen 20 und 40 Jahren wenig veränderte (– 3000), die Gesamtzahl der Frauen dieser Altersgruppe sich jedoch um 60000 verringerte.

Tatsächlich waren also von den 20-40jährigen Frauen 1946 35,9% erwerbstätig, 1950 waren es 41%! (Der Anteil der Erwerbspersonen an der Bevölkerung betrug zu diesem Zeitpunkt übrigens 39%.)

Frauen arbeiteten vor allem in fünf Wirtschaftszweigen (Tabelle 4), wobei fast die Hälfte der Frauen (ohne die mithelfenden Familienangehörigen) im Dienstleistungsbereich und im verarbeitenden Gewerbe ihr Geld verdienten. (Und werden die „schwarzen" Arbeitsverhältnisse berücksichtigt, waren es sicher erheblich mehr.)

Ein Blick auf einige Berufsgruppen des verarbeitenden Gewerbes zeigt, daß Frauen nicht nur in den Dienstleistungsberufen schlecht bezahlt arbeiteten, sondern daß sie in den industriellen Bereichen, in denen sie besonders stark vertreten waren, auch besonders weit unter dem Lohnniveau der Männer lagen. Besonders bemerkenswert daran ist die Tatsache, daß der Unterschied größer wurde, je höher die Qualifikation war.

Tabelle 5
Frauenlöhne in verschiedenen Berufsgruppen 1949

Ausgewählte Berufsgruppen in denen Frauen besonders vertreten sind ...				... und wieviel sie im Vergleich zu ihren männlichen Kollegen verdienen	
Berufsgruppe	insgesamt	darunter weiblich	= %	Facharbeiterin	Hilfsarbeiterin
Textilhersteller	6309	4508	71,45%	55,45%	66,81%
Bekleidungsberufe	19577	12658	64,66%	57,95%	88,31%
Papierhersteller und -verarbeiter	1771	979	55,28%	57,11% 55,15%	76,10% 66,79%
Nahrungs- und Genußmittelhersteller	23876	5189	21,73%	52,36%	60,55%

Stand: 31.12.49 Quelle: Stat. Monatshefte 1950, S.23.

Dies änderte sich auch in der Folge nicht. So konstatierte man noch in den Statistischen Monatsheften des Jahres 1958: *„je höher die Qualifikation, desto größer ist auch die Differenz zwischen Männern und Frauen im Durchschnittsgehalt."* Es werden einige Erklärungsversuche gemacht, die in der Feststellung gipfeln: *„Immer ist die Anwesenheit auch anderer Faktoren außer dem Ge-*

schlecht **nicht ganz auszuschließen**. *Hier können nur Fall-Untersuchungen am Arbeitsplatz weiter führen, denen sich allerdings wieder Schwierigkeiten anderer Art entgegentürmen.*"[31])

Generell geht man über die Jahre hinweg von einer Lohndifferenz von 40% – 41% aus, und auch 1958 zeichnete sich noch keineswegs eine Änderung dieses immer wieder in der Öffentlichkeit angeprangerten Mißstandes ab.

Aufschlußreich ist auch ein Vergleich der Entwicklung der Arbeitslosigkeit von Frauen. War auch die absolute Zahl erheblich zurückgegangen im Verlauf der fünfziger Jahre, so gibt der in die Höhe geschnellte Anteil der Frauen an der Gesamtzahl der Arbeitslosen Anlaß zur Nachfrage (Tabelle 6). Darüber hinaus ist festzustellen, daß der Anteil der langzeitarbeitslosen Frauen zunahm. So waren 1953 z.B. 10,68% der arbeitslosen Frauen über 2 Jahre arbeitslos, 29,23% sogar länger als 3 Jahre.[32])

Tabelle 6

Arbeitslose Frauen (%-Anteil an allen Arbeitslosen)

	Angestellte	Arbeiterinnen	beide
1950	13 600 (35,97%)	43 800 (30,89%)	57 400 (31,96%)
1957	5 100 (57,30%)	10 600 (44,53%)	15 700 (48,01%)

Quelle: Stat. Monatshefte 1958, S. 107

Fast die Hälfte der 5100 arbeitslosen Frauen im Angestelltenbereich war nämlich unter 35 Jahre alt, während bei den 10 600 Arbeiterinnen ein gutes Drittel zu dieser Altersgruppe gehörte. In den statistischen Monatsheften wurde dazu lapidar vermerkt: „*Dieser Personenkreis ist von den Arbeitsämtern schwer zu vermitteln. Mangelhafte Berufsausbildung und gewisse Einschränkungen in der Vermittlungsfähigkeit von Frauen mit Familienbindungen sind häufig die Gründe dafür.*"[33])

Es handelte sich also um Frauen der Geburtsjahrgänge 1922 bis ca. 1940, also durchaus auch solche, deren Schul- bzw. Berufsausbildung nach dem Kriege stattfand.

Vergegenwärtigen wir uns die Zahlen der SchulabgängerInnen (Tabelle 7) eines dieser späteren Jahrgänge, so stellen wir fest, daß nichts an der schulischen Karriere darauf hinzudeuten schien, daß diese jungen Mädchen einmal mehr Schwierigkeiten auf dem Arbeitsmarkt haben würden als ihre gleichaltrigen männlichen Kollegen.

Tabelle 7

VolksschulabgängerInnen 1949

nach achtjährigem Schulbesuch		nach neunjährigem Schulbesuch		zusammen	
Knaben	Mädchen	Knaben	Mädchen	Knaben	Mädchen
906	1 224	14 728	14 130	15 634	15 354

Quelle: Stat. Monatshefte 1950, S. 56

Die Mittelschulen wurden 1949 von 10 512 Knaben (48,47 %) und 11 175 Mädchen (51,58 %) besucht.

Die Obersekunda-Reife erhielten 1949 529 Knaben (46,85 %) und 600 Mädchen (53,15 %).
Quelle: Stat. Monatsheft 1950, S. 130 ff

Aber die ersten staatlichen Maßnahmen zur Eingliederung Jugendlicher in das Berufsleben sprachen eine deutliche Sprache, zeigten sie doch, daß der berufsvorbereitenden Betreuung der Knaben erheblich mehr Aufmerksamkeit und finanzielle Mittel zugewendet wurden als den Mädchen:

Tabelle 8

Jugendaufbauwerk Mai 1950

121 Heime für insgesamt 3042 Jugendliche		
davon	für 2211 = 72,68 % männliche Jugendliche	für 831 = 27,32 % weibliche Jugendliche
offene Heime	7	19
geschlossene Heime	32	13

Es soll nicht verschwiegen werden, daß bis zur Mitte der fünfziger Jahre die Plätze für Mädchen bis etwas über 50 % aufgestockt wurden, aber in der Folgezeit hatte sich die *„Berufsnot der weiblichen Jugend"* auch noch deutlich verschärft, wie die o.a. Arbeitslosenzahlen belegen. Waltraut Klinkow, seit 1948 im Kultusministerium des Landes Schleswig-Holstein zuständig für die berufsbildenden Schulen, kann sich noch sehr gut daran erinnern, welche Mühe es gemacht hat, den Mädchen, die keinen Ausbildungsplatz erhalten hatten, zu ihrem Recht auf Berufsschulunterricht zu verhelfen.

Tatsächlich strebte auch ein großer Teil der Abiturientinnen eine Berufsausbildung an, wenngleich sie mit fast 40% an den Reifeprüfungen beteiligt waren.

Das Reifezeugnis (Abitur) erlangten 1949 in Schleswig-Holstein
688 Knaben (60,03%) und
458 Mädchen (39,97%).
Quelle: Stat. Monatshefte 1950, S. 133

Bis 1957 stieg der Anteil der **Studentinnen** an der Christian-Albrechts-Universität Kiel zwar auf 21% an, ging aber absolut auf 483 zurück. 1953/54 stellten die 355 Studentinnen z.B. 18% aller Studierenden, 1954/55 waren 19% dagegen nur 332 Frauen. Für das Wintersemester 1949/50 läßt sich anhand der vorliegenden Zahlen ein genaueres Bild darstellen:

Studierende an der Kieler Universität WS 1949/50:
3157 davon männlich 2645 (83,78%)
weiblich 512 (16,21%)

Ein Drittel der Studentinnen wollten Ärztin oder Zahnärztin werden, weitere 27% strebten das Lehramt an höheren Schulen an, d.h. daß zu diesem Zeitpunkt nur 199 Frauen in Schleswig-Holstein eine anderweitige akademische Laufbahn einschlagen wollten bzw. konnten (Tabelle 9). 72% der Studentinnen wurden von ihren Eltern unterhalten, während dieser Prozentsatz bei ihren männlichen Kommilitonen nur bei 58% lag.[34]) Das Fehlen anderweitiger Finanzierungsmöglichkeiten und die daraus resultierende Abhängigkeit von dem Geld der Eltern konfrontierte Abiturientinnen sicher eher mit der Notwendigkeit, sich Alternativen zum Studium suchen zu müssen.

Tabelle 9

Von den 512 Studentinnen im WS 49/50 an der Kieler Universität wurden folgende Berufe angestrebt:

Lehrerin an höheren Schule	139
praktische Ärztin	85
Fachärztin	66
Apothekerin	27
Zahnärztin	23
Biologin, Botanikerin, Zoologin	19
Rechtsanwältin/Notarin	16
Journalistin, Redakteurin, Schriftst.	11
Geistliche	9
Saatzüchterin	9
Volkswirtin	8
Chemikerin	8
Hochschullehrerin	6
höhere Verwaltungsbeamtin	6
wiss. Bibliothekarin	6
Richterin, Staatsanwältin	4
Steuerberaterin	3
Musikerin	3
Diplom-Landwirtin	3
wiss. Museumsbeamtin	2
Betriebswirtschaftlerin	2
Kunsthistorikerin	2
Physikerin	2
Nahrungsmittelchemikerin	2
Tierzuchtleiterin	2
Wirtschaftsjuristin	1
Sozialpolitikerin	1
Berufsberaterin	1
Verlegerin	1
Dolmetscherin	1
Geologin, Mineralogin	1
sonst. Naturwissenschaftlerin	1
sonst. akademische Berufe	3
ohne Angabe	39

Quelle: Stat. Monatshefte 1950, S. 377

An den beiden **Pädagogischen Hochschulen** des Landes studierten 1953 227 (55,5%) Frauen, wobei bemerkt werden muß, daß wegen des Rückganges der Schülerzahlen an allgemeinbildenden Schulen die Neuaufnahmen eingeschränkt worden waren, was *„sich nur bei den weiblichen Bewerbern auswirkte"*.[35]) Unter den Lehrkräften der Pädagogischen Hochschulen befanden sich damals übrigens zwei Frauen.

Es kann im Schleswig-Holstein der fünfziger Jahre nicht viele berufstätige **Akademikerinnen** gegeben haben. Die meisten wirkten zweifelsohne als Lehrerinnen an den Mädchengymnasien, zumindest zwölf von ihnen als deren Direktorinnen. Mit der Einführung der Koedukation verschwanden aber auch diese traditionsgemäß weiblich besetzten Leitungsposten. Einige der Pädagoginnen werden in dieser Arbeit namentlich erwähnt, da sie sich über ihren Beruf hinaus öffentlich/politisch engagierten. Auch hat es zweifellos eine Reihe von Ärztinnen, Rechtsanwältinnen, Architektinnen gegeben, von denen sich ebenfalls einige „einen Namen gemacht" haben, so auch die lange Zeit einzige Pastorin. Akademikerinnen im Landesdienst waren jedoch, wie auch die Pensionsstatistik deutlich macht, gewissermaßen an einer Hand abzuzählen. Daß sich dies auch in absehbarer Zeit nicht wesentlich ändern sollte, darauf deuteten nicht zuletzt die Zahlen der Studentinnen hin. Die Weichen waren für die nächsten Jahre gestellt.

Zusammenfassend muß festgehalten werden, daß die materielle Bewertung der Arbeit von Frauen immer weit hinter der Entlohnung der Männer zurückblieb.

Obwohl diese eklatante Benachteiligung als unmoralisch und als himmelschreiende Ungerechtigkeit immer wieder öffentlich angeprangert wurde[36]), engagierten sich weder der Gesetzgeber noch die Gewerkschaften nachhaltig für eine Veränderung des Mißstandes, die Erfolge blieben jedenfalls minimal. Insofern blieb das Gleichheitspostulat des Grundgesetzes, dessen Durchsetzung die Frauen immerhin als Erfolg verbuchen konnten, eine leere Phrase für alle, die seine Nicht-Verwirklichung zu allererst im Portemonnaie zu spüren bekamen. Neben den handfesten Auswirkungen für den Lebensstandard (und den sozialen Status!) vor allem alleinstehender Frauen konnte die Einstufung als Arbeitnehmer 2. Klasse nicht ohne Folgen bleiben für das (Selbst)Bewußtsein der Staatsbürgerinnen. Deren *„Mitwirkung an der Gestaltung des Gemeinwesens"* führte man wohl vor allem deswegen im Munde, weil der nicht unerhebliche Frauenüberschuß (S-H 1946: 55,07% – 1950: 53,31% – 1958: 53,30%) die Frau als Wählerin jedenfalls so lange interessant machte, solange man noch nicht einschätzen konnte, wie (und ob) sie sich entscheiden würde. Gabriele Bremme konstatierte 1958 angesichts der Differenz von knapp 3% in der Wahlbeteiligung zwischen den Geschlechtern: *„Die Wahlergebnisse von 1957 bestätigen mehr noch als die Bundestagswahl 1953, daß die Frauen in ihre politische Verantwortung als* Wählerinnen *voll hineingewachsen sind."* Sie zitierte aber auch einen Kommentar der deutschen Wählergemeinschaft zur Wahl 1953: *„Auch wer nicht die schrankenlose Gleichberechtigung von Mann und Frau auf sein Panier geschrieben hat, muß* *billigerweise zugeben, daß diese Zahlen (Absinken des Anteils weiblicher Abgeordneter von 9 auf 8 %) ein recht krasses Mißverhältnis ausdrücken. 47 von 487 Abgeordneten des Bundestages sind Frauen! Man kann sich nur über die Geduld der weiblichen Wähler wundern, die noch immer nicht den für die Kandidatenauslese verantwortlichen Parteigremien nachdrücklich die Forderung präsentiert haben, wenigstens annähernd ihrem Anteil an der Gesamtwählerschaft entsprechend berücksichtigt zu werden, wenn es um die Planung der Zusammensetzung unserer Volksvertretungen geht. Es wird doch auch kein redlich urteilender Mensch behaupten wollen, ‚die Frauen hätten als Abgeordnete im ersten Bundestag versagt'".*[37])

1957 hatte sich in der gegenüber der Bundestagswahl 1953 noch verstärkten Wahlentscheidung der Frauen für die CDU/CSU der Trend der Frauen für die konservativen Parteien verfestigt, den diese sich auch in der Zwischenzeit wahrhaftig nicht durch die Berücksichtigung von Fraueninteressen verdient hatten. Einen Grund, um die Frauen zu buhlen, gab es also kaum noch für die Wahlsieger, im Gegenteil, man konnte sich zurücklehnen und alles so belassen wie es war. Die Frauen hatten offenbar auch vergessen, wer ihnen überhaupt zum Wahlrecht verholfen hatte, jedenfalls machten sie ihrerseits keine Anstalten, diese Vorgabe zu honorieren, und zudem ließen weder die Politik der SPD noch ihre innerparteilichen Strukturen hoffen, daß Frauen hier besser aufgehoben sein würden.

Wagten wir die These, die Frauen hätten einen Zugriff auf die Macht bekommen, wären sie ihrer Leistung gemäß bezahlt worden, weil sie ein anderes Selbstverständnis hätten entwickeln können – nicht nur die tatsächlich Berufstätigen, sondern auch alle die potentiellen, die verhinderten, die jungen zukünftigen berufstätigen Frauen, die ihre Darlehen hätten zurückzahlen können, mit denen sie Ausbildung und Studium finanziert hätten – wagten wir diese These, so würde sich ein Proteststurm erheben. Wohin hätte das führen sollen? Chaos würde beschworen werden, das Wachstum als gefährdet angesehen, das Bruttosozialprodukt, die Wettbewerbsfähigkeit auf dem Weltmarkt, vermutlich würde das gerade zu Grabe getragene Gespenst des Sozialismus bemüht werden. Aber die Dinge hätten einen anderen Lauf genommen.

Doch auch der Umkehrschluß verdeutlicht das unausweichliche Dilemma: Solange eine Gesellschaft Frauen in ihrer (beruflichen) Leistung permanent unterbewertet, muß das Postulat gleichberechtigter politischer Partizipation der Geschlechter zwangsläufig eine leere Phrase bleiben.

3. Institutionalisierte Träume vom Zugriff auf die Macht

Die Frauenreferate – bürgerliche Frauen proben die Einflußnahme

Die Landtagswahl am 9. Juli 1950 brachte neue Mehrheitsverhältnisse, schwierige Koalitionsverhandlungen, eine ungewöhnliche Art und Weise der Regierungsbildung und nur noch vier Frauen einen Sitz im Parlament. Mit jeweils einer Vertreterin war der Frauen-

Emmy Lüthje (1895–1967) war eine der Hauptinitiatorinnen bei der Einrichtung der Frauenreferate. (KN-Archiv)

anteil in SPD und CDU auf das absolute Minimum gesunken, und das wäre zweifellos Anlaß genug gewesen, über Möglichkeiten nachzudenken, wie Frauen ihre Interessen in Zukunft in den politischen Prozeß würden einbringen können.

Schon wenige Tage nach der Regierungserklärung des überraschend zum Ministerpräsidenten gewählten Dr. Walter Bartram war im Kabinettsprotokoll zu lesen: *„Das Kabinett erklärte sich grundsätzlich mit der Einrichtung von Frauenreferaten in den Fachministerien einverstanden. Den Frauenreferaten sind beratende und koordinierende Funktionen zu übertragen. Die organisatorischen Einzelheiten regeln die Fachminister in eigener Zuständigkeit."* [38]) Die Frauenarbeit, erklärte der neue Ministerpräsident, sei ebenso wichtig wie die Flüchtlingsarbeit, und *„er wünsche nicht, daß die Frauen nach den schweren Opfern, die sie im Kriege und in den Jahren darauf gebracht hätten, nun beiseite geschoben würden."* Er, den nach seinen Aussagen persönlich nichts in das neue Amt getrieben hatte, ebnete den Frauen den Weg für die Durchsetzung der Frauenreferate, denn bei dem zuvor durchgefallenen Kandidaten für das Amt des Ministerpräsidenten, Dr. Paul Pagel, wäre so ein Unterfangen wohl kaum erfolgreich gewesen, erwies er sich in der Folgezeit doch nicht gerade als Freund und Förderer der Frauen(referate). Daß gerade dieser Ministerpräsident Bartram bundesweit der erste Mann in so einem Amt mit nationalsozialistischer Vergangenheit war, entbehrt nicht der Pikanterie.

Die CDU-Frauen hatten schon begriffen, daß Frauen es schwer haben würden, auf dem Wege über die Partei resp. Wahlen zu einer angemessenen Repräsentanz im Landesparlament zu kommen. Emmy Lüthje als einzige Vertreterin der CDU in der zweiten Wahlperiode mußte sich also ihre Verstärkung auf anderem Wege suchen. Bei vielen Gelegenheiten warb sie um mehr politisches Engagement der Frauen (wie auch z.B. ihre Parteikollegin Emma Faupel oder auch die Frauenreferentinnen Gerda Grehm und Liane Haskarl). Gleichzeitig verfolgte sie das Ziel, eine quantitativ möglichst große Lobby für die Fraueninteressen zu schaffen, mit der sie hoffte,

173

die Männer zu beeindrucken, und mit der sie auch ihrer eigenen Stimme bei jeder Gelegenheit mehr Gewicht zu verleihen suchte. Die Frauenreferate stellten den Versuch dar, die faktisch unerreichbare höhere parlamentarische Repräsentanz wettzumachen durch eine Einflußnahme auf die Regierungspolitik auf ministerieller Ebene. Das, was einer einzigen CDU-Abgeordneten in dieser Wahlperiode allein nicht möglich sein würde, nämlich die Belange der Frauen einzubringen in politische Entscheidungen, sollte durch die Arbeit der Frauenreferentinnen sichergestellt werden. Gleichzeitig konnten damit gewisse Fachkompetenzen gewährleistet werden, die von einer einzigen Abgeordneten kaum beizubringen waren, zumal Emmy Lüthje weniger durch Sachkompetenz oder besondere Qualifikation für bestimmte Bereiche als vielmehr durch ihr beherztes Auftreten und durch die von ihr immer wieder zitierte hinter ihr stehende Masse der Frauen beeindruckte.

In Gerda Grehm fand Emmy Lüthje eine kompetente Partnerin für die Durchsetzung ihrer Pläne, die ihr an Selbstbewußtsein keineswegs nachstand.

Die Landesfrauenbeauftragte – eine Idee der BHE-Frauen

Der BHE-Landesfrauenausschuß nahm zu der vom Ministerpräsidenten grundsätzlich anerkannten stärkeren Beteiligung der Frauen *„innerhalb der Regierung"* in einem Schreiben vom 22.9.1950 Stellung.[39])

„Die Besetzung einzelner Fachreferate in den Ministerien, soweit sie sich vorwiegend mit Frauenfragen zu befassen haben, setzt die Heranbildung eines geeigneten Nachwuchses für den höheren Verwaltungsdienst voraus. Im Augenblick dürften solche hochqualifizierten Fachkräfte nicht in genügender Zahl zur Verfügung stehen." Weiter hieß es – und hier wird sehr deutlich, welcher Art die Vorbehalte der BHE-Frauen gegenüber den geplanten Frauenreferaten waren –: *„Wir hielten es jedoch für falsch, auf jeden Fall, nur um des Eindrucks willen, eine Umbesetzung solcher Stellen durch Frauen vorzunehmen. Umso stärker müssen wir die gundsätzliche Forderung betonen, dem fachlich geschulten und über entsprechende Vorbildung verfügenden Nachwuchs Zutritt zum höheren Dienst zu ermöglichen."* Nach einigen kritischen Ausführungen zu den geplanten Frauenreferaten heißt es weiter:

„Was uns jedoch als im Augenblick notwendige und sofort mögliche Maßnahme erscheint, ist die Berufung einer <u>Landesfrauenbeauftragten</u>, durch die ein <u>unmittelbarer</u> politischer Einfluß der Frauen in der Regierung ermöglicht wird. Dieses muß eine Persönlichkeit sein, die außer politischer Befähigung große menschliche Qualitäten und Lebenserfahrung aufweist. Die Stellung dieser Frau muß ihr einen <u>direkten</u> Einfluß in der Landesregierung sichern. Sie ist zu allen Sitzungen des Kabinetts, in denen die Frau angehende Fragen behandelt werden, mit beratender Stimme hinzuzuziehen. Diese Landesbeauftragte erhält ihre Anregungen durch die in jedes Ministerium zu berufende Beauftragte für die Frauen." (Herv. d. V.)

Landesfrauenausschuss
des B.H.E.

Kiel, den 22.September 1950

An den
Herrn Ministerpräsidenten
des Landes Schleswig-Holstein

in K i e l

Sehr geehrter Herr Ministerpräsident!

Der Landesfrauenausschuss des BHE erlaubt sich, Jhnen als Ergebnis seiner Besprechungen folgende Vorschläge für die von Jhnen ja grundsätzlich schon anerkannte stärkere Beteiligung der Frauen innerhalb der Regierung Schleswig-Holsteins zu unterbreiten.

Wir hoffen, dass Sie uns Gelegenheit geben werden, persönlich im einzelnen unsere Vorschläge eingehender vortragen zu können.

Grundsätzlich sind wir zu folgender Auffassung gekommen:
Die Besetzung einzelner Fachreferate in den Ministerien, soweit sie sich vorwiegend mit Frauenfragen zu befassen haben, setzt die Heranbildung eines geeigneten Nachwuchses für den höheren Verwaltungsdienst voraus. Jm Augenblick dürften solche hochqualifizierten Fachkräfte noch nicht in genügender Zahl zur Verfügung stehen.

Wir hielten es für falsch, auf jeden Fall, nur um des Eindrucks willen, eine Umbesetzung solcher Stellen durch Frauen vorzunehmen. Umso stärker müssen wir die grundsätzliche Forderung betonen, dem fachlich geschulten und über entsprechende Vorbildung verfügenden Nachwuchs den Zutritt zum höheren Dienst zu ermöglichen.

Was uns jedoch als im Augenblick notwendige und sofort mögliche Maßnahme erscheint, ist die Berufung einer Landesfrauenbeauftragten, durch die ein unmittelbarer politischer Einfluss der Frauen in der Regierung ermöglicht wird. Dieses muss eine Persönlichkeit sein, die ausser politischer Befähigung grosse menschliche Qualitäten und Lebenserfahrung aufweist.

Die Stellung dieser Frau muss ihr einen direkten Einfluss in der Landesregierung sichern. Sie ist zu allen Sitzungen des Kabinetts, in denen die Frau angehende Fragen behandelt werden, mit beratender Stimme hinzuzuziehen.

Diese Landesbeauftragte erhält ihre Anregungen durch die in jedes Ministerium zu berufende Beauftragte für die Frauen.

Wir erwarten, dass bei der Auswahl dieser Frauen die Landesfrauenausschüsse der einzelnen Parteien gehört werden. Durch die Schaffung einer solchen politischen Spitzenvertretung der Frauen in der Regierung Schleswig-Holsteins haben auch sämtliche im Lande vorhandenen Frauenorganisationen die verantwortliche politische Stelle gefunden, die bisher fehlte, um ihre Jnteressen an erster Stelle zu vertreten.

Mit vorzüglicher Hochachtung!

Für den Landesfrauenausschuss des BHE:

Brief der BHE-Frauen vom 22.9.1950 an den Ministerpräsidenten, in dem die Berufung einer Landesfrauenbeauftragten gefordert wird. (Landesarchiv Schleswig: LAS 605, 1034)

Die BHE-Frauen stellten damit ein Modell für die politische Einflußnahme von Frauen vor, das mit dem der Frauenbeauftragten der 80iger Jahre durchaus vergleichbar ist. In weiser Voraussicht zu erwartender Schwierigkeiten deuteten sie für die Funktion der Landesfrauenbeauftragten eine hierarchische Ansiedlung an, die über 30 Jahre später genau die wunden Punkte berührt, an denen sich der Streit um die Gleichstellungsbeauftragten immer wieder entzündet:

- die direkte und unmittelbare Zuordnung zum obersten Dienstvorgesetzten,
- das „Aussparen" des Dienstweges,
- die fachliche Weisungsungebundenheit.

Die Wortwahl der BHE-Frauen weist bemerkenswerte Parallelen zu den Gleichstellungsrichtlinien der 80er Jahre auf. Auch die Fragen, die sich aus dieser vorgeschlagenen Konstruktion ergeben, überdauerten Jahrzehnte und sind heute noch so aktuell wie ehedem: Wer definiert eigentlich, was „die Frauen angehende/betreffende Fragen" sind? Die Formulierung unterstellt gewissermaßen, daß es Fragen gibt, die Frauen nicht betreffen oder doch nicht in ihrer Eigenschaft als Frau – als könne ein Mensch von seiner Geschlechtlichkeit losgelöst betrachtet werden.

Damals (wie heute) waren Frauen bereit, sich mit dieser Eingrenzung der Zuständigkeit von Frauenbeauftragten zufriedenzugeben, obwohl sie (männlicher) Willkür Tür und Tor öffnen: die Definitionsmacht liegt bei den Einladenden, auch wenn diesen mittlerweile manch zu späte Einsicht darüber beschert wurde, daß Straßenbau, öffentliche Verkehrswege und Energiepolitik, um nur einige Beispiele zu nennen, sehr wohl etwas mit „Fraueninteressen" zu tun haben. Ähnlich verhält es sich mit der „*beratenden Stimme*": Wie die kommunalen Gleichstellungsbeauftragten des Jahres 1990 „*in Angelegenheiten ihres Aufgabenbereiches Stellung nehmen dürfen*", so forderten die BHE-Frauen 1950 auch nur, „*gehört zu werden*". Die Durchsetzungsfähigkeit ihrer Interessen wurde nicht problematisiert, ganz so, als könne eine den Problemen gleichsam innewohnende *objektive Bedeutsamkeit* derselben den Erfolg sicherstellen. Weil es Frauen nicht gelingt, sich in den Prozeß des parteiinternen Auswahlverfahrens und damit in die parlamentarische Repräsentanz erfolgreich einzubringen, versuchen sie damals (wie heute) auf einem Nebengleis in das Zentrum politischer Machtausübung vorzudringen, in der Hoffnung, sich hier – ohne jedoch über Sanktionsmöglichkeiten zu verfügen – Gehör zu verschaffen.

Der Grund für die Zurückhaltung in den Forderungen liegt möglicherweise in der Ahnung (Erkenntnis?), daß es sich bei dem vorgeschlagenen Instrument einer Landesfrauenbeauftragten tatsächlich um einen „Krückstock" handelt. Frauen als „Gruppe", die sie in Wahrheit ja nicht sind, obwohl sie de facto so behandelt werden, erwarten *besondere Maßnahmen*, die sie nicht in Anspruch zu nehmen brauchten, könnten sie sich denn „aus eigener Kraft" innerhalb der vorgegebenen Strukturen gegenüber den Männern behaupten. Das ungute Gefühl, Sonderrechte für sich in Anspruch zu nehmen, das auch heute viele Frauen zur Skepsis, wenn nicht Ablehnung gegenüber Quotenregelungen und Frauenfördermaßnahmen veranlaßt, wurde jahrzehntelang genährt durch die auch in den Medien damals schon propagierte sogenannte öffentliche Meinung, die mit dem Artikel 3 Abs. 2 des Grundgesetzes den Beitrag des Staates zur Verwirklichung der Gleichberechtigung vollzogen sah. Die im Grundgesetz Art. 117 geforderte Anpassung der Gesetzgebung erschien gemeinhin als letzter Schritt zur Gleichberechtigung der Geschlechter. Daß dem Staat mit diesem Verfassungsauftrag darüber hinaus *Aufgaben zuwachsen*, die zu definieren und durchzuführen sind, ist den Verantwortlichen (Männern) und den meisten Betroffenen (Frauen) erst durch die Verfassungs-Gutachten aus den achtziger Jahren klargeworden, sofern sie zur Kenntnis genommen worden sind.

Nicht anstelle der Frauenreferate, sondern zusätzlich forderten die BHE-Frauen die Landesfrauenbeauftragte als politisches Instrument in Abgrenzung zu den in die Ministerialverwaltungen integrierten Fach-/Frauenreferaten, wobei sie diese ergänzt/ersetzt sehen wollten durch Frauenbeauftragte in den Ministerien, denen sie durch besondere Berufungsmodalitäten mehr politische Wirksamkeit zudachten: *„Diese Landesfrauenbeauftragte erhält ihre Anregungen durch die in jedes Ministerium zu berufende Beauftragte für die Frauen. Wir erwarten, daß bei der Auswahl dieser Frauen die Landesfrauenausschüsse der einzelnen Parteien gehört werden. Durch die Schaffung einer solchen politischen* (Herv. v. d. Verf.) *Spitzenvertretung der Frauen in der Regierung Schleswig-Holsteins haben auch sämtliche im Lande vorhandenen Frauenorganisationen die verantwortliche Stelle gefunden, die bisher fehlte, um ihre Interessen zu vertreten."* Dies impliziert natürlich ein Verständnis von der Funktion solcher Stellen, die eher auf Kontrolle der Regierung als auf die Interpretation des Regierungshandelns hinzielt. Leider beschränkten sich die Frauen in ihrem Brief auf die äußerst knappe Darstellung ihrer politischen Forderung, in der Hoffnung, zu einem persönlichen Gespräch eingeladen zu werden.

Erfolgreich war ihr bemerkenswertes Unterfangen jedoch nicht. Erst am 8. November 1950 bekamen die BHE-Frauen einen äußerst knappen Zwischenbescheid vom persönlichen Referenten des Ministerpräsidenten: *„Herr Ministerpräsident hat von Ihrer obigen Eingabe Kenntnis genommen und eine eingehende Prüfung veranlaßt. Ich werde zur gegebenen Zeit auf Ihre Anregungen zurückkommen."* [40])

Am selben Tag schrieb derselbe an den Minister des Innern: *„Betr.: Landesfrauenbeauftragte. Die beiliegende Eingabe übersende ich mit der Bitte um Kenntnis-und Stellungnahme. Eine Erörterung im Kabinett habe ich zunächst zurückgestellt, zumal ja das Kabinett kürzlich erst die Bildung von Frauenreferaten in den einzelnen Ministerien beschlossen hat, deren Wirkungsweise zunächst abgewartet werden muß, bevor eine so aufwendige Organisation aufgezogen wird, wie sie der Antrag anstrebt. Ich habe vorläufig nur einen Zwischenbescheid erteilt."* [41]) Am 20.11.50 ging eine Mitteilung aus dem Innenministerium an den Ministerpräsidenten unter Bezugnahme auf eben dieses Schreiben: *„Die Berufung einer Landesfrauenbeauftragten mit den vom Landesfrauenausschuß des BHE vorgeschlagenen Befugnissen würde eine – bisher nicht vorhandene – Rechtsgrundlage (etwa in der Landessatzung) voraussetzen. Überdies sind die Belange **der Frau** (Herv. v. d. Verf.) meines Erachtens durch die auf Beschluß der Landesregierung eingerichteten Frauenreferate gewahrt. Ich schlage daher vor, zunächst die Bewährung dieser Institution abzuwarten, bevor weitere Schritte unternommen werden. gez. Dr. Heim."*

Der Wunsch der BHE-Frauen, der Ministerpräsident möge ihnen Gelegenheit bieten, *„persönlich im einzelnen unsere Vorschläge eingehender vortragen zu können"*, blieb offenbar unerfüllt. Im Landtag haben die BHE-Frauen ihren Vorschlag nie zur Diskussion gestellt.

Die SPD-Frauen – zwischen zwei Stühlen

Die weiblichen SPD-Landtagsabgeordneten der ersten Wahlperiode waren alle vier besonders qualifizierte Frauen gewesen, die einen aufgrund ihrer akademischen Ausbildung und die damit verbundene Qualifikation für bestimmte Bereiche (Dr. Linden, Dr. Klinsmann), die anderen – neben ihrer beruflichen Qualifikation – aufgrund ihres politischen Werdeganges und Bewußtseins (Hackhe-Döbel, Krahnstöver). Allen vieren wurde zweifellos aufgrund ihrer politischen Arbeit Anerkennung auch durch Männer zuteil, keine von ihnen wird persönlich das Gefühl gehabt haben, sich nicht durchsetzen zu können,

weil sie eine Frau war. Auch ihre männlichen Kollegen loben ihr Fachwissen, ihre Einsatzbereitschaft, ihre Sachlichkeit (!) ohne Einschränkung. Das Engagement auch dieser SPD-Frauen für Frauen ging ganz eindeutig in die Richtung, ihre Geschlechtsgenossinnen zu befähigen, ihre Interessen in den gegebenen politischen Strukturen an der Seite der Männer durchzusetzen. Sie sahen die Frauen nicht als Gruppe, die Gruppeninteressen außerhalb der parlamentarischen Strukturen verfolgen müßten, und wurden dabei sicher getragen von einem gewissen Vertrauen in die zumindest programmatisch festgelegte Gleichberechtigungsformel ihrer Partei. Ihre möglicherweise kritische Einschätzung des parteiinternen Umgangs mit Frauen, z.B. bei der KandidatInnenaufstellung, Wahlkreisvergabe, Besetzung von Parteiämtern etc. haben sie seinerzeit nicht veröffentlicht.

Daß sie im zweiten gewählten Landtag nur noch mit zunächst einer und erst ab Januar 1954 mit zwei Frauen vertreten waren, mag zu der Einsicht geführt haben, daß auch andere Formen der Interessensartikulation und Durchsetzung nötig sein könnten. Einen Hinweis auf die Veränderung der Einschätzung der aktuellen Frauenpolitik durch die SPD-Frauen gibt die Bemerkung von Gerda Grehm, daß *„die Vertreterinnen der SPD sich nach anfänglich ablehnender Haltung nunmehr stark für den Landesfrauenbeirat interessieren. Der Grund für diese Umstellung mag möglicherweise darin zu sehen sein, daß eine ablehnende Haltung gegenüber einem überparteilichen Zusammenschluß aller Frauenorganisationen u.U. einen Stimmverlust* *bei den Frauen zur Folge haben könnte.*"[42])

Unter einer SPD-Landesregierung wäre es vermutlich nicht zur Installierung der Frauenreferate gekommen, da dies nicht dem – zumindest verbal formulierten – Selbstverständnis der Partei entsprochen hätte, das die gesonderte Interessenvertretung der Frauen – im Sinne von Gruppeninteressen – ablehnte. Die Jahrbücher der Sozialdemokratischen Partei Deutschlands zeigen, daß zumindest in der SPD eine Darstellung der Parteizugehörigkeit, Parteiarbeit und parlamentarischen Repräsentanz von Frauen stattfand, wobei die Analyse nur ansatzweise geleistet bzw. dargestellt wurde. (Da auf die Nennung der AutorInnen verzichtet wird, ist nicht klar, ob Frauen die sie betreffenden Artikel in den Jahrbüchern verfaßt haben.) Zumindest verbal rückte man nicht von der Forderung nach mehr Frauen in der Politik ab und versprach sich selber, mehr Anstrengungen zur Verwirklichung dieses Zieles zu unternehmen. Im Jahrbuch 1952/53 beispielsweise heißt es: *"Für eine wirklich wirksame Frauenarbeit wäre es allerdings notwendig, daß in jedem Bezirksbüro eine hauptamtliche Kraft bereitgestellt würde, die die Frauenarbeit verantwortlich leitet. Leider sind wir von diesem Ideal noch weit entfernt."*[43]) Diese Anstrengungen sollten sich aber vor allem auch auf die Frauen als Wählerinnen beziehen. Daß die SPD-Frauen in Schleswig-Holstein selbst eine Analyse ihrer Stellung in Partei und Gesellschaft geleistet hätten, um daraus eine Strategie zur Durchsetzung ihrer Interessen zu entwickeln, ist nicht bekannt. Sie arrangierten sich in der Folgezeit mit den neu institutionalisierten Wegen und kritisierten sie nicht öffentlich. Sie ignorierten damit aber auch die Parteitagsbeschlüsse, die 1947 noch einmal bestätigt hatten, *"daß die Partei grundsätzlich gegen die überparteilichen Frauenorganisationen ist und die Auffassung hat, daß jede Frau verpflichtet ist, sich politisch zu organisieren."*[44])

4. Die Frauenreferate
Ein Überraschungscoup – das Geld spielt keine Rolle

Im Oktober 1950 war die Haushaltslage in Schleswig-Holstein so angespannt, daß den Beamten und Versorgungsempfängern nur noch ein Teil ihrer Bezüge ausgezahlt werden konnte. Vor dem Hintergrund der anstehenden Verwaltungsreform, im Rahmen derer erhebliche Einsparungen vorgesehen waren in Form eines Personalabbaus von 10% und eines Planstellenstops für die Besoldungsgruppen über TO A VII bis zum 1.4.54, erscheint die Einrichtung der Frauenreferate, die zudem im Stellenplan 1951 noch weitere Personalmittel anforderten, geradezu unglaublich. Zwar waren von den fünf Frauenreferentinnen, die ihre Arbeit in den Ministerien aufnahmen, drei schon eingestellt, nämlich Eva Gräfin Finckenstein als Referentin im Finanzministerium sowie Rosemarie Krüger im Wirtschaftsministerium und Hertha-Maria Meyer im Sozialministerium, wo ihr bald darauf Dr. jur. Maria-Eva Geimick folgte. Im zusammengelegten Kultus- und Innenministerium sowie im Ministerium für Ernährung, Landwirtschaft und Forsten jedoch wurden neue Stellen geschaffen.

Gerda Grehm war Referentin in der Landesgeschäftsstelle der CDU gewesen, bevor sie auf den Posten der Frauenreferentin im Innenministrium berufen wurde. Durch die gleichzeitige Zuständigkeit von Minister Dr. Paul Pagel für beide Ministerien erstreckte sich auch ihr Zuständigkeitsbereich auf das Kultusministerium.

Über die Besetzung der Stelle im Ministerium für Ernährung, Landwirtschaft und Forsten gibt es Genaueres zu berichten:

Hier hatte Herta Just 1946 als Sekretärin angefangen und war rasch in das Vorzimmer des Ministers befördert worden. Im Krieg hatte Herta Just die Filialleitung eines Krankenkassenverbandes übernommen, sozusagen in Vertretung ihres Mannes, nachdem dieser eingezogen worden war. Sie war also mit Verwaltungsarbeiten, auch aufgrund ihrer kaufmännischen Ausbildung, vertraut und hatte gehofft, die erfolgreiche Praxis mit einer qualifizierenden Prüfung beenden zu können. Dies wurde allerdings ihr und auch anderen Frauen in vergleichbarer Situation mit dem Hinweis versagt, die Planstellen würden für die zurückkehrenden Männer auf diese Weise blockiert, daher sei eine solche Prüfung nicht möglich. Zu ihrer Stelle im Ministerium kam Herta Just durch puren Zufall, als sie beim Arbeitsamt vorstellig wurde, um der bedrückenden Situation im Flüchtlingslager möglichst rasch zu entgehen, und dort vom Fleck weg engagiert wurde. Nach Frau Justs Ausführungen war es 1946 gar nicht selbstverständlich, daß man auch wirklich Arbeit haben wollte, wenn man beim Arbeitsamt nachfragte, da es für die Reichsmark, die man verdiente, sowieso nichts zu kaufen gab. Während ihrer Tätigkeit als Sekretärin im Ministerium besuchte sie Kurse der Volkshochschule, die ihr eindringlich vermittelten, welche Bedeutung für die Wirtschaft in den Verbrauchern zu sehen sei.

Irgendwann sagte der Minister, nun sei man fertig mit der Aufbauarbeit, aber Herta Just konnte ihm nicht zustimmen. Sie bemängelte, daß die Interessen der Verbraucher nicht in den Referaten vertreten seien, hatte dabei aber keineswegs die Hoffnung, den Minister mit dieser Kritik beeindrucken zu können. Zu ihrem Erstaunen kam er aber Wochen später darauf zurück und bot ihr die Leitung des Referates für Verbraucherfragen an. Von dieser Position aus begann sie, die Verbraucherausschüsse im Lande zu initiieren. Bezahlt wurde sie nach TO A IV, während die männlichen Referatsleiter, so Frau Just, TO A III bekamen. Eine kleine Geschichte am Rande: die Sekretärin wollte zunächst nicht für eine weibliche Vorgesetzte arbeiten, was sich dann aber nach persönlichem Kennenlernen änderte und schließlich zu einem besonders guten Verhältnis wurde. Die durch die Wahl von 1950 veränderten Mehrheitsverhältnisse brachten einen Ministerwechsel mit sich, Erich Arp (SPD) wurde durch Otto Wittenburg (DP) abgelöst, und Herta Just, die sich damals schon in der Gewerkschaftsarbeit engagiert hatte, bekam signalisiert, daß sie nicht mehr benötigt werde. Nur der Intervention von Andreas Gayk habe sie es zu verdanken, so erinnert sich heute die alte Dame, daß die Kündigung dann doch nicht wirksam wurde.

Allerdings wurde die Referatsleitung nun an *Liane Haskarl* vergeben, die keine besonderen beruflichen Qualifikationen für dieses Amt mitbrachte, sondern wohl eher durch persönliche Protektion auf diesen Posten gelangte. Sie war im Landtagswahlkampf 1950 ohne Erfolg auf Listenplatz 4 für die DP angetreten, insofern also ausgewiesen als eine Frau, die sich engagierte und prinzipiell bereit war, ein politisches Amt zu bekleiden.

Herta Just arbeitete noch einige Monate lang an nachgeordneter Stelle, verärgert darüber, daß eine andere die Früchte ihrer Arbeit erntete, und verließ dann den öffentlichen Dienst, um bei der Gewerkschaft eine verantwortungsvolle Aufgabe zu übernehmen.

In der Staatskanzlei nahm *Gisela Wernick* die Funktion einer Frauenbeauftragten wahr, allerdings wohl ohne jemals den anderen Frauenreferentinnen gleichgestellt worden zu sein. Anfangs bemängelten die Frauenreferentinnen, daß es in der Landeskanzlei, in der doch alle Fäden zusammenliefen, noch keine Frauenreferentin gäbe, allerdings ohne Erfolg. Genauso erfolglos blieb die Forderung nach einer Frauenreferentin im Justizministerium, die auch Emmy Lüthje öffentlich erhob, als sie bei einer Veranstaltung des Frauenringes 1951 über die Frauenreferate sprach. In Anbetracht der 1950 noch ausstehenden Anpassung gesetzlicher Regelungen an den Art. 3 Abs. 2 des Grundgesetzes sei dies unverzichtbar – aber dieser Wunsch blieb für immer unerfüllt.

Ein Indiz dafür, daß auch die bereits angestellten Frauen keineswegs davon ausgegangen waren, die zusätzlichen Arbeiten zum Nulltarif zu erledigen, war der Stellenplan 1951. Er sah die Anhebung um eine Gehaltsstufe vor, und zwar nicht nur für die Referentinnen, sondern auch für die ihr zugeordneten Sachbearbeiterinnen und darüber hinaus sogar die Schaffung neuer Angestelltenstellen für Schreib- und Registraturarbeiten. Die Ernüchterung ließ indes nicht auf sich warten. Gräfin Finckenstein teilte ihren Kolleginnen mit, *„daß das Kabinett in seiner Sitzung am 31.10.50 die Einstufung der Frauenreferentinnen nach TO A III abgelehnt habe. Im Hinblick auf die angespannte Finanzlage des Landes schlug sie vor, sich damit abzufinden, zumal der Kampf doch keine Aussicht auf Erfolg haben würde. Auch sollten die FR ihre Arbeit nicht zu sehr mit dem Gedanken der Besoldung in Verbindung bringen"*. (Herv. v. d. V.) – wie bekannt das doch in den Ohren klingt! Gisela Wernick als Protokollantin vermerkte als letzten Satz des Protokolls dazu: *„Obwohl die FR zu der Frage der Besoldung offensichtlich noch einiges zu sagen hatten, wurde die Besprechung mit Rücksicht auf die abgelaufene Zeit beendet*[45]*)"*.

Im Bericht über den Stand der Verwaltungsreform und in den Vorschlägen für ihre weitere Durchführung vom 15.8.51 wurden die Frauenreferate jedoch mit keinem Wort erwähnt. Nur im Zusammenhang mit der damals diskutierten Zusammenlegung des Innenministeriums mit dem Kultusministerium wurde der „Wegfall" einer TO A III – Stelle (vergütet mit damals 9144,– DM jährlich) als eine Einsparmöglichkeit erwähnt, obwohl de facto Gerda Grehm ja

181

bereits für beide Ministerien zuständig war und zudem damals nach TO A IV bezahlt wurde.

Aus heutiger Sicht erwähnenswert erscheint der Hinweis, die unter Punkt 2. des Stellenplan genannte Sachbearbeiterin habe auch die *Personalsachbearbeitung der weiblichen Bediensteten des Ministeriums* zu betreuen: *„Alles, wo nur das Wort „Frau" draufsteht, kommt auf meinen Tisch ..."* – diese Klage heutiger Frauenbeauftragter über ihnen aufgrund von (absichtlicher?) Fehlinterpretation ihres Amtes aufgebürdete Arbeit, die nichts mit der Aufgabe, die Einhaltung des Gleichberechtigungsgrundsatzes zu überwachen, zu tun hat, kommt uns in den Sinn. *Warum* damals die Personalsachbearbeitung nach Geschlechtern getrennt vorgenommen werden sollte, wurde leider nicht erläutert.

Eine bemerkenswerte Selbsteinschätzung soll an dieser Stelle erwähnt werden, zum einen, weil Schleswig-Holstein eines der armen Bundesländer war, zum anderen, weil sich fast vierzig Jahre später in Schleswig-Holstein der Anspruch wiederholte, bei der Institutionalisierung von Frauenbelangen führend zu sein – was das Frauenministerium betrifft: Nach einem Besuch im November 1950 in Bonn berichtete Frau Haskarl, *„daß das kleine und arme Schleswig-Holstein – wie in vielen anderen Dingen – auch in der Frauenarbeit am fortschrittlichsten sei ..."*

Alles oder nichts – Aufgaben und Kompetenzen der Frauenreferate

Eine Aufgaben- bzw. Arbeitsplatzbeschreibung für die Frauenreferentinnen hat es nie gegeben. Die im Kabinettsprotokoll vom 12.9.50 erwähnten *„beratenden und koordinierenden Funktionen"* für die Frauenreferate wurden dort nicht explizit auf „Frauenfragen" eingegrenzt, obwohl man davon ausgehen muß, daß solches dennoch gemeint war. Auch Waltraut Klinkow, 1958 zur koordinierenden Frauenreferentin benannt, sagt heute, daß nirgendwo schriftlich fixiert wurde, was die Frauenreferate zu leisten hatten und an welchen Richtlinien sie sich hätten orientieren können. Sehr aufschlußreich ist in diesem Zusammenhang eine Bemerkung in einem im Februar 1954 – also vier Jahre nach Antritt der Stelle – abgefaßten „Befähigungsbericht" über Gerda Grehm, der insgesamt zu einem sehr positiven Ergebnis über deren Arbeit kam: *„Ihre Tätigkeit leidet darunter, daß es noch nicht gelungen ist, die Frage der Abgrenzung ihres Aufgabengebietes organisatorisch befriedigend zu lösen."* [46])

Dennoch kam man zu dem Schluß, daß Gerda Grehm *„u.U. als Leiterin für ein zusammengefaßtes Frauenreferat in der Landesregierung in Frage käme"* – was zu der Vermutung Anlaß gibt, daß der Beurteilende nicht der Ansicht war, Gerda Grehm habe die mangelnde Definition ihres Aufgabengebietes selbst verschuldet.

Einen Einblick in die Arbeit der Anfangszeit geben die wenigen Protokolle der Wochenbesprechungen der Frauenreferentinnen, die aufzufinden waren[47]). So können wir wenigstens einen Eindruck davon erhalten, wie sie selbst ihre Aufgaben definierten. Gerda Grehm nannte für das Innenministerium: *„die Rechtsberatung in Bezug auf die weibli-*

Liane Haskarl (DP), Frauenreferentin im Ministerium für Ernährung, Landwirtschaft und Forsten.
(KN-Archiv)

chen Belange bei der gesetzgeberischen Arbeit – Beamtenrecht, Tarifrecht, Arbeitsrecht, die Mitarbeit im Gesundheitswesen und in der weiblichen Kriminalpolizei. Gerade in diesem Ministerium muß die Mitwirkung der Frauen Schritt für Schritt erkämpft werden." Für das Volksbildungsministerium sah sie die Aufgaben weit umfangreicher, *„da hier die weibliche Mitwirkung in allen Schulfragen und in der Jugendbetreuung in und außerhalb der Schule und in den Jugendverbänden sowie auf kulturellem Gebiete – Kirche, Wissenschaft und Kunst – unentbehrlich und z.T. auch eingespielt ist."* Frau Meyer aus dem Sozialministerium betonte bei der Beschreibung ihres Aufgabengebietes als Frauenreferentin besonders, daß *„der größte Teil der Rentenempfänger (etwa 75 %) Frauen seien, daß aber bei den Versorgungsämtern, auch bei den männlichen Untersuchungsstellen ausschließlich Männer arbeiteten, ein Zustand, der der Abhilfe bedarf."* Warum sie dies für notwendig hielt, erwähnte sie leider nicht. Auch wies sie auf die unterschiedliche Bezahlung der Männer und Frauen in vielen Industriezweigen hin.

Liane Haskarl benannte für das Ministerium für Ernährung, Landwirtschaft und Forsten folgenden umfangreichen Aufgabenkatalog: Vertretung der Frauenbelange in der landwirtschaftlichen Verwaltung, Vertretung derselben in der Gesetzgebung, Verbindung zu den Hausfrauen- und Landfrauenorganisationen, Geschäftsführung im Verbraucherausschuß, Einflußnahme auf die Verbrauchslenkung (Hinweis auf einheimische Erzeugnisse, Einkellerung von Kartoffeln etc.), Zusammenarbeit mit der Presse und vor allem: den Einsatz auf dem Lande, in den landwirtschaftlichen Schulen, bei der Ausbildung der Bäuerinnen und der Frauen auf dem Lande überhaupt, die Vermittlung zwischen Stadt und Land. Liane Haskarls Einschätzung der Situation der Frauen auf dem Lande ist uns protokollarisch überliefert und macht uns damit ausnahmsweise bekannt mit den Begründungszusammenhängen, in denen sie selber ihre Arbeit sah: *„Die Frau auf dem Lande würde auch heute noch weit-*

Rosemarie Krüger, Frauenreferentin im Wirtschaftsministerium. (KN-Archiv)

gehend als Arbeitstier betrachtet und behandelt, die Erziehungsarbeit müsse darauf hinzielen, daß bei der Erziehung nicht schon von vornherein ein wertmäßiger Unterschied zwischen Jungens und Mädchen gemacht würde, denn da ‚fängt die Überheblichkeit schon an'".

Rosemarie Krüger tat sich zu diesem Zeitpunkt schwer mit der Umgrenzung der anstehenden Aufgaben im Wirtschaftsministerium. Sie verwies auf die Praxis, aus der sich die Aufgaben ergeben müßten. Aufgabengebiete seien u.a. die Wirtschaftsaufsicht, die handwerkliche Berufsausbildung in Frauenbetrieben, z.B. Webereien, Maschinenstrickereien, Kreditgewährung für solche Frauenbetriebe.

Gräfin Finckenstein faßte ihre Aufgaben im Finanzministerium dahingehend zusammen, *„daß durch die Frauenreferate keine zusätzlichen Kosten entstehen dürfen, um dadurch nach außen hin keine Angriffspunkte zu bieten".* Hier meint man tatsächlich eher die persönliche Referentin ihres Ministers als die Anwältin der Frauen zu hören. *„Als Beispiel nannte sie die Abschaffung des Haushalts-(Wasch-)tages für weibliche Angestellte, die sie als gerechtfertigt bezeichnete. Von einigen Seiten erhob sich lebhafter Widerspruch, doch wurde die Behandlung dieser Frage auf später vertagt."*

Emmy Lüthje äußerte in einem Zeitungsbericht die Ansicht, es sei eine der Aufgaben der Frauenreferentinnen, *„der breiten Öffentlichkeit die echten Probleme durch sachliche Darstellung klarzumachen, um Angstpsychosen zu unterbinden."* [48]) Dies war insofern eine besondere Sicht der Dinge, als hier der sonst in den Vordergrund gestellte Vermittlungsaspekt zwischen Frauen und Regierung bzw. die Aufgabe, Sprachrohr und Kontrollinstanz der Frauen(verbände) gegenüber der Regierung zu sein, um eine Variante erweitert wurde. Emmy Lüthje als Landtagsabgeordnete sprach nur aus, was auch anderen als Verdacht in den Sinn kam, nämlich daß die Frauenreferentinnen eine Funktion als Interpretationsinstanz der Regierungspolitik haben würden. Eine eigene Interpretation der Aufgaben lieferte im Februar 1952 Margreth Harnack, Geschäftsführerin des Lübecker Kreisverbraucherausschusses, in einem Zeitungsartikel: „*Das Ministerium hat die Frauenreferate gebildet, damit wir Frauen unserem Wesen gemäß hier, wie in der Familie, ausgleichend wirken, Gegensätze mildern und Spannungen lösen sollen. Es dürfte aber nicht der richtige Weg sein, – selbst da wo man weiß, daß Bestrebungen für die Minderung mancher Nöte im Gange sind –, durch unfruchtbare Kritik die aufgetretenen Spannungen noch vergrößern und so eine Art Massensuggestion hervorrufen, die dann alles sowieso Schwere noch schwerer macht.*"[49])

Ob der Gedanke, durch diese Referentinnen das „weibliche Element" in der Politik zum Tragen kommen zu lassen, den Männern überhaupt jemals gekommen ist, darf bezweifelt werden. Vielmehr sieht es ganz so aus, als sei die Vorstellung, die Frau sei im ergänzenden Sinne auch in der Politik Partnerin des Mannes und ihre Mitarbeit aus diesem Grunde unabdingbar, von den Männern niemals nachvollzogen worden. Zu keiner Zeit haben Männer jedenfalls als Mangel beklagt, daß sie allein die Macht hätten.

Das Fehlen einer Definition der Aufgaben der Frauenreferentinnen erlaubt zunächst einmal zwei Interpretationen: zum einen könnte man es den Frauen bewußt offengehalten und überlassen haben, die neuen Funktionen mit Inhalt zu füllen. In diesem Fall wäre zu erwarten gewesen, daß die Kommunikation über Aufgaben und Ziele zu einem späteren Zeitpunkt eingesetzt hätte. Da diese Auseinandersetzung nie stattfand, ist die wahrscheinlichere Variante jedoch, daß die Ignoranz der Männer verhinderte, sich über solche „Nebensächlichkeiten" den Kopf zu zerbrechen. Man hatte es zwar für politisch opportun gehalten, die Wählerinnen nicht zu verprellen, denen man das entscheidende Wahlergebnis nicht zuletzt zu verdanken hatte und die sich nun im Parlament kaum noch repräsentiert sahen. Immerhin hatte Emmy Lüthje durch den Hausfrauenbund und ihren Bundesvorsitz in demselben eine nicht eben geringe Anzahl potentieller Wählerinnen hinter sich, deren Interessen man nicht unbeachtet lassen konnte. Aber welcher Mann hätte etwas darin investieren sollen/ wollen, über neue Formen der Mitwirkung der Frauen am gesellschaftlichen Aufbau zu reflektieren? In dieser Situation bot sich die Idee der Frauenreferate als durchaus willkommenes Vehikel zum Transport weiblicher Interessen an und entband die Männer gewissermaßen von der Verantwortung, darüber nachzudenken, wie sie den Schaden ihrer männlichen Kandidatenkür beheben könnten. Die Frauen ihrerseits, selbst überrascht, wie komplikationslos ihnen die Einrichtung der Frauenreferate *gewährt* worden war, gaben sich mit dem Spatz in der Hand zufrieden, tummelten sich auf der ihnen zugestandenen „Spielwiese"; der vordergründige „Erfolg" ließ die Frage, wie es danach konkret weitergehen sollte, erst einmal verblassen. Zwar beklagte Emmy Lüthje in der Folgezeit die „*Nichtbeachtung der Frauenarbeit*" in Schleswig-Holstein, insbesondere die „*mangelnden Schlußfolgerungen*", die aus dem „*hoffnungsvollen Ansatz für eine Besserung*", nämlich den Frauenreferaten, gezogen worden seien[50]), über die konkrete Ausgestaltung der Frauenreferate wurde jedoch nicht (öffentlich) diskutiert. Betrachten wir die Schichtung der Monatseinkommen in der öffentlichen Verwaltung des Jahres 1950, so wird rasch deutlich, daß es kaum Frauen gab, die in den oberen Verwaltungsetagen Kenntnisse über Strukturen und Verfahren hätten sammeln können, um ihr Wissen für eine strategische Planung von Einflußnahme zur Verfügung zu stellen, so daß die Frauenreferentinnen, was die inhaltliche und formale Entwicklung ihrer Stellen anging, auf sich allein gestellt blieben.

Die nicht vorhandene Aufgabenbeschreibung wirkte sich verständlicherweise entscheidend auf die Festlegung der Kompetenzen aus. In einem Vortrag über die Frauenreferate beim Frauenring wies Emmy Lüthje darauf hin, daß *„durch gründlichste Ausbildung geschulte Frauen den Ministern als Fachreferentinnen beigegeben (werden), die nicht unter, sondern neben dem Minister arbeiten werden*[51])". Der Wunsch muß Mutter des Gedankens gewesen sein und Emmy Lüthje sich nicht im klaren über die Brisanz dieser Aussage. Nichts deutete jedenfalls darauf hin, daß über eine solche Zuordnung jemals gesprochen worden wäre. Im Gegenteil: Gräfin Finckenstein hoffte noch im November 1950 – und das mag als Indiz für die damals noch nicht abschließend geklärte Frage der hierarchischen Ansiedlung stehen – „*die Frage der Zuziehung der Frauenreferentinnen zu den Abteilungsleiterbesprechungen durchsetzen zu können*". Ebenfalls im November berichtete Frau Grehm, LD Wormit habe ihr zugesagt, sie würde zu den Abteilungsleiterbesprechungen hinzugezogen, wenn Frauenfragen behandelt werden. Sie empfand dies als einen Schritt voran, da Frau Haskarl und Frau Meyer bereits an allen Abteilungsleitersitzungen teilnahmen. Minister Andersen (Wirtschaft, Aufbau und Verkehr) seinerseits bat Frau Krüger, alle wichtigeren Schritte der Frauenreferentinnen, soweit sie sein Gebiet beträfen, vorher mit ihm zu besprechen.

Diese unterschiedliche Verfahrensweise qualifizierte die Teilnahme der Frauenreferentinnen an den Abteilungsleitersitzungen zum organisatorischen Problem herab, dessen Regelung gemäß Kabinettsbeschluß den Ministerien überlassen worden war, und die Frauen machten keine Anstalten die Angelegenheit auf die Ebene von Kompetenzzuweisung zu bringen. Stattdessen tranken sie Tee mit den Ministern: Gerda Grehm teilte ihren Kolleginnen mit, daß sie mit Minister Pagel besprochen habe, eine Teestunde mit dem Ministerpräsidenten, den Ministern und den Frauenreferentinnen noch vor Weihnachten zu arrangieren, um einen engeren Kontakt zwischen allen anzubahnen. Der Ministertee am 20.12.50 wurde als „voller Erfolg" bewertet, der regelmäßig wiederholt werden sollte, obwohl sich weder der Ministerpräsident noch Herr Pagel sehen ließen, und die kleine Runde nur aus Gerda Grehm, Hertha Maria Meyer, und den Ministern Andersen (FDP), Asbach (BHE) und Kraft (BHE) bestand. Frau Meyer hielt es im Hinblick auf künftige Teestunden übrigens für ratsam, *„die Minister nicht gleich mit allzu vielen dienstlichen Anliegen zu überfallen..."* Wir wissen nicht, was aus der Einrichtung „Ministertee" geworden ist, aber es hat nicht den Anschein, als sei die Kommunikation besser geworden. Daß solche informellen Wege kein Ersatz sein konnten für schriftlich fixierte Verfahrensregeln, nahmen die Frauenreferentinnen offenbar nicht wahr.

Im Februar 1951 gab es noch einen Hinweis auf Kompetenzfragen, als Gerda Grehm betonte, daß die (einzige Bonner) Frauenreferentin im Bundesinnenministerium, Frau Dr. Karsten, nur in Begleitung des Abteilungsleiters zum Staatssekretär gehen könne, während die Frauenreferentinnen in Schleswig-Holstein den direkten Weg zum Landesdirektor bzw. Minister hätten. Letztere standen jedoch über das von ihnen gleichzeitig vertretene Fachgebiet mit den Herren in Verbindung, während Gerda Grehm, die „keine Angst vor Königsthronen" hatte und jedes Büro stürmte, wenn es ihr notwendig erschien, offensichtlich auf die ihr eigene Zivilcourage setzte.

Eine weitere in Bonn sich abzeichnende Problematik – die übrigens ebenfalls Parallelen zu heutigen Auseinandersetzungen aufweist – hatte zu diesem Zeitpunkt für die schleswig-holsteinischen Frauen offenbar noch keine Bedeutung, jedenfalls gibt es anläßlich der Schilderung derselben im Protokoll keinen Hinweis auf die eigene Betroffenheit: *die Verpflichtung zur Information der Verwaltung gegenüber den Frauenreferentinnen.*

Zu Beginn ihrer Tätigkeit habe – so Gerda Grehm – Frau Dr. Karsten die gesetzliche Regelung einer solchen Verpflichtung noch abgelehnt. Nun allerdings, nach einem guten Jahr, solle im Kabinett doch darüber verhandelt werden, da die Informationen ohne gesetzliche Verpflichtung nicht weitergegeben würden. Ähnliches widerfuhr Gerda Grehm dann in der Folgezeit ebenfalls. Aufgaben- und Kompetenzzuweisung der Frauenreferentinnen blieben diffus und damit dazu angetan, Konfliktsituationen heraufzubeschwören, die umso wahrscheinlicher wurden, je mehr die Stelleninhaberin ihr Betätigungsfeld ausdehnte und je selbstbewußter sie die Dinge in die Hand nahm, wie noch zu zeigen sein wird.

Ganz deutlich hervorgehoben werden sollte an dieser Stelle, daß dem Frauenreferat im Innenministerium – und damit Gerda Grehm – eine besondere Rolle im Kapitel Frauenreferate zufiel. Als einzige nicht noch durch andere Aufgaben gebunden, kam ihre Funktion am ehesten der einer hauptamtlichen Frauenbeauftragten gleich, die frauenrelevante Themen aufgriff, wo immer sie sich anboten.

Strategische Pläne – der Landesfrauenrat wird entwickelt

Wie schwach die Position der Frauenreferentinnen in den Ministerien sein würde, war zumindest Gerda Grehm gleich zu Beginn der Arbeit klar, zumal sie nicht wie die anderen Frauenreferentinnen gleichzeitig ein Fachgebiet vertrat und nicht wie Liane Haskarl in ein vorbereitetes Terrain (durch Herta Just) einsteigen konnte.

Hier beginnt die Geschichte des Landesfrauenrates, der nur einen Monat später aus der Taufe gehoben wurde, eine unglaublich kurze Zeit, wenn man bedenkt, welche Anzahl von Frauen durch diesen Akt zu einer Lobby zusammengeschlossen werden sollten und welche Möglichkeiten und Mittel ihnen dabei zu Gebote standen.

In der kurzen Zeit von knapp zwei Monaten nach dem Beschluß über die Einrichtung der Frauenreferate hatte Gerda Grehm schon in Bonn mit der Frauenreferentin im Bundesinnenministerium[52]), Frau Dr. Karsten, Kontakt aufgenommen und Gespräche von weitreichender Bedeutung geführt. So stellte sie bereits am 2.11.50 ihren Kolleginnen den Plan der Errichtung eines *unabhängigen Frauengremiums* vor, das die Vertreterinnen der Frauenorganisationen des Landes, der politischen Parteien, des Landtages, der Gewerkschaften, des Roten Kreuzes usw. umfassen und die enge Verbindung der Regierungsarbeit mit der Frauenarbeit im Lande garantieren sollte. Diesen Plan hatte sie mit Frau Dr. Karsten besprochen, und auch mit Dr. Ernst Hessenauer, dem damaligen Leiter des Amtes für staatsbürgerliche Bildung hatte sie nach seinen Aussagen zu diesem Zeitpunkt darüber diskutiert, da sie ihre Position bzw. die der Frauenreferentinnen als nicht durchsetzungsfähig genug einschätzte und nach Rückendeckung suchte. Er bestärkte sie ebenfalls in dem Gedanken, ein Zusammenschluß der schleswig-holsteinischen Frauenverbände könne die Position der Frauenreferentinnen nur stärken.

„Die Aufgabe dieses Gremiums würde es sein, Anregungen, Wünsche und Material an die Frauenreferentinnen heranzutragen und gewissermaßen ein Spiegel oder eine Kontrolle ihrer Arbeit zu sein, die auf jeden Fall die Gefahr vermeiden müsse, isoliert und ohne enge Verbindung mit der Praxis der Frauenarbeit im Lande vor sich zu gehen. Vorschläge für die Benennung dieses Frauengremiums: Frauenrat, Frauenbeirat, Frauenparlament." [53])

Zunächst gab es durchaus unterschiedliche Einschätzungen des Vorhabens: Gräfin Finckenstein und Frau Haskarl hielten es für unklug, neben dem Verbraucherausschuß, der ein Jahr zuvor eingerichtet worden war, ein ähnliches Gremium zu installieren. Allenfalls sei ein Zusammenschluß des bestehenden mit dem geplanten Gremium wünschenswert. Vorteil des Verbraucherausschusses sei zudem, daß er Mittel zur Verfügung habe, ein Frauengremium wie das vorgeschlagene jedoch nicht. Frau Grehm hielt dagegen, *daß sie aus ihrer mehrjährigen praktischen Frauenarbeit heraus mit Sicherheit sagen könne, daß sie auch ohne Mittel auskäme. Auch brauche sie „ein unabhängiges Gremium u.a. für die gesetzgeberische Arbeit."* Einig war man sich, daß die Bezeichnung „Verbraucherausschuß" nicht umfassend genug wäre für die beabsichtigten Funktionen, insofern wenigstens eine Umbenennung erforderlich sei. Also wurde Frau Haskarl beauftragt, bei einem bevorstehenden Besuch in Bonn im Bundesernährungsministerium eine Umbenennung in „Frauenrat" einzuleiten, da so ein Schritt wegen der bundesgesetzlichen Grundlage, auf der die Verbraucherausschüsse auch in den anderen Ländern (angeblich) existierten, nicht ohne weiteres möglich sei. Eine weitere Überlegung ging in die Richtung, den Verbraucherausschuß als Unterabteilung des neu zu gründenden

Frauengremiums bestehen zu lassen. Schon eine Woche später konnte Liane Haskarl über die Ergebnisse ihrer Bonn-Reise berichten. Das Gespräch mit „Frl." Spieß vom Bundesverbraucherausschuß über eine Namensänderung und Erweiterung des Landesverbraucherausschusses hatte ergeben, daß beides aus rechtlichen Gründen nicht möglich sei, Frl. Spieß jedoch *„stünde 100%ig hinter dem Plan eines in Schleswig-Holstein zu gründenden Landesfrauenbeirates"*, wie der Arbeitstitel zu diesem Zeitpunkt lautete. Im Protokoll der Wochenbesprechung am 9.11.50 heißt es weiter: *„Beide Gremien würden sich ergänzen, das erstere sei rein fachlich, das letztere ehrenamtlich und habe mit den Behörden direkt nichts zu tun. Es kann allerdings von jeder Frauenreferentin einberufen werden, wie auch die Initiative für die Gründung naturgemäß von den Frauenreferentinnen ausgehen muß... Späterhin würden diese aber – wie auch die weiblichen Landtagsabgeordneten – nur Gäste sein, und die Initiative müsse von den Frauen in den Organisationen kommen, die ihre Wünsche an die FR herantragen sollen. Frau Grehm fügte hinzu, daß der LFB sich späterhin eine Vorsitzende wählen würde, in deren Händen der Arbeitsablauf läge. Auch der Landesverband der Fürsorgerinnen müsse neben den schon vorgesehenen Organisationen hinzugezogen werden. Der LFB werde etwa 30 Mitglieder haben. Die erste Zusammenkunft sei für Ende November bis Anfang Dezember vorgesehen. In den nächsten Tagen wolle sie das Einladungsschreiben im Entwurf Landesdirektor Wormit vorlegen, (obwohl dies, wie Frau Haskarl betonte, an sich nicht nötig sei.)"*

Geschah diese Abstimmung mit den Vorgesetzten aus Konfliktvermeidung oder taktischem Kalkül, diese Frage drängt sich nicht nur an dieser Stelle auf, wenn es um das Verhalten vorgesetzten Männern gegenüber geht. Besonders in den rechtlich nicht ausdefinierten Positionen, in denen sich Vertreterinnen von Gleichstellungsansprüchen auch gegenwärtig noch befinden, ist sie nicht leicht zu beantworten.

Was Herr Wormit zu dem Einladungsschreiben gesagt hat, das Gerda Grehm ihm vorlegte, ist nicht überliefert, jedoch wird in dem Bericht über die 5. Wochenbesprechung der Frauenreferentinnen seine Sorge kolportiert, *„daß bei den Frauen ein Chaos entstehen könnte,"* wie er Gerda Grehm gegenüber äußerte, als sie mit ihm noch einmal die möglichen Organisationsformen des LFB diskutierte. Am 23.11.50 stellte sie ihren Kolleginnen dann zwei Variationen vor:

„Entweder bleibt der LFBR (Landesfrauenbeirat) vollkommen frei von jeglicher Bindung an die Regierung; die FR und weiblichen Landtagsabgeordneten wären dann nur Gäste. Auch die Initiative zur Gründung müßte dann von den Frauenorganisationen ausgehen. Der Wunsch nach einer derartigen Lösung besteht besonders bei den SPD-Frauen.

Die zweite Möglichkeit ist, daß der LFBR eine gesetzliche Grundlage erhält, denn, wie LD Wormit sagte, wenn der LFBR erstmal besteht, würde das so etwas Neues und Bahnbrechendes bedeuten (etwas Ähnliches wäre nur das Frauenparlament in Württemberg-Baden), daß die Regierung an seinen Wünschen nicht vorbeigehen kann. Dann müßte die Sache vor das Kabinett kom-

189

men und die Einladungen durch den MP ergehen; die Arbeitsgebiete des LFBR würden gesetzlich festgelegt, und die jeweilige Regierung wäre gezwungen, Stellung zu nehmen. LD Wormit hält allerdings den Augenblick für ungünstig und eine Vorbesprechung mit Minister Dr. Pagel und ev. dem Ministerpräsidenten für wünschenswert."[54])

In der anschließenden Diskussion ging es, wie das Protokoll vermerkt, auch um die Kosten, die für den ersten Weg wesentlich geringer eingeschätzt wurden, während für den zweiten Weg die gesetzliche Festlegung der Vertretungsmodalitäten sprechen würde, über die es schon zuvor Diskussionen zwischen Gerda Grehm und dem Gewerkschaftssekretär Verdieck gegeben hatte. Er hatte den Anspruch des DGB angemeldet, vier Frauen in den LFB zu entsenden, und zwar je eine Vertreterin der Einzelgewerkschaften Metall, Textil, Nahrungsmittel und Angestellte, da keine der Frauen die anderen vertreten könne; nur unter dieser Bedingung käme eine Mitarbeit des DGB überhaupt in Frage. Gerda Grehm hingegen hatte den Standpunkt vertreten, es ginge um eine allgemeine und nicht um eine Vertretung von Fachinteressen, insofern sei die Vorsitzende der weiblichen DGB-Mitglieder durchaus kompetent, für alle Gewerkschaftsfrauen zu sprechen. Das allerdings schien eher eine Schutzbehauptung zu sein, um das Gewicht der Gewerkschaftsvertreterinnen nicht so groß werden zu lassen, denn in der Tat ging es sehr wohl um Sach-und Fachfragen, zu deren Erläuterung man sich ExpertInnen einlud oder sogar als „Einzelmitglieder" assoziierte. Rückfragen in dieser Angelegenheit bei Vertreterinnen anderer Frauenorganisationen hatten zu keinem einheitlichen Meinungsbild über dieses Problem geführt. Ida Hinz (SPD-Ratsfrau in Kiel) hatte zu bedenken gegeben, daß keine andere Organisation so viele Mitglieder vertrete wie der DGB, nämlich 10 000 Frauen.

Die Frauenreferentinnen einigten sich schließlich darauf, die vier DGB-Frauen einzuladen, um sich *„keine unnötige Feindschaft zuzuziehen"*, und die endgültige Entscheidung der zukünftigen Vorsitzenden des LFB zu überlassen. Man beabsichtigte aber keineswegs, die Sache ganz aus der Hand zu geben, sondern hielt *„eine vorsichtige und taktvolle Lenkung durch die FR für wünschenswert."* Auch in der letzten Woche vor der Gründung des LFB sprach Gerda Grehm noch einmal mit LD Wormit über die Organisationsstruktur des LFB; man war sich einig, daß den Vertreterinnen der Frauenorganisationen die Initiative überlassen werden sollte. Außerdem empfahl sie, *„daß eine Resolution des LFB an die Regierung wegen der Schaffung einer gesetzlichen Grundlage erst etwa nach einem halben Jahr erfolgen solle, wenn die Tätigkeit des LFB sich eingespielt hat."* Am 1.12.1950 fand die Gründungsversammlung des Landesfrauenrates in der „Brücke" in Kiel statt.

Alltag – Schauplätze weiblichen Gestaltungswillens

Nach den Diskussionen um die Gründung des Landesfrauen(bei)rates gab es in den Wochenbesprechungen der Frauenreferentinnen wenige Anhaltspunkte für Programmatisches. Die Referentinnen reagierten in erster Linie auf aktuelle

Ereignisse und Themen, (politische) Zielvorstellungen schienen nur am Rande auf, und leider ist den Protokollen nichts über die Vehemenz und das Engagement zu entnehmen, mit dem Mißstände möglicherweise aufgezeigt wurden. Steckte hinter Hertha-Maria Meyers Klage, daß zwar ca. 75 % der Rentenempfänger Frauen seien, in den Versorgungsämtern und ärztlichen Untersuchungsstellen aber ausschließlich Männer arbeiteten, die grundsätzliche Kritik daran, daß Männer zu Unrecht Positionen okkupierten, in denen sie über Frauen Entscheidungen trafen, die anders aussähen, wenn denn Frauen die Entscheidungsbefugnis hätten? Oder ging es ganz vordergründig um Arbeitsbereiche, die Frauen verschlossen waren, weil sich allenthalben männliche Domänen etablierten, in denen Frauen nur in untergeordneten Stellungen geduldet wurden? Hertha-Maria Meyer wurde in dieser Angelegenheit aktiv und trug die Frage Landesdirektor Dr. Otto vor, der allerdings der Ansicht war, es habe *„keinen Zweck, große Initiative zu entwickeln, da nach durchgeführter Selbstverwaltung der Landesversicherungsanstalten doch alles wieder umgestoßen würde.*[55])" Hertha-Maria Meyer stimmte dem nicht zu, sie vertrat vielmehr die Meinung, daß eventuelle spätere Änderungen kein Grund seien, nichts zu unternehmen. Sie stellte zudem fest, daß auch die Anzahl der in den Heimen der LVA beschäftigten Ärztinnen viel zu gering sei, nämlich nur zwei betrage, woraufhin Liane Haskarl vorschlug, *„erst einmal die Zahl der arbeitslosen Ärztinnen in Schleswig-Holstein festzustellen."* Diese Überlegungen waren jedoch nicht der Beginn einer Großoffensive für eine Quotierung im öffentlichen Dienst, sie zeigen uns aber, daß auch zu Beginn der 50er Jahre ein Problembewußtsein in dieser Hinsicht vorhanden war und von Frauen Gedanken zu diesem Thema entwickelt wurden.

Der Vorschlag, durch Besuche von Gerda Grehm in den Kreisen und Gemeinden an die Landräte und Bürgermeister den Wunsch der Regierung heranzutragen, daß möglichst viele Frauen für die Kommunalwahl aufgestellt würden, war dem Protokoll nach allerdings auf eine männliche Anregung, nämlich von LD Wormit, zurückzuführen. Vermutlich brachte dieser damit aber eher sein persönliches Engagement für die Frauen zum Ausdruck, als daß damit eine regierungsamtliche Strategie verfolgt wurde. Hertha-Maria Meyer wollte die Bemühungen für die Aufstellung weiblicher Kandidaten auch auf die Parteien und die Frauenorganisationen ausgedehnt sehen, wohl in der berechtigten Erwartung, der beabsichtigte Weg über die Kommunen allein könne nicht zum Ziel führen.

Ein wiederholter Diskussionspunkt in den Wochenbesprechungen war der Hausarbeitstag, der als Relikt vergangener Zeiten (Reichsanordnung v. 1943) sehr gegensätzliche Meinungen provozierte: während er den einen als notwendige Unterstützung der berufstätigen Frau selbstverständlich erhaltenswürdig erschien, war er den anderen ein Stolperstein, der die Anspruchsberechtigten (sollten es z.B. nur Mütter sein?) im Wettbewerb um einen Arbeitsplatz notwendig den Kürzeren ziehen ließ. Nachdem eine Verfügung des Finanzministeriums den Hausarbeitstag in der Landesverwaltung aufgehoben hatte, ließen die Frauen Erkundigungen bei den anderen Ländern einholen, die alle aufgrund des alten oder neuer Gesetze den Hausarbeitstag, wenn auch mit gewissen Nuancierungen gewährten. Bevor die Antworten jedoch eintrafen, stellte sich anläßlich des Ministertees heraus, daß der Finanzminister Kraft die von Reg. Dir. Kaiser unterschriebene Aufhebungsverordnung gar nicht kannte und seinerseits sehr wohl für die Gewährung des Tages war. Dennoch drohte Reg.Dir. Kaiser, mit diesen Fakten konfrontiert, bei Wiedereinführung des „Waschtages" den „freien" Mittwochnachmittag abzuschaffen. Daher riet Gräfin Finckenstein zur Vorsicht in dieser Angelegenheit, die eine Bevorzugung der Frau bedeute, zumal bei Frauen, die den „Waschtag" in Anspruch nähmen, die Gefahr der Entlassung besonders gegeben sei. Es sieht so aus, als wäre es Herrn Kaiser leichter gefallen, seine vom Minister abweichende Meinung durchzusetzen als den Frauenreferentinnen, ihrer mit dem Minister übereinstimmenden Ansicht Geltung zu verschaffen. Aber vielleicht scheute der Minister auch nur die Konfrontation bei der gemeinsamen Teestunde.

Die Frage der Vertretung von Fraueninteressen in den Betriebsräten der Ministerien wurde exemplarisch deutlich an dem Versuch, durch die Einrichtung von Zentralkanzleien (zentralen Schreibbüros) Einsparungen auf Anweisung des Bundesrechnungshofes vorzunehmen. Während im MELF „Frl." Kahle ein Schreiben des Betriebsrates auf den Weg brachte, in dem auf die Nachteile von zentralen Schreibbüros hingewiesen wurde, erschien Frau Grehm eine Zusammenarbeit mit dem Betriebsrat des Volksbildungsministeriums wenig erfolgversprechend. Obwohl hier drei bis vier Frauen als Kandidatinnen aufgestellt wurden, war keine einzige Frau gewählt worden. *„Frau Grehm hat nicht die Absicht, diesen Zustand bis zur Neuwahl fortbestehen zu lassen und will zumindest verlangen, beratend bei den Betriebsratssitzungen anwesend zu sein, wie sie überhaupt der Ansicht ist, die FR müßten an den Betriebsratssitzungen ihrer Ministerien teilnehmen."* [56])

Eine solche Ausdehnung des Aufgabenbereiches der Frauenreferentin auf die innerbetrieblichen Abläufe war bis zu diesem Zeitpunkt noch nicht einmal thematisiert worden und wohl so auch ursprünglich nicht beabsichtigt gewesen. Gerda Grehm stellte hier einmal mehr unter Beweis, daß sie bereit war, ihr Aufgabengebiet den Notwendigkeiten – für Frauen Partei zu ergreifen – anzupassen, wobei ihr die mangelnde Definition der Stelle zunächst einmal entgegenkam. In diesem Zusammenhang fiel ein bedeutungsvoller Satz, der symptomatisch war für die Zwiespältigkeit der eigenen Positionsbestimmung als Frau in diesem (und damit gleichzeitig im gesamtgesellschaftlichen) System: *„Nach dem Betriebsrätegesetz müsse jede Minderheit vertreten sein, und die Frauen seien als solche anzusehen, umso mehr, als im Volksbildungsministerium zwei Drittel der Belegschaft weiblich sind."* Impliziert ist dabei natürlich der Tatbestand, daß diese Frauen in den untergeordneten Positionen arbeiteten, insofern an Entscheidungen jedweder Art so gut wie nicht beteiligt waren und deswegen einer besonderen Vertretung bedurften. Daß es bei den gegebenen Mehrheitsverhältnissen durchaus an den Frauen selber gewesen wäre, sich einen anderen Betriebsrat zu wählen, wußte Gerda Grehm auch: *„Man müsse den Frauen grundsätzlich klar machen, daß Frauen Frauen zu wählen hätten."*

Die Frauenreferentinnen machten auch das Kantinenessen zu ihrem Thema. Sie starteten eine Umfrage und recherchierten, wie eine Verbilligung des Essens zu erreichen sei, um auch Schlechtergestellten die Teilnahme zu ermöglichen.

Zu den Ende 1950 sich anbahnenden Problemen gehörte die Frauenarbeitslosigkeit, die seit Mitte 1948 erheblich zugenommen hatte. Betroffen waren vor allem die älteren Frauen, die allein ihre Familie ernähren mußten, aber nach dem 40. Lebensjahr selten Arbeit bekamen, vor allem, wenn sie vorher nicht berufstätig gewesen waren. Gräfin Finckenstein legte im Februar 1951 einen Entwurf vor, der die Situation der berufstätigen Frauen zwischen 40 und 50 Jahren schilderte, und man einigte sich *„einen interfraktionellen (Herv.d.V.) Antrag im Landtag einzubringen, wonach eine gesetzliche Verpflichtung für die Arbeitgeber gefordert wird, einen gewissen Prozentsatz älterer Frauen (ähnlich wie bei den Schwerbeschädigten) einzustellen"* [57]). Am 30.Mai 1951 berichteten Gerda Grehm und Gräfin Finckenstein auf der Mittwoch-Pressekonferenz in Kiel über ihre Offensive gegen die Notlage der älteren Frauen. Sie hatten gemeinsam mit den vier weiblichen Landtagsabgeordneten nicht nur an den Landtag den Antrag gerichtet, den Schutz der älteren Arbeitnehmerinnen bei etwaigen Personaleinsparungen durch eine Verordnung sicherzustellen, sondern auch an den Bundestag bzw. die 31 weiblichen Bundestagsabgeordneten den Appell, bei der bevorstehenden Debatte über das Kündigungsschutzgesetz die allgemeine Benachteiligung der weiblichen Angestellten und arbeitenden Frauen über 40 Jahre hervorzuheben und eine Bestimmung in Abschnitt 1 § 1 des Gesetzes aufzunehmen, die einen besonderen Kündigungsschutz für die ältere weibliche Berufstätige enthalten sollte. Schließlich richteten sie den Appell noch an die Tarifgemeinschaft der Länder – auch im Auftrag des Landesfrauenrates, nicht ohne darauf hinzuweisen, daß hier mittlerweile 207 000 Frauen vertreten waren.

Auch der alleinstehenden Frauen nahm man sich an. Die Frauenreferentinnen informierten sich über bereits im Bau befindliche Heime für ledige berufstätige Frauen und über vergleichbare Bauvorhaben im Bundesgebiet. Ob sie in irgendeiner Form zur Planung hinzugezogen wurden oder ob es bei der Einsicht der Pläne blieb, entzieht sich unserer Kenntnis. Am Thema „Haushaltspersonal", das sich wie ein roter Faden durch die fünfziger Jahre zog, entzündeten sich auch Uneinigkeiten zwischen den Frauenreferentinnen. Während Frau Haskarl vorschlug, den weiblichen Schulentlassenen nur eine Lehrstelle zu vermitteln, wenn sie vorher ein Jahr im Haushalt gearbeitet hätten, war Gräfin Finckenstein gegen so ein quasi gesetzlich vorgeschriebenes Haushaltsarbeitsjahr. Gemeinsam stellte man fest, daß es kaum möglich wäre, Hausangestellte zu bekommen, und daß gleichzeitig die Tendenz – die man übrigens als aus den angelsächsischen und nordischen Ländern kommend betrachtete –, sich lieber Arbeitslosengeld auszahlen zu lassen als in den Haushalt zu gehen, vorhanden sei. Bei dieser Diskussion wurde über die *Arbeitsbedingungen* der Hausangestellten kein Wort verloren, während genau diese Problematik bei der Frage, wie man zu mehr Nachwuchs in der Schwesternschaft kommen könne, im Mittelpunkt stand. Mehr Geld, bessere Unterbringung und eine geregelte Freizeit dürften auch die Punkte gewesen sein, die Frauen die Tätigkeit einer Hausangestellten hätten schmackhaft machen können. Die Kosten hierfür allerdings wären von den Haushalten zu tragen gewesen, die eine Haushaltshilfe brauchten und bezahlen konnten.

Ein weiteres Anliegen der Frauenreferentinnen war die Fortsetzung der Schulspeisung, deren Unterstützung durch die Amerikaner eingestellt worden war. Man sprach über die „Butterfrage", die „Siedlungsfrage" und die „Konsumbrotpreisfrage". Auch die mangelhafte Kohlenversorgung wurde zum Anlaß genommen, zusammen mit dem Landesfrauenrat einen energischen Appell an den Beauftragten des Bundeswirtschaftsministeriums für die Regelung der inländischen Kohlenversorgung zu richten und dies auch der Öffentlichkeit kundzutun, *„um zum Ausdruck zu bringen, daß die schleswig-holsteinischen Frauen nicht gewillt sind, die gegenwärtige Lage mit allen ihren gesundheitlichen Gefahren besonders für Kinder, Alte und Kranke widerspruchslos hinzunehmen*[58])." Um der Forderung noch mehr Nachdruck zu verleihen, sollte auch der Rundfunk veranlaßt werden, darüber zu berichten, und der Landesfrauenrat sollte versuchen, Frauenorganisationen anderer Bundesländer zur Solidarität zu bewegen. Allerdings fällt es schwer, sich vorzustellen, auf welche Weise die Frauen ihre Meinung zu all diesen Fragen gegenüber der Ministerialverwaltung zum Ausdruck brachten. *„Besonderer Wert wurde darauf gelegt, eine so geschickte Form für die Entschließung zu wählen, daß die betr. Bundesstellen sich nicht angegriffen fühlen"*, heißt es an einer Stelle. Es hat den Anschein, als fürchteten die Frauenreferentinnen ständig, in Ungnade zu fallen, wenn sie sich nicht in verbaler Zurückhaltung übten. Der erfolgversprechendste Weg, ihrer Meinung Ausdruck zu verleihen und auf Berücksichtigung zu hoffen, scheint tatsächlich der gewesen zu sein, sich durch die Quantität der im Landesfrauenrat vertretenen Wählerinnen Gewicht und Gehör zu verschaffen, aber auch hier immer bittend anstatt zu fordern. Im Fall der *„Kohlenentschließung"* diktierte Gräfin Finckenstein während der 8. Wochenbesprechung am 5.1.51 das Begleitschreiben, mit dem der Vorsitzenden des LFR die Kohlenentschließung, ebenfalls aus der Feder von Finckenstein, zur weiteren Veranlassung übergeben werden sollte.

Über die Arbeit der folgenden Jahre wissen wir, was in der Presse anläßlich des Auftretens der Frauenreferentinnen bei öffentlichen Zusammenhängen verschiedenster Art berichtet wurde. Im Vordergrund stand dabei Liane Haskarl,

Eva Gräfin von Finckenstein (geb. 1903), persönliche Referentin des BHE-Ministers Waldemar Kraft und Frauenreferentin im Finanzministerium; 1953 bis 1957 schleswig-holsteinische Bundestagsabgeordnete für den GB/BHE; trat 1956 zur CDU über. (Parlamentsarchiv des Deutschen Bundestages)

die bei Veranstaltungen zu Verbraucherfragen und Haus- bzw. Landfrauenthemen auftrat. Aber auch die anderen Referentinnen wurden als Vertreterinnen ihrer Ministerien immer wieder gern zu Vorträgen eingeladen. Die Zusammenarbeit mit dem Landesfrauenrat gestaltete sich in der beschriebenen Art fort, und man kann feststellen, daß beide – Frauenreferate und Landesfrauenrat – einander in fruchtbarer Weise zuarbeiteten – im Rahmen dessen, was die Männer ihnen zugestanden.

Erste Warnung – den Männern wird es zu bunt

1955 gab es Irritationen um die Frauenreferate. Gerda Grehm ließ die Angelegenheit auf die Tagesordnung im Landesfrauenrat setzen, nachdem die Gerüchte um eine Auflösung der Frauenreferate den Oppositionsführer Käber veranlaßt hatten, eine Anfrage im Landtag zu stellen über die Ansicht der Landesregierung zu den Frauenreferaten, nicht ohne sich zuvor bei Gerda Grehm informiert zu haben. Es ist nicht auszuschließen, daß Gerda Grehm, die Käber mit Wissen des Ministerpräsidenten über ihre Arbeit unterrichtet hatte, diesen Weg in die Öffentlichkeit wählte, als ihr die Gerüchte zu Ohren kamen. Käber bat in der Landtagssitzung am 22.5.55 um eine Aussprache über die Erfahrungen und die Entwicklung der Referate. Diese kam jedoch niemals zustande. Es gab aber auch keine Wiederholung der Anfrage.

Angeblich sollten finanzielle Gründe Anlaß für die Auflösungsabsichten sein, was jedoch vor allem von Emmy Lüthje nachdrücklich in Zweifel gezogen wurde. Für sie war ganz klar, daß es vor allem um die Person Gerda Grehms ging, denn „*wo eine Frau etwas leiste, habe sie sofort mit dem männlichen Widerstand zu rechnen. Die Einstellung der Männer sei doch vielfach so, daß die Frauen wohl dabei sein, nicht aber einen entscheidenden Einfluß ausüben oder gar etwas leisten dürften. (...) Ihr letzter Weg (habe), wenn sie im Petitionsausschuß nicht mehr weiter gekommen sei, sie immer zu Frau Grehm geführt. Es sei nie vorgekommen, daß Frau Grehm sie nicht unterstützt habe, und gar man-*

chen Fall habe sie zu einem positiven Ergebnis geführt. Man stelle sich vor, sagte Frau Lüthje, daß die Spitze der Verwaltung diese Tätigkeit genau kennt und gar nicht will, daß eine solche Persönlichkeit so vieles im Interesse der Bevölkerung durchsetzt. Unter diesen Umständen ist es doppelt schwierig für Frau Grehm, ihre Arbeit fortzusetzen. Immer wenn bekannt wurde, daß Frau Grehm etwas plante, wurde gleich nach unten Anweisung gegeben, keine Informationen an Frau Grehm weiterzuleiten." [59])

Weder Gerda Grehm noch Wilhelm Käber oder Emmy Lüthje dürfte klar gewesen sein, was hinter den Gerüchten steckte und welcher politische Wille schließlich die Entscheidung herbeiführte, die Frauenreferate beizubehalten. Erst ein Schreiben des Ministerpräsidenten vom Oktober 1958 erhellt die Zusammenhänge nachträglich.[60])

1954/55 war ein Organisationsgutachten des des schleswig-holsteinischen Innenministeriums erstellt worden, das besagte, der Landesrechnungshof betrachte die Voraussetzungen, unter denen im Jahre 1950 die Frauenreferate eingerichtet worden waren, als nicht mehr gegeben. Grund dafür sollte das seit dem 1. April 1954 geltende neue Recht zur Gleichstellung der Frau im beruflichen und öffentlichen Leben sein. Dennoch sah man von einer Auflösung mit der Begründung ab, daß noch nicht alle Bereiche, als Beispiel wurde das Landesbeamtenrecht genannt, eine abschließende Kodifikation gefunden hätten. Tatsächlich dürfte diese Begründung eine vorgeschobene gewesen sein, denn es gibt keinen Hinweis darauf, daß man die Frauenreferentinnen wirklich zur Entscheidungsfindung herangezogen, geschweige denn gebraucht hätte. Allein die Tatsache, daß nie ein Frauenreferat im Justizministerium eingerichtet worden ist, obwohl die Frauen es aus den o.a. Gründen immer für notwendig gehalten hatten, gibt Anlaß zu dieser Vermutung. Vielmehr wäre es, wie auch die Diskussion im Landesfrauenrat 1955 zeigte, politisch nicht opportun gewesen, den Frauen mit so einer unpopulären Entscheidung vor den Kopf zu stoßen, was allerdings dem Landesrechnungshof als Argument kaum genügt hätte.

Tatsächlich war Gerda Grehm sogar am 24.2.55 in die Besoldungsgruppe TO A III höhergruppiert worden, was in Anbetracht der Kritik des Landesrechnungshofes besondere Bedeutung gewinnt. Im Widerspruch zu der darin zum Ausdruck kommenden Wertschätzung ihrer Arbeit, ist es kaum verständlich, daß man Gerda Grehm an der Diskussion um die Frauenreferate nicht beteiligte. Da man politische (Männer-) Strategien wie diese aber offenbar nicht mit Frauen besprach und Gerda Grehm darüber im Unklaren ließ, wählte sie den Weg in die Öffentlichkeit aus Angst um den Bestand der Frauenreferate. Auf diese Weise ist uns ein beispielhaftes Stück Diskussion von Frauen über die Einschätzung der Frauenrolle in der Männergesellschaft erhalten geblieben, d.h. konkret der Rolle der Frauenreferentinnen in den Männerministerien[61])

Im Verlauf dieser Diskussion zeichnete sich die Problematik der Frauenreferate hinsichtlich ihrer strukturellen Einbindung sehr deutlich ab – und die Parallelität zu den entscheidenden Problemen der heutigen Frauenbeauftragten tritt wiederum frappierend zutage. Frau Mahrt, deren Frauenreferat im Landesarbeitsamt schon etwas länger existierte, brachte die Sache auf den Punkt: „*Eine Besonderheit haben alle Frauenreferate: Sie sind immer <u>Querschnittreferate</u>. Die Frauenreferate haben die weiblichen Belange auf <u>allen</u> Gebieten zu vertreten. Daher sind sie auf die Zusammenarbeit mit allen Fachreferaten angewiesen. Die Einschaltung der Frauenreferentinnen wird bei den Fachreferaten immer wieder vergessen, <u>nicht immer aus Böswilligkeit</u> (Herv. d.V.). Man muß ständig auf dem Posten sein, um zu merken, wo eine Sache im Gange ist, bei der die Frauenreferate unbedingt eingeschaltet werden müssen. Die damit verbundenen Schwierigkeiten können erst langsam im Laufe der Zeit überwunden werden.*" Auch Frau Wernick lieferte eine Analyse, die heute noch ihre Gültigkeit besitzt. Sie knüpfte an das von Frau Mahrt Gesagte an „*und hebt als weiteren, ihrer Meinung nach wesentlichen Unterschied zwischen Frauenreferat und Fachreferat hervor, daß jeder Fachreferent und jede Fachreferentin im Sinne der Verwaltung und anhand vorliegender Gesetze, Verordnungen, Erlasse usw. zu arbeiten habe und keine Einfluß auf eine Abänderung dieser Gesetze pp. nehmen könnte. Die Arbeit der Frauenreferate dagegen richte sich oft notwendigerweise gegen die Richtlinien der Verwaltung; <u>ihrer Arbeit hafte etwas beinahe Revolutionäres an</u>, da die Durchsetzung weiblicher Belange im Sinne der Gleichberechtigung Neuland sei, auf dem man nur Schritt für Schritt und unter Ablehnung vieler in der Verwaltung und im öffentlichen Leben herkömmlicher Begriffe und Gewohnheiten vorwärts kommen könne. Im Hinblick auf diese Schwierigkeiten müsse nicht nur die Frage des Fortbestehens der Frauenreferate überhaupt, sondern auch ihre <u>verwaltungsmäßige Verankerung behandelt werden; es könnten sich Schwierigkeiten ergeben, wenn eine Frauenreferentin gezwungen werde, bei Anliegen von grundsätzlicher Bedeutung den Weg zum Minister oder Amtschef auf dem Dienstweg über ihre vorgesetzten Stellen zu nehmen, die vielleicht diesem Anliegen nicht freundlich gesonnen sind und schon das ihrige dazu beitragen, ihm seine Stoßkraft zu nehmen.</u>" (Herv. d.V.)

Heute wünschen wir uns, es hätte mehr Diskussionen dieser Art gegeben, die notwendig gewesen wären, um die Fragen der Durchsetzung der Interessen und der dazu notwendigen Voraussetzungen, z.B. in der Verwaltungsstruktur, zu thematisieren.

Da die Frauenreferate aber bestehen blieben – scheinbar ohne daß eine erneute Kontaktaufnahme mit dem Ministerpräsidenten stattgefunden hätte, der Elisabeth Vormeyer schon zuvor ermächtigt hatte, „*dem Landesfrauenrat zu sagen, daß ich nicht für eine Auflösung der Frauenreferate bin*", gab es keine weitere Veranlassung, Grundsatzfragen dieser Art zu behandeln.

Vierzig Jahre später ist die Aktualität der Diskussion mehr als verblüffend. Die Selbstverständlichkeit, mit der sie abgebrochen wurde, als der Anlaß vorüber war, die Ursachen jedoch keineswegs behoben waren, kennen wir ebenfalls.

Zweite Warnung – die Vertreibung aus dem Ministerium

Schwierigkeiten im Landesfrauenrat, die noch zu schildern sein werden, blieben nicht ohne Auswirkungen für die Frauenreferentinnen. Es ist kaum verwunderlich, daß Gerda Grehm dabei wiederum in das Zentrum der Probleme geriet, zum einen, weil sie die entscheidende Kontaktperson zur Verwaltungsebene war, zum anderen, weil sie, wie es die Diskussion um die Krise 1955 verdeutlichte, durchaus als die männliche Beamtenordung „störend" empfunden wurde. Aber auch im LFR war ihre Person vermutlich nicht unumstritten: Eingehend auf Gerda Grehms Auslassungen *„als Mensch und nicht als Vertreterin ihres Ministeriums"*, wie sie selbst betonte, wies eine Verbandsvertreterin mit Nachdruck darauf hin, daß Frau Grehm nur als Vertreterin ihres Ministeriums und nicht als Privatperson im LFR vertreten sei. Gerda Grehm hatte diese Bemerkung jedoch aus gutem Grunde gemacht, teilte ihr Chef, Innenminister Lemke, ihr doch nach einer mündlichen Erörterung eigens noch einmal schriftlich mit, daß sie (in der vorliegenden Streitsache) keinerlei Erklärungen in ihrer Eigenschaft als Frauenreferentin des Innenministeriums abgeben dürfe. Zweifellos betrachtete Gerda Grehm den LFR nach wie vor auch als „ihr Kind", und sie war nach wie vor auf die Kooperation angewiesen, um ihre Aufgaben als Frauenreferentin ausführen zu können. Besser als die Verbandsfrauen wußte sie um die Zusammenhänge in der ministeriellen Verwaltung, und sie warnte vor Abhängigkeiten, in die man sich durch die Annahme öffentlicher Mittel begeben könnte. Sie war erklärte Gegnerin der Eintragung des LFR in das Vereinsregister, und sie hielt im LFR ihre Meinung nicht hinter dem Berg, daß die Vorsitzende in diesem Zusammenhang eigenmächtig gehandelt habe. Mit ihrer Auffassung befand sie sich im Widerspruch zur 1. Vorsitzenden Vormeyer, die eine Vereinsgründung befürwortete, um die Voraussetzung für finanzielle Unterstützungen zu schaffen, jedoch durchaus in Übereinstimmung mit einer Mehrheit der Mitglieder, wobei sie keineswegs deren Wortführerin zu sein schien.

Elisabeth Vormeyer war seit 1955 Mitglied der Kieler Ratsversammlung und hatte sich als Direktkandidatin der Landtagswahl 1958 im Wahlkreis ihrer Stellvertreterin im LFR Anne Brodersen aufstellen lassen. Darüber hinaus hatte es die CDU gewagt, ein Sakrileg zu brechen, indem sie im Wahlkampf Vormeyers Vorsitz im LFR, der Vertretung von 250 000 Frauen in Schleswig-Holstein, erwähnte. Man hatte Vormeyer also mit Bedacht ins Rennen geschickt und stellte sich während der Querelen im Landesfrauenrat auch schützend vor sie.

Insofern war es politisch sicher nicht klug von Grehm, sich von Vormeyers Ansichten und Vorgehen zu distanzieren, und Gerda Grehms Haltung im Verlaufe der Querelen mag von Partei und Regierung als mangelnde Solidarität mit der Parteifreundin ausgelegt worden sein. Die Strafe folgte auf dem Fuße.

Gerda Grehm (1904–1985, CDU) übernahm von 1955 bis 1958 als Frauenreferentin im Innenministerium die Koordination der Frauenreferate.
(KN-Archiv)

Gerda Grehm – Personalpolitik nach Gutsherrenart[62])

Schon im Oktober 1958, noch vor der ersten Sitzung des neugewählten Landtages, wurden erste Schritte zur Auflösung des Frauenreferats im Innenministerium eingeleitet. In einem Schreiben des alten und neuen Ministerpräsidenten von Hassel ist vom endgültigen Wegfall der Voraussetzungen für das Frauenreferat im Innenministerium die Rede – und daß die möglicherweise noch anfallenden Arbeiten auch von einer (schon vorhandenen) Sachbearbeiterin geleistet werden könnten. Rigoros sollte mit Gerda Grehm verfahren werden, für die schon ab 1.11.58 eine weitere Verwendung im Landesentschädigungsamt als Sachbearbeiterin vorgesehen war, und zwar herabgestuft um zweieinhalb Gehaltsstufen. In diesem Augenblick, als Gerda Grehm endgültig in Ungnade fiel, konnte auch ihre Protektorin und Vertraute Emmy Lüthje ihr keinen Schutz mehr bieten, da sie selbst im Vorfeld der Landtagswahl 1958 männlichem Kalkül zum Opfer gefallen war, als man ihr „ihren" Wahlkreis wegnahm und ihn mit einem jüngeren Mann besetzte. So schnell, wie man es sich anfangs vorgestellt zu haben schien, ging die Trennung von Gerda Grehm dann aber doch nicht vonstatten, im Gegenteil.

Innenminister Lemke mutmaßte mittlerweile, daß „*andere Frauen mit entsprechenden Wünschen aufkreuzen würden*", wenn die Frauenreferentin aus dem Innenministerium verschwände, und kam zu der Ansicht, „*daß unbeschadet der Abstufung eine weitere Verwendung als Frauenreferentin zweckmäßig sei*[63])." Diese Überlegungen scheinen berücksichtigt worden zu sein, denn als Gerda Grehm schließlich am 16.12.58 „*aus dienstlichen Gründen vorwiegend dem Landesamt für Gesundheitswesen und der Gesundheitsabteilung (nicht dem Landesentschädigungsamt) als Sachbearbeiterin zur weiteren Dienstleistung zugewiesen wurde*", übertrug man ihr gleichzeitig, „*soweit erforderlich*", die Bearbeitung von Frauenfragen. Gerda Grehm akzeptierte die Versetzung und die Herabgruppierung, die wegen ihrer langen Dienstzeit erst ab 1.7.59 wirksam werden konnte, zunächst ohne Protest, nachdem sie sich in einem Gespräch mit dem Innenminister am 17.12.58 davon überzeugt hatte, daß *„ihr bisheriges Arbeitsgebiet im Innenministerium unangetastet bleiben würde"* [64]).

Ihr neuer Vorgesetzter hingegen, der Leiter der Allgemeinen Abteilung des Landesamtes für Gesundheitswesen protestierte. Die unklare Aufgabenzuweisung, die Bestimmung eines doppelten Tätigkeitsbereiches für seine neue Mitarbeiterin schienen ihm vor allem aus dem Blickwinkel der Dienstaufsicht eine Quelle künftiger Komplikationen zu sein. Dazu kam, daß er keine Möglichkeit sah, Gerda Grehm mit Aufgaben zu beschäftigen, die eine Einstufung nach TO A IVb bzw. Vb rechtfertigen würde, da dies eine *„qualifizierte Kraft, z.B. einen Apotheker oder Lebensmittelchemiker"* voraussetzen würde. Als Gerda Grehm dann bei Dienstantritt am 3.1.59 erklärte, nach ihrer eigenen Überzeugung seien bei ihr die Voraussetzungen für eine Sachbearbeiterin im Gesundheitswesen nicht gegeben, und auf ihre vielfältigen Verpflichtungen als Referentin für Frauenfragen in Gesetzgebung und Verwaltung und in verschiedenen Ausschüssen hinwies, bat ihr neuer Vorgesetzter noch am selben Tage um Konkretisierung der beabsichtigten Verwendung, *„um eine dem Auftrag vom 16.12.58 entsprechende Beschäftigung und Beaufsichtigung der Angestellten durchführen zu können"*.

Verzweifelt kämpfte Gerda Grehm nun um die Erhaltung ihrer Zuständigkeit für Frauenfragen im Innenministerium und reichte, als sie feststellen mußte, daß sie keine Chance mehr haben würde, im Januar Klage beim Arbeitsgericht in Kiel ein. Zur Vorbereitung des Arbeitsrechtsstreites Grehm / Schleswig-Holstein wurde vom Ministerium eine Stellungnahme darüber angefordert, *„welche tarifrechtlich relevanten Tätigkeitsmerkmale und Erwägungen die Beschäftigung der Klägerin in der Verg.Gr. TO A III in den vergangenen Jahren gerechtfertigt haben unter besonderer Beschreibung ihres Arbeitsgebietes und welche betriebsnotwendigen organisatorischen Änderungen des Arbeitsplatzes die Herabgruppierungskündigung erforderlich gemacht haben"*.[65]) Zu dieser Stellungnahme kam es jedoch leider nie, da Gerda Grehm am 5.2. des darauffolgenden Jahres die Klage zurücknahm – und sich diese Angelegenheit damit erledigte. Die Anfertigung einer solchen Stellungnahme hätte praktisch die nachträgliche Aufgabenbeschreibung des Frauenreferates im Innenministerium (und – zwecks Abgrenzung – derer in den anderen Ministerien) bedeutet, einschließlich der Gründe, die zu der Höherstufung im Februar 1955 führten sowie der Gründe für die Auflösung des Frauenreferates im Innenministerium. Nichts konnten die beteiligten Männer jedoch mehr fürchten, als diese jahrelang erfolgreich vermiedene Diskussion um Aufgaben und Kompetenzen der Frauenreferentinnen nun in aller Öffentlichkeit führen zu müssen. Insofern wollte man einen Prozeß zweifellos vermeiden, zumal man im Kultusministerium gerade kurz zuvor seine einschlägigen Erfahrungen gemacht hatte: der Ministerialrat Karl Möhlmann hatte Ende

Oktober 1958 um seine Versetzung in den Ruhestand gebeten als Folge einer Berufungsverhandlung in einem aufsehenerregenden Rechtsstreit, den die Studiendirektorin Dr. Emmi Hannöver seit Jahren mit dem Land Schleswig-Holstein führte. Unter großer Anteilnahme der Presse waren Unkorrektheiten und erhebliche Versäumnisse in der Personalführung im Kultusministerium aufgedeckt worden, und da Dr. Hannöver erneut Revision beantragt hatte, war noch nicht einmal ein Ende dieser peinlichen Geschichte in Sicht.

Diese Umstände verschafften Gerda Grehm offenbar einen gewissen Freiraum bei ihren folgenden Verhandlungen mit dem Ministerium, obwohl es keinerlei Hinweis darauf gibt, daß sie einen Zusammenhang zwischen ihrem „Fall" und dem der Dr. Hannöver hergestellt hat. Am 9. Juni bekam Gerda Grehm den neuen Arbeitsvertrag mit der Herabstufung zugeschickt und unterschrieb ihn auch, nicht ohne darauf hinzuweisen, daß ihre Feststellungsklage beim Arbeitsgericht Kiel durch diese Unterschrift keineswegs gegenstandslos würde. Darauf wurde sie am 21.7.59 nach Bonn abgeordnet, wo sie beim Bevollmächtigten des Landes Schleswig-Holstein die häufiger erkrankte Referentin Frau Dr. Geigenmüller unterstützen sollte. Sie wurde weiterhin vom Land bezahlt, und zwar nach TO A IVb, nun aber aus dem Etat der Landeskanzlei. Während sich in Schleswig-Holstein das Gerücht hielt, Gerda Grehm sei hochgelobt worden, war sie dort auf dem Abstellgleis gelandet, wieder einmal ohne feste und zu ihrem Bedauern nicht einmal ausreichende Aufgaben. Nachdem sie im Februar 1960 ihre Klage gegen das Land zurückgenommen hatte (und es damit von Verpflichtung entband, die immer noch ausstehende Stellungnahme anfertigen zu müssen!), bat sie um eine endgültige Versetzung nach Bonn, verbunden mit einer sinnvollen Aufgabe. Lange schon hatte Gerda Grehm sich „*aus persönlichen Gründen*" um eine Stelle in Bonn bemüht. Ihre Personalakte war schon einmal 1956 vom Bundesinnenministerium angefordert worden, allerdings ohne den erwünschten Erfolg. Auch ihr Bonner Arbeitgeber war mit der Regelung unzufrieden, aber der Chef der Landeskanzlei hatte schon im April vergeblich um die Rückübertragung dieser Planstelle auf den Haushalt des Innenministers gebeten, da „*die Angestellte entbehrlich geworden sei*". Man habe sie „*als Hilfsarbeiterin*" der Referentin, die mittlerweile ganz ausgeschieden sei, zugeordnet. Der Ersatz für die Referentin sei nun da, und in der Landeskanzlei bestehe „*keine andere Verwendungsmöglichkeit*" für Frau Grehm. Unter Umkehrung dieses Sachverhaltes teilte der Innenminister Gerda Grehm Ende Mai mit, die *Übertragung ihrer Stelle vom Innenministerium auf den Haushalt der Landeskanzlei* sei nicht möglich, daher müsse sie entweder zurückkommen in die Gesundheitsabteilung oder zum 30.9.60 aus dem Landesdienst ausscheiden, sie solle sich entscheiden. Darauf blieb sie die Antwort schuldig. Am 30.5.60 wurde ihr die Kündigung zum 30.9.60 per Fernschreiben mit Empfangsbestätigung zugestellt. Am 7.6. bat Gerda Grehm, die Kündigung aufzuheben unter der Voraussetzung, daß sie mit Ablauf des 31.3.61 aus dem Landesdienst ausscheide und vom

1.1.61 bis zum Ausscheiden ohne Fortzahlung der Bezüge und der Aufwandsentschädigung beurlaubt werde. Schon am nächsten Tag stimmte man dieser Vereinbarung zu und hob die Kündigung damit auf. Am 20.7.60 erhielt Gerda Grehm ein tadelloses Zwischenzeugnis. In der Folgezeit wurde offenbar auch in Schleswig-Holstein noch über Möglichkeiten, eine Stelle für Gerda Grehm zu finden, gesprochen. In diesem Zusammenhang tauchte die Feststellung auf, daß das Familienministerium (in Bonn) wegen ihrer Scheidung völlig ausscheide, „*die ja auch einer der Gründe gewesen sei, weshalb man sie in Nordrhein-Westfalen (wo sie sich zuvor beworben hatte – d. Verf.) abgelehnt habe*". Im übrigen sei es überhaupt in Bonn besonders schwierig, weil sie „*in erster Linie doch für eine typische Frauenarbeit in Betracht komme*". Am 17.11.60 wurde dem Minister die Mitteilung gemacht, Frau Grehm habe zum 1.1. eine Stelle im Bundespresseamt. Das klappte jedoch nicht, denn am 7.12.60 bat Gerda Grehm das schleswig-holsteinische Innenministerium wiederum um Fortzahlung ihrer Bezüge, da ihre neue Stelle erst am 1.2.61 beginne. Diesem Wunsch wurde ebenfalls entsprochen. Am 31.1.61 wandte sie sich erneut an ihren Arbeitgeber mit der Bitte um Übergangsgeld, da sie ihre neue Stelle bei Inter Nationes e.V. aus organisatorischen Gründen erst am 1.4.61 antreten könne. Daraufhin trug man ihr im Februar 1961 an, schon zum 31.1.61 auszuscheiden und nicht erst zum 31.3.61, womit sie sich am 27.2. einverstanden erklärte. Damit fand diese Affäre, die sich offenbar unter Ausschluß der Öffentlichkeit abgespielt hatte, ein Ende.

Es sieht so aus, als habe Gerda Grehm diese für sie sicher sehr belastende Strapaze der Auseinandersetzungen mit der Ministerialbürokratie vollkommen allein durchgestanden. Wäre es nicht gelungen, die Unterlagen zu finden, hätte sich kein Hinweis auf diese langanhaltenden Querelen ergeben. Dies entspricht der Einschätzung der Tochter, die Gerda Grehm als eher einsamen Menschen schildert, nicht zuletzt weil das gute Aussehen ihrer Mutter und ihr sicheres Auftreten, mit dem sie die Menschen schnell für sich gewann, auch Neidern Anlaß gab zu Spekulationen über ihr Privatleben, die jeder Grundlage entbehrten, sie aber umso mehr trafen. Daraus erklärt sich auch möglicherweise die Tatsache, daß über Gerda Grehm im LFR nicht mehr gesprochen wurde, nachdem die Entscheidung über die Koordination der Frauenreferate in der Landeskanzlei durch Waltraut Klinkow endgültig gefallen war. Gerda Grehm hat von sich aus auch nicht den Versuch unternommen, dort Hilfe zu finden in ihrer „privaten" Angelegenheit, die es mit dem Zeitpunkt der Übernahme des Frauenreferates in der Landeskanzlei durch Waltraut Klinkow am 5.2.59 endgültig geworden zu sein schien. Nach allem, was wir wissen, wäre es erstaunlich, wenn Gerda Grehm das Ganze nicht als eine erhebliche persönliche Niederlage erlebt hätte, die sie nicht auch noch öffentlich beredet sehen wollte.

Aus heutiger Sicht hingegen erscheint es uns bedauerlich, daß an diesem herausragenden Beispiel nicht damals

Waltraut Klinkow (geb. 1908) war von 1948 bis 1973 in der Abteilung für Berufliche Bildung im Kultusministerium tätig. 1959 wird sie zusätzlich zu ihren Aufgaben mit der Koordination der Frauenreferate beauftragt. Privatbesitz W. Klinkow)

schon öffentlich eine Reihe von Fragestellungen zu den Themen Qualifikation und Frauen in Politik und Verwaltung aufgearbeitet worden ist, möglicherweise wären wir dann heute ein Stück weiter. Jenseits juristischer Bewertungen hätte die Frage ventiliert werden können, wieso jemand, der acht Jahre lang ein Referat leitet, und das offensichtlich zur Zufriedenheit seines Arbeitgebers, der diese Arbeit durch eine Höhergruppierung honoriert, plötzlich unter Angabe äußerst fragwürdiger Gründe auf eine seinen – zumindest ja in der Zeit des Amtes erworbenen – Qualifikationen nicht angemessene Stelle herabgestuft wird. Die Begründung, die in dieser Form übrigens nie öffentlich abgegeben wurde, daß durch die gesetzliche Regelung aller die Gleichstellung der Frau betreffenden Gebiete die Voraussetzungen, unter denen die Frauenreferate 1950 eingerichtet wurden, nicht mehr gegeben waren, erscheint an dieser Stelle geradezu grotesk, beweist der vorliegende Fall doch genau das Gegenteil: Es ist kaum vorstellbar, daß mit einem männlichen Referatsleiter ebenso verfahren worden wäre. Daß Männer im Verlaufe ihrer Tätigkeit in leitender Funktion Qualifikationen erwerben, die sie befähigen, auch in benachbarten (oder ganz anderen) Ressorts aufzusteigen, ist bis heute durchaus Usus. Für den Bereich „Frauenfragen" bleibt dies fast undenkbar – vor allem, wenn frau nicht gleichzeitig noch „richtige" Qualifikationen vorweisen kann, d.h. in von Männern anerkannten Sach-/Fachgebieten. Um im Bereich „Frauenangelegenheiten" zu arbeiten, der es schon im Vorweg nicht wert ist, genau definiert zu werden, war (und ist) nach Männermeinung keine besondere Qualifikation nötig, und die Arbeit qualifiziert letztlich zu nichts – als zur weiteren Beschäftigung mit „Frauenangelegenheiten". Man überließ den Frauen die Definition der Aufgaben in einem politisch für opportun gehaltenen Arbeitsgebiet, aber nicht etwa, um sich anschließend das Ergebnis der Erfahrungen zum Zwecke konstruktiver Verbesserungen vortragen zu lassen, sondern um unter veränderten politischen Bedingungen ohne Rücksprache mit der „Expertin auf Zeit" die Arbeit in jedem beliebigen Zeitpunkt für erledigt erklären zu können.

Insofern war die Arbeit der Frauenreferate – vor allem die von Gerda Grehm – von Anfang an ein Politikum, und daran änderte sich auch im Laufe von acht Jahren nichts. Es gelang nicht, die Arbeit der Frauenreferate zum selbstverständlichen Bestandteil der Landesaufgaben werden zu lassen.

„Sie lösten sich allmählich auf" – wie es Waltraut Klinkow formulierte. Waltraut Klinkow, Regierungs- und Gewerbeschulrätin im Kultusministerium und dort zuständig für die Abteilung Berufsbildende Schulen, wurde mit Wirkung vom 5.2.59 das koordinierende Frauenreferat in der Landeskanzlei übertragen, ohne sie jedoch von ihren Aufgaben im Kultusministerium auch nur teilweise zu entbinden.[66] Damit meinte Ministerpräsident von Hassel, seinem Willen Ausdruck genug verliehen zu haben, die Frauenarbeit und die Zusammenarbeit mit den Frauenverbänden zu unterstützen. Diese Absicht hatte er schon zuvor einer Delegation des LFR gegenüber kundgetan. Mit dem „Ausbooten" Gerda Grehms – um an den Aufruf des Ministerpräsidenten Lübke anzuknüpfen, der seine Regierungserklärung 1951 mit den Worten „Alle Mann an Deck!" krönte – verschwanden die Frauen gewissermaßen wieder in der Kombüse.

Erst mit dem Einzug Annemarie Schusters in den Landtag 1962 begann eine neue Ära der Auseinandersetzung mit den sogenannten „Frauenfragen".

5. Der Landesfrauenrat
Vorbilder – Leerstellen für Frauen

Die Planung des Landesfrauenrates als Instrument zur Durchsetzung von Fraueninteressen läßt keinen Zweifel daran, daß die beteiligten Frauen sich das Zustandekommen eines mitgliederstarken Interessenverbandes erhofften, der den Frauenverbänden gewissermaßen zur gefälligen Benutzung an die Hand gegeben werden sollte. Vorbilder für einen scheinbar funktionierenden Lobbyismus hatten die Frauen bei ihren Informationsreisen in die angelsächsisch geprägten Regierungssysteme kennengelernt. Viele von ihnen, die im politischen und öffentlichen Leben der ersten Nachkriegsgeneration an hervorgehobener Stelle tätig waren, verbrachten einige Zeit auf offizielle Einladung im Ausland, meist in England oder den USA, aber auch in den skandinavischen Ländern. Allerdings ist nicht anzunehmen, daß sie bei diesen Gelegenheiten mit ihren Gastgebern Fragen der realen Durchsetzungschancen unterschiedlicher Verbände, Möglichkeiten der Übertragbarkeit auf das deutsche Regierungssystem kritisch diskutiert hätten, denn Ziel der Einladungen war das „Demokratie lernen", deren <u>Funktionieren</u> man den deutschen Frauen vorzuführen gedachte. H.J. Rupieper weist in seinem Aufsatz *„Bringing Democracy to the Frauleins"* darauf hin, daß das Aufeinandertreffen unterschiedlicher Politikvorstellungen, kultureller Erfahrungen und gewachsener Mentalitäten eine nicht zu unterschätzende Rolle in der Besatzungspolitik der Nachkriegszeit spielte.[67] Für die Frauen hatten das Verkennen dieser Unterschiede fatale Folgen, weil sie die Übertragbarkeit der Vorbilder überschätzten. So werden sich die wenigsten von ihnen darüber im klaren gewesen sein, daß schon das englische und das amerikanische Regierungssystem erhebliche Differenzen aufweisen, die auch die Rolle der Parteien und damit die Bedeutung der Mitarbeit in denselben betreffen[68]). Aber schon allein die in den amerikanischen und britischen Parlamenten vorgefundene geringe Repräsentanz von Frauen konnte die Motivation zu mehr parteipolitischem Engagement kaum erhöhen, in Frankreich hatten die Frauen sogar erst 1949 das Wahlrecht erhalten; es schien sozusagen ein Konsens der westlichen Demokratien zu bestehen, daß Graueninteressen in Verbänden sehr gut aufgehoben seien. Insofern kann man durchaus annehmen, die deutschen Frauen seien anfangs wirklich der Überzeugung gewesen, die Arbeit der Frauenverbände könne ausreichen, um „Graueninteressen" in den politischen Prozeß einzubringen und eine Mitarbeit in den Parteien, für die sie kaum Beispiele gefunden hatten, weitgehend ersetzen.

Die „Frauenreferentinnen der Landesregierung" Schleswig-Holstein wurden 1951 vom Foreign Office London nach England eingeladen, um dort „*mit führenden Frauen der Politik und der Regierungsstellen in Verbindung zu treten und aus deren vieljährigen und reichen Erfahrungen Erkenntnisse für die eigene Arbeit zu sammeln.*" Sie mußten zur Kenntnis nehmen, daß von 625 Unterhausabgeordneten nur 21 Frauen waren, „*dafür werden aber in weitestem Maße Frauenorganisationen von der Regierung zur Beratung herangezogen durch*

Maria-Eva Geimick (geb. 1911, GB/BHE), Frauenreferentin im Ministerium für Arbeit, Soziales und Vertriebene. (KN v. 14.7.1955)

den ‚Nationalen Frauenbeirat', der auf Wunsch der Regierung im Herbst 1939 gebildet wurde." Symptomatisch war auch hier der Anlaß, Frauen in die Verantwortung zu nehmen:

„*Damals sah sich die Regierung plötzlich vor Probleme wie Evakuierungen, Einschränkungen auf allen Gebieten des täglichen Lebens usw. gestellt, zu deren Lösung die Mithilfe der Frau einfach unerläßlich war. Aus diesem Grunde rief der Nationalrat für Sozialfragen die Vertreterinnen der Frauenorganisationen zusammen, um mit ihnen gemeinsam alle Fragen zu besprechen, die sich aus den notwendigen Maßnah-*

Internationale Kontakte, vor allem nach England, Amerika und Skandinavien, spielten schon unmittelbar nach dem Krieg bei den politisch aktiven Frauen eine große Rolle. Ende der fünfziger Jahre war eine russische Delegation bei Waltraut Klinkow (Bildmitte li.) und Anne Brodersen (Bildmitte re.) zu Gast.
(Privatbesitz F. Niendorf)

men ergaben. Der Austausch der Meinungen, das Mitteilen von Erfahrungen und das Suchen nach Hilfsmöglichkeiten erbrachten eine so erfolgreiche Zusammenarbeit, daß diese Zusammenkünfte eine ständige Einrichtung wurden. So kam es zur Bildung des nationalen Frauenbeirats." [69])

Maria-Eva Geimick, die diesen Bericht veröffentlichte, lobte den englischen Frauenbeirat als ein Organ, das *„man wohl als einen starken Pfeiler für die politische Gleichberechtigung ansehen darf"*. Daß auch dort nichts anderes geschehen war, als unter dem Druck existentieller Schwierigkeiten den Frauen einmal mehr die Verwaltung des Mangels – an dessen Entstehen sie politisch nicht beteiligt waren – abzuverlangen, wurde in keiner Weise problematisiert. Auch die Frage nach den tatsächlichen Durchsetzungsmöglichkeiten für den Nationalen Frauenbeirat wurde nicht gestellt. So offenbart sich auch hier das Unvermögen, die Stellung der Frau in der Gesellschaft zu analysieren, trotz der Chance, das vorgeführte Beispiel mit kritischer Distanz zu betrachten. Gabriele Bremme bezeichnete 1958 die Frauen als „zu spät gekommen": *„Das klingt in der Tat sehr pessimistisch, Tatsache ist jedoch, daß die Frauen, als sie die politische Gleichberechtigung er-*

langten, sich einem politisch-parlamentarischen System gegenüber sahen, das in seiner Grundstruktur und Form bereits verfestigt war, und auf dessen Gestaltung sie daher keinen Einfluß hatten. Ihr Wille zur Mitarbeit stieß zudem auf eine Vielzahl von gesellschaftlichen Kräftegruppen, die ihre Ansprüche bei der Verteilung politischer Macht anmeldeten, Gruppen, in denen Frauen ebenfalls ohne Einfluß waren." [70]) Sie mußten mit den Leerstellen im parlamentarischen System vorlieb nehmen, die man ihnen gelassen hatte. Mit Eifer füllten sie diese aus, die Eroberung weiterer Freiräume ließ indes auf sich warten.

200 000 Frauen – eine neue Stimme im Land

Als am 1. Dezember 1950 in der „Brücke" in Kiel die Gründungsversammlung des Landesfrauenrates (LFR) stattfand, zu der die Frauenreferentinnen unter der Federführung von Gerda Grehm eingeladen hatten, war die beachtliche Zahl von 31 Vertreterinnen von Frauenorganisationen und Frauengruppen in den Berufsorganisationen, den Wohlfahrtsverbänden und den Parteien des Landes vertreten. Man einigte sich zunächst auf die Bezeichnung *„Arbeitsgemeinschaft der Landesvertreterinnen der Frauenorganisationen und der Frauengruppen in den Berufsorganisationen, den Wohlfahrtsverbänden und den Parteien"*, benutzte aber als Kurzform vorerst den Namen *„Landesfrauenbeirat"*, um den es in der Folge noch Auseinandersetzungen geben sollte. In den 1. Vorstand wurden gewählt:

Frida Niendorf (geb. 1902) wurde 1950 Vorsitzende des Lübecker Verbraucherausschusses; von 1950 bis 1959 gehörte sie als Schriftführerin dem Vorstand des Landesfrauenrates an.
(Privatbesitz F. Niendorf)

Vorsitzende:
Elisabeth Vormeyer,
Deutscher Frauenring, Kiel
Stellvertreterin:
Anne Brodersen, SPD-Frauen, Kiel
Schriftführerin:
Frida Niendorf, Frauengilde der
Konsumgenossenschaften, Lübeck
Beisitzerinnen:
Anne Marie Körner,
Berufsverband der Sozialarbeiter
Luise Dendtler,
Landesinnungsverband Rendsburg

Die Presse nahm zunächst keine Notiz von dem Zusammenschluß der Frauenverbände. Einzig der ersten gemeinsamen Aktion, in der die neugegründete Arbeitsgemeinschaft „*die verantwortlichen Stellen des Landes ersucht, sofort die entwürdigenden und auf rein materiellen Gewinn abgestellten Veranstaltungen von Damenringkämpfen zu verbieten*", wurde am 7.12.50 in der Schleswig-holsteinischen Volkszeitung ein umfangreicher Artikel gewidmet, ohne daß jedoch auf die Gründungsversammlung hingewiesen wurde.

In der 2. Sitzung am 12.1.51 einigten sich die Frauen darauf, dem Kabinett eine Vorlage zu unterbreiten, um die Bezeichnung „Beirat" führen zu können. Einer kleinen Notiz in der Segeberger Zeitung vom 15.1.51 zufolge erwogen die Vertreterinnen verschiedener Frauenorganisationen, über das schleswig-holsteinische Kabinett zu beantragen, daß

„*dieser Ausschuß in einen Landtagsausschuß für Frauen umgewandelt wird. Dieser Ausschuß soll sich aus den weiblichen Abgeordneten und Vertreterinnen anderer öffentlicher Organisationen zusammensetzen.*" Kurz darauf stellten Elisabeth Vormeyer und Anne Brodersen in einem einseitigen Schreiben an die Landesregierung die Arbeitsgemeinschaft kurz dar und schlossen mit dem Antrag: „*Die Landesregierung möge beschließen: Die Arbeitsgemeinschaft der Landesvertreterinnen der Frauenorganisationen und der Frauengruppen in den Berufsorganisationen, den Wohlfahrtsverbänden und den Parteien erhält den Namen ‚Landesfrauenbeirat' im Rahmen des oben genannten Aufgabengebiets.*" Die dem Brief beigefügte Liste der Mitglieder enthielt die Namen von 32 Vertreterinnen von Frauengruppen, die, wie das Anschreiben betonte, eine Gesamtzahl von über 200 000 Frauen vertraten:

Tabelle 9

Organisationen und Personen, die an der Gründung des LFR beteiligt waren

1. Deutscher Gewerkschaftsbund	Frl. Annemarie Kähler, Kiel Kronsburg
2. ders. I.G. Metall	Frau Martha Grapengeter, Kiel-Schulensee
3. ders. I.G. Nahrung-, Genuß-, Gaststätten	Frau Erna Leineweber, Kiel-Dietrichsdorf
4. ders. Frauengruppe	Frau Hilla Hagenguth, Kiel
5. Deutsche Angestelltengewerkschaft	Frau Käthe Hammer, Vors. d. weibl. Mitglieder, Kiel, Arbeitsamt
6. Frauenring Schleswig-Holstein	Frau Emma Faupel, Landesvors., Rendsburg
7. Frauenring Kiel	Frau Elisabeth Vormeyer, Kiel
8. Landesverband Schlesw.-Holst. Hausfrauen	Frau Emmy Lüthje, M.d.L., Kiel
9. Bund Kieler Hausfrauen	dieselbe

10.	Landesverband der CDU – Frauengruppe	Frau Adda Niemann, Schleswig
11.	Landesverband des DRK	Frau W. Loepthien, Vizepräsidentin, Kiel
12.	Frauengruppe der SPD – Bez. Schl.-Holst.	Frau Anne Brodersen, Kiel
13.	Landesverband der FDP – Frauengruppe	Frau Gertraud Brückner, Lübeck
14.	Landesverband des BHE – Frauengruppe	Frau Margarethe Weiß, Neumünster
15.	Landesverband der DP – Frauengruppe	Frau Irmgard Menzel, Eckernförde
16.	AG für Frauen- und Mädchenbildung	Frl. Dr. Kardel, Vorsitzende, Kiel
17.	Deutscher Akademikerinnenbund	Frau Dr. Diller, Kiel
18.	Weibliche Studentenschaft	Frl. Toni Tamm, Kiel
19.	Frauengruppe der Arbeiterwohlfahrt	Frau Gertrud Völker, Kiel
20.	Landeskirchliche Frauenarbeit	Frau Vikarin Dr. Haseloff, 1. Vors., Rendsburg
21.	Landesverband der Caritas	Frl. Stosiek, Preetz
22.	Dt. Berufsverb. d. Sozialarb./ Fürsorgerinnen	Frl. Körner, Rendsburg
23.	Frauengruppe der Konsumgenossenschaften	Frau Frida Niendorf, Lübeck
24.	Schneiderinnen – Innungen	Frau Dendtler, Landesinn.-Meisterin, Rendsburg
25.	Landesbauernkammer	Frl. Clausen, Kiel
26.	Landfrauenbund	Frau Dolly Hamkens, Tating
27.	Landesverband der Inneren Mission	Frl. Koch, Kiel
28.	Intern. Frauenliga f. Frieden u. Freiheit	Frl. Erichson, Lehrerin, Kiel
29.	Verein deutscher Frauenkultur	Frau Martha Füllgraf
30.	DGB – Landesbezirk Nordmark	Frau Hildegard Strohmeyer, Sekretärin, Hamburg
31.	Landesjugendring Schleswig-Holstein	Frl. Lisa Rolfs, Kiel-Elmschenhagen
32.	Jugendaufbauwerk	Frl. Tiedemann, Kiel

Die Behandlung dieses Antrages ließ indes auf sich warten. Dr. Pagel, zu diesem Zeitpunkt Innenminister und Minister für Volksbildung, unterzeichnete am 11.6.51 – also erst fast ein halbes Jahr später – eine Kabinettsvorlage, in der er feststellte: *„Die Arbeitsgemeinschaft ist ein freiwilliger Zusammenschluß freier Organisationen und hat infolgedessen selbst das Bestimmungsrecht über ihren Namen und ihre Aufgabenstellung. Einer besonderen Anerkennung durch die Landesregierung bedarf es daher nicht".* Er seinerseits bat das Kabinett zu beschließen: *„Die Landesregierung hat von der Bildung der Arbeitsgemeinschaft ... Kenntnis genommen und begrüßt sie als einen geeigneten Weg, um die Zusammenarbeit der Frauenorganisationen in gemeinsamen Fragen untereinander und mit der Landesregierung zusammen zu fördern und abzustimmen."* Emmy Lüthje warb in der Landtagssitzung am 14.8.51 noch einmal ausdrücklich um Unterstützung der Abgeordneten für das Anliegen der Frauen, *„den LFBR genau so gut als Ausschuß einzugliedern wie die anderen Ausschüsse, die von Männern besetzt werden. Auf der einen Seite heißt es immer, die Frau soll politisch denken, die Frau soll politisch handeln; auf der anderen Seite wird die Frau beiseite geschoben, sowie sie irgendetwas leistet."* Offenbar war sich Emmy Lüthje nicht ganz klar über die unterschiedliche Qualität von Beiräten und Ausschüssen sowie deren Ansiedlung im politischen System, und sie lieferte damit ein anschauliches Indiz für den sorglosen Umgang, den selbst Politikerinnen mit den Spielregeln der Demokratie pflegten. Durchaus entschlossen in der Sache, machten sie sich die Beherrschung des von Männern geschaffenen Instrumentariums jedoch nicht zu eigen und ließen sich damit ausgrenzen aus dem Prozeß der Machtaneignung, ohne die Gründe dafür einsehen zu können. Lena Ohnesorge unterstützte Lüthjes Appell, ohne ihm eigene Gedanken hinzuzufügen.

Auf der Sitzung des LFR im Oktober dann verlas die Vorsitzende Vormeyer ein Schreiben des Ministers Pagel, wonach *„die Führung des Namens ‚Landesfrauenbeirat' nicht gestattet ist. Ein Beirat kann nur von der Regierung berufen und eingesetzt werden. Dafür ist eine gesetzliche Grundlage notwendig.[71])"* Bei einer Unterredung, die Frau Vormeyer und Frau Grehm danach mit dem Ministerpräsidenten Lübke hatten, stellte sich heraus, daß dieser von dem Schreiben Pagels gar nichts wußte und dazu auch <u>eine andere Stellung eingenommen hätte</u>. Er seinerseits erkenne die Existenz des Landesfrauenbeirats an, bejahe ihn und wolle den Rat des LFBR in allen Frauenfragen einholen. Er war zudem bereit, einen Betrag für den LFBR zur Verfügung zu stellen. Diese Differenzen im Kabinett scheinen darauf hinzuweisen, daß der neue Zusammenschluß der Frauen den verantwortlichen Politikern doch nicht wichtig genug war, um darüber miteinander in Kommunikation zu treten oder schnelle Entscheidungen herbeizuführen. Andererseits kann man sich hier, wie bei verschiedenen anderen Gelegenheiten, des Eindrucks nicht erwehren, daß sehr wohl Übereinstimmung hergestellt wurde darüber, den Wünschen der Frauen nicht zu weit nachzugeben, einzelne Männer jedoch davor zurückscheuten, im persönlichen

Gespräch mit Frauen eine ablehnende Haltung gegenüberRaueninteressen zu vertreten. Sie schoben stattdessen Uninformiertheit vor und damit eine deutliche Stellungnahme auf die lange Bank.

An einer gesetzlichen Verankerung des LFR war den Frauen im ersten Jahr ihres Zusammenschlusses noch viel gelegen. Immer wieder wurde dieser Punkt thematisiert, ohne daß explizit deutlich wird, worum es dabei den Frauen letztlich eigentlich ging, ob es nur die formale Anerkennung war oder ob sie wirklich auf die vermeintlich besseren Durchsetzungsmöglichkeiten hofften. In einem Bericht im Holsteinischen Courier vom 14.8.51 heißt es: *„So bedauern alle Frauenorganisationen es lebhaft, daß die Landesregierung erst kürzlich abgelehnt hat, den (...) Landesfrauenbeirat zu einem Organ des Landtages auszugestalten."* Abgesehen davon, daß ein Beirat nach Vorbild z.B. des Landesschulbeirates kein „Organ des Landtages" gewesen wäre, findet sich von einer Diskussion darüber kein Wort in dem Protokoll der Sitzung vom 10.8.51, was nicht eben auf deren mögliche Intensität hinweist. Lena Ohnesorge ihrerseits hätte den Landesfrauenbeirat einem Landesgesundheitsbeirat oder Landesschulbeirat gleichgestellt sehen mögen, obwohl gerade sie wußte, daß damit allein noch nichts erreicht sein würde. Ein Jahr war sie als Vorsitzende des Gesundheitsausschusses tätig gewesen, ohne währenddessen die Bekanntschaft des Landesgesundheitsbeirats gemacht noch irgendetwas von seiner Tätigkeit gesehen zu haben.

Alle Wünsche und Überlegungen nach einer engeren Beteiligung an Fraueninteressen berührenden Angelegenheiten auf Regierungsebene gingen schließlich ins Leere. Nach nahezu einem Jahr vergeblicher Bemühungen beschlossen die Frauen am 8. November 1951 – also fast ein Jahr nach Gründung, künftig die Bezeichnung „Landesfrauenrat" zu führen, *„nachdem eine Anerkennung durch das Kabinett bisher nicht erfolgt ist und der Wunsch besteht, selbständig zu bleiben..."*

Die Frauen insistierten also nicht länger auf ihr Vorhaben, näher an das Zentrum der Entscheidungen zu gelangen, verbuchten das aber keinesfalls als Niederlage, sondern machten das Beste aus der Abfuhr, die die (Nicht-)Behandlung ihres Anliegens letztendens war: sie lobten ihre Selbständigkeit. *„Wir sind nach einem Jahr sehr selbständiger Arbeit jetzt anerkannt worden"*, betonte Elisabeth Vormeyer wider besseren Wissens anläßlich des einjährigen Jubiläums, zu dem Ministerpräsident Lübke 1000 DM überweisen ließ und kundtat, daß er sich für die Gleichberechtigung der Frau in Gesetzgebung und Verwaltung einsetzen wolle. Daß damit der wenn auch bescheidene Versuch der Frauen gescheitert war, einen Fuß in die Tür zur Macht zu schieben, darüber wurde fortan nicht mehr (öffentlich) geredet.

Abgrenzungen – der Kalte Krieg läßt grüßen

Zu Anfang hatten einige Verbände Probleme, in den LFR aufgenommen zu werden, wie z.B. die Internationale Liga für Frieden und Freiheit, der Verband Deutsche Frauenkultur e.V., der Frauenbildungsverein. Während die beiden letzteren als Traditionsvereine schließlich akzeptiert wurden, scheiterte W.O.M.A.N. zunächst daran, daß man den Nachweis der landesweiten Verbreitung nicht erbringen konnte. Es gab aber noch ein weiteres Handicap: Die W.O.M.A.N., Welt Organisation der Mütter Aller Nationen, ließ nach nach Einschätzung des LFR den Nachweis über die *„demokratische Grundlage der Arbeit"* vermissen, die als eine Aufnahmevoraussetzung galt[72]). Anläßlich eines erneuten Aufnahmeantrages im November 1952 schlug der Vorstand des LFR vor, der W.O.M.A.N. eine Erklärung abzuverlangen, daß sie die getarnten Propagandamethoden der Kommunisten, insbesondere die Aufforderungen zur Teilnahme an Friedenskongressen in Deutschland, ablehnen würde. Anlaß zu diesem Schritt waren Äußerungen von Vilma Mönckeberg[73]) auf einer Tagung, die angeblich darauf schließen ließen, daß man der getarnten Arbeit der Kommunisten nicht die nötige Abwehr entgegensetze. Auf der Sitzung des LFR am 12.11.52 wurde der Aufnahmeantrag der W.O.M.A.N. auf die nächste Sitzung vertagt. Aber auch die nächste Sitzung führte zu keiner Entscheidung. Vielmehr machte eine längere Aussprache über eine für eine Ende Januar 1953 geplante Frauentagung in der VHS Sankelmark deutlich, daß es Animositäten zwischen politisch aktiven Frauen im Lande gab: Dr. Schriewer, Leiter der VHS Sankelmark, war an den LFR mit einem Programm herangetreten, das u.a. Vorträge von Vilma Mönckeberg und Dr. Emmi Hannöver vorsah. Vilma Mönckebergs Referat sollte den Titel haben: *„Mütter sind verantwortlich für das, was in der Welt geschieht"*. Emmi Hannöver wollte zum Thema *„Warum soll sich die Frau politisch betätigen?"* sprechen. Da der Vorstand des LFR eine dominierende Mitwirkung von Frau Mönckeberg auf einer Tagung, zu der der LFR einladen sollte, nicht akzeptieren wollte, Dr. Schriewer jedoch auch nicht auf die vom LFR vorgeschlagenen Programmänderungen eingehen wollte, fand die Tagung schließlich nicht statt. Im Februar 1955 endlich wurde die W.O.M.A.N. als Mitglied aufgenommen und entsandte Frau Emmi Rohwer als Vertreterin in den LFR.

Aber nicht nur Vilma Mönckeberg lag quer zum LFR, auch Emmi Hannöver wurde seit längerem mit Argwohn betrachtet. Gut ein Jahr zuvor, auf der Sitzung des LFR am 10.8.51, hatte man ihr Gelegenheit gegeben, in 20 Minuten ihr Programm der „Allgemeinen Deutschen Frauenpartei" darzulegen, über deren Gründungsversammlung im Juni 1951 in Flensburg in der Presse keineswegs ausführlich berichtet worden war[74]). Auf Beschluß der Versammlung wurde jedoch eine Aussprache über Dr. Hannövers Ausführungen abgelehnt. Es steht also zu vermuten, daß die Frauenpartei kein ausreichend interessantes Diskussionsthema war für diesen Kreis der entweder parteilich schon gebundenen oder eher mit Berührungsängsten gegenüber „Politischem" versehenen Frauen, daß ein solcher Zusammenschluß möglicherweise auch als bedrohlich oder vollkommen wirklichkeitsfremd beurteilt wurde. Wohin Gleichmacherei in der Politik führen würde und die Abkehr von weiblichen Tugenden, meinte man an den heftig bekämpften sowjetzonalen Frauen zu sehen, vor denen 1951 z.B.

Dr. Emmy Hannöver (geb. 1910) (li. im Bild) gründete im Juni 1951 in Flensburg eine Frauenpartei. Nach ihrer Versetzung an das Gymnasium Niebüll im Jahre 1955 organisierte sie Bildungsreisen für die Volkshochschule und spielte eine führende Rolle in der Schleswig-Holsteinischen Universitätsgesellschaft.

(Privatbesitz H. Ehmler)

der „Informationsdienst für zeitnahe Frauenfragen" mit polemischen Broschüren warnte, die auch in den Ministerien gelesen wurden[75]).

Dennoch meldetete am 14.8.51 der Holsteinische Courier unter der Überschrift: *„Frauenparlament für Schleswig-Holstein?"*, daß die Vorsitzende des Deutschen Hausfrauenbundes, Emmy Lüthje, mit dem Beitritt zur Frauenpartei drohe, da die erwartete Berücksichtigung der Fraueninteressen durch die Regierung bislang ausgeblieben sei. Weder werde aus den Frauenreferaten die notwendige Schlußfolgerung gezogen, noch habe die Landesregierung den LFR wie gewünscht zu einem Organ des Landtags ausgestaltet. *„Wenn diese Nichtbeachtung der Frauenarbeit in Schleswig-Holstein bestehen bleibt, muß man damit rechnen, daß die Frau zur Selbsthilfe greift."* Und Emmy Lüthje waren unkonventionelle Schritte jederzeit zuzutrauen, wenn es etwas zu erreichen galt. Im Landtag drohte sie am selben Tag mit der Frauenpartei, ging dabei allerdings persönlich auf Distanz: *„Ich möchte doch sehr gern den Herren einmal sagen, daß sie uns ruhig ernstnehmen können; sonst kommen derartige Dinge dabei heraus, Herr Siegel, wie wir sie in Flensburg erlebt haben, und da nützt es nichts, wenn wir Frauen, die wir gewillt sind, mit den Männern zusammenzuarbeiten, dann solche Bewegungen (wie die Gründung einer Frauenpartei – d. Verf.) nicht mehr aufhalten können."* [76])

Richtlinien – keine Chance dem Bürokratismus

Im Schreiben der „Arbeitsgemeinschaft der Landesvertreterinnen der Frauenorganisationen und der Frauengruppen in den Berufsorganisationen, den Wohlfahrtsverbänden und den Parteien des Landes Schleswig-Holstein" vom 22.1.51 an die Landesregierung hieß es:

„Ihre Aufgabe soll sein die Behandlung aller die Fraueninteressen berührenden Angelegenheiten, insbesondere:
a) Sammlung und Sichtung von Anregungen und Wünschen aus den verschiedenen Organisationen des Landes zur Beratung, evt. Beschlußfassung und Weitergabe an die Frauenreferentinnen der Landesregierung.
b) Bearbeitung von Fällen aus dem Arbeitsgebiet der Frauenreferentinnen, wo Meinungsaustausch und Unterstützung zweckdienlich ist.
c) Durchdringung der Frauengemeinschaften des Landes mit den für eine Beurteilung von schwebenden Angelegenheiten notwendigen sachdienlichen Auskünften".[77])

Ein gutes halbes Jahr später wurden in den Richtlinien Zweck und Aufgaben erheblich kürzer gefaßt, während die enge Verknüpfung mit den Frauenreferaten und den weiblichen Landtagsabgeordneten bestehen blieb: *„Zweck und Aufgabe des Landesfrauenrates ist die Behandlung aller die Fraueninteressen berührenden Angelegenheiten in Zusammenarbeit mit den Frauenreferentinnen und den weiblichen Abgeordneten des Landtages."* Mit dieser Formulierung hatte man sich auf einen Minimalkonsens geeinigt, der weder die Vermittlung von Informationen und Grundlagenkenntnissen noch die Frage der Durchsetzung von Interessen thematisierte. Auch die Verfahrensfragen und die Frage der Mitgliedschaft wurden in kürzester Form auf insgesamt knapp zwei Seiten abgehandelt, und es dauerte immerhin sieben Jahre, bis man einen formellen Satzungsentwurf diskutierte, der dann doch nicht verabschiedet wurde. Bis 1958 spielten formale Fragen im Umgang miteinander im LFR offensichtlich keine Rolle, man arrangierte sich und hatte zu viel zu tun, als daß solche Dinge ein eigenes Gewicht hätten gewinnen können.

Und man hatte keine Finanzen zu verwalten! Außer den 1000 DM, die als jährlicher Obulus der Landesregierung eingingen, gab es nur einmalige Zuwendungen für besondere Zwecke, und zwar aus dem Sozialministerium für im Zusammenhang mit einem Versuchsbauvorhaben stehende Veranstaltungen und vom Kultusministerium für die Durchführung der jährlich stattfindenden Ausstellung schleswig-holsteinischer Malerinnen und Bildhauerinnen.

An den Sitzungen des LFR, die einmal monatlich meist in Kiel stattfanden, nahm jeweils eine Vertreterin der Mitgliedsverbände teil, die stimmberechtigt war, und mit beratender Stimme die weiblichen Landtagsabgeordneten, es sei denn, sie waren gleichzeitig als Vertreterin eines Verbandes stimmberechtigt wie Emmy Lüthje. Die Frauenreferentinnen sowie Einzelpersönlichkeiten, über deren Berufung die ersten Richtlinien nichts aussagten, hatten ebenfalls nur eine beratende Stimme. Dem Vorstand konnten gemäß der Richtlinien vom 10.8.51 die Mitglieder mit beratender Stimme sowie die weiblichen Abgeordneten nicht angehören.

Daß Anne Brodersen dennoch immer wieder (bis sie 1970 ihr Amt aus Krankheitgründen niederlegte) zur 2.Vorsitzenden gewählt wurde, obwohl sie seit 1954 Landtagsabgeordnete war, lag sicher daran, daß sie zum Zeitpunkt ihrer ersten Wahl noch nicht im Landtag saß – und später nahm man an diesem Verstoß gegen die Richtlinien offensichtlich keinen Anstoß mehr bzw. man bezog die Unvereinbarkeit nur auf das Amt der Vorsitzenden, obwohl die Richtlinien bis 1955 nicht – und da auch nur gerinfügig – geändert wurden. Ähnlich verhielt es sich mit der langjährigen Vorsitzenden Elisabeth Vormeyer, die zu Beginn nicht etwa den Frauenring Schleswig-Holstein, sondern die Kieler Ortsgruppe im LFR vertrat. Vertreterin der Landesgruppe war 1950/51 Emma Faupel, CDU-Ratsfrau aus Rendsburg. Es wurden keine Stimmen laut, die diese „Doppelvertretung" des Frauenringes im LFR einklagten. Ebenso „störte" es nicht, daß Elisabeth Vormeyer 1955 als Mitglied der Kieler Ratsversammlung ebenfalls ein politisches Amt übernahm. Auch „Doppelmitgliedschaften" wie bei Emmy Lüthje, die als Landtagsabgeordnete nicht stimmberechtigt war, sehr wohl aber als Vertreterin des Hausfrauenbundes, wurden nicht weiter problematisiert. Man nahm es offenbar nicht allzu genau mit den ohnehin knappen Richtlinien, und soweit es den Protokollen zu entnehmen ist, ging dies mehrere Jahre durchaus gut.

Auch über die Arbeitsweise wurden lange Zeit keine Diskussionen geführt. In der Regel wurden zu Beginn der Sitzungen, die übrigens in den meisten Fällen im Landeshaus stattfanden (Reisekosten waren selber zu tragen), Ergänzungen zum Protokoll, aktuelle Informationen zu laufenden Eingaben, Mitgliedsanträge etc. sowie die Behandlung von Einzelproblemen vorgenommen, anschließend wurden dann Referate zu aktuellen Themen gehalten. Oft waren es sogar mehr als eines, sogar zu ganz unterschiedlichen Themen an einem Tag, manchmal von Mitgliedern aus ihren Arbeitsbereichen, häufig von „ExpertInnen", d.h. MitarbeiterInnen in der Verwaltung, von Verbänden etc., deren Texte den Mitgliedern teilweise anschließend zugeschickt wurden. In der Mehrzahl handelte es sich um männliche Referenten, die meist zum erstenmal vor einer ausschließlich weiblichen Zuhörerschaft auftraten und nicht immer unbeeindruckt davon blieben: „*Manche zitterten ganz schön, vor allem wenn sie merkten, daß wir offensichtlich wider Erwarten Fragen stellten,*" erinnert sich eine Zeitzeugin heute. Wie der Informationsfluß an die Basis klappte, hing nicht nur vom Engagement der jeweiligen Vertreterin ab, sondern nicht zuletzt auch von der Anzahl der zu informierenden Mitglieder, der Organisationsstruktur des Mitglieds-Verbandes und dessen finanzieller Ausstattung. Der Weg von der Basis in den LFR war nicht weniger schwierig, denn interne Probleme aus den Mitgliedsverbänden wurden im LFR nicht thematisiert, sicher nicht zuletzt aus zeitlichen Gründen.

Zur intensiveren Beschäftigung mit speziellen Themen und zur Vorbereitung von Vorlagen und Informationsmaterial für das Plenum wurden Ausschüsse gewählt. In Zusammenarbeit mit dem Vorstand gaben sie die Richtung an, in der die in ihren Bereich fallenden Themen angegangen wurden. Außer dem Verfassen von Stellungnahmen, Resolutionen, der Versendung von Briefen und Telegrammen zu aktuellen Anlässen an die verantwortlichen PolitikerInnen, gab es auch Versuche, zu einer direkteren Einflußname zu gelangen. So durften auf Bitte des LFR die Rechtsanwältin Ohff und die Frauenreferentin Grehm 1952 erstmalig vor dem Kabinett sprechen – mit dem Erfolg, daß die Regierung sich den Vorschägen des LFR hinsichtlich der Neugestaltung des Familienrechtes anschloß. Der LFR entsandte zudem, wo immer es ihm gelang, Vertreterinnen in die zahlreichen (informellen) Ausschüsse und Arbeitskreise, die im Lande entstanden. Schon in der zweiten Sitzung stellten die Frauen den Antrag, Frauen in die Flüchtlingskommissionen hineinzunehmen, die bis dahin ausschließlich aus Männern bestanden (!), wie wohl fast alle anderen Kommissionen, die offiziell gebildet wurden, auch. Vier Frauen wurden beauftragt, zu Arbeitsgemeinschaften des Rationalisierungskuratoriums Kontakt zu halten, dem 37 Wirtschaftsverbände und Organisationen angehörten. Frau Brückner war z.B. die einzige Frau in einem Ausschuß aus jeweils vier Vertretern der Industrie, der Gewerkschaften und der „Fachwelt". Frau Tiedemann, Referentin im Sozialministerium für das Jugendaufbauwerk, vertrat den LFR auch im Kuratorium des Leistungsförderungsprogramms Schleswig-Holstein im Wirtschaftsministerium. Auch für die Umsiedlungskommission schlug der LFR die Aufnahme von Frauen vor, da die *„Haltung der Frau für den Erfolg der Umsiedlung mit ausschlaggebend ist"*. Im März 1953 stellte der LFR fest, daß im Landesbeirat für das JAW (Jugendaufbauwerk) keine Frau vertreten sei, und man setzte schließlich eine Vertreterin durch. Auch die einmalige Teilnahme an einzelnen Ausschußsitzungen wurde vom LFR immer wieder angestrebt.

Dabei sollte besonders darauf hingewiesen werden, daß die Vertreterinnen in der Regel als einzige Frau in diesen Runden zugegen waren, eine Anforderung, der sicher nicht alle Frauen in gleicher Weise begegneten. Ob sie sich mit ihren Vorstellungen in solche Sitzungen einbringen konnten oder nur geduldete Zuhörerinnen waren, die sich den Zugang in der Regel ja nachträglich mit Hilfe des LFR verschafft hatten, darüber können wir nur Mutmaßungen anstellen.

Hin und wieder wurde der Vorstand des LFR auch in die informellen männlichen Runden eingeladen, an denen Frauen ansonsten, wenn überhaupt, dann so gut wie ausschließlich als „Ehefrauen" teilnahmen, so z.B. zum „Parlamentarischen Abend", an dem auf Einladung des Landtagspräsidenten Ratz auch die Frauenreferentinnen zugegen waren, oder zum Bierabend des Ministerpäsidenten. Auch zur Eröffnungstagung der „Grenzhochschule Sankelmark", einer der wichtigsten Einrichtungen der politischen Bildung im Lande und Tagungsstätte für unzählige Weiterbildungsveranstaltungen u.a. öffentlicher Träger,

Erna Kilkowski (1907–1985, CDU), Landtagsabgeordnete von 1957–1967 und von 1969–1971, bei einem parlamentarischen Abend. (Privatbesitz Meyer-Farge)

wurde die Vorsitzende Vormeyer 1952 eingeladen, als eine von fünf Frauen (davon zwei als Ehefrauen!) unter 52 Teilnehmern. An der Eröffnungsfeier nahmen sogar 176 Gäste teil – 166 Männer „von Rang und Namen" aus dem Lande – und 10 Frauen, die „Ehefrauen" inbegriffen. Im August 1955 entsandte der LFR Dr. Ines Diller, die Vertreterin des Akademikerinnenbundes, in den Rundfunkbeirat. Tatsächlich mühten sich die Frauen, überall gehört zu werden, aber immer waren sie es, die sich, immer in sehr freundlichem dezenten Ton, den Gremien andienten, in die sie Einlaß begehrten. Eine (Not)Situation, in der man ihre Mitarbeit für angezeigt oder gar unerläßlich gehalten hätte, gab es nicht. Und Sanktionen hatten die Männer nicht zu fürchten.

Erst im Jahre 1958, im Vorfeld der sich anbahnenden Krise, wurde explizit Kritik an der Arbeitsweise des LFR geäußert. Mitglieder bemängelten, daß nur Vorträge gehalten würden und keine praktische Arbeit erfolge. Gleichzeitig wurde zum erstenmal ernsthaft über eine Eintragung in das Vereinsregister diskutiert. Zu den vehementen Gegnerinnen eines solchen Schrittes gehörte Gerda Grehm, die um die Unabhängigkeit fürchtete und/oder aber ihren Zugriff schwinden sah. Äußerer Anlaß für Überlegungen, ein eingetragener Verein zu werden, war *„die Möglichkeit, vom Bundesernährungsministerium Gelder für die Verbraucheraufklärung im Lande zu bekommen."* Voraussetzung für die Zuweisung solcher Mittel war ein eingetragener Verein als *„rechtlich anerkannter*

Partner". Diese Berührung mit der Bürokratie war nicht mehr zu vermeiden gewesen. Nun stand die Verwaltung von Finanzen ins Haus, und schon gab es Komplikationen.

Themen

Expertinnen – der Landesfrauenrat meldet sich zu Wort

Zwei Expertinnen verliehen dem LFR in den frühen 50er Jahren Profil: die Architektin Dorothee Asmussen und die Rechtsanwältin Lieselotte Ohff. Beide Frauen waren nicht als Vertreterinnen von Verbänden, sondern als Einzelmitglieder assoziiert, und ohne ihre ständige Mitarbeit wären die Aktivitäten des LFR im Bereich Wohnungsbau und Rechtsfragen nicht möglich gewesen. Auf der anderen Seite stellte für beide Frauen der LFR ein Forum für ihr Engagement dar, wie sie es ohne ihn sicher nicht gefunden hätten.

Unter der Federführung von Dorothee Asmussen machte sich die im April 1951 gegründete *Arbeitsgemeinschaft für Wohnungsbau*, kurz: der *Bauausschuß* des LFR, einen Namen. Ihr gelang es, Vertreter der zuständigen Behörden, der Wohnungsbaugesellschaften in allen schleswig-holsteinischen Städten sowie Architekten an einem (runden) Tisch zusammenzuholen, um „*das Ergebnis der Auswertung der Fragebogen des LFR-Bauausschusses weiteren Kreisen bekanntzugeben*". Dorothee Asmussen forderte konsequent die verstärkte Mitbestimmung der Frau beim Bauen, wobei sie die Situation in Schleswig-Holstein schon als weit fortgeschritten beurteilte.

Dorothee Asmussen (1894–1961, FDP) leitete ab 1951 im Landesfrauenrat die Arbeitsgemeinschaft für Wohnungsbau, die 1954/55 ein Fraueninteressen berücksichtigendes Bauprojekt in Kiel durchführte. (KN v. 19./20.5.1955)

Ein Ergebnis dieser Veranstaltung war das Angebot aus dem Sozialministerium, neben Frau Asmussen und Frau Geimick, die bereits in den „wohnungswirtschaftlichen Beirat" vorgedrungen waren, einen weiteren Sitz an eine Frau zu vergeben, der von der damaligen Vorsitzenden, Dr. Elisabeth Kardel, wahrgenommen werden sollte. Krönung des Ganzen war jedoch das Versuchsbauvorhaben Kronshagener Weg/Ecke Nietzschestraße, dessen Konzept und Durchführung von Dorothee Asmussen unter der Verantwortung des LFR vorgenommen wurde, in Zusammenarbeit mit dem

Sozialministerium und der Wohnungsbaugesellschaft Schleswig-Holstein als Bauträger. Im Juni 1955 wurde der Neubau der Öffentlichkeit vorgestellt. Dies sollten dann aber wohl auch die einzigen Wohnungen in Schleswig-Holstein bleiben, die von Frauen konzeptioniert worden waren. Natürlich blieb Kritik nicht aus, auch nicht aus den eigenen Reihen. Dennoch war es gelungen zu zeigen, daß das Bauvorhaben auch ein lebendiger Ausdruck der Gemeinschaftsarbeit im LFR sei, wie Frau Asmussen es formulierte, allerdings ein untypischer und einmaliger, obwohl der Sozialminister dem LFR die Durchführung weiterer Bauvorhaben dieser Art zugesagt hatte. Davon war dann allerdings in den nächsten drei Jahren nicht mehr die Rede, wie Fragen des Wohnungsbaus in dieser Zeit überhaupt nicht mehr im Plenum thematisiert wurden.

Nicht weniger sachkundig und engagiert setzte die Expertin für Rechtsfragen, die Kieler Rechtsanwältin Lieselotte Ohff, markante Akzente in der Arbeit des LFR. Ihr Aktionsradius erstreckte sich auf das gesamte Bundesgebiet, so daß der Informationsstand und die daraus resultierenden Aktivitäten des LFR in Rechtsfragen stets profiliert und darüber hinaus bemerkenswert pointiert formuliert waren, übte man sich doch in der Regel in netter Zurückhaltung, um die Adressaten von Resolutionen und Bittschreiben nicht zu verärgern.

Im Juli 1952 fuhr Lieselotte Ohff im Auftrag des LFR zu einer Sitzung des Unterausschusses „Eheliches Güterrecht" nach München und berichtete wenig später darüber im Plenum. Besondere Empörung rief der § 1354 BGB hervor, der vorsah, daß dem Mann im Streitfall um beide betreffende Angelegenheiten die letzte Entscheidung bleibe, und zwar auch im Hinblick auf die Kinder. Die Protestnoten des LFR hatten Erfolg: Am 20.10.52 gab Frau Dr. Kardel bekannt,*„daß die Regierung den Vorschlägen des LFR betr. Familienrecht gefolgt ist. Frau Grehm und Frau Ohff haben erstmalig Gelegenheit gehabt, vor dem Kabinett zu der Sache zu sprechen. Ein Brief des Ministerpräsidenten wurde auszugsweise verlesen und ergab die Bestätigung des Gesagten."*

Der 1. April 1953 verging, ohne daß die bis zu diesem Zeitpunkt geforderte gesetzliche Verankerung des Gleichberechtigungsartikels im Grundgesetz erfolgt wäre, wie im Plenum des LFR festgestellt wurde. Am 8. Mai 1953 referierte Lieselotte Ohff vor dem LFR über *„die gegenwärtige Situation auf dem Gebiet des Familienrechts"*. Sie forderte dazu auf, den Verlauf des Gesetzgebungsprozesses weiter kritisch zu begleiten. Am 4. Dezember 1953 verabschiedete der LFR eine Resolution, die an Deutlichkeit nichts zu wünschen übrig ließ. So hieß es:

„Dem Gesetzgeber steht es <u>nicht frei</u>, auch nicht mit Zweidrittelmehrheit des Bundestages, den Grundsatz der Gleichberechtigung außer Kraft zu setzen. Es würde dies eine rein positivistische Rechtsauffassung bekunden. Der Grundsatz der Gleichberechtigung ist nach unserer derzeitigen kulturellen Auffassung ein vorverfassungsrechtliches Prinzip der Gleichheit der Menschen vor dem Gesetz. Nachdem dieser Grundsatz rechts-

219

wirksam geworden ist, kann er auch nicht zeitweilig durch Zweidrittelmehrheitsgesetz wieder außer Kraft gesetzt werden. Diesen Rechtsstandpunkt wird der Landesfrauenrat jederzeit vertreten" (Herv. im Original).

Über die neuen Gesetze zum Jugendgerichtswesen informierte sich der LFR ebenso wie über den § 34a des Landesbeamtengesetzentwurfes. Dieser Paragraph beschäftigte den LFR einige Sitzungen lang. Danach *„soll dem Dienstherrn die Möglichkeit eröffnet werden, eine verheiratete, auf ihren Antrag hin ausgeschiedene Beamtin auf Lebenszeit oder auf Probe im Falle ihrer Wiederverwendung nunmehr in einem Beamtenverhältnis besonderer Art – nämlich in einem befristeten Beamtenverhältnis auf Probe – zu beschäftigen. Da eine zeitliche Begrenzung für eine derartige Beschäftigung nicht vorgesehen ist, kann diese auch für einen längeren Zeitraum, u.U. bis zur Erreichung der Altersgrenze erfolgen, ohne daß ein Anspruch der wiederverwendeten Beamtin in ein Beamtenverhältnis gegeben ist."* [78]) Der LFR machte den Vorschlag, die Frist der Probezeit auf zwei Jahre zu begrenzen.

Lieselotte Ohff, die erst am 28.5.54 als ständiges Mitglied in den LFR aufgenommen wurde, ohne gleichzeitig Vertreterin einer Organisation zu sein, betrieb mit ihrem Mann in Kiel eine Anwaltskanzlei und war Mutter eines Sohnes. Als Mitglied des Akademikerinnenbundes und des Deutschen Frauenringes sowie als engagierte, geachtete und beliebte Anwältin in der Gefangenenfürsorge war sie ein Beispiel für die Frauen, die gleichzeitig in vielen Bereichen des politischen und öffentlichen Lebens tätig waren. Ohne ihr Engagement und ihre juristischen Kenntnisse wäre es dem LFR sicher nicht möglich gewesen, so differenzierte Stellungnahmen zu den Gesetzesentwürfen abzugeben.

Auch im *Wirtschaftsausschuß* des LFR, der 1955 gegründet wurde, trafen sachkundige Frauen zusammen, die zielorientiert arbeiteten. Die Frage der Versorgung mit Lebensmitteln, Thema der Verbraucherausschüsse, war 1955 passé, neue Themen wie „die Stellung des Verbrauchers in der Marktwirtschaft", der „Haushaltsbedarf", „Textilwirtschaft" etc., die nicht mehr in den Bereich des Ernährungsministeriums und der Kreislandwirtschaftsbehörden fielen, in deren Einflußbereich die Verbraucherausschüsse agierten, sollten im Mittelpunkt der Arbeit stehen.

Die anfangs sechs Vertreterinnen des Wirtschaftsausschusses Rosemarie Küger, Frauenreferentin im Wirtschaftsministerium, Frida Niendorf, Frauengilde der Konsumgenossenschaft, Lübeck, W. Loepthien, DRK, Kiel, Ingeborg Sommer, DGB Lübeck, Hertha Just, ÖTV Kiel, Carla Dittmer, Hausfrauenbund, und Frau Ahlmann, Vereinigung der Unternehmerinnen (seit 3.56) hatten einschlägige Erfahrungen und ihr Durchsetzungsvermögen schon anderenorts unter Beweis gestellt, so daß mit frischem Wind zu rechnen war. Kartellgesetzgebung, Milchmarktordnung, Ladenschlußfrage, Fünftagewoche, Rationalisierungsfragen, Textilfragen, Fragen der inneren Umsiedlung, Zuckerpreiserhöhung, die Liste der anzugehenden Themen war vielfältig. Man richtete an den Minister für Ernährung, Landwirtschaft und Forsten eine Entschließung zur Deklarierung von Kühlhausbutter, (worauf eine Einladung zur „Butterprüfung" folgte), schickte an den Bundesernährungsminister ein Telegramm gegen die beabsichtigte Erhöhung des Milchpreises. Zur Oktobersitzung 1955 wurde z.b. der Leiter des Landesamtes für Preisbildung und Preisüberwachung eingeladen, um über die gegenwärtige Preissituation zu referieren, am selben Vormittag informierte ein Referent über Energiewirtschaft und Brennstoffversorgung, und nach der Mittagspause gab es noch einen Vortrag eines Bundesbahn-Oberrats über *„Die allgemeine Situation der Bundesbahn"*, (worauf eine Einladung zur Fahrt mit der „Deutschland" von Großenbrode nach Gedser folgte). *„Nach der sehr regen Aussprache wurden noch einige Filme der Bundesbahn vorgeführt"*. Ein Beispiel wie dieses zeigt deutlich, daß der LFR sich auch in seinen Sitzungen keineswegs nur mit den sogenannten frauentypischen Themen auseinandersetzte. Auch die Fülle der Programmpunkte läßt nichts zu wünschen übrig und konnte sich sicher mit der auf männlichen Zusammenkünften messen, der Gedanke an Kaffeekränzchen konnte sich da weder bei den Teilnehmerinnen noch bei den BetrachterInnen einstellen. Andererseits war es nicht verwunderlich, wenn bei einer solchen Gestaltung der monatlichen Mitgliederversammlung die Diskussion grundsätzlicher Fragestellungen zum eigenen Vorgehen, zu Durchsetzungschancen der eigenen Interessen, zu Problemen der Mitgliedsverbände keinen Platz mehr fanden.

In der Tat stellen Sitzungen der beschriebenen Art hohe Anforderungen an die Aufmerksamkeit der ZuhörerInnen, die in vielen Fällen wohl weniger in ihrer Eigenschaft als Verbandsvertreterin als vielmehr als „Privatperson" an den Themen interessiert gewesen sein dürften. In Anbetracht dessen drängt sich die Frage auf, ob die im Landesfrauenrat vermittelten Informationen die Basis erreichten und ob die geleistete Arbeit, ob die hier artikulierten Interessen widerspiegeln, was an der Basis geschah bzw. gefordert wurde. Die einzige Organisation, für die dies ohne Einschränkung zutreffen mochte, was die Bandbreite der behandelten Themen anlangt, war wohl der Deutsche Frauenring – und u.U. die Frauengruppen der Parteien, was aber noch zu belegen wäre. Im Übrigen deckten sich die Schwerpunkte der Verbandsarbeit der Mitgliedsverbände wohl vornehmlich mit einzelnen Themen – und zwar eher den altbekannten „frauentypischen". Gerade die Arbeit des Wirtschaftsausschusses und der gemeinsam beschlossene Anspruch, *„auch solche Themen"* zu verhandeln, mögen bei Mitgliedern zu dem Eindruck geführt haben, hier entstünde „Ballast", der schließlich in der Beschwerde kumulierte, es würde nicht mehr praktisch gearbeitet werden.

Soziale Fragen – Frauen appellieren an Frauen

Themen, die im weitesten Sinne dem sozialen Bereich zuzuordnen sind, standen in jeder Sitzung auf der Tagesordnung.

Die Problematik der Uferlosigkeit sozialer Fragen spiegelte sich in der Arbeit

221

des im März 1952 gegründeten *sozialpolitischen Ausschusses* wider, in dem Fragen von grundsätzlicher Bedeutung behandelt werden sollten, die sich aus der Verfahrenspraxis der Einzelbetreuungen ergaben, mit dem Ziel, sie an das Sozialministerium weiterzuleiten. Seine Arbeit ging offenbar mehr als die der anderen Ausschüsse in der Arbeit des Plenums auf, was daran liegen mochte, daß die sozialen Themen der Arbeit der Mitgliedsverbände näher standen als die des Wirtschafts- oder des Bauausschusses. Zur Bearbeitung sozialer Fragen standen dem LFR aus dem eigenen Kreis jederzeit Expertinnen zur Verfügung, die Abhängigkeit von der Kompetenz einzelner war wesentlich geringer. Mitglieder im sozialpolitischen Ausschuß waren zu Beginn: „Frl." Gengelatzky, Gesundheitsfürsorgerin, DAG, „Frl." Stosiek, Caritas, Frau Völcker, Arbeiterwohlfahrt, Frau Dr. Linden, MdL, „Frl." Koch, Innere Mission.

Gerade die Fülle der anstehenden Themen schien es dem Ausschuß zu erschweren, sich umgehend auf ein Programm zu einigen. Er entschloß sich vorerst, auf die an ihn herangetragenen Probleme zu reagieren, was der Arbeitsweise des LFR insgesamt durchaus am ehesten entsprach. Dazu gehörte u.a. die Unterstützung der Arbeit des *Müttergenesungswerkes*, dem sich der LFR anschloß, betraf sie doch eine große Zahl der im LFR vertretenen Frauen ganz direkt.

Die Belieferung der Kinder mit *Schulmilch* bzw. die Schulbespeisung war einer der wenigen Anlässe, bei denen die Frauen die Frage thematisierten, ob nicht die Anerkennung dieser Aufgabe als eine öffentliche erwartet werden müsse, da freiwillige Zuwendungen eine Dauer der Arbeit nicht gewährleisten könnten. Dies war in der Tat ein bemerkenswerter Vorgang, da Frauen im übrigen bei der Übernahme sozialer (Reproduktions-)Leistungen nie „*nach dem Staat riefen*", sondern taten, was getan werden mußte und was in ihrer individuellen Kraft lag, die viele in dem sogenannten „ehrenamtlichen" Bereich bis zur Selbstaufgabe ausbeuteten.

Über ein Jahr später, im Dezember 1953, war die Schulmilchfrage immer noch nicht befriedigend geregelt. Die Frauen ließen nicht locker und verhandelten nicht nur mit dem Ernährungsministerium, sondern auch mit der Landesvereinigung der Milchwirtschaft, der Landesbauernkammer und brachten es fertig, alle an einem Tisch zu versammeln (noch ein „runder Tisch"!), allerdings ohne den gewünschten Erfolg, so daß das Thema auch im Februar 1954 noch einmal im LFR behandelt wurde. Man beschloß weitere Appelle an die *weiblichen*(!) Stadt-, Kreis- und Bundestagsabgeordneten sowie an das Familienministerium. Offenbar erhofften die Frauen bei den männlichen Politikern keine nennenswerte Unterstützung. Sollte so ein geschlechtsspezifischer Vorstoß als Indiz dafür gewertet werden, daß die Frauen stets an der – hierarchischen! – Aufgabenverteilung zwischen den Geschlechtern auch in der Politik gezimmert haben? Oder waren pragmatische Gründe ausschlaggebend, die den Kreis der potentiell interessierten AdressatInnen solcher Eingaben auf ein überschaubares Maß reduzieren sollten? Es ist anzunehmen, daß die *prinzipielle* Bedeutung solcher Selektion den Frauen nicht einmal in den Sinn kam. Sie behandelten ihrerseits ihre Geschlechtsgenossinnen in den Parlamenten, nicht anders als die Männer, in erster Linie als Vertreterinnen eines scheinbar unstrittigen „Fraueninteresses" – womöglich ohne darüber nachzudenken, ob nicht die Frage der Schulmilch bei bestimmten männlichen Abgeordneten besser aufgehoben sein könnte als bei solchen Politikerinnen, deren Interesse auf anderen politischen Schwerpunkten lag. (Als hätten Schulkinder keine Väter...)

Ein Beispiel für das praktische Wirken des LFR war seine Bitte an den Ministerpräsidenten um die Überlassung zweier Baracken in Kiel, in denen 60 Mädchen unter Aufsicht einer Heimleiterin untergebracht werden sollten, während sie in einer Familie oder einer Lehrstelle arbeiteten, um dem Fürsorgeengpaß für Mädchen zu begegnen. Eine Hilfsaktion für aus der Ostzone geflohene Studenten und der Aufruf zu wöchentlichen Essenseinladungen an die jungen Leute nach den Ereignissen des 17. Juni 1953 sowie die Bereitstellung von Kinderferienplätzen waren Aktionen, an denen sich die Mitglieder an der Basis zahlreich beteiligten. Die von der KPD organisierte Kinderverschickung in die Sowjetzone, an der 1954 erstmalig etwa 15000 Kinder, davon 1250 aus Schleswig-Holstein, teilnahmen, sehr zum Mißfallen der Länder und des Bundes, hatte den LFR herausgefordert, diesen Aktivitäten „etwas Eigenes" entgegenzustellen. Man bat den Ministerpräsidenten, zusätzliche Mittel zur Verfügung zu stellen, und regte die Konstituierung eines „Landesausschusses für Kinderverschickung" (etwas später: „für das Jugendferienwerk") an, in dem Frau Niemann den LFR vertrat.

Auch die jährlich vom LFR ausgerichtete Ausstellung schleswig-holsteinischer Künstlerinnen im Landeshaus, die stets Gerda Grehm organisierte, war eher unter dem sozialen Aspekt, Künstlerinnen zu einer Einnahme zu verhelfen, als unter einem kulturpolitischen Anspruch entstanden und nicht der Einsicht gefolgt, daß Frauen von Männern (und Frauen) als Künstlerinnen nicht wahrgenommen werden und infolgedessen auch keine öffentlichen Räume zur Verfügung gestellt bekommen, es sei denn, man lanciert dies.

Generell können wir feststellen, daß der LFR wohl kaum einen Anlaß versäumte, um sich zu aktuellen sozialen Fragen zu informieren, zu Wort zu melden und in vielen Fällen zur Tat zu schreiten. Bis auf die zitierte Ausnahme wurde niemals eine Forderung laut, daß die selbstverständliche ehrenamtliche Übernahme dieser Aufgaben durch die Frauen abgelöst werden solle durch bezahlte Arbeit. Die Zuständigkeit der Frauen für soziale Belange blieb undiskutiert, und daran änderte auch nichts der – vermutlich unterlassene – Blick auf die *Funktionärsebene* in den Wohlfahrtsverbänden und allen nur möglichen sozialen und kulturellen Bereichen, in denen Frauen auf *untergeordneter Ebene* ihr angeblich ureigenes Betätigungsfeld zugestanden wurde. Bezahlte Posten und öffentliche Repräsentanz blieben auch hier den Männern vorbehalten.

Bildung – im Norden nichts Neues

Die Bildungs- und Berufssituation junger Mädchen war ein wiederkehrendes Thema im LFR. In einem Referat über die *„Berufsnot der weiblichen Jugend"* stellte Frau Mahrt 1953 fest, daß die *„Struktur unseres Landes dem Bemühen Grenzen setze, mehr als einen kleinen Prozentsatz von schulentlassenen Mädchen in Lehr- und Anlernstellen zu vermitteln."* Sie warb um die Verbreitung des Grundgedankens, *„an Stelle von <u>schwach geeigneter Jungen überdurchschnittlich begabte Mädchen</u> bei Lehrstellen zu berücksichtigen, die für Mädchen in Frage kommen können (Herv. d. Verf.)"*, und war der Ansicht, man solle neue Wege gehen. Die Diskriminierung, die so einem Ansatz zugrunde liegt, wurde offenbar gar nicht gesehen, im Gegenteil, so ein Vorstoß wurde eher als revolutionär denn als entlarvend für den Umgang mit weiblicher Qualifikation angesehen. Für eine Vermittlung in Lehrstellen anderer Bundesländer, die ein Ausweg aus der Mangelsituation hätte sein können, kamen Mädchen noch viel weniger in Frage als Knaben, da sie von den Eltern noch weniger gern losgelassen wurden als letztere. Die Kurse des Jugendaufbauwerks, in der überwiegenden Mehrzahl für Jungen konzipiert, waren hoffnungslos überlaufen. Bei den Grundlehrgängen zur Vorbereitung für die Hauswirtschaft oder für Sozialberufe, hatte sich herausgestellt, *„daß am Ende eines Lehrganges sich zu 40% die Berufswünsche <u>geändert</u> haben <u>zugunsten</u> (Herv. d. Verf.) der pflegerischen und sozialen Berufe"*[79]).

Man ergriff also die Chance, Mädchen während dieser Vorbereitungszeit für an-

Käte Mahrt (geb. 1909), Frauenreferentin im Kieler Arbeitsamt. (KN v. 8./9.1.1955)

dere Berufe zu interessieren, offensichtlich nicht, sondern verstärkte alte Rollenmuster. Daß der Gedanke, Mädchen für „Männerberufe" zu qualifizieren, dennoch auch damals schon in die Tat umgesetzt wurde, zeigt ein Artikel in der SHVZ vom 1.3.52, der unter der Überschrift *„Keine Amazonen der Arbeit"* von erfolgreichen Versuchen berichtete – mit dem Ergebnis, daß die Leistungen der weiblichen Auszubildenden z.B. im Handwerk der „Herrenschneidergehilfinnen" um ein bis zwei Noten höher lagen als die der männlichen. Dennoch blieben Vorstöße auf das sogenannte männliche Terrain des Berufslebens die Ausnahme, während an der Nutzung sogenannter weiblicher Fähigkeiten für Beruf (und Gesellschaft) auch im LFR wesentlich intensiver herumgedacht wurde.

Der trotz der Arbeitslosigkeit junger Mädchen bestehende Mangel an Personal für den ländlichen Haushalt wurde ausführlich diskutiert. Zwei Argumentationsstränge verbanden sich dabei zu einem ideologieverdächtigen Zusammenspiel, das die schulentlassenen Mädchen offenbar nicht zu überzeugen vermochte: Zum einen wurde die Notwendigkeit einer hauswirtschaftlichen Unterweisung als Voraussetzung für die eigene Lebensgestaltung (sprich Ehe und Familie) hervorgehoben. Die Zeit einer solchen Ausbildung sei für ein junges Mädchen in jedem Fall nutzbringend verwendet. Zum anderen war gerade in ländlichen Haushalten und in gutsituierten städtischen Haushalten, in denen die Frau berufstätig war, die Nachfrage nach Personal groß. Wegen der mannigfaltigen Aufgaben, die nach dem an bürgerlichen Idealen orientierten Leitbild der Hausfrau zufielen, erschien ihre Unterstützung durch wenigstens eine Hausangestellte unerläßlich.

Man suchte infolgedessen in der Beweisführung, das Nützliche (für die zukünftigen Mütter und Hausfrauen) mit dem Angenehmen (für die Haushalte, die es sich leisten konnten) zu verbinden, ohne auf die Ursachen der Ablehnung dieser Arbeitsverhältnisse einzugehen. Kritische Töne gab es zwar von den Gewerkschaftsfrauen, die jedoch eindeutig in der Minderheit waren. In Anbetracht der für Mädchen besonders schwierigen Situation auf dem Lehrstellenmarkt läßt sich die Verknüpfung beider Anliegen nur zu gut erklären. Exemplarischer hätte der systemimmanente Lösungsansatz für die scheinbar ausweglose Berufssituation der weiblichen Jugend jedoch nicht darstellen können, daß der LFR von einer Überwindung der überkommenen Geschlechtsrollenzuweisungen noch weit entfernt war.

Die Auseinandersetzung mit der Schwesternausbildung, die schon 1951 als reformbedürftig erkannt wurde, da die Ausbildungs- und Arbeitsbedingungen nicht mehr zeitgemäß waren und damit den Nachwuchs abschreckten, wurde ideologiefreier geführt, benannte man hier doch die Ursachen für die Nachwuchssorgen viel deutlicher. Dennoch änderte sich auch hier wenig, denn als Lena Ohnesorge 1954 im LFR von der durch amerikanische Unterstützung neu gegründeten Schwesternschule in Heidelberg berichtete, betrug das Durchschnittsalter der Schwestern immer noch 53 Jahre.

Auf die Arbeitsbedingungen von Frauen in Betrieben wurde anläßlich eines Vortrages von Lucie Drews eingegangen, die als Vertreterin des Gewerbeaufsichtsamtes im LFR vertreten war, möglicherweise als Frauenreferentin ihrer Dienststelle. Sie informierte über Schutzvorschriften speziell für Frauen und Jugendliche, die während des Krieges stark vernachlässigt worden seien und um deren Einhaltung man sich zunehmend kümmern müsse. In diesem Zusammenhang ist festzustellen, daß die Gewerkschaftsvertreterinnen den LFR so gut wie gar nicht als Plenum für ihre Ziele und Ideen nutzten, obwohl sie zahlenmäßig die stärkste Frauengruppe vertraten.

Auch der Situation der älteren Frauen auf dem Arbeitsmarkt nahm sich der

LFR an und forderte einen Kündigungsschutz für ältere Frauen ähnlich dem für Schwerbeschädigte, da sie, *„häufig zwar schlecht ausgebildet, dennoch ihren Platz oft sehr gut ausfüllten und in vielen Fällen den Lebensunterhalt der Familie allein bestreiten müßten."*

Inwieweit die Berufstätigkeit der Frau nur als notwendiges Übel oder eine Phase im weiblichen Lebensweg gesehen wurde oder als ein Wert an sich, wurde selbst in einem Referat von Dr. Elisabeth Kardel nicht deutlich, die als Pädagogin und 1. Vorsitzende der Arbeitsgemeinschaft für Mädchen- und Frauenbildung immerhin Generationen von Abiturientinnen „in das Leben entließ". Möglicherweise liegt die Ausblendung dieses Themas an der Zusammenfassung, in der uns das Referat nur noch zugänglich ist, dennoch schien auch hier eher die individuelle Verantwortung der Frau „dem Ganzen gegenüber" die tragende Idee auch für die intellektuelle Bildung zu sein als der Gedanke der persönlichen Selbstverwirklichung. Zu lernen, um einen Platz in der Gesellschaft zu erreichen, der nicht in erster Linie um die „mütterliche" Befriedigung der Bedürfnisse anderer kreiste oder eben dem notwendigen Gelderwerb diente, war scheinbar kein Thema für die Frauen. Frauen sollten den Platz optimal ausfüllen, den die Gesellschaft für sie bereithielt.

Probleme der akademisch gebildeten Frauen spielten im LFR keine Rolle. Diese Diskussionen blieben wohl dem Akademikerinnenbund vorbehalten, dem eine Reihe der Vertreterinnen im LFR ebenfalls angehörte. Im Oktober 1955 fand in Sankelmark eine Tagung des Verbandes statt, deren Themen noch so brennend aktuell sind wie vor fast vierzig Jahren, mit dem Unterschied, daß sie heute eine größere Anzahl von Frauen betreffen: *„Berufstätigkeit von verheirateten Akademikerinnen, Umfrage zur Halbtagsarbeit von Akademikerinnen, Wege zur Sicherung von Aufstiegsmöglichkeiten für Frauen in akademischen Berufen."*

Bedenkt man, daß die Schulreformgesetzgebung, die in die Anfangsphase des LFR fiel, ein heißumkämpftes Thema in der Landespolitik war und Bildungs- sowie Arbeitsmarktpolitik ohnehin eher zu den ideologieverdächtigen Politikbereichen zählen, so steht zu vermuten, daß die Frauen durch die Aussparung solcher „heißen Eisen" ihren Zusammenschluß nicht mit Auseinandersetzungen zu diesen Themen belasten wollten. Vielleicht ist die Erklärung für die Tatsache, daß nichts Innovatives zur Rolle der Frau in Bildung und Beruf gedacht wurde, aber viel einfacher in der weiter bestehenden Fixierung auf die Geschlechtsrollen zu sehen, deren Überwindung noch lange nicht ins Haus stand.

Biographien – „Nehmen Sie uns gefälligst ernst!"

Wie ein Blick auf die Geburtsjahrgänge zeigt, waren die führenden Frauen im LFR 1955 zwischen 44 und 68 Jahre alt, und wir können davon ausgehen, daß die Altersstruktur an der Basis insgesamt nicht wesentlich anders war. Es handelte sich also um gestandene Frauen, die Kopf und Hände frei hatten für ein gesellschaftspolitisches Engagement, deren Kinder, sofern sie welche hatten, mindestens *„aus dem Gröbsten heraus* *waren".* Es waren Frauen in und um die Wechseljahre, in einem Alter, das bei Männern als „die besten Jahre" bezeichnet wird, Frauen hingegen in der Regel zur absoluten gesellschaftlichen Bedeutungslosigkeit verdammt. Emmy Lüthje sprach das Thema 1951 im Landtag an, als sie um die Unterstützung der Abgeordneten für die Anerkennung des LFR als „Beirat" warb. Während ihrer Ausführungen wurde sie ständig von – auch sexistischen – Zwischenrufen und Heiterkeitsausbrüchen unterbrochen. Sie schloß mit den Worten:

„Meine Herren! Wir sind unbequem, wenn wir mit der Wahrheit herauskommen, und wenn wir versuchen, etwas zu leisten. Wir sind viel bequemer, wenn wir uns beiseiteschieben lassen.

(Abg. Lechner: Im Gegenteil!)

Ich bitte Sie aber, zu berücksichtigen, daß wir etwas sind; wir sind Ihnen vielleicht nicht so genehm, als wenn wir dreißig Jahre jünger wären.

(Anhaltende Heiterkeit)

Aber obwohl wir das 60. Lebensjahr zum Teil bald erreicht haben, sind wir nach wie vor bemüht, ernst zu arbeiten, und wir verlangen von Ihnen, daß wir ernst genommen werden." [80])

Kaum vorstellbar, daß einer der männlichen Referenten im LFR geäußert hätte: Meine Damen, ich bin zwar schon fast sechzig, und Sie hätten mich sicher gern 30 Jahre jünger, aber sie können davon ausgehen, daß ich etwas von meiner Arbeit verstehe, und ich bitte Sie, mich dennoch ernst zu nehmen...

In der Tat war für die Frauen ihr Alter durchaus problematisch, und das nicht nur, weil sie den Männern dadurch nicht mehr den von diesen erwarteten faltenlosen Anblick boten. Alle von uns befragten männlichen Zeitzeugen machten Angaben zum äußeren Erscheinungsbild der Frauen. Die Bemerkungen erstreckten sich vom „*vornehmen Eindruck*" über „*auffällige Erscheinung*", „*rote Haare*", „*schöne Haare*", „*schwarze Haare*", „*modebewußt*", „*sehr gepflegt*", bis zur Feststellung: „*trug immer Perücke, die ab und zu verrutschte*".

Für die Frauen in Öffentlichkeit und Politik war das Thema „Aussehen" ebenfalls wichtig. Ingeborg Sommer, eine der jüngeren Frauen, erinnert sich, daß Bertha Wirthel sie aufforderte, sich politisch zu engagieren und dazu bemerkte: „*Dann mußt Du aber endlich mal zum Friseur!*" Auch Doris Pott findet es erwähnenswert, daß eine Frau, um politische Karriere zu machen, schöne Haare haben muß – oder doch wenigstens eine Perücke, die aber in den fünfziger Jahren keineswegs selbstverständlich erschwinglich war.

Wichtiger jedoch als für das Aussehen mag das Alter für eine Reihe der Frauen in anderer Hinsicht gewesen sein: Viele von ihnen hatten durch die NS-Zeit einen nachhaltigen Verlust ihrer Identität und zudem einen Karriereknick erfahren, den sie nicht aufholen konnten. Frauen, die in den zwanziger Jahren studiert hatten wie Elisabeth Vormeyer (die beispielhaft ist in diesem Sinne), die, von der Frauenbewegung motiviert, eine Karriere in Politik oder Frauenverband angestrebt oder schon begonnen hatten, waren durch den Nationalsozialismus ihrer gesellschaftspolitischen und beruflichen Verwirklichung beraubt worden.

Nun war es im Grunde reichlich spät, neu zu beginnen, aber auch der Nachwuchs fehlte, der mit eigenen frauenbewegten Erfahrungen hätte einsteigen können. Und die „alten" Frauen wollten viel zu gern endlich selber tun, was ihnen so lange verwehrt worden war, als daß sie sich so ohne weiteres von den jungen hätten verdrängen lassen. Wie sehr ihnen diese die Ämter streitig machten, oder ob sie sich wirklich vergebens bitten ließen, wie es behauptet wird, wäre eine Frage, die erst mit der Aufarbeitung der Geschichte der einzelnen Frauenorganisationen und ihrer örtlichen Gruppen, aus denen der Nachwuchs hätte nach vorn stürmen können, beantwortet werden könnte. An Elisabeth Vormeyers Beispiel läßt sich aber ablesen, daß es nicht leicht war, die Alten zum Rücktritt zu bewegen. Den Vorsitz im Landesverband des Deutschen Frauenringes sowie im Ortsring Kiel gab sie erst – und das auch nicht ganz freiwillig – 1971 ab – mit 78 Jahren, und noch in einem Interview anläßlich ihres 90. Geburtstages äußerte sie die Lust, einen neuen Verein zu gründen. In den Mitgliedsverbänden mag das ein wenig anders ausgesehen haben, da hier auch jüngere Frauen vertreten waren, die aber über ihre Zeit nicht so frei verfügen konnten. Aus ihrer Arbeit im Deutschen Frauenring berichtet Frau Schulte-Umberg (Jg. 1921), daß sie sehr wohl ein schlechtes Gewissen hatte, wenn sie wieder einmal zu einer Veranstaltung oder Tagung fuhr, und die Tochter hätte so gern einen Petticoat gehabt. Damit wird ein weiteres Thema angesprochen, das von nicht zu unterschätzender Bedeutung war: die finanzielle Situation der Frauen.

Die berufstätigen Frauen konnten (möglicherweise) über ihr eigenes Geld und damit über die Mittel verfügen, die sie aus eigener Tasche für die Arbeit im LFR – oder in ihren Organisationen, die in der Regel finanziell schlecht ausgestattet waren, – aufbrachten. Die verheirateten Frauen ohne Einkommen mußten entweder vermögend sein oder waren auf die Billigung bis Duldung ihrer Telefon-, Reise- und Portokosten durch den Ehemann angewiesen, was auch noch ein nicht zu knappes Einkommen voraussetzte. Kinder, die Petticoats brauchten, Klassenreisen machten oder womöglich eine bezahlte Wochenendbetreuung benötigten, weil Mutter zu einer Tagung fuhr, waren da kaum unterzubringen. Durchschnittlichen Arbeiterinnen, alleinerziehenden Müttern, Rentnerinnen, Frauen vom Lande mit langen Anfahrtswegen und nicht abzugebenden täglichen Verpflichtungen wäre die Arbeit im LFR kaum möglich gewesen.

Insofern bleibt angesichts der ungebrochenen Propagierung des Leitbildes der Frau, die doch vor allem Mutter und Hausfrau zu sein habe, wie sie sich bei vielen Gelegenheiten in den Diskussionen des LFR wiederfand, und der gleichzeitigen Klage über das mangelnde Engagement junger Frauen, der Eindruck, daß mit zweierlei Maß gemessen wurde, ohne es recht selbst zu bemerken.

Politische Beteiligung – Wunsch und Wirklichkeit

Die Forderung nach politischer Beteiligung der Frauen zog sich wie ein roter, wenn auch sehr dünner Faden durch die Sitzungen des LFR. Staatsbürgerliche Bildung an Frauen zu vermitteln, war vor allem auch das Anliegen des Deutschen Frauenringes, der unter Beteiligung vieler auch im LFR vertretener Frauen, Veranstaltungen zu politischen Themen organisierte, die Aufsehen erregten, wie z.B. vor der Bundestagswahl 1953, als fünf Bundestagskandidatinnen auf Einladung des Frauenringes in Kiel das Programm ihrer Parteien vor „*einer nach Hunderten zählenden Zuhörerschaft*" erläuterten. Immer wenn Wahlen vor der Tür standen, wurde im LFR das Thema „Beteiligung der Frauen" nicht etwa ausführlich diskutiert, aber man wandte sich mit dieser Forderung an die Öffentlichkeit in dem Konsens, daß die politische Arbeit von Frauen wünschenswert sei.

So wurde schon im Juli 1952 erörtert, „*ob der LFR zur kommenden Bundestagswahl Stellung nehmen soll, um zu erreichen, daß möglichst viele Frauen als Kandidatinnen aufgestellt werden. Zu dem Zweck müßte der LFR offiziell an die einzelnen Parteien, die Kandidaten aufstellen, rechtzeitig herantreten, und ferner wäre zu überlegen, welche Frauen evtl. in Vorschlag gebracht werden könnten.*" Im Januar 1953 wurde ein Antrag einstimmig angenommen, „*der LFR möge beschließen, an die Vorstände der politischen Parteien ein Schreiben zu richten und sie aufzufordern, weibliche Kandidaten <u>an sicherer Stelle</u> (Herv. d. V.) für die Bundestagswahl aufzustellen*"[81]). Einige Zeit später plante das Bundesinnenministerium eine Besprechung über die Frage, wie man die Frau stärker an den *Wahlen* interessieren könne, die nach der Annahme des Wahlgesetzes stattfinden sollte. Daraufhin schickte der LFR eine Entschließung ab, in der er die Veranstaltung vor Verabschiedung des Gesetzes forderte. Als in der Novembersitzung 1953 nach Berichten der weiblichen Landtagsabgeordneten über ihre Arbeit die Diskussion über eine Mitarbeit der Frauen auf kommunaler und Landesebene in Gang kam, wurde diese im Protokoll kurzerhand zusammengefaßt mit der Feststellung: „*Es herrschte die Ansicht vor, daß es dazu notwendig sei, sich zu einer Partei zu bekennen*". Daß genau das aber das Hindernis war, das der politischen Arbeit von Frauen im Wege stand, schwang nur unausgesprochen mit. Kein Wort wurde im Protokoll darüber verloren, was die Gründe für diese ablehnende Haltung sein könnten.

Auf Antrag des Landesverbandes des Deutschen Frauenringes, dessen Vorsitzende Elisabeth Vormeyer seit 1951 ebenfalls war, wurde am 27.4.54 beschlossen, die Landesverbände der Parteien aufzufordern, bei der kommenden Landtagswahl am 12.9.54 geeignete Frauen an sicherer Stelle kandidieren zu lassen. Konkrete Wahlvorschläge wollte man von der Antwort der Parteien abhängig machen, man kündigte aber an, – nicht ohne auf die 250 000 Frauen zu verweisen, die der LFR mittlerweile vertrat – , daß man Umschau halten würde nach geeigneten Kandidatinnen. „*Wir würden es begrüßen, wenn eine Möglichkeit bestünde, zu gegebener Zeit über die beiderseitigen Vorschläge in ein Gespräch zu kommen*", ließ man die Parteien wissen. In Anbetracht dessen, daß sich einige erfahrene Politikerinnen, die mit den männlich dominierten Parteistrukturen vertraut waren, unter den Frauen befanden, erscheint der Wunsch, auf diese Weise auf die Kandidatenauswahl Einfluß nehmen zu wollen, bemerkenswert optimistisch. Die Parteien beantworteten den Brief – wen kann es verwundern – zustimmend. Im August gab die Vorsitzende bekannt, *„daß der Vorstand den Vorschlag macht, die Aussprache mit den Parteien nicht stattfinden zu lassen, sondern statt dessen die neugewählten Landtagsabgeordneten zu einer zwanglosen Aussprache zu bitten."* Daß diese „Programmänderung" an der ursprünglichen Intention, vor Vollendung der Tatsachen ins Gespräch zu kommen, vollends vorüberging, schien niemand zu bemerken. Spielten hier die eigenen negativen Erfahrungen der Politikerinnen bei der Kandidatenkür eine Rolle, die sie nicht preisgeben wollten, die sich aber bei einer solchen Veranstaltung möglicherweise offenbart hätten? Oder wollte man die Ablehnung des Ansinnens durch die Parteien kaschieren, deren „zustimmende" Antworten sich gewiß nur auf die Forderung nach mehr Frauen in der Politik im allgemeinen, nicht aber auf die beabsichtigte „Einmischung" des LFR in die Kandidatenauswahl bezog? Vielleicht befürchteten die Politikerinnen, daß die Vorführung der männlichen Dominanz in so einer Veranstaltung die Frauen in ihrer insgesamt ablehnenden Haltung der Parteipolitik gegenüber bestärkt hätte, da ohnehin keine Aussicht bestand, die Weichen auf diese Weise zugunsten weiblicher Kandidaten stellen zu können.

Die Zeit vor der darauffolgenden Landtagswahl 1958 war durch die Krise im LFR, die nicht zuletzt mit der politischen Betätigung der Vorsitzenden und indirekt auch der stellvertretenden Vorsitzenden zusammenhing, belastet. Die kritische Auseinandersetzung des LFR mit dem Wahlkampf Elisabeth Vormeyers, die auch der Presse nicht verborgen blieb, war keine gute Voraussetzung, die Aufstellung weiblicher Kandidaten an sicherer Stelle zu fordern, zumal sich selbst die 1. Vorsitzende mit einem aussichtslosen Wahlkreis zufrieden gegeben hatte, wenn er auch „nur" an eine Frau, Anne Brodersen, „verloren" gehen konnte.

Der in diesem Zusammenhang in der Presse erhobene Vorwurf, der LFR lehne die Mitwirkung der Frauen in der Politik ab, wurde allerdings dennoch scharf dementiert. Politik ja – aber nicht im Landesfrauenrat und nicht in seinem Namen.

Strukturprobleme und politische Verwicklungen

Geld oder Leben – Berührung mit der Bürokratie

Nach Auflösung der Verbraucherausschüsse Ende 1956 und der darauf folgenden Gründung von Verbrauchergemeinschaften in verschiedenen Kreisen und Städten, die ihrerseits die entstandene Lücke füllen wollten, fand sich der Wirtschaftsausschuß des LFR in einer gewissen Konkurrenzsituation wieder, vor allem in dem Augenblick, als es um die Vergabe von Mitteln ging.

Dabei erhob der Wirtschaftsausschuß durchaus einen gewissen Führungsanspruch. In einem Schreiben an den Ministerpräsidenten und die verschiedenen Ministerien hatte sich der Wirtschaftsausschuß explizit als für Verbraucherfragen zuständig erklärt und einen erneuten Vorstoß in Richtung Anerkennung durch das Ministerium unternommen. Aber auch dieses Mal stellt das Ministerium fest, daß es zur Beratung bestimmter Einzelfragen und zur Entgegennahme von Anregungen des Wirtschaftsausschusses des LFR „*keiner formellen Anerkennung durch die Landesregierung bedürfe"* [82]). Damit machte der Wirtschaftsausschuß einen ersten Schritt in ein gewisses Eigenleben, der verstärkt wurde durch die selbständige „*Öffnung nach außen*", indem man sich als Beratungsgremium mit einem „*Sorgenbriefkasten*", der jedem Ratsuchenden zur Verfügung stehen sollte, an die Öffentlichkeit wandte.

Als die ehemaligen Vorsitzenden der Kreisverbraucherausschüsse im Januar 1957 in Erwägung zogen, sich an die Arbeitsgemeinschaft der Verbraucherverbände in Bonn anzuschließen, suchte der Wirtschaftsausschuß des LFR das Gespräch, um zu vermeiden, daß neben ihm „*noch eine Landesorganisation der Verbrauchergemeinschaften entsteht*", die Finanzen beanspruchen konnte. Eile war geboten, da die Etatberatungen anstanden. Die folgenden Ereignisse bis zum Juni 1958 lassen sich aufgrund fehlender Unterlagen nur mangelhaft rekonstruieren. Bezeichnenderweise fand die Juni-Sitzung des LFR des Jahres 1958 im Wirtschaftsministerium statt. Anknüpfend an den Vorwurf, die praktische Arbeit sei zu kurz gekommen, erläuterte Elisabeth Vormeyer der Versammlung, der Wirtschaftsausschuß habe auf Vorschlag des Vorstandes ein „*Arbeitsprogramm für die ernährungs-*

Elisabeth Vormeyer (1893–1985, CDU), 1947–1971 Vorsitzende des Kieler Frauenrings, 1950–1952 und 1954–1958 Vorsitzende des Landesfrauenrates; 1955–1970 Mitglied der Kieler Ratsversammlung. (Stadtarchiv Kiel)

wirtschaftliche Aufklärung der Verbraucher zur Vorlage an das Bundesernährungsministerium ausgearbeitet". Und wohl wissend, welche Einwände folgen würden, führte Elisabeth Vormeyer weiter aus: „*Mit der Anforderung von Geld (Herv. d. V.) durch den LFR ist kein Weisungsrecht des Bundesernährungsministeriums außer der Zweckbindung der Mittel für das durch den LFR erstellte Programm gekoppelt. Es ist nicht so, daß aus Bonn die Weisung plus Gelder kommen. Es ist nur notwendig, daß der LFR „e.V." wird, weil – wie auch bei anderen Gegebenheiten – der LFR als bisher nicht eingetragener Verein recht-*

lich nicht als Partner anerkannt werden kann."[83])

Außer der ungewöhnlichen Tatsache, daß der Vorstand gemeinsam mit einem Ausschuß eine im Vergleich zu vorherigen Aktivitäten recht bedeutsame Aktion vorbereitete, <u>ohne die Mitglieder vorher zu informieren</u>, bot die Sache an sich ebenfalls Anlaß zu Fragen:

Bei Gründung des Wirtschaftsausschusses hatte man festgestellt, daß die Zeit reif sei, die Verbraucherfragen vom Ernährungsministerium zu trennen und zum Wirtschaftsministerium zu verlagern, der neuen Fragestellungen wegen, über die Aufklärung notwendig sei. Die Erstellung des *„Arbeitsprogramms für die ernährungswirtschaftliche Aufklärung"* wich nun von dieser Zielsetzung ab und muß daher vor allem als gezielter Versuch interpretiert werden, an der Vergabe der bereitgestellten Mittel beteiligt zu werden.

Die auf Elisabeth Vormeyers Ausführungen folgende Diskussion berücksichtigte diesen inhaltlichen Aspekt der Sache aber überhaupt nicht, vielleicht, weil der Text des Programms den Mitgliedern nicht vorlag. Es gab jedoch eine Reihe von Wortmeldungen, die durch die Annahme finanzieller Unterstützung die Unabhängigkeit des LFR in Gefahr sahen. Die Verquickung der Vereinsfrage mit den in Aussicht stehenden 15.000 DM des Ernährungsministeriums machte es in dieser Sitzung ziemlich schwierig, Positionen zu erkennen. Dennoch wirft der aus diesem Anlaß stattfindende Austausch von Argumenten ein Schlaglicht auf die unterschiedlichen Erwartungen und Zielvorstellungen der Mitglieder, die sich bis dahin nicht in dieser Deutlichkeit offenbart hatten.

So sahen die einen eine Anerkennung der Arbeit des LFR in den bereitgestellten 15.000 DM, andere waren der Meinung, daß man für Einzelvorhaben aus irgendeinem Ministerium jederzeit 10.000 DM bekommen könne, wenn man es denn wirklich wolle, ohne damit die Unabhängigkeit zu gefährden. Ferner wurde vorgeschlagen, das Innenministerium um eine Erhöhung des jährlichen Zuschusses von 1000 DM zu bitten oder auch noch andere Wege der Mittelbeschaffung zu suchen, wie z.B. eine Beteiligung an den Einnahmen der Lottogelder. Außerdem wurde zu bedenken gegeben, daß ein eingetragener Verein an sich keine Wertminderung darstelle, während Frau Leopold von der AG für Mädchen- und Frauenbildung betonte, *„man habe die tiefste Verpflichtung, nicht dem Denken der Männer zu verfallen, nur organisierte Verbände seien ein akzeptables Gegenüber..."* Außerdem bedauerte sie, daß die wirtschaftlichen Fragen das Übergewicht bekommen hätten und die kulturellen etwas zu kurz gekommen seien.

Mit 15 gegen sechs Stimmen bei zwei Enthaltungen wurde die Gründung eines eingetragenen Vereins schließlich abgelehnt und damit – was allerdings nicht ausdrücklich im Protokoll vermerkt ist – auch die Annahme der 15.000 DM. Einige Mitgliedsverbände interpretierten dieses Votum nachträglich sogar noch weitergehend, nämlich daß damit <u>jede</u> Annahme von öffentlichen Geldern abgelehnt worden sei. Kein Zweifel: der LFR hatte gewissermaßen Bodenberührung bekommen. Die Teilnahme an den Vergaberitualen der männlichen Bürokratie forderte unnachgiebig seinen Tribut in Form von Konflikten, auf deren Bearbeitung die Frauen nicht vorbereitet waren. Neben einer Geschäftsordnung fehlte ihnen eine Streitkultur, weil sie bis dahin von der Einstimmigkeit ihrer Beschlüsse überzeugt gewesen waren.

Kurze Zeit später, am 5. August 1958, fand im Gewerkschaftshaus in Kiel eine Großveranstaltung statt, zu der der Wirtschaftsausschuß des LFR die Mitglieder desselben sowie die der Verbrauchergemeinschaften Schleswig-Holsteins eingeladen hatte. Elisabeth Vormeyer eröffnete als Vorsitzende des LFR die Veranstaltung und begrüßte die Gäste. Die Leitung der Versammlung übernahm Ingeborg Sommer. Im Mittelpunkt stand ein Referat von Herrn Dr. Gross, Düsseldorf, über das Thema *„Kann der Verbraucher wirklich die dritte Kraft der Wirtschaft sein?"*

Diese Veranstaltung war Auslöser zur Einberufung einer Sondersitzung des LFR am 29. August 1958. Ohne daß das Plenum davon wußte, war die Einladung zu dieser Veranstaltung im Namen des LFR ergangen, die Modalitäten der Durchführung hatte die Verantwortung des LFR für dieselbe belegt. Darüber hinaus sollten die aus dem Wirtschaftsministerium dafür zur Verfügung gestellten Mittel von der Schatzmeisterin des LFR abgerechnet werden. In Anbetracht der in der Juni-Sitzung getroffenen Entscheidung, kein Geld „von außen" anzunehmen, fühlten sich die Mitglieder hintergangen. Da Elisabeth Vormeyer krank war, erläuterte Anne Brodersen als 2. Vorsitzende auf dieser Sondersitzung, daß bereits im Mai – pikanterweise auf Einladung des LFR – im Wirtschaftsministerium ein Gespräch stattgefunden habe, in dem es im Beisein von Vertreterinnen des Wirtschaftsausschusses, der Verbrauchergemeinschaften, Frau Lüthjes und ihrer eigenen Person um 30.000 DM ging, die für Verbraucheraufklärung im Wirtschaftsministerium bereitgestellt worden seien. (Elisabeth Vormeyer war bei diesem Treffen offenbar nicht zugegen!) Anne Brodersen selbst gestand zwar ein, daß das Plenum davon nichts gewußt habe, entschuldigte dies aber mit dem Schwebezustand, in dem sich die Verhandlungen noch befunden hätten. Zeit genug für die Information des Plenums wäre also gewesen ... Sie selber interpretierte die Ablehnung der Vereinsgründung im Zusammenhang mit den 15.000 DM aus Bonn nicht so, daß damit jegliche Annahme von Mitteln abgelehnt worden sei: *„Wenn der Wirtschaftsausschuß des LFR Vorschläge zur Verteilung der 30.000 DM gemacht hat, beruht das auf früheren Beschlüssen des LFR über die Betreuung der Verbrauchergemeinschaften durch den Wirtschaftsausschuß. Wenn diese Betreuung weiterhin nicht gewünscht wird, sollten wir darüber einen klaren Beschluß fassen.[84])"*

Emmy Lüthje entschuldigte das Versäumnis der 1. Vorsitzenden, die 30.000 DM im Plenum zu erwähnen, damit, daß diese wohl davon ausgegangen sei, es sei allgemein bekannt. Aber genausowenig wie dies glaubhaft war, war einzusehen, daß die an den Verhandlungen im Ministerium Beteiligten – Lüthje und Brodersen eingeschlossen – nicht ihrerseits die Dinge schon früher offengelegt hatten.

Man muß davon ausgehen, daß der Beschluß der Mitgliederversammlung gegen die Vereinsgründung und damit gegen das Geld, mitten in die Vorbereitungen, die Vorstand und Wirtschaftsausschuß hinsichtlich der Beteiligung an den 30.000 DM geleistet hatten, „hineinplatzte". Die Frauen, die in der Beschäftigung mit Wirtschaftsfragen, ob verbraucher- oder ernährungsbezogen, die Zukunft und die Anerkennung des LFR – nicht zuletzt durch die Regierung – sahen, wollten sich auf ihrem „Erfolgskurs" nicht durch Selbstbeschränkungen behindern lassen. Bemerkenswert ist, daß es gelang, die Verantwortung für die „Kommunikationsstörungen" des Vorstandes mit dem Plenum auf Elisabeth Vormeyer abzuwälzen. Dazu trug jedoch ein – vermeintlich – weiterer Verstoß gegen die Richtlinien bei, der Elisabeth Vormeyer zur Last gelegt wurde.

Unabhängig und überparteilich – Kraftprobe für einen Traum

In der Folge rächten sich gewissermaßen die Versäumnisse der Vergangenheit, und wenn es jemals einen Konsens darüber gegeben haben sollte, daß man die männlichen Organisationsstrukturen nicht brauche, um arbeiten zu können, so ging dieser jetzt sang- und klanglos verloren.

Vor dem Hintergrund der Entstehungsgeschichte des LFR war zu erwarten, daß die Vertreterinnen der Mitgliedsverbände eine Diskussion über Ziele, Arbeitsweise und Organisationsform irgendwann herbeiführen würden.

Leider gelang ihnen dies nicht in einer entspannten Atmosphäre, sondern erst im Augenblick des gesteigerten Unmutes, als sich die Behandlung grundsätzlicher Fragen faktisch nicht mehr umgehen ließ. Daß dabei einige bittere persönliche Erfahrungen gemacht wurden, war wohl kaum zu verhindern.

Plötzlich wurde das Fehlen einer Geschäftsordnung schmerzlich vermißt, man entschloß sich zu tun, als habe man eine und geriet darüber natürlich in Unstimmigkeiten. Was offenbar von vielen als selbstverständlich vorausgesetzt wurde, nämlich die Überparteilichkeit und Unabhängigkeit des Zusammenschlusses – gewissermaßen das gemeinsame Markenzeichen der meisten Frauenverbände – war keineswegs in den Richtlinien enthalten.

Dies war den meisten zweifellos gar nicht bewußt, und erst in der September-Sitzung 1958 wies eine Frau, um sich schützend vor die Vorsitzende zu stellen, explizit darauf hin, daß „*man nicht etwas einklagen könne, was nicht auf dem Papier stünde*".

Elisabeth Vormeyer wurde der Vorwurf gemacht, sich im laufenden Wahlkampf in ihrer Eigenschaft als Landtagskandidatin der CDU ihrer Funktion als Vorsitzende des LFR bedient zu haben. Zum einen wurde sie in der Presse als Landtagskandidatin mit dem Zusatz „1. Vorsitzende des LFR" vorgestellt, wobei man durchaus konzidierte, daß solche Veröffentlichungen in der Regel nicht von den Betreffenden selbst veranlaßt werden, zum anderen ließ die CDU einen „Wählerbrief" verteilen, in dem von den 250 000 Frauen, die sie als Vorsitzende des LFR verträte, die Rede war.

Anne Brodersen (1903–1971, SPD), 1951–1963 Mitglied der Kieler Ratsversammlung, 1954–1968 Abgeordnete des Schleswig-Holsteinischen Landtages. (Stadtarchiv Kiel)

Aller Wahrscheinlichkeit nach war dieser Wählerbrief bereits verfaßt worden, bevor das Thema „Verquickung der Ämter" am 29.8.58 in der Mitgliederversammlung erstmals – aber in Abwesenheit von Vormeyer – diskutiert wurde. Dennoch traf die Verteilung des Briefes genau den wunden Punkt. Anne Brodersen, SPD-Kandidatin und Konkurrentin Vormeyers im selben Wahlkreis, hatte sich daraufhin – spontan, wie sie betonte – ihrerseits veranlaßt gesehen, sich damit auf einer (Wahl-)Versammlung am 19.9.58 kritisch auseinanderzusetzen. Obendrein erschien am 23.9.58 eine Wahlanzeige der CDU in den Kieler Nachrichten, die wiederum Vormeyers Funktion, diesmal allerdings nur indirekt, benannte.

Die Kieler Nachrichten berichteten über die Spannungen, indem sie die „*Bestürzung Kieler CDU-Kreise*" kolportierten, die dem LFR eine Diskriminierung der Mitarbeit in einer Partei unterstellten, wogegen sich der LFR wiederum in einer Pressemitteilung vom 24.9.58 ausdrücklich verwahrte. Die KN ging in diesem Artikel sogar so weit, die Rechtmäßigkeit der Einberufung einer Mitgliederversammlung des LFR durch die 2.Vorsitzende infragezustellen, was gemessen an der sonstigen Berichterstattung über den LFR, beispiellos detailliert war.

Es war sicher kein Zufall, daß die Kritik an der Vorsitzenden Vormeyer, die bereits seit 1955 in der Kieler Ratsversammlung die CDU vertrat, in dieser Phase kumulierte.

Wessen Idee es war, Elisabeth Vormeyer ausgerechnet den Wahlkreis Kiel-Süd zu geben, in dem Anne Brodersen ebenfalls kandidierte, wissen wir genauso wenig, wie man nur Mutmaßungen darüber anstellen kann, ob sie (oder ihre Partei) sich wirklich Chancen ausrechnete, oder ob diese ihre erste, nicht durch einen Listenplatz abgesicherte Landtags-Kandidatur gewissermaßen nur „pro forma" stattfand, wohl ahnend, daß in diesem Wahlkreis für eine konservative Kandidatin keine Chance bestand – nur um eine <u>Frau</u> aufzustellen, (was allerdings Elisabeth Vormeyer nicht ähnlich gesehen hätte.)

Selbst wenn Anne Brodersen sich ihres Sieges sicher war, konnte sie Elisabeth Vormeyers Kandidatur eigentlich nur als Herausforderung annehmen, denn im Kampf um denselben Stimmbezirk kann man einander kaum aus dem Wege gehen. Zudem erschien es unmöglich, das Thema „Landesfrauenrat" dabei auszusparen, da sowohl dessen Arbeit als auch die beiden Politikerinnen an seiner Spitze in der Presse ständig Erwähnung fanden. Man konnte kaum davon ausgehen, ihre Funktionen im LFR seien noch irgendjemandem unbekannt gewesen. Da scheint es schon eher absurd, diese Ämter in den Kandidatinnenvorstellungen „zu verheimlichen", wie Anne Brodersen es wohl tat, da sie nicht zur Rechenschaft gezogen wurde.

Die Konkurrenzsituation als solche spielte allerdings in den Diskussionen des LFR während der gesamten Krise keine Rolle. Man sprach nicht (öffentlich) darüber, vermutlich in dem Konsens, daß Parteipolitik im Landesfrauenrat nichts zu suchen habe.

Dennoch ist kaum zu verstehen, daß im Augenblick des Mißtrauens gegen Vormeyer 15 Mitgliedsverbände ausgerechnet Brodersen um die Einberufung einer „Sondersitzung" am 24.9.58 ersuchten. Sie war als Stellvertreterin zwar die nächste Ansprechpartnerin für die verärgerten Mitglieder, aber Einladung und Sitzungsleitung hätten durchaus von verschiedenen Personen vorgenommen werden können, zumal eine Geschäftsordnung ja fehlte, was in dieser Angelegenheit erstmals eine Rolle spielen sollte. Brodersen rückversicherte sich jedenfalls bei Lieselotte Ohff, der juristischen Beraterin im LFR, daß die eingeleiteten Schritte sich im Einklang mit einer sogenannten Mustergeschäftsordnung befänden. Die Frage ihrer eigenen besonderen Rolle problematisierte sie dabei allerdings nicht.

Der Antrag auf Einberufung der Sondersitzung am 24.9.58, die Vormeyer noch durch ein Telegramm an alle Mitglieder zu verhindern suchte, erfuhr vor Beginn der Veranstaltung noch eine Zuspitzung, als 15 Mitgliedsverbände eine Abstimmung über die Abberufung Vormeyers forderten, die dann jedoch ausgesetzt wurde, weil eine Reihe von Verbänden nicht anwesend war. Der Vorsitzenden sollte die Gelegenheit zur Stellungnahme eingeräumt werden, und *„man wollte nicht kurz vor der Wahl Anlaß zu Spekulationen geben"*. Vorerst suspendierte man Vormeyer und beauftragte Brodersen bis auf weiteres mit der Wahrnehmung der Geschäfte. Obwohl als Landtagsabgeordnete parteilich unübersehbar gebunden, obwohl im Wahlkampf direkte Gegnerin von Vormeyer und zudem an den Vorgängen um die umstrittenen Gelder nicht unbeteiligt, wurde es Brodersen ohne jeden Zweifel an ihrer Objektivität und Sachlichkeit überlassen, die festgefahrene Situation zu meistern – und auch nachträglich besteht die Meinung, nur ihr sei es zu verdanken, daß der LFR an dieser Stelle nicht zerbrochen ist.

Offensichtlich dachte aber Anne Brodersen auch keinen Augenblick daran, die Aufgabe wegen Befangenheit abzulehnen. Im Gegenteil, man kann sich des Eindrucks nicht erwehren, daß sie sich in der Rolle der über jeden Zweifel an ihrer Objektivität erhabenen Sachwalterin der Krise nicht unwohl fühlte.

Anne Brodersen und Erna Kilkowski.
(Privatbesitz Meyer-Farge)

Am 7.10.58 legte Elisabeth Vormeyer in einem Schreiben an die Mitglieder den Vorsitz des LFR mit sofortiger Wirkung nieder „*unter Verwahrung gegen die Unterstellung, sie habe den LFR in die Wahlpropaganda einbezogen, und unter Protest gegen die in einer nicht ordnungsgemäßen Sitzung ausgesprochene Dispensierung*".

Als in der Oktober-Sitzung die leidige Angelegenheit noch ein letztes Mal zur Sprache kam, bat mitten in der Diskussion um Verfahrensfragen und Vorgehensweisen Frau Stosiek: „*Wollen wir nicht einer Frau, die sechs Jahre im LFR gearbeitet hat etwas frauliche Liebe entgegenbringen?*"

In unmittelbarer Folge der Vorgänge im LFR wurde zum 1.1.59 das Frauenreferat im Innenministerium aufgelöst und Gerda Grehm in eine andere Abteilung mit anderen Aufgaben versetzt – aus Verwaltungsgründen, wie es hieß. Anne Brodersen äußerte ihren Verdacht, daß dies nicht die wahre Ursache sei, da die Frauenreferate seit ihrem Bestehen umkämpft seien. Die Verknüpfung mit den Vorgängen im LFR war unübersehbar. Tatsächlich war die Sondersitzung offenbar von einer Frau protokolliert und an den Vorsitzenden der CDU sowie den Amtschef des Innenministeriums weitergegeben worden. Gerda Grehm war in diesem „Protokoll" in unangemessener Weise angegriffen worden, was Erna

Kilkowski, die es gelesen hatte, dem Amtschef gegenüber, offenbar vergeblich, wieder zurechtzurücken suchte. In dieser Sitzung hatte Gerda Grehm „als Privatperson" – weil ihr die offizielle Stellungnahme untersagt worden war – das Vorgehen der Vorsitzenden kritisiert, Zweifel daran angemeldet, daß die in Aussicht stehenden Gelder nicht zweckgebunden seien, und die Meinung geäußert, man solle die Differenzen unter sich austragen und sich nicht hilfesuchend an die Männer wenden.

Der LFR beschloß, da die Entscheidung der Regierung „*sehr seltsam mit den Vorgängen im LFR zusammenfalle*", sein Befremden über dieses Vorgehen nicht nur schriftlich kundzutun, sondern um ein grundsätzliches Gespräch mit dem Ministerpräsidenten zu bitten. Zu diesem Zweck wurde eine kleine Delegation benannt, die zunächst aus vier Frauen bestehen sollte, und als sich in der darauffolgenden Sitzung herausstellte, daß eine verhindert sein würde, beschloß man mit 19 Stimmen, die Abordnung solle – statt des vorgeschlagenen Ersatzes – dann nur aus 3 Vertreterinnen bestehen. Tatsächlich nahmen dann aber doch vier teil – Anne Brodersen hatte sich dazugesellt –, und wieder nahm niemand Anstoß daran.

Der Ministerpräsident betonte in dem Gespräch, weder er noch die Landesregierung dächten daran, die Frauenreferate aufzulösen, er überlege vielmehr, ob nicht eine andere Form gefunden werden müsse. Er beabsichtige, zur Koordinierung der Frauenreferentinnen das Hauptreferat mit der Zuständigkeit in der Landeskanzlei zu übernehmen und denke daran, Frau Regierungsrätin Klinkow mit dieser Aufgabe neben ihrer bisherigen Aufgabe im Kultusministerium damit zu beauftragen.

Die Vetreterinnen des LFR trugen Bedenken vor, weil die doppelte Belastung, die Frau Klinkow dadurch aufgebürdet würde, der Arbeit schaden könne. Und man bat, Frau Grehm die Wahrnehmung des Frauenreferates im Innenministerium dennoch zu belassen, weil ihr Arbeitsgebiet dort sonst nicht wahrgenommen würde.

Dies war die letzte Erwähnung Gerda Grehms. In den Protokollen des LFR wurde sie noch bis zum Mai 59 als „entschuldigt" aufgeführt, ansonsten gab es weder eine Verabschiedung, noch einen Dank, wie man ihn Elisabeth Vormeyer wenigstens noch schriftlich hatte zukommen lassen.

6. Abschied vom Aufbruch

Ganz offensichtlich waren 1958 die Zeiten, wo sich „Fraueninteressen" und „Parteipolitik" ohne große Not trennen ließen, ein für allemal vorbei. Unabhängigkeit und Überparteilichkeit waren im wahrsten Sinne des Wortes ins Gerede gekommen, denn die Zeit des stillschweigenden Konsenses mußte vorüber sein in dem Augenblick, wo die Bindung der Frauen an die Parteien keinen Zweifel mehr daran ließ, daß „Fraueninteressen" nicht stets und in allen Punkten kongruent sein können. Einstimmigkeit, wie Frauen sie in Zeiten drängender Not ohne lange Diskussionen hatten herbeiführen können, schien nun kaum noch möglich.

Für die Bearbeitung der existentiellen Probleme der ersten Nachkriegszeit hatten die Frauen in hohem Maße – und zwar unmittelbarer als die Männer – die Verantwortung übernommen und sie damit zu ihrer eigenen gemacht. Die Parteilichkeit für die Schwachen, die Armen, drängte die Zuordnung zu Parteien, die es ja durchaus auch zu Beginn schon gab, in den Hintergrund. Viele der anstehenden Probleme ließen in ihrer Dringlichkeit keine Lösungsalternativen zu: Frauen konnten sicher sein, gemeinsam das einzig Richtige zu tun, nämlich die Not der Menschen jenseits jedes Bürokratismus zu lindern und sich für die Erhaltung des Friedens einzusetzen. Aus dieser Überzeugung, den von ihnen vertretenen Interessen würde eine Objektivität innewohnen, die diese aus „dem übrigen" politischen Prozeß gewissermaßen hervorhebt auf eine Ebene, die jenseits von Gut und Böse ist, entwickelten die Frauen ihren Anspruch, an politischen Entscheidungen beteiligt werden zu wollen. Allenfalls wurde noch ein Anspruch abgeleitet daraus, daß die Frauen immerhin die Mehrheit des Volkes seien, wobei das Argument, man befinde sich in einer Minderheitenposition, die besondere Vorkehrungen zur Beteiligung von Frauen erfordere, parallel dazu auftauchte, und zwar auch in Situationen, in der die Zahlen das Gegenteil belegten.

Daß die Frau jedoch als Mensch – als gleichberechtigtes Mitglied der Gesellschaft – Anspruch hat auf Beteiligung an Entscheidungsprozessen, die nicht nur sie, sondern die gesamte Gesellschaft betreffen, wurde so gut wie gar nicht thematisiert.

Zwar gefährdete z.B. das 1953 anvisierte Familienrecht das Prinzip der Gleichheit in der Menschenwürde, wie es in einer Resolution des LFR hieß, doch keine Frau ging in den fünfziger Jahren so weit, in der mangelnden Repräsentanz von Frauen in den politischen Entscheidungsgremien eine Verletzung ihrer Grundrechte zu sehen.

Die fatale Identifikation von sozialen Problemen und „Fraueninteressen", die nicht nur die Männer vornahmen, sondern auch die Frauen nur in seltenen Fällen ausweiteten, (s. Programm des Lübecker Frauenausschusses), ließ die Identität von Frauen verschwinden im Dschungel der Reproduktions- und Sozialarbeit bzw. hinderte sie bereits im Entstehen. Die eigene Person, Wünsche, Träume, Zukunftsperspektiven traten in den Hintergrund, solange die Arbeit, die zu tun war, nicht getan war. Daß die Männer derweil an der Verteilung der Macht arbeiteten, froh, daß ihnen der Bereich, *„von dem wir doch nichts verstehen"*, nämlich die (praktische) soziale Arbeit, von den Frauen abgenommen wurde, statt in die bezahlte Verantwortung des Staates übergeleitet zu werden, sahen die Frauen wohl, aber es hatte für die wenigsten von ihnen eine Bedeutung, die sie auf sich als Person bezogen.

Viele interpretierten die gesellschaftliche Rollenverteilung als partnerschaftliche Zusammenarbeit, in der Frauen das Wirken der Männer ergänzen, andere gaben sich der Hoffnung hin, die Möglichkeiten des demokratischen Staates würden den Frauen den Zugang zu den Entscheidungsebenen offenhalten.

Als die Frauen die Verwaltung des Mangels weitgehend bewältigt hatten (1950), hatten die Männer die Strukturen hergestellt, die Spielregeln festgelegt und die Macht verteilt. Nun galt es für die Frauen, wieder einmal mit Verspätung, die nicht einzuholen war, sich einen Platz in diesem System zu erkämpfen, um teilzuhaben an der Macht oder sich in den Frauen zugestandenen Bereichen zu arrangieren mit den Brosamen, die vom Tisch der Männer fielen. „Fraueninteressen" wurden durch diesen Prozeß ihrer eindeutigen Definition beraubt, und sie vermischten sich mit persönlichen Ansprüchen auf Führung, Macht und Einfluß, die sicher nicht „vom Himmel fielen", die Frauen nun aber für sich (und andere Frauen) in zunehmendem Maße als notwendig erkannten und zu erreichen suchten (1950-58). Überparteilich und überkonfessionell zu sein, blieb als verbindendes Element in der Frauenverbandsarbeit bestehen, als Fossil gewissermaßen aus einer Zeit, in der „Fraueninteressen" noch unstritten waren, von vielen Frauen als Synonym für „unpolitisch" mißverstanden. Die Versuche, durch regelmäßig wiederkehrende Appelle an die Parteien den Prozeß der Ausgrenzung von Frauen aufzuhalten, zeugen gleichzeitig von der bereits vollzogenen „Anerkennung" desselben, wie auch von dem eher rührenden Versuch, sich gleichzeitig „rauszuhalten" und „einzumischen".

Daß es den Politikerinnen an der Spitze (und im Plenum) des LFR nicht gelungen ist, ihren Mitstreiterinnen die Fragwürdigkeit solcher Appelle deutlich zu machen und sie gleichzeitig aufzuklären über die Parteistrukturen, in denen sie selber sich mit eher weniger als mehr Erfolg behaupten mußten, kann auch einfach darauf zurückzuführen sein, daß sie ungern ihre schwer erkämpfte Position gegen andere Frauen verteidigt hätten. Denn wenn die Parlamentarierinnen auch wenig Aussichten hatten, ihre speziellen Interessen durchzusetzen, so waren sie doch immerhin als Mitglied des Landtages oder einer Kommunalvertretung an Entscheidungsprozessen beteiligt, also an der Macht. Ein paar Frauen mehr im Kandidatenkarussell bedeuteten keineswegs, wie man sehen konnte, automatisch mehr Mandate für Frauen, die Männer hatten nur eine größere Auswahl für die von ihnen den Frauen zugedachten Plätze. So können wir feststellen, daß die Politikerinnen im LFR denselben als Lobby wohl zu nutzen wußten – und das trifft eher auf die konservativen Frauen zu, denen es an Rückhalt durch weibliche Parteimitglieder fehlte, daß sie aber die Frauen durchaus im Unklaren ließen über das, was ihnen über die innerparteilichen Strukturen, die Verteilungskämpfe im Vorfeld der Wahlen aus persönlicher Erfahrung schmerzlich bekannt war.

So wie Elisabeth Vormeyer und Emmy Lüthje z.B. ihre Führungspositionen in ihren Verbänden verteidigten, waren sie nicht die „politischen Ziehmütter", die jungen Frauen den Weg in die Politik hätten ebnen können. Dazu konnte auch die vielzitierte staatsbürgerliche Bildung nicht viel beitragen, die als ein Ziel unter anderen ebenfalls die Frauenverbände einte: sie hob vor allem auf die Frau als verantwortungsbewußte Wählerin ab. Der LFR und seine Mitgliedsverbände haben zweifellos, ohne gerade das beabsichtigt zu haben, ein ganzes Stück dazu beigetragen, daß zumindest einige Frauen sich ihrer Machtlosigkeit auf der Verbandsebene bewußt wurden. Dennoch wagten nur wenige von ihnen den Weg in die Parteipolitik. Die anderen arrangierten sich mit der Ohnmacht, die Interessengruppen ohne Sanktionsmittel zueigen ist. Die Frauen im Wirtschaftsausschuß hatten immerhin von solchen geträumt, wenn sie über die Macht der Verbraucher sprachen (und die VerbraucherINNEN meinten), aber die Umsetzung dieses Traumes, der seine Aktualität keineswegs verloren hat, läßt bis heute auf sich warten.

Und was Männer von alledem hielten

1964 erschien eine Studie von Heinz Josef Varain über den Aufbau, die Verflechtung und das Wirken der Parteien und Verbände in Schleswig-Holstein 1945-1958.[85]) Mit keinem Wort wurde der Landesfrauenrat mit seiner beeindrukenden Mitgliederzahl, die wohl von kaum einer anderen Interessengruppe erreicht worden sein dürfte, erwähnt. Auch die Frauenreferate hat Varain offenbar nicht zur Kenntnis genommen, obwohl seitenlang über die Einflußsicherung von Gruppeninteressen durch Behördenorganisation berichtet wird. Tatsächlich tauchen Frauen in dem über 300 Seiten umfassenden Standardwerk überhaupt nicht auf, nicht einzeln und nicht als Gruppe, ganz so, als gäbe es sie nicht. Und niemand kann sich des Eindrucks erwehren, daß diese Darstellung der Realität entsprach: Die Kenntnisnahme der Frauenverbände durch die Männer und ihr Anteil an den zentralen politischen Entscheidungen waren de facto nicht der Rede wert.

Demgegenüber hatte Helmut Schelsky, wie bereits erwähnt, 1955 die vollzogene Emanzipation konstatiert und mit der sozialen Nivellierung sowie der Differenzierung ihrer sozialen Interessen begründet.

Beide Standpunkte, der der absoluten Ignoranz weiblichem Streben nach Macht gegenüber und der einer vollends an der Realität vorbeizielenden Einschätzung des sozialen Status „der Frau" in der Gesellschaft der fünfziger Jahre, machen deutlich, wie weit auch Männer von einer gründlichen Analyse der Situation der Frau noch entfernt waren.

Keine Anzeichen waren auszumachen, daß es Frauen in absehbarer Zeit gelingen würde, sich aus den Niederungen der untersten Lohngruppen hochzuarbeiten auf das Niveau ihrer männlichen Kollegen, keinerlei Hinweise auf eine größere Repräsentanz in den politischen Entscheidungsgremien, im Gegenteil, eher rückläufige Tendenzen wurden sichtbar, kurzum, die *„Nivellierung zum Mann"*, die Schelsky festzustellen meinte, war nicht mehr als sein frommer Wunsch. Er konstruierte einen vermeintlich neuen – tatsächlich aber Frauen spätestens seit der Industrialisierung quälenden – Interessensdualismus zwischen Reproduktionsarbeit und Produktionsarbeit der Frauen in der Hoffnung, mit so einem Auseinanderdividieren der Frauen in unterschiedliche Interessengruppen das Ende jeder Frauenbewegung herbeireden zu können. Sich selber seiner eigenen Geschlechtsrolle nicht bewußt, mußte ihm entgehen, daß

241

Gruppenbild mit Damen. Empfang beim Wirtschaftsminister Erhard in Bonn (vermutlich Anfang der sechziger Jahre). Links neben dem Minister Erna Kilkowski. (Privatbesitz Meyer-Farge)

der Interessensdualismus zu allererst die einzelne Frau trifft, und er konnte nicht ahnen, daß sich gerade hier das revolutionäre Potential zusammenbraute, das die Frauenbewegung fünfzehn Jahre später zu neuer Kraft kommen ließ.

Tapfer nahm sich die Presseberichterstattung aus: keine Analysen, aber durchaus kritische Fragestellungen, Berichte, häufig von Journalistinnen, über Aktivitäten der Frauenorganisationen und keineswegs immer auf den „Frauenseiten".

Zeitzeugen der fünfziger Jahre stellen heute fest, daß sie und andere Männer Frauen immer gleich behandelt hätten,

„handelte es sich damals doch noch um gestandene Politikerinnen und nicht solche Quotenfrauen, die immer zu Sachen reden müssen, von denen sie gar nichts verstehen". Sachverstand kann man den akademisch gebildeten Landtagsabgeordneten der SPD von keiner Seite absprechen. Anderen Frauen wird schon eher blinder Aktionismus unterstellt, wobei man vor allem zeitweilig mangelnde Parteidisziplin moniert, die scheinbar am ehesten Frauen vermissen ließen, waren sie doch manches Mal um der Sache willen bereit, gemeinsam an einem Strang zu ziehen. An die Frauenreferate kann sich kaum noch jemand erinnern, allenfalls an Gerda Grehm, eine auffallende Erscheinung. Parlamentsneulinge schlüpften unter bei der mütterlichen Emmy Lüthje, die auch Vertreter der anderen Parteien zum Kaffee einlud. Man überreichte den Damen des LFR als freundliches Angebinde Lübecker Marzipantorten, als sie kamen, um in der Hansestadt die Bausünden der ersten Nachkriegsjahre zu begutachten, doch sie legten die Finger dennoch auf die Wunden. Und man pfiff anerkennend, als endlich eine jüngere Frau im Landtag auftauchte. „Natürlich war das alles damals noch etwas anderes, man schob als Mann ja auch nicht einfach mit dem Kinderwagen durch die Gegend", wie einer der Zeitzeugen in diesem Zusammenhang bemerkt. Was Frauen eigentlich im einzelnen bewirkt hätten als Politikerinnen, haben die Männer im einzelnen gar nicht so verfolgt: „Das waren ja vor allem soziale Fragen, davon verstehe ich sowieso nichts, aber das haben sie bestimmt gut gemacht."

Anmerkungen

[1]) Archiv des schleswig-holsteinischen Landtages, Akte 1. und 2. Landtag, Persönliches der MdL.

[2]) Beide Frauen waren Abgeordnete des ersten ernannten schleswig-holsteinischen Landtages.

[3]) Martha Füllgraf, geb. Toltz, wurde am 2.11.1887 in Kiel geboren. Zusammen mit einer Kollegin wurde sie als junges Mädchen als erste weibliche Angestellte im Kieler Rathaus bekannt. 1925 war sie an der Gründung der Kieler Ortsgruppe des Verbandes Deutsche Frauenkultur beteiligt, der sich vor allem durch seine alljährlichen Weihnachtsmessen einen Namen machte, die die Arbeiten zahlreiche Künstler und Kunsthandwerker nach Kiel holte. Der Erlös der Messe wurde über den „Kieler Weihnachtsbaum" sozialen Zwecken zugeführt. 1961 wurde Martha Füllgraf das Verdienstkreuz am Bande des Verdienstordens verliehen. Sie starb am 19.4.1969 in Kiel.

[4]) Dr. Elisabeth Kardel, 1897 – 1957, stammte aus Tondern. Nach einer Ausbildung zur Lehrerin in Dänemark, machte sie neben ihrer Tätigkeit als Lehrerin das Abitur und studierte Geschichte und Deutsch. 1952/53 war sie 1. Vorsitzende des LFR. Bis zu ihrem Tod war sie einige Zeit 1. Vorsitzende der Arbeitsgemeinschaft Mädchen- und Frauenbildung.

[5]) LN, 17.8.46.

[6]) KN, 23.4.47.

[7]) Emma Faupel, geb.Gamst, 26.8.1893 in Schleswig – 5.12.1978 in Rendsburg, gründete nach der Ausbildung zur Lehrerin 1918 in Lunden eine Privatschule, die sie bis zu ihrer Auflösung 1934 leitete. 1946 war sie Mitbegründerin der CDU in Rendsburg und seit 1947 – von den Briten ernannte – Ratsfrau in Rendsburg. Von 1951 bis 1970 wirkte sie als Senatorin und Stellvertreterin des Bürgermeisters. Im Kreistag arbeitete sie von 1948 – 1956 als Abgeordnete und stellvertretende Kreispräsidentin. Von 1949 bis zu ihrer Pensionierung 1959 war sie Rektorin der Altstädter Mädchenschule. Sie war in verschiedenen Frauenverbänden auf Landesebene tätig und gleichzeitig stets eine der entschiedensten Kämpferinnen für „Frauen in die Politik".

[8]) Zur Ergänzung des Quellenstudiums wurden Gespräche mit über siebzig Zeitzeuginnen und -zeugen geführt.

[9]) Die amerikanische Journalistin Dorothy Thompson hatte 1946 vor dem Sicherheitsrat der Vereinten Nationen eine emphatische Rede gegen den Krieg gehalten, in deren Folge sie die „World Organisation of Mothers of all Nations" ins Leben rief.

[10]) Vgl. hierzu G.Strecker, Gesellschaftspolitische Frauenarbeit in Deutschland, S. 9ff und B. Henicz/M. Hirschfeld, „Wenn Frauen wüßten, was sie könnten, wenn sie wollten", in: A. Kuhn, 1986, S. 135ff.

[11]) Ute Gerhard, Unerhört. Geschichte der deutschen Frauenbewegung, Hamburg, 1990.

[12]) Ebd., S. 383, zit.: Virginia Woolf, Drei Guineen (1938), München 1977.

[13]) Diese Trennung machten nicht nur die Frauen, sie entsprach offenbar dem Zeitgeist der 50er Jahre, s.a. Varain, 1964.

[14]) G. Bremme, Die Mitarbeit der Frau in der Politik, in: Informationen für die Frau, 4/1958, S. 4.

[15]) Dorothea Karsten, Der Beitrag der Frau in der heutigen Gesellschaft, in: Informationen für die Frau, 9/58, S. 6ff.

[16]) H.Schelsky, Die gelungene Emanzipation, in: Merkur, Heft 4, 1955, S. 363.

[17]) Statistische Monatshefte Schleswig-Holstein, 2. Jg., 1950, Heft 9, S. 410.

[18]) Stat. Monatshefte, 1950, S. 463.

[19]) Stat. Monatshefte, 1951, 3. Jg., Heft 6, S. 222.

[20]) Stat. Monatshefte, 1951, S. 222.

[21]) Stat. Monatshefte, 1957, 9. Jg., S. 286.

[22]) Stat. Monatshefte, 1951, 3. Jg., S. 462.

[23]) Stat. Monatshefte, 1952, 4. Jg., S. 315.

[24]) Martina Jung/Martina Scheitenberger, Bilder einer Ausstellung, Frauen in Hannover 1945 bis 1948, in: Päd. Extra, 20. Jg., Heft 4, S. 44.

[25]) Stat. Monatshefte, 1958, 10. Jg., S. 313.

[26]) Stat. Monatshefte, 1956, 8. Jg. Heft 8, S. 249f.

[27]) Stat. Monatshefte, 1958, 10. Jg., Heft 6, S. 151

[28]) Stat. Monatshefte, 2. Jg., Heft 12, S. 537.

[29]) H. Schelsky, 1955, S. 363.

[30]) Stat. Monatshefte, 1951, 3. Jg., Heft 6, S. 221.

[31]) Stat. Monatshefte, 1958, 10. Jg., Heft 8, S. 195.

[32]) Stat. Monatshefte, 1953, 5. Jg., Heft 12, S. 446.

[33]) Stat. Monatshefte, 1958, 10. Jg., Heft 5, S. 107.

[34]) Stat. Monatshefte, 1950, 2. Jg., Heft 8, S. 373ff.

[35]) Stat. Monatshefte, 1954, 6. Jg., Heft 4, S. 145.

[36]) Vgl. die Frauenzeitschrift Constanze 1, Januar 1951, S. 7ff.

[37]) G.Bremme, 1958, S. 3.

[38]) LAS, 605, Nr. 4, S. 11.

[39]) Zitate im folgenden aus dem Brief des BHE – Frauenausschusses an den Ministerpräsidenten Bartram vom 22.9.1950, LAS 605, 1034.
[40]) LAS 605, 1034.
[41]) Ebd.
[42]) Bericht der 5. Wochenbesprechung der Frauenreferentinnen am 1.12.1950, LAS 605, 1092.
[43]) Jahrbuch der Sozialdemokratischen Partei Deutschlands 1952/53, S. 206.
[44]) SPD Jahrbuch 1947, S. 54f; *„Genossinnen, die trotzdem in solchen Organisationen mitarbeiten, können das lediglich als Privatperson tun. Sie haben die Verpflichtung, sich vorher mit den örtlichen Instanzen zu beraten, ob eine solche Mitarbeit auch wirklich im Interesse der Partei sei. Es steht den örtlichen und bezriklichen Parteiorganisationen frei, für ihren Arbeitsbereich eine solche Mitarbeit überhaupt abzulehnen."* Ebd., S. 55.
[45]) Bericht der 3. Wochenbesprechung am 2.11.1950.
[46]) LAS 611, Nr. 2796.
[47]) Wenn nicht anders erwähnt, Zitat in diesem Kapitel aus: Berichte von den Wochenbesprechungen der Frauenreferentinnen, LAS 605, 1092.
[48]) Zeitungsartikel aus der Sammlung Wernick, ohne Quelle, LAS 605, 1089.
[49]) Ebenda.
[50]) Holsteinischer Courier, 14.8.1951: „Frauenparlament in Schleswig-Holstein? Forderungen der Vorsitzenden des Hausfrauen-Bundes"
[51]) Zeitungsartikel aus der Sammlung Wernick, ohne Quelle, LAS 605, 1089.
[52]) Dr. Dorothea Karsten hatte ihre Stelle als Frauenreferentin im Bundesinnenministerium zu Beginn des Jahres 1950 angetreten. In welcher Weise dies Vorbild für Schleswig-Holstein war, läßt sich nur vermuten, da Kontakte der ehemaligen Frauenreferentin des CDU-Landesverbandes Gerda Grehm nach Bonn nicht unwahrscheinlich gewesen sein dürften.
[53]) Bericht der 3. Wochenbesprechung am 2.11.1950.
[54]) Bericht der 5. Wochenbesprechung am 23.11.1950.
[55]) Bericht der 4. Wochenbesprechung am 9.11.1950.
[56]) Bericht der 5. Wochenbesprechung am 23.11.50.
[57]) Bericht der Wochenbesprechung am 2.2.1951.
[58]) Bericht der 4.Wochenbesprechung am 9.11.50.
[59]) Protokoll der Sitzung des LFR am 14.4.55.
[60]) LAS 611, 2796.
[61]) Zitate im folgenden aus: Protokoll der Sitzung des Landesfrauenrates am 14.5.1955.
[62]) Die genaue Kenntnis verdanken wir der freundlichen Unterstützung der Tochter, die ihre Zustimmung zur Einsicht in die im LAS vorliegende Akte gewährte.
[63]) LAS 611, 2796.
[64]) Brief von G.Grehm an Minister Lemke vom 2.1.59, LAS 611, 2796.
[65]) LAS 611, 2796.

[66]) 1965 beantragte Waltraut Klinkow „die Schaffung einer Planstelle für ein koordinierendes Frauenreferat in der Staatskanzlei, weil mit der Aufstellung der Frauenenquete im Bundestag die Frauenreferentinnen mit zusätzlichen Forderungen, Anfragen und Stellungnahmen belastet würden und die Frauenfragen im Lande an Umfang zugenommen haben". 1969 beantragte sie die Entbindung von ihrer nebenamtlichen Aufgabe (Koordinierung der Frauenfragen).

[67]) Vgl. H.J. Rupieper, 1991.

[68]) Vgl. Henry P. Pilgert, Hildegard Waschke, Women in West Germany, 1952, S. 32 ff.

[69]) Schwartauer Zeitung, 8.11.51.

[70]) G. Bremme, Die Mitarbeit der Frau in der Politik, in: Informationen für die Frau 4, 1958, S. 4.

[71]) Protokoll der Sitzung des LFR am 18.10.51.

[72]) 1952 wurde anläßlich einer Konferenz des Verbandes der Staatsbürgerinnen und des Berliner Frauenbundes die Notwendigkeit von Abwehrmaßnahmen gegen kommunistische Unterwanderung festgestellt und in diesem Zusammenhang die Einrichtung von Frauenreferaten in den Innenministerien empfohlen. Vgl. H.P. Pilgert, 1952, S. 52.

[73]) Vilma Mönckeberg-Kollmar, gebürtige Wienerin, 1892 – 1985, war als Schauspielerin ausgebildet, lehrte 56 Jahre lang (Hölderlin und Rilke waren ihre bevorzugten Themen) an der Universität Hamburg, die ihr 1976 den Titel Professor E.h. verlieh. Als Rezitatorin und Märchenerzählerin bereiste sie 17 Länder. Als Mitbegründerin der Deutschlandzentrale der W.O.M.A.N. war sie lange Jahre im Vorstand und als Vorsitzende tätig und einige Zeit in Rendsburg ansässig.

[74]) Flensburger Tageblatt, 28.6.1951; SHVZ, 14.7.51.

[75]) LAS 605, 937.

[76]) LT-Wortprotokoll, 2. WP., 13. Tagung am 14.8.1951.

[77]) LAS 605, 121.

[78]) Protokoll der Sitzung des LFR am 4.8.55.

[79]) Protokoll der Sitzung des LFR am 11.4.53

[80]) LT-Wortprotokolle, 2. WP., 13. Tagung, 14.8.51, S. 107.

[81]) Protokoll der Sitzung des LFR am 9.7.52.

[82]) Protokoll der Sitzung des LFR am 1.2.57.

[83]) Protokoll der Sitzung des LFR am 18.6.58.

[84]) Protokoll der Sitzung des LFR am 29.8.58.

[85]) Vgl. H.J. Varain, 1964, S. 330.

Uta Cornelia Schmatzler

Frauen in der Gewerkschaft

Der Blick auf Parteien und Parlamente als klassische Domänen demokratischer Politik reicht alleine nicht aus, um die Arbeit, die von Frauen im öffentlichen und politischen Leben in der Nachkriegszeit geleistet wurde, zu würdigen und die Bedingungen, unter denen Frauen sich in die Politik „einschalten" konnten, zu verstehen. Umfaßt doch der Begriff des öffentlichen Lebens einen viel größeren Bereich an Institutionen, die auf die Meinungsbildung und die Politik selber Einfluß nehmen. Gerade im vorparlamentarischen Bereich wurden Frauen klassischerweise „im Verborgenen" tätig, ohne daß sie sich gleich bis in die „große Politik" durchsetzen konnten oder wollten.

Als Beispiel für diese Dimension der „Arbeit von Frauen im öffentlichen und politischen Leben der ersten Nachkriegsgeneration" wollen wir die Beteiligung von Frauen am Neuaufbau und an der Arbeit der Gewerkschaften untersuchen.

Daß gerade die Gewerkschaften ausgewählt wurden, hat einen weiteren Grund: Die politische Arbeit der Gewerkschaften geht aus von der Situation des Menschen als Erwerbstätigem. Sie beruht also gewissermaßen auf einer „Politisierung aus der Arbeit" und ist auch unmittelbar auf den Bereich des Erwerbslebens bezogen. Schon im 19. Jahrhundert war in Kreisen der Arbeiterbewegung um Bebel die These diskutiert worden, daß, würden die Frauen nur genauso wie Männer in der Produktion arbeiten, daraus quasi „automatisch" ihre politische und gesellschaftliche Gleichberechtigung folgen müsse.[1]) Seit dem Zweiten Weltkrieg spielte nun die Erwerbsarbeit von Frauen in der Tat eine immer wichtigere Rolle – zunächst, indem die Frauen massenweise die gefallenen oder in Kriegsgefangenschaft befindlichen Männer ersetzten, später dann als „Reservearmee" für das Wirtschaftswunder, zunehmend aber auch im Bereich der Angestelltentätigkeiten, in Büros, als technische, medizinische usw. Assistentinnen. Sollte sich tatsächlich durch die verstärkte Frauenerwerbsarbeit ein neues politisches Bewußtsein bei den Frauen gebildet haben und hier der „Königsweg der Emanzipation" zu finden sein, so müßte das bei den Gewerkschaften noch mehr als in anderen Organisationen spürbar werden, d.h. daran, in welchem Maße und in welcher Art Frauen hier aktiv wurden. Die gewerkschaftliche Frauenarbeit soll also als Gradmesser für eine mögliche Politisierung der Frauen durch die Arbeit benutzt werden. Zum anderen wollen wir fragen, welche Möglichkeiten die Gewerkschaft bot, das politische Potential, das diese Frauen darstellten, in emanzipatorisch-politisches Handeln umzusetzen. Wieweit wurde von ihnen auf die wachsende Bedeutung der Frauen im öffentlichen Leben reagiert und die strukturellen Bedingungen für eine politisch-gesellschaftliche Gleichberechtigung geschaffen? Hatte, so ist weiter zu fragen, die stärkere Beteiligung der Frauen – wenn es eine solche gab – Einfluß auf das politische Handeln und auf die politischen Leitbilder in der Gewerkschaft?

Die vorliegende Studie soll also untersuchen, ob und in welcher Form es im Untersuchungszeitraum politische Beteiligung von Frauen in der Gewerkschaft gab, wodurch sie gefördert und wodurch gehemmt wurde, und was Frauen dadurch bewirken konnten. Dabei spielen die Motive, die in der Gewerkschaft zu einer verstärkten Hinwendung zu frauenpolitischen Fragen führten, ebenso eine Rolle wie die Frage des Frauenbildes, das der gewerkschaftlichen Frauenpolitik zugrundelag. Außerdem ist für uns von Interesse, wie sich die Entwicklung in Schleswig-Holstein zu der auf Bundesebene verhielt. Insbesondere ist zu untersuchen, ob die teilweise besonderen Umstände im nördlichsten Bundesland – so die wirtschaftliche Strukturschwäche, die Flüchtlingsprobleme etc. – zu einer Sonderentwicklung führten, etwa im Sinne eines „Hinterherhinkens" in frauenpolitischer Hinsicht.

Um diese Fragestellungen zu untersuchen, gehen wir in vier Schritten vor:

Die Frage, wieweit Frauen in der Zeit nach dem Krieg von der Gewerkschaftspolitik angesprochen und in sie einbezogen wurden bzw. sich daran beteiligten, erfordert zunächst einen Blick auf die Mitgliederstatistiken. Dem Vergleich zwischen dem Bundestrend und der Entwicklung in Schleswig-Holstein kommt dabei eine besondere Rolle zu.

Als nächstes wird dargestellt, wie die Einbindung von Frauen in die Gewerkschaftsarbeit in organisatorischer Hinsicht erfolgte. Der Aufbau einer speziellen Frauenorganisation in den Jahren der Nachkriegszeit, deren Strukturen und ihr Verhältnis zur Gesamtorganisation sollen beschrieben und die Möglichkeiten der Einflußnahme, die sie den Frauen boten, kritisch untersucht werden. Im Vordergrund steht dabei die Frage, welche Möglichkeiten die Frauen hatten, ihre Anliegen zu artikulieren, und welche Bedeutung ihnen damit im Rahmen der gewerkschaftlichen Politik zukam. Der Frage, ob und wo Frauen außerhalb der Frauenorganisation in der Gewerkschaft „Fuß fassen" konnten, muß hier ebenfalls nachgegangen werden.

Danach gehen wir auf die inhaltlichen Schwerpunkte und Hauptforderungen der Frauenarbeit ein.

Stellen die quantitative Erfassung der Frauen durch die Gewerkschaftspolitik einerseits und die organisatorischen Strukturen, in denen sich ihre Mitarbeit vollzog, andererseits gewissermaßen den Rahmen für die Politisierung von Frauen dar, so ist diese als letztes in qualitativer Hinsicht zu untersuchen: Das heißt, wieweit änderte sich durch ihre Einbeziehung in die Gewerkschaft wirklich das Bewußtsein und das Handeln der Frauen? Entsprach einem gestiegenen Frauenanteil auch eine verstärkte weibliche Aktivität in der Gewerkschaft, nahmen sie in zunehmendem Maße Anteil an politischen Entscheidungen? Die gesellschaftlichen, biographischen und gewerkschaftsimmanenten Faktoren, die die Aktivität von Frauen in der Gewerkschaft förderten bzw. hemmten, sollen dabei ausführlich untersucht werden.

Vor allem dieser letzte Punkt unserer Untersuchung ist von zentraler Bedeutung für die Leitfrage: Wieweit stand in der schleswig-holsteinischen Gesellschaft nach dem Zweiten Weltkrieg Frauen nicht nur in juristischer Hinsicht, sondern auch in der Realität der Zugang zur politischen Partizipation offen und wieweit änderten sich dadurch politische Leitbilder und Grundstrukturen wirklich?

1. Mitgliederentwicklung – Die weibliche Mitgliederbewegung

Beim Blick auf die Entwicklung der Mitgliederzahlen interessieren neben dem prozentualen Frauenanteil und seiner Veränderung im Laufe der Jahre auch die regionalen Unterschiede, die in den einzelnen Kreisen Schleswig-Holsteins zu beobachten sind, und eventuelle Unterschiede bei den einzelnen Beschäftigungsverhältnissen (Arbeiter – Angestellte – Beamte). Außerdem ist der Vergleich mit der Entwicklung auf Bundesebene von Bedeutung, um eine etwaige Sonderproblematik des nördlichsten Bundeslandes zu erkennen.

Der Bundestrend – kurzes Hoch und lange Flaute

Angelika Lippe entwirft für die Entwicklung der gewerkschaftlichen Frauenpolitik in der Bundesrepublik eine Skizze, die als Grundlage unserer Darstellung dienen kann. Die Zeit von 1945-1958 wird dabei in zwei Phasen unterteilt:[2])

Einer „Gründungsphase" von 1945 bis etwa 1952 sei eine bis 1969 dauernde Phase gefolgt, in der die Frauenfragen an Bedeutung verloren hätten und weitgehend hinter sogenannten allgemeinen Zielen zurückgetreten seien.

In der ersten Phase sei seitens der Gewerkschaftsführer der Wille zur Integration der erwerbstätigen Frauen in die Gesamtorganisation beherrschend gewesen: Konsequenz waren unter anderem die Forderungen zur Frauenarbeit in der Satzung von 1949, die Einrichtung der Abteilung Frauen beim DGB-Bundesvorstand sowie die Errichtung von hauptamtlich besetzten Landesbezirksfrauensekretariaten und Frauenausschüssen. Die erste Bundesfrauenkonferenz 1952 markierte den Höhepunkt und gleichzeitig das Ende dieser Phase. In dieser Zeit verzeichneten die Gewerkschaften insgesamt starke Mitgliedergewinne: Bis 1958 wuchs die Mitgliederzahl des DGB gegenüber dem offiziellen Gründungsjahr 1949 um 16%. Die Frauen waren bis 1954 an diesen Zuwachs überproportional stark beteiligt, so daß der Frauenanteil im DGB in dieser Zeit steil anstieg. 1954, am Höhe- und Scheitelpunkt dieser Entwicklung, waren 17,3% der Mitglieder Frauen. Das bedeutet aber zugleich, daß trotz dieser Verschiebung zugunsten der Frauen die Männer bei weitem das zahlenmäßige Übergewicht behielten! Und der Anteil weiblicher Mitglieder entsprach auch nicht dem Anteil der Frauen an der erwerbstätigen Bevölkerung, der

249

Demonstration am 1. Mai 1947 vor dem Kieler Gewerkschaftshaus. Wie in allen Bereichen war die Ernährungslage auch in den Gewerkschaften das Thema Nr. 1 in der ersten Nachkriegszeit.
(Stadtarchiv Kiel)

in dieser Zeit schon etwa ein Drittel darstellte. Das heißt, die Frauen waren in der Gewerkschaft im Vergleich zu ihrer Bedeutung im Erwerbsleben weiterhin stark unterrepräsentiert.

Diese Zahlen können allerdings nur als grober Durchschnittswert betrachtet werden. Der Frauenanteil war je nach Gewerkschaft sehr unterschiedlich, was vor allem in Relation mit den weiblichen Beschäftigtenzahlen im jeweiligen Industriezweig zu sehen ist. Gerade die kleineren Gewerkschaften wie die deutsche Postgewerkschaft und die Gewerkschaft Textil-Bekleidung hatten dabei einen wesentlich über dem Durchschnitt liegenden Frauenanteil. In der Gewerkschaft Erziehung und Wissenschaft (GEW), der Gewerkschaft Textil und Bekleidung (IGTB) und Handel Banken Versicherungen (HBV) stellten Frauen sogar die gewerkschaftliche Mehrheit.[3] In der zweiten Phase wirkten das Wirtschaftswunder und die gesellschaftspolitische Restauration der 50er Jahre bestimmend auch auf die Gewerkschaftsentwicklung. Als ursprünglich eher (klassen-)kämpferische Arbeitnehmerorganisation gerieten sie nun stark in die Defensive.[4] Als Reaktion gab man, um in einer Zeit der Restauration nicht gar zu unbeliebt zu werden – und vielleicht auch, weil man selber vom Geist der

Zeit getragen wurde – Ziele, die auf eine längerfristige Umgestaltung der Gesellschaft gerichtet waren, zunehmend zugunsten von tarif- und tagespolitischen Forderungen auf. Deutlich wird das zum Beispiel am Unterschied der Programme von 1949 und 1963: War das Gründungsprogramm des DGB von 1949 noch wie viele Grundsatzprogramme dieser Zeit durch Kapitalismuskritik gekennzeichnet, so trat diese Orientierung im neuen Programm von 1963 eindeutig zurück. Die systemimmanente (und systemstabilisierende) Verbesserung der Lebensbedingungen trat gegenüber idealpolitischen Zielsetzungen in den Vordergrund.[5])

Für die Frauen bedeutete diese „freiwillige Selbstbeschränkung" bei den großen gesellschaftspolitischen Themen, daß ihre Belange in der Praxis dem Ziel, die Arbeits- und Lebensbedingungen der Gesamtheit der Arbeitnehmer zu verbessern, nach- bzw. untergeordnet wurden.[6]) Der Restauration des traditionellen Frauenbildes in dieser Zeit hätten die Gewerkschaften, so Lippe, also keine offensiv emanzipatorische Politik entgegenzusetzen vermocht. Der offensichtliche „Prestigeverlust" der Gewerkschaft bei den Frauen, der sich in der Mitgliederstatistik dieser Jahre spiegelte, wurde durch ihre Politik eher bestärkt. So kehrte sich die zunächst progressive Mitgliederentwicklung bei den Frauen in dieser Zeit wieder um: In den 50er Jahren kam es eine Zeit lang zu regelrechten Mitgliederverlusten bei den Frauen. Insgesamt stagnierte der Frauenanteil bzw. ging zurück, und zwar, mit einem kleinen „Zwischenhoch" am Ende der 50er Jahre, bis zum gesellschaftlichen Umbruch Ende der 60er Jahre. Erst dann, ab etwa 1970, traten frauenpolitische Anliegen wieder stärker in den Vordergrund des gesellschaftlichen Interesses und der gewerkschaftlichen Arbeit.[7])

Die Entwicklung des Frauenanteils im Untersuchungszeitraum verlief also nicht gleichmäßig, sondern „wellenförmig": Nach einem Höhepunkt im Jahre 1954 ging er zunächst zurück, um dann zum Ende der 50er Jahre wieder leicht anzusteigen. Blickt man über das Ende unseres Untersuchungszeitraumes hinaus, erkennt man aber, daß es sich dabei lediglich um ein „Zwischenhoch" handelte. Insgesamt war die Tendenz für die nächsten 15 Jahre sinkend.

Schleswig-Holstein

Auch wenn die Materiallage keine vollständige Darstellung der Mitgliederentwicklung in Schleswig-Holstein zuläßt, lassen sich doch die wesentlichen Charakteristika erkennen. Dabei müssen wir teilweise auf Daten des gesamten Landesbezirkes Nordmark zurückgreifen, wozu anzumerken ist, daß diese jeweils etwa ein bis eineinhalb Prozent über denen für Schleswig-Holstein liegen.

Als wichtigstes Kennzeichen ist festzuhalten, daß der Anteil weiblicher Mitglieder im DGB Schleswig-Holstein deutlich unter dem Bundesdurchschnitt lag, und zwar um bis zu 3 %.[8]) Dabei konnte Schleswig-Holstein bis Mitte der 50er Jahre einen anfangs noch größeren Rückstand aufholen. Die „Kurve" für den Frauenanteil verlief in etwa parallel zum Bundestrend, nur eben auf einem niedrigeren Niveau: Die Jahre 1950/51 stellten auch in Schleswig-Holstein bzw. im Bezirk Nordmark den entscheidenden Schritt dar: Die Zahl weiblicher Mitglieder stieg in diesen Jahren um 23 % an, der Zugewinn war fast doppelt so groß wie im Bundesdurchschnitt.[9]) Das kann wohl auch als Erfolg der Bemühungen um die Frauenarbeit durch den DGB-Landesvorstand gewertet werden: 1950 wurde endlich die vom Frauenausschuß schon lange geforderte Frauensekretärin eingestellt.

Der Anteil weiblicher Mitglieder stieg dann noch schneller als im Bundesgebiet, 1953 lag er sogar kurzfristig darüber. 1956/57 verzeichnete der DGB in Schleswig-Holstein weiter starke Zugewinne, wobei wiederum der Frauenanteil noch stärker wuchs als der der männlichen Mitglieder. Möglicherweise erklären sich diese besonderen Zugewinne in Schleswig-Holstein durch den dort im Winter 1956/57 durchgeführten Streik der Metallarbeiter. Ab 1958 jedoch stagnierte die Mitgliederentwicklung, und der Zuwachs vor allem bei den Frauen verlangsamte sich in Schleswig-Holstein noch stärker als im Bundesgebiet.

Tabelle 1: **Entwicklung des weiblichen Mitgliederanteils im DGB auf Bundesebene und in Schleswig-Holstein (bzw. Nordmark)**[9])

	Bund[10])			Schleswig-Holstein[11])	
	absolut	Prozent		absolut	Prozent
1949	?	14 %		(65.547	14,1%)
1950	893.798	16,4%	1. 1.1950:	(65.027	12,9%)
			31.12.1950:	(71.846	15,12%)
1950–5		Bund: 13% Zuwachs		Nordmark: 23% Zuwachs	
1951	1.011.436	17,1 %		(81.654	16,23%)
1952	1.028.713	17,13%		(81.494	16,79%)
1953	1.046.148	17,29%		(88.920	17,46%)
1954	1.055.213	17,29%		(88.450	17,06%)
1955	1.047.805	17,16%		(88.747	16,95%)
1956	1.043.241	17,03%		34.791	14,31%)
1957	1.077.652	17,26%		36.560	14,54%)
1958	1.089.527	17,21%		36.684	14,49%)

Generationsprobleme

Diese Entwicklung der „Anziehungskraft" der Gewerkschaften für die Frauen hatte Folgen für die Altersstruktur: In der Zeit unmittelbar nach Kriegsende waren es vor allem die jüngeren Frauen im Alter etwa zwischen 16 und 29 Jahren, die neu ins Erwerbsleben kamen und auch gleich der Organisation beitraten. Der Wunsch seitens dieser Frauen, in den Wirren des Zusammenbruchs aktiv mitzuarbeiten am Aufbau einer neuen Gesellschaft, mag dabei ebenso eine Rolle gespielt haben wie das Bewußtsein, der Status als Arbeitnehmer bedeute selbstverständlich, sich durch einen Gewerkschaftsbeitritt solidarisch zu zeigen. Im Gegensatz dazu waren bei den Männern eher die „alten Kämpfer", die bereits vor den Jahren des Nationalsozialismus in der Gewerkschaft aktiv gewesen waren, die vorherrschende Gruppe. In der Folgezeit verlor die Gewerkschaft aber bei den Frauen ihre Attraktivität für die Jüngeren. Das hatte zur Folge, daß die „typische Gewerkschafterin" der 50er Jahre zunehmend eher in den mittleren Jahrgängen anzutreffen war, d.h. zu den „Nachkriegsaktivistinnen" gehörte. Das Nachwuchsproblem in der Frauenarbeit ging also mit einem Generationsproblem einher.

Regionale Unterschiede

Betrachtet man die regionale Verteilung weiblicher Mitgliedschaft in den Orts- bzw. Kreisausschüssen des DGB in Schleswig-Holstein, so stößt man auf starke regionale Schwankungen. Während beispielsweise in Rendsburg der Frauenanteil mit zeitweise nur 5,78 % weit unter dem Landesdurchschnitt lag und manche Westküstenkreise ähnlich schwache Ergebnisse aufwiesen, waren in Neumünster-Segeberg mit 25,28 % die Frauen in der Organisation relativ stark vertreten. Südtondern, Pinneberg, Schleswig-Eckernförde und Lübeck lagen ebenfalls über dem Durchschnitt. Liegt auf den ersten Blick der Gedanke nahe, als Erklärung für den vergleichsweise geringen Organisationsgrad der Frauen in Schleswig-Holstein die agrarische Struktur des Landes heranzuziehen, so wird diese These durch die regionale Verteilung eher widerlegt: Es trifft nicht zu, daß der „städtische Charakter" eines Ortsausschusses generell auch mit einem höheren Anteil organisierter Frauen korrespondierte: So erreichten die Ortsausschüsse Kiel und Flensburg den Bundesschnitt nicht einmal annähernd. So ist eine Erklärung dieser starken Unterschiede weniger in der „Weltläufigkeit" und sozialen Aufgeschlossenheit einzelner Regionen zu suchen denn in der Präsenz bestimmter Industriezweige in den entsprechenden Gebieten. Insbesondere die herausragende Stellung Neumünsters ist durch die Bedeutung der Textilindustrie in dieser Region zu erklären. So war Neumünster auch Sitz der Landesgeschäftsstelle der Gewerkschaft Textil und Bekleidung. Das gleiche gilt für Pinneberg, während in Lübeck die große Bedeutung der Genußmittelindustrie und des Gaststättengewerbes eine Rolle spielte. Auch die Entwicklung verlief in den einzelnen Kreisen sehr unterschiedlich: Gerade die besonders „frauenreichen" Ausschüsse mußten größere Verluste hinnehmen. Ursache war die in den 50er Jahren fortschreitende Automation der Industrie: Es waren vor allem „typische Frauentätigkeiten", die durch den

Die 7018 weiblichen Beschäftigten in der schleswig-holsteinischen Textilindustrie des Jahres 1951 stellten 2/3 der Belegschaften.
(Stadtarchiv Kiel)

Fortfall von Arbeitsplätzen betroffen waren. Andererseits bemühte man sich gerade in „frauenarmen" Regionen offenbar mit steigendem Erfolg darum, mehr Frauen zu aktivieren.

Unterschiede nach Berufsgruppen

Als letzte Beobachtung können wir festhalten, daß der Frauenanteil in der Gewerkschaft je nach dem beruflichen Status (Arbeiter – Angestellte – Beamte) sehr unterschiedlich war. Auch die Entwicklung des weiblichen Mitgliederanteils verlief je nach Beschäftigungsverhältnis verschieden.

Vor allem die weiblichen Angestellten gewannen im Laufe des Untersuchungszeitraumes wesentlich mehr als die Arbeiterinnen an Bedeutung. Entgegen dem Gesamttrend der weiblichen Mitgliederentwicklung stieg ihr Anteil im DGB in dieser Zeit kontinuierlich an.[13] Die Statistik zur Mitgliederbewegung der Angestellten im DGB-Ortsausschuß Kiel 1955-1956 zeigt exemplarisch ihre zunehmend wichtige Rolle in praktisch allen Industriezweigen.[14] Diese Entwicklung spiegelt sich auch in den Mitgliederzahlen der Deutschen Angestelltengewerkschaft (DAG), die sich 1949 aus der Organisation des DGB „ausgeklinkt" und selbständig gemacht hatte: Bis 1958 stieg der Frauenanteil hier auf beinahe 40 % an.[15]

Wenn die vorhandenen Zahlen auch nur einen begrenzten Ausschnitt der Entwicklung in Schleswig-Holstein wiedergeben, so zeigen sie doch schlaglichtartig die Auswirkungen des ökonomischen Strukturwandels. Dieser führte dazu, daß wesentlich mehr Frauen in Angestelltentätigkeiten drängten bzw. hier ein neues Tätigkeitsfeld fanden. In Schleswig-Holstein verlief diese Entwicklung regional unterschiedlich rasch, das heißt sie verzögerte sich teilweise. In Ortsvereinen, die Mitte der 50er Jahre noch einen vergleichsweise geringeren Anteil weiblicher Angestellter im DGB hatten, erfolgte bis Ende der 50er Jahre oft eine außergewöhnlich starke Steigerung, so v.a. in Rendsburg (20,06 % – 28,13 %).

2. Die Organisation von Frauen in der Gewerkschaft

Welche Möglichkeiten hatten Frauen, in der Gewerkschaft ihren Interessen Gehör zu verschaffen? Nach 1945 bestand seitens der männlichen Gewerkschafter durchaus das Bewußtsein, daß man der verstärkten Beteiligung der Frauen am Erwerbsleben Rechnung tragen und Frauen in ihre Arbeit einbeziehen müsse – insbesondere in der Hinsicht, daß die vielen „neuen" weiblichen Erwerbstätigen ein wichtiges Mitgliederpotential darstellten, das es für den Aufbau einer schlagkräftigen Organisation zu gewinnen galt.

Es sind prinzipiell zwei Wege denkbar, wie Frauen in die Arbeit einer solchen Organisation integriert werden können: Entweder man setzt darauf, daß sie sich als „ganz normale" Mitglieder wie ihre männlichen Kollegen an der Arbeit der Gesamtorganisation beteiligen werden. Wobei man davon ausgeht, daß sie genau wie Männer dort mitbestimmen können, es also keine „Sonderproblematik Frauen" und keine geschlechtsspezifischen Probleme gibt, die nicht genauso über die Gewerkschaft als Ganze vertreten würden. Oder es wird für die Frauen eine separate Unter- bzw. Nebenorganisation eingerichtet, die ihre Interessen wahrnimmt und formuliert, gegebenenfalls durchsetzt. Diese zwei Möglichkeiten zeigen ein Dilemma, vor dem gewerkschaftliche Frauenarbeit grundsätzlich steht und das auch in den Folgejahren immer wieder kontrovers diskutiert wurde: Ging man doch mit der Einrichtung einer Frauenorganisation gleichzeitig davon aus, daß die Frauen eben nicht genau wie Männer überall die gleichen Chancen hatten, postulierte man eine Art „Andersartigkeit" der Frauen, die aber immer auch eine Vorstufe zur Doch-Nicht-Gleichberechtigung ist. Weitergehend mußte man auch befürchten, daß so eine Organisation weniger dazu dienen würde, die Interessen der arbeitenden Frauen zu bündeln und ihnen Gehör zu verschaffen, sondern vielmehr zu einer Art „Abstellgleis" für aktive Frauen würde, die so immer nur „um sich selber kreisen", anstatt bei der Politik der Gesamtorganisation mitzureden. Von den Männern wurde das zum Teil als Argument gegen die Existenz der Frauenorgnisation überhaupt verwandt. Bezeichnend für diese Haltung sind die Äußerungen des DGB-Landesbezirksvorsitzenden Nordmark im Landesfrauenausschuß 1957:

„Mit wachsender Besorgnis habe er feststellen müssen, daß seit 1945 die ge-

werkschaftliche Frauenbewegung die Tendenz zu einer gewissen Eigenbewegung innerhalb der Gesamtorganisation zeige. Unsere Gewerkschaftsbewegung leite sich her aus der Arbeiterbewegung, deren wesentlichstes Merkmal mit es war, daß für sie das Gedankengut richtunggebend war, das für Männer wie für Frauen gleichermaßen Geltung hatte.[...] Für uns ergibt sich die Frage, ob in unserer Gewerkschaftsbewegung heute noch eine eigenständige Frauenbewegung Berechtigung hat. Da wir eine moderne Organisation sind, muß diese Frage verneint werden. Im Gegensatz zu konservativen Vereinigungen werden in unserer Bewegung Frauen aufgenommen und anerkannt.[...] Die Zeit der ‚Suffragetten' dürfte vorbei sein, als sich Frauen zusammenschlossen, um ihre Forderung nach beruflichen und politischen Rechten durchzusetzen. In unserer Organisation wurde es den Frauen nie verwehrt, an der Arbeit teilzunehmen. Dieser Tatsache stehen jedoch Hemmnisse entgegen, die in der Eigenart der Frau und ihren häuslichen und mütterlichen Pflichten begründet liegen.[...] Sie geben jedoch keine Begründung für die Notwendigkeit einer eigenen Frauenbewegung in der Organisation." [16])

Bei dieser Sicht der Dinge wird aber, so könnte man sagen, der Zirkelschluß angewandt: Da die Gewerkschaften gemäß ihrer Tradition emanzipatorisch seien, können sie nicht antiemanzipatorisch sein, folglich seien die Interessen der Frauen hier bestens vertreten und die Frauen brauchten keine eigene Interessenvertretung. Daß ihrer Mitarbeit Probleme entgegenstehen, wird zwar erkannt, die Suche nach einem Lösungsansatz unterbleibt aber: Die Frauen mögen ihre „biologischen" Schwierigkeiten halt selber in den Griff kriegen, wie es offensichtlich einigen unter ihnen möglich war, die Gewerkschaft stehe ihnen offen. Auch diese Position ist also denkbar und wurde vertreten.

Im folgenden wollen wir untersuchen, wie die Erfolge und Möglichkeiten der Frauenarbeit in diesem Spannungsfeld einzuschätzen sind.

Gewerkschaftsämter außerhalb der Frauenorganisation

Um die Rolle der Frauenorganisation im Hinblick auf das geschilderte Dilemma beurteilen zu können, wollen wir zunächst fragen, ob und wieweit Frauen ihre politische Energie auch anderweitig als in ihrer eigenen Abteilung in der Gewerkschaft einbringen konnten. Dem theoretischen und rechtlichen Anspruch nach waren sie hier gleichberechtigt. Untersucht man jedoch, wie viele Frauen in der Gewerkschaft außerhalb der speziellen Frauenorganisation Ämter übernehmen konnten, so ergibt sich eine traurige Bilanz. Herta Just charakterisierte die Lage 1956 mit folgenden kritischen Worten:

„Leider müsse sie sagen, daß die Frauenarbeit in der allgemeinen Gewerkschaftsarbeit so gut wie gar keine Auswirkung habe, denn wo seien die Frauen bei Delegiertenversammlungen, bei allgemeinen Mitgliederversammlungen und bei Veranstaltungen entscheidender Art berücksichtigt?" [17])

Qualifizierte Arbeitsplätze für Frauen wie hier im Labor der Holsatiamühle, Kiel, waren in Schleswig-Holstein schwer zu finden. (Stadtarchiv Kiel)

Und 1957 hieß es auf der Sitzung des Landesbezirksfrauenausschusses:

„Bedauerlicherweise muß festgestellt werden, daß Frauen in verantwortlichen Positionen heute seltener sind als in den ersten Jahren nach 1945 und daß Frauen, die verantwortliche Positionen innehaben, es oft schwer haben, ihre Position zu behaupten." [18])

In Orts- bzw Kreisvorständen und im Bezirksvorstand waren so gut wie keine Frauen vertreten – außer denen, die kraft Amtes Mitglied dieser Gremien waren, über eine Funktion in der Frauenorganisation dort hineingekommen waren. In einigen Einzelgewerkschaften, so in der ÖTV, war in der Satzung festgeschrieben, daß in allen Vorständen eine Frau vertreten zu sein habe, die von allen Mitgliedern gemeinsam gewählt wurde. Interessanterweise handelte es sich dabei in der Praxis aber in den meisten Fällen um die Ehefrau des Kreissekretärs ....[19]) Lediglich in der DAG sahen die Verhältnisse etwas anders aus. Bis zur Mitte der 50er Jahre gehörten dort in praktisch allen Ortsgruppen Schleswig-Holsteins auch Frauen zum Vorstand.[20])

Hatten aber Frauen Ämter inne, so in der Regel in den „frauentypischen" Ressorts Soziales, Gesundheit, Bildung: Elfriede Düppe konnte z.B. neben der Stellung als Frauensekretärin auch noch die Leitung der Abteilung Gesundheit, Jugend und Schulung übernehmen, ihre Nachfolgerin Herta Just war ebenfalls Leiterin der Fachabteilung Gesundheitswesen. Auch in der DAG, in der mehr Frauen als in den meisten anderen Gewerkschaften an der Vorstandsarbeit beteiligt waren, waren diese in der Mehrzahl *„in Ausschüssen der allgemeinen Sozialarbeit, in Prüfungs-, Schul- und Verbraucherausschüssen und besonderen Aktionen tätig."*[21]) Ganz offensichtlich waren also auch die Gewerkschaften von dem Frauenbild durchdrungen, nach dem Frauen, wenn man ihnen schon politische Ämter übertrug, in allererster Linie für „mütterliche", fürsorgende Aufgaben geeignet waren. Schon in diese Ämter vorzustoßen, war aber schwierig genug, denn um als Frau eine „Karriere" zu machen, war auch in der Gewerkschaft die Billigung der Männer notwendig: *„Entscheiden, wer Karriere macht, tun immer noch die Männer."*[22])

War aber doch eine Frau in einem Führungsgremium anzutreffen, so handelte es sich zumeist um die – Schriftführerin.[23]) Absicht, Zufall oder Gedankenlosigkeit – der Effekt war eindeutig: Zum Mitdiskutieren, zu ernsthafter politischer Arbeit kam eine Frau, der solcherart „die Hände gebunden waren", natürlich kaum.

Auch auf den DGB-Landesbezirkskonferenzen waren Frauen im Vergleich zu ihrem Anteil an der Gewerkschaftsmitgliedschaft eindeutig unterrepräsentiert: Auf den fünf Landesbezirkskonferenzen, die zwischen 81 und 103 Delegierte hatten, waren jeweils zwischen zwei, maximal drei Frauen vertreten. Das entspricht einem prozentualen Anteil zwischen 1,9 % und 3 %. Damit lag in Schleswig-Holstein der Frauenanteil auf den Bezirkskonferenzen noch signifikant unter dem der Bundeskongresse, wo im Verhältnis zu den Mitgliederzahlen die Frauen bereits deutlich zu wenig vertreten waren, nämlich mit 7 % (1952) bzw. 6 % (1954, 1956 und 1959).[24]) Auch in dieser Hinsicht „hinkte" die Gewerkschaft in Schleswig-Holstein also in frauenpolitischer Hinsicht hinter dem Bundesdurchschnitt her.

Die Verhältnisse in der GEW, die außer den regelmäßigen Kreisvertreterinnenversammlungen und der Nebenversammlung der Lehrerinnen bei den Vertreter- und Hauptversammlungen keine separate Frauenorganisation hatte, sind hierfür bezeichnend. 1947 hatten bei der Gründerversammlung des Allgemeinen Deutschen Lehrerverbandes die Frauen ausdrücklich darauf verzichtet, den ehemals separaten Allgemeinen Deutschen Lehrerinnenverein neu zu konstruieren, sondern wollten statt dessen *„In engster Zusammenarbeit mit unseren Berufskol-*

legen, im gegenseitigen Begreifen und Begegnen, [...] gemeinsam die Aufbauarbeit anpacken." [25])

Die von den Frauen angestrebte Gemeinsamkeit sah in den folgenden Jahren in Schleswig-Holstein allerdings derart aus, daß von 1949 bis 1958 praktisch nur eine Frau, nämlich Erna tum Suden aus Eutin, kontinuierlich in der Vorstandsarbeit tätig war. 1949 wurde sie als einzige Frau in den siebenköpfigen Vorstand des Allgemeinen Schleswig-Holsteinischen Lehrervereins – des schleswig-holsteinischen Teils der GEW – gewählt, wo sie den Posten der zweiten Schriftführerin bekleidete. 1958 wurde sie zur ersten Beisitzerin ernannt, später wurde sie Mitglied im Bundesvorstand.

Keinem der 21 Kreise innerhalb der GEW stand in den ersten Jahren nach der Gründung eine Frau vor. Seit 1951 hatten dann fünf Kreise eine weibliche Vorsitzende, davon standen allein zwei unter der Leitung von Erna tum Suden.

Die acht Ausschüsse und Schulgruppen der GEW wurden ausschließlich von Männern geleitet. Wenn Nebenversammlungen von Frauen geleitet wurden, was selten vorkam, so handelte es sich um „frauenspezifische" Ressorts: So tagte zum Beispiel die Nebenversammlung des Ausschusses für Jugendwohlfahrt bei der Versammlung im Dezember 1950 unter dem Vorsitz von Margarete Karstens aus Plön.[26]) Auch die inhaltliche Arbeit wurde in diesem Verband eindeutig von den Männern geleistet. Die ließen es sich darüber hinaus nicht nehmen, die Frauen über die Tradition der Frauenbewegung zu belehren: Auf einer Lehrerinnentagung wurde es offenbar stillschweigend akzeptiert, daß ein männlicher Rektor vor den versammelten Frauen über die Bedeutung von Helene Lange und Gertrud Bäumer dozierte und an die Frauen appellierte, die emanzipationsfreundlichen Forderungen der Gewerkschaft getreu diesem Beispiel zu unterstützen. Die Tagung endete dann mit einer Besichtigung ausgestellter Handarbeiten...[27])

Auf Bundesebene war die Situation nicht wesentlich glücklicher: Von insgesamt 21 Vorstandsämtern waren nur drei mit Frauen besetzt. – Eine aufschlußreiche Bilanz, vor allem vor dem Hintergrund der Tatsache, daß in der GEW die Frauen die Mehrheit der Gewerkschaftsmitglieder stellen.

Dieses Beispiel zeigt deutlich, daß das Fehlen einer Frauenorganisation nicht zur verstärkten Integration der Frauen in die Arbeit des Gesamtverbandes führt. Vielmehr belegt es, daß die gewerkschaftlichen Organisationsstrukturen eindeutig von Männern dominiert wurden und im Untersuchungszeitraum Frauen nur in Einzelfällen sich darin durchsetzen und etablieren konnten – und das selbst dann, wenn an der Basis eine weibliche Mehrheit stand.

Frauen konnten sich also keinesfalls so selbstverständlich in die Gesamtgewerkschaft einbringen und dort die Interessen der Arbeitnehmerinnen vertreten, wie manche Männer es gerne darstellten. Zwar standen ihnen theoretisch alle Ämter offen, und wie um dies unter Beweis zu stellen, bemühten sich die Männer auch, in fast allen Gremien ein oder zwei Frauen dabeizuhaben. Frauen waren also in gesamtgewerkschaftlichen

Gremien, ja sogar in Spitzenpositionen vereinzelt vertreten. Herausragenden Einzelpersönlichkeiten war es möglich, hier und da eine Position zu besetzen. Dadurch aber, daß ihre Anzahl dort so gering war, konnten sie kaum als wirkungsvolle Vertreterinnen der weiblichen Basis in der Gewerkschaft auftreten. Zudem bestand seitens der Männer die – vermutlich sozialisationsbedingte – Neigung, die „Frau in ihrer Mitte" rasch zu einflußlosen Hilfstätigkeiten abzustellen.

Es wurde zwar oft beschworen, die Interessen der Frauen mögen in denen der gesamten Arbeitnehmerschaft aufgehen.[28]) In der Realität, so könnte man allerdings sagen, gingen sie zumindest in dieser Zeit eher in ihnen unter.

Dadurch wird einerseits die Existenz einer gesonderten Organisation der Frauen innerhalb der Gewerkschaft durchaus gerechtfertigt: Denn nur hier konnten weibliche Interessen überhaupt ausführlich artikuliert, formuliert und gebündelt werden: Die vereinzelte weibliche Stimme nahm sich zwar im „Männerchor" eines Betriebsrates, eines Vorstandes oder einer Tarifkommission sehr schön aus, hatte aber praktisch kaum Chancen, sich ihm gegenüber durchzusetzen. Andererseits bleibt es angesichts dieser Zustände – die sich im Untersuchungszeitraum ja keinesfalls besserten – fragwürdig, wieweit Frauen überhaupt jenseits ihrer eigenen politischen Foren die Chance hatten, ihre Anliegen und Interessen in der Gewerkschaft zu vertreten.

Die Grundlagen der Frauenarbeit im DGB

Wenden wir uns den theoretischen und organisatorischen Grundlagen der Frauenorganisation zu. Interessenvertretungen von Arbeitnehmerinnen hatte es zwar auch vor dem Weltkrieg schon gegeben,[29]) die Entwicklung nach 1945 stellte aber auch in den Augen der Gewerkschafter selber ein Novum dar. Die Grundlagen der Frauenarbeit im DGB legte der Gründungskongreß des DGB 1949 in München: In der dort verabschiedeten Satzung des DGB wurde als eine Aufgabe des Bundes die Durchführung gemeinsamer Gewerkschaftsaufgaben für die Frauen und die Jugend festgelegt (§ 2, Abs. 2 der Satzung) sowie die *„Richtlinien für die Frauenarbeit im deutschen Gewerkschaftsbund"* verabschiedet.[30]) Darin wurde die gewandelte gesellschaftliche Situation, die eine eigene Frauenarbeit notwendig mache, beschrieben sowie eindeutig Stellung zur Emanzipation bezogen. Diese sei eine der Grundforderungen der Gewerkschaft:

„Die Industrialisierung und die Folgen zweier Weltkriege haben die Stellung der Frau in der Gesellschaft wesentlich verändert. Millionen von Frauen sind heute darauf angewiesen, den Lebensunterhalt für sich und ihre Angehörigen zu verdienen. Für den größten Teil dieser Frauen handelt es sich dabei nicht mehr um eine zeitlich begrenzte Erwerbstätigkeit. Hunderttausende von berufstätigen Frauen tragen als Hausfrau und Mutter doppelte Last. Diesen Tatsachen tragen die Gewerkschaften Rechnung, indem sie die Interessen der Frauen in erhöhtem Maße

wahrnehmen. Die Gewerkschaften begrüßen die Anerkennung ihrer seit Jahrzehnten erhobenen Forderung der Gleichberechtigung von Mann und Frau durch das Grundgesetz der Bundesrepublik Deutschland. Sie betrachten es als eine ihrer vornehmsten Aufgaben, für die Verwirklichung dieses Grundsatzes auf sozialem und wirtschaftlichem Gebiet zu sorgen."

Gemäß den Richtlinien für die Frauenarbeit sollten auf Bundes- und Landesbezirksebene Frauenausschüsse als Organe der Frauenarbeit eingerichtet werden. Den Frauen wurde damit der Status einer Personengruppe innerhalb der Gesamtorganisation zugesprochen, gleich den Jugendlichen, d.h. der Status einer Gruppe, der man zwar keine eigene organisatorische Autonomie zugestand, die man aber aufgrund einer „spezifischen Mentalität" in besonderer Weise meinte ansprechen und betreuen zu müssen. Auf oberster Ebene wurde die Frauenorganisation durch die Einrichtung der Abteilung Frauen beim Bundesvorstand realisiert, deren erste Leiterin Thea Harmuth wurde. Als Fernziel der Arbeit der Abteilung Frauen galt von Anfang an, die spezifischen Probleme der Frauen so weit zu lösen und die Frauen so sehr an die Arbeit der Gewerkschaft heranzuführen, daß die separate Frauenarbeit langfristig überflüssig würde.[31])

Als Forderungen für die Frauen erhob der DGB auf diesem Kongreß:

1) Die Sicherung des Rechts der Frau auf Arbeit.
2) Gleichen Lohn für gleiche Arbeit.
3) Den Ausbau des Arbeitsschutzes.

Aufgabe der Frauenorganisation sollte die *„Mitarbeit bei der Verwirklichung aller vom Gründungskongreß [...] beschlossenen wirtschafts- und sozialpolitischen Grundsätze sowie der Forderungen für die erwerbstätigen weiblichen Arbeitnehmer"* sein, die *„Bildung und Schulung"* der Frauen, *„die Förderung und Weiterentwicklung einer guten Zusammenarbeit der Kolleginnen und Kollegen"* sowie die Zusammenarbeit mit den anderen demokratischen Frauenorganisationen und die Pflege der internationalen Beziehungen. Es entsprach dem Interesse der Gewerkschaftsgründer, denen die Frauen in erster Linie als zu gewinnende Mitglieder erschienen – erscheinen mußten –, daß unter den Aufgaben der Frauenarbeit auch die *„Werbung neuer Mitglieder"* eine wesentliche Rolle einnahm.[32])

Die Anfänge der Frauenorganisation

Werfen wir zunächst einen Blick auf die Gründungsphase der Gewerkschaften, also die Zeit bis zu diesem Kongreß, und untersuchen, wieweit in dieser Zeit die Frauen Zugang zur Mitarbeit in der Organisation hatten. Entsprechend den Bedingungen des Neuaufbaus sind zwei Faktoren zu untersuchen: Zum einen die Artikulation weiblicher Interessen auf der Ebene der Britischen Besatzungszone; zum anderen die Ansätze zum Aufbau der Frauenorganisation im Rahmen des Landesbezirkes Nordmark, der in dieser Zeit bereits als Organisationseinheit entstand.

In der Britischen Besatzungszone begannen ab 1946 die Vorbereitungen für die Errichtung von Frauenorganisationen in der Gewerkschaft. Dabei beobachtet man, daß wie in anderen Bereichen der Politik auch hier die Beteiligung von Frauen, solange die britische Militärregierung noch Einfluß auf den Verlauf der Gewerkschaftsentwicklung hatte, durch diese eindeutig gefördert wurde. Dazu dienten unter anderem die „moralische" Unterstützung der gewerkschaftlich organisierten deutschen Frauen durch englische „Vorbildfrauen". Auch hier war das Hauptargument für ein politisches Engagement, daß die Frauen ihre besonderen weiblichen Fähigkeiten vermehrt einsetzen mögen, um einem neuen Krieg durch weibliche Friedfertigkeit entgegenzuwirken.[33])

Erster Schritt war die Wahl von zwei Frauenvertreterinnen, Maria Lühmann-Klinck aus Hamburg und Liesel Kipp-Kaule aus Herford, durch die weiblichen Delegierten auf der 1. Zonenkonferenz des Deutschen Gewerkschaftsbundes in Hannover vom 12.-14. März 1946. Auf dem DGB-Bundeskongreß im April 1947 wurde Liesel Kipp-Kaule in den DGB-Vorstand gewählt.[34])

Noch im gleichen Jahr, 1946, wurde über das gewerkschaftliche Zonensekretariat ein Antrag an den Zonenvorstand gerichtet, eine Frauenarbeitstagung für die gesamte Britische Besatzungszone durchzuführen. Diese Tagung fand vom 20.-22. November 1946 in Bielefeld statt.[35])

Sie verabschiedete eine Resolution, die zur besonderen Situation der erwerbstätigen Frau angesichts des durch den Krieg entstandenen Frauenüberschusses Stellung nahm und erstmals das „Recht der Frau auf Arbeit" klar formulierte. Weitere inhaltliche Forderungen richteten sich auf die Schaffung qualifizierender Ausbildungsmaßnahmen, die Einführung von Arbeitsschutzbestimmungen, den Einsatz weiblicher Gewerbekontrolleurinnen – all dies Forderungen, die in den nächsten Jahren durchgehend leitmotivartig die gewerkschaftliche Frauenarbeit bestimmten. Aber nicht nur in inhaltlicher Hinsicht war diese Tagung richtungsweisend für die Gewerkschaftsfrauen. Daneben stand die organisatorische Forderung, einen Gewerkschaftlichen Frauenausschuß für die Britische Zone einzuberufen.

Dieser Ausschuß trat am 9. und 10. Januar 1947 erstmals mit neun Frauen zusammen. Darunter befand sich zunächst keine Frau aus Schleswig-Holstein. Auch in den Sitzungen dieses Ausschusses standen Themen wie das Recht der Frau auf Arbeit, Entlohnungsfragen, die Einrichtung von Schulungskursen, die Arbeit von Frauen in den Betriebsvertretungen und die Hausangestelltenfrage auf der Tagesordnung. Im März 1947 wurde der Vorschlag gemacht, in den einzelnen Bezirken Frauensekretariate einzurichten.

Im April 1947 tagte der 1. Bundeskongreß des DGB der Britischen Zone in Bielefeld. Unter den 357 Delegierten befanden sich zwar 13 Frauen, jedoch wiederum keine aus dem nördlichsten Bundesland.[36]) Hier wurde schon die vorläufige Organisationsstruktur des DGB beschlossen, die bereits die Einrichtung eines Dezernats Frauen in der Abteilung III des Bundesvorstandes (Bildung, Schulung, Jugend) vorsah. Diese kann man wohl als eine Art „norddeutschen

Vorläufer" der späteren Abteilung Frauen beim DGB-Vorstand werten.

Der Zonenfrauenausschuß richtete an diesen Kongreß den Antrag, eine Frauenkonferenz für die gesamte Zone durchzuführen, dem stattgegeben wurde: Vom 28.-30.10.1947 fand in Bielefeld eine Frauenkonferenz mit 270 weiblichen Delegierten statt, unter denen dieses Mal auch Schleswig-Holsteinerinnen vertreten waren. Unter ihnen tat sich Mia Schulz aus Neumünster besonders hervor, die auch als Mitglied in den neuen Zonenfrauenausschuß gewählt wurde und dann bei der Organisation der Frauenausschüsse in Schleswig-Holstein sehr aktiv wurde.[37])

Thema der Frauenkonferenz war unter anderem der Streik der Textilarbeiterinnen und Textilarbeiter in Itzehoe: In diesem Streik waren überwiegend Frauen engagiert, zum großen Teil Flüchtlinge aus dem Osten, die zu Stundenlöhnen von 27 Pfennig beschäftigt wurden.

Wichtigstes Ergebnis war die Verabschiedung der *„Grundsätze und Richtlinien für die Frauenarbeit des Deutschen Gewerkschaftsbundes für die Britische Zone"*, die dann vom Bundesvorstand genehmigt wurde. Darin stand die Forderung nach dem „Recht der Frau auf Arbeit" erneut an vorderster Stelle: *„Als Staatsbürgerin hat die Frau das gleiche Recht auf alle Tätigkeitsgebiete wie der Mann. Dieses Recht auf Arbeit ist heute von besonderer Bedeutung."*[38])

In den gleichfalls von der Konferenz verabschiedeten „*Organisatorischen Grundsätzen*" wurde die Einrichtung von Frauenausschüssen auf Bezirks- sowie auf Kreisebene und von Frauensekretariaten gefordert.

Die zonale Frauenarbeit fand ihren Abschluß mit dem Zusammenschluß der Gewerkschaftsbünde der drei Westzonen 1949. Auch die Frauenarbeit der Westzonen wurde jetzt koordiniert, und zwar auf einem Treffen der drei Zonenfrauenausschüsse vom 25.-27. Januar 1949.[39])

Frauenarbeitstagung, Zonenfrauenausschuß, zonale Frauentagung und Dezernat Frauen in der Abteilung III waren also die Elemente der Frauenarbeit in der Britischen Besatzungszone, mit denen die spätere gewerkschaftliche Frauenarbeit auf Bundesebene vorbereitet wurde. In inhaltlicher Hinsicht wurden hier schon alle Themen formuliert, die in den nächsten Jahren bestimmend sein würden. Die Frauenarbeit auf zonaler Ebene wirkte so durchaus richtungsweisend. Für eine abschließende Bewertung können wir aber hier schon folgendes feststellen: Beschlußkompetenzen, um auf die Politik der Gewerkschaft Einfluß zu nehmen, kamen den Frauen nicht zu, sie blieben sogar bei der Formulierung von Richtlinien vom Placet des Bundesvorstandes abhängig. Das gilt auch für die zonale Frauenkonferenz: Ohne Zweifel für die damalige gewerkschaftliche Frauenarbeit repräsentativ, hatte sie doch keinerlei beschlußfassende Kompetenz. Sowohl die von ihr verabschiedeten Richtlinien, ihre Beschlüsse als auch die gewählten Mitglieder für den Zonenfrauenausschuß mußten vom Bundesvorstand bestätigt bzw. genehmigt werden.

Ein bezeichnendes Licht auf die Selbständigkeit, die die Frauenorganisation in dieser Zeit genoß bzw. die ihr offensichtlich weitgehend vorenthalten wurde, werfen auch die Differenzen, die es schon im September 1947 zwischen dem Frauen-Aktionsausschuß und der Leitung des Bezirkes Nordmark gegeben hatte: Am 26. September 1947 äußerte der Frauen-Aktionsausschuß in einem Schreiben an die Bezirksleitung sein Befremden, daß der Zonenfrauenausschuß neu beschickt worden war, ohne daß der Frauenkongreß zuvor darüber hätte befinden können.[40])

Wenden wir uns dem Bezirk Nordmark zu: Seit Mai 1945 begannen in Kiel ehemalige Gewerkschaftsfunktionäre mit den ersten Arbeiten, um nach der Unterdrückung der Kriegsjahre eine neue, dieses Mal einheitliche Gewerkschaft ins Leben zu rufen.[41]) Am 2. Mai wurde das zunächst vierköpfige *„Vorbereitende Komitee zur Bildung von freien Gewerkschaften"* gegründet.[42]) Am 1. Juni des Jahres entstand daraus der „Erweiterte Aktionsausschuß" mit 35 Mitgliedern und 5 Unterausschüssen. Beide mußten aber in den nächsten Monaten ihre Arbeit wieder einstellen: Den eigenständigen organisatorischen Ansätzen stand das Bestreben der britischen Militärregierung entgegen, den zu raschen und „zentralistischen" Aufbau des Gewerkschaftswesens zu verhindern und nur einen allmählichen, phasenweisen und von ihr kontrollierten Aufbau „von unten nach oben" zuzulassen. Im „Erweiterten Aktionsausschuß" hatte sich auch ein Ausschuß für Frauenfragen befunden, für den Gertrud Völcker und Agnes Nielsen zuständig waren. Auf Antrag Frau Völckers, die selber in der nächsten Zeit beim Aufbau der Arbeiterwohlfahrt aktiv wurde,[43]) wurde dessen Zuständigkeitsbereich aber bald auf den gesamten Bereich „Soziales" ausgedehnt. Das heißt, die Frauen ordneten in diesem Fall ihre Interessen einem Gesamtkomplex von Problemen unter.

Der offizielle Aufbau des Bundesbezirkes Nordmark begann im Winter 1946/47 mit der Gründung von DGB-Ortsausschüssen, in die die jeweils vorhandenen Einzelgewerkschaften Delegierte entsandten.[44]) Ortsausschüsse entstanden zunächst in Kiel, Lübeck, Neumünster und Flensburg. Die organisatorische Grundlage dafür wurde auf dem Gründungskongreß des Deutschen Gewerkschaftsbundes vom 22.-25. April 1947 in Bielefeld geschaffen.

Die Frauenarbeit auf Bezirksebene begann im April 1947: Der DGB-Bezirksvorsitzende Steinfeldt rief zwölf Frauen aus dem Bezirk in Hamburg zusammen und *„[zeigte ihnen] die Notwendigkeit der gewerkschaftlichen Frauenarbeit auf [...]"*. Zumindest aus dem Tätigkeitsbericht des DGB geht auch hervor, daß offensichtlich vom – männlich besetzten – Bezirksvorstand in den einzelnen Orten *„Kolleginnen [gesucht wurden], die bereit waren, die Frauenarbeit zu übernehmen."*[45]) In den ersten Apriltagen konstituierte sich in Hamburg unter dem Vorsitz der Hamburgerin Alice Prieß ein Frauen-Aktionsausschuß für den Bezirk Nordmark,[46]) nachdem bereits seit einigen Monaten in Hamburg ein solcher Ausschuß arbeitete. Aus Schleswig-Holstein war unter anderem Mia Schulz an seiner Arbeit beteiligt.[47])

Die Frauenarbeit im Landesbezirk Nordmark ging also von männlicher Ini-

264

tiative aus, auch bedurfte sie einer längeren „Anlaufzeit" als zum Beispiel die Frauenarbeit auf Ortsebene in Hamburg. Unter der Leitung von Mia Schulz bildeten sich dann aber seit Frühsommer 1947 in mehreren Ortsausschüssen des Bezirkes Frauenausschüsse, wobei man allerdings auch feststellen muß, daß in vielen Kreisausschüssen wesentlich schneller Jugend- als Frauenausschüsse entstanden, so z.B. in Kiel.[48]) Für deren Problematik bestand offensichtlich mehr Verständnis und Bewußtsein – was nicht verwundern darf: War doch jeder der Männer, die sich um diese Ausschüsse bemühten, einmal Jugendlicher gewesen, Frau aber keiner ...

Am 4. November 1948 konstituierte sich der Landesbezirksfrauenausschuß des Bezirkes Nordmark.[49]) Seine Aufgabe war zunächst vor allem, die „Basisarbeit" unter den erwerbstätigen Frauen zu verstärken. In den Unterbezirken sollten aktive Frauen gewonnen und als Gewerkschaftsfunktionärinnen geschult werden. Ziel war „die Aktivierung der Frauenarbeit in den Orts- und Kreisausschüssen, vor allem aber auch in den Betrieben."[50]) Auch für die Arbeit in den Betriebsräten sollten Frauen gewonnen und geschult werden. Die erste Frauenkonferenz des Bezirkes Nordmark fand sogar noch vor der zonalen Frauenkonferenz statt, nämlich im August 1947 in Flensburg.[51])

Im Jahre 1949 spaltete sich die DAG vom DGB ab, was zum Austritt der DAG-Vertreterinnen aus dem Frauenausschuß führte.[52]) Die DAG mit ihrem sehr hohen Frauenanteil baute dann ihre eigene Frauenorganisation mit Frauengruppen und einem Landesfrauenaus-

Mia Schulz (1992–1976, SPD), 1948–1953 erste Vorsitzende des Landesbezirksfrauenausschusses Nordmark; 1948–1950 und 1959–1970 Mitglied der Neumünsteraner Ratsversammlung. (KN-Archiv)

schuß auf. Zu deren Frauenleiterin wurde in den 50er Jahren Brigitte Abraham, Vorsitzende des Landesfrauenausschusses wurde 1955 eine Kielerin, Fanny Heyn.[53])

In den ersten Jahren der Nachkriegszeit entwickelten sich so innerhalb der Gewerkschaft die Strukturen der Frauenarbeit auf Zonen- bzw. ab 1949 auf Bundesebene wie auch auf der Ebene des Landesbezirkes Nordmark, die für die folgenden Jahren bestimmend waren.

Struktur und Aufgaben der Frauenorganisation

Sehen wir uns nun die einzelnen Komponenten dieser Frauenorganisation, die bis zum Ende der 40er Jahre in Schleswig-Holstein entsprechend den Richtlinien für die Frauenarbeit aufgebaut worden war, hinsichtlich ihrer Funktion und Aufgaben näher an.

Die unterste Einheit weiblicher Gewerkschaftsarbeit stellten die **Frauengruppen** auf Orts- bzw. Kreisebene dar. Sie dienten weniger der „aktiven Politik" im Sinne einer Einflußnahme auf die Politik der Gewerkschaft, sondern vielmehr dazu, die Frauen für die Gewerkschaftsarbeit zu interessieren, zu informieren und für die Mitarbeit zu gewinnen. Sie waren also vor allem insofern Bestandteil der weiblichen Politik, als in ihnen politische Arbeit vorbereitet und das nötige Bewußtsein geschaffen werden sollte. In den Frauengruppen versammelten sich entweder die Frauen einzelner Industriegruppen, d.h. jeweils einer Einzelgewerkschaft, oder Frauen verschiedener Industriezweige fanden sich als DGB-Frauengruppe zusammen. Letzteres war vor allem in kleineren Orten mit mitgliederarmen Gewerkschaften wie z.B. Eckernförde der Fall.[54]

Die Initiative zur Gründung von Frauengruppen ging von der jeweiligen Orts- bzw. Kreisleitung aus. Das heißt, die Gruppen entstanden nicht spontan auf Wunsch der Frauen an der „Basis", sondern die Gewerkschaften – also im Wesentlichen die dort führenden Männer – bemühten sich aktiv darum, die Frauen zur Gruppenarbeit zu mobilisieren. Zum Teil wurden auch bereits aktive Frauen „beauftragt", sich um die Einrichtung von Frauengruppen zu kümmern.[55] Auch durch die Bundesverwaltung wurde darauf hingewiesen, daß der Frauenarbeit Aufmerksamkeit zu schenken sei.[56] Nicht immer waren diese Bemühungen von Erfolg gekrönt: So erinnerte sich ein befragter Zeitzeuge, man habe immer wieder versucht, die Frauen mit „*Kaffee und Kuchen*" zu „*locken*", um Frauengruppen ins Leben zu rufen – die aber sehr oft auch schnell wieder „*versiegt*" seien.[57]

Die Situation hinsichtlich der Existenz von Frauengruppen sah in den einzelnen Orts- bzw. Kreisverwaltungen sehr unterschiedlich aus, insgesamt war die Frauengruppenarbeit aber eher „lückenhaft" und vor allem auf dem flachen Land unregelmäßig. Dabei spielten folgende Faktoren eine Rolle: Wo Einzelgewerkschaften mit einem hohen Anteil weiblicher Mitglieder bestanden, war die Situation natürlich günstiger. Ein hoher Frauenanteil in der Gewerkschaft mußte aber nicht unbedingt mit großen Frauengruppen verbunden sein – so waren die Frauengruppen der HBV in Kiel nur sehr gering besucht,[58] in Pinneberg gab es noch 1956 keinerlei Frauenarbeit, obwohl so „frauenreiche" Gewerkschaften wie die NGG, GTB und ÖTV vertreten waren. Eines recht regen Besuches erfreuten sich hingegen oft die Frauengruppen der IG Metall, in Kiel wurden sie von bis zu 40 Frauen besucht.[59]

Generell ist zu sagen, daß in den kreisfreien Städten eher eine lebhafte Arbeit zustandekam als in den kleineren Orten. Dabei machte Flensburg eine Ausnahme: Zumindest Mitte der 50er Jahre konnte hier die Frauengruppenarbeit nur

Aufgrund der Umstellung auf die feinmechanische Produktion, die wie z.B. bei der Plattenspielerproduktion (Elac, Kiel) „Fingerfertigkeit" erforderte, stieg die Zahl der Frauen in der Industrie sprunghaft an.
(Stadtarchiv Kiel)

sehr mühsam aufrechterhalten werden. Noch nicht einmal die dort ansässige Textilgewerkschaft hatte eine eigene Frauengruppe. Für die Arbeit in den Landkreisen waren oft allein schon die schlechten Verkehrsverbindungen hinderlich. Arbeitslosigkeit und Integrationsprobleme zwischen Flüchtlingen und Einheimischen konnten sich ebenfalls hinderlich auf die Basisarbeit unter den Frauen auswirken, wie dies in Husum der Fall war.[60] In der Folge war in den kleineren Städten und den Landkreisen der Aufbau von Frauengruppen wesentlich schwieriger. Oft stand und fiel ihre Arbeit mit dem Engagement einzelner Frauen, die durch sehr großes – oft ehrenamtliches – Engagement die Frauen-Basisarbeit ins Leben riefen und ihre Aktivität aufrechtzuerhalten suchten. So bemühte sich z.B. Anita Lideka – die selber aus Hamburg kam – um die Errichtung von Frauengruppen der IG Druck und Papier in Lübeck, Kiel und Flensburg.[61] In Rendsburg gelang es Mitte der 50er Jahre Ria Rühmann, *„trotz vorangegangener Schwierigkeiten die Kolleginnen immer wieder zur Mitarbeit auf[zu]rufen."* In Schleswig war Frau Fidorra derart unabkömmlich für die Frauengruppenarbeit, daß diese, als sie erkrankte, zeitweise nicht mehr stattfinden konnte. In Stormarn – ebenfalls ein Kreis mit geringem Frauenanteil in den Gewerkschaften – kam Mitte der 50er Jahre *„die Gruppenarbeit der DGB-Kolleginnen wegen der familiären Überlastung der Kollegin Schnack zum Erliegen."* [62]) In Rendsburg, wo der Frauenanteil in den Gewerkschaften mit Abstand der geringste des ganzen Landes war, nahm außerdem noch der DGB-Kreisausschußsekretär an den Sitzungen teil – ein deutliches Anzeichen dafür, daß sich die männlichen Gewerkschaftsführer in dieser Zeit darum bemühten, eine Frauenarbeit innerhalb der Gewerkschaft zu organisieren bzw. vorweisen zu können.

Die **Frauenausschüsse**, die sich – wie wir gesehen haben – ab 1947 zu bilden begannen, stellten das Element der gewerkschaftlichen Frauenorganisation dar, über das die Frauen auf allen Ebenen der Gewerkschaftsorganisation mit der Gesamtorganisation „vernetzt" waren. Die „Richtlinien für die Frauenarbeit im DGB" beschrieben ihre Funktion wie folgt: *„Die Frauenausschüsse des deutschen Gewerkschaftsbundes sind ein Teil der Gesamtbewegung und bilden keine eigene Organisation innerhalb des DGB. Sie führen ihre Arbeit im Rahmen der Satzung des Deutschen Gewerkschaftsbundes durch und haben beratende Funktion. Ihre Empfehlungen werden den zuständigen Organen des DGB zur Beschlußfassung vorgelegt."* [63])

Auch sie wurden – wie wir es auch schon bei den Frauengruppen gesehen haben in der Regel von führenden Männern der Gewerkschaft ins Leben gerufen. Dabei handelte es sich zunächst um Ausschüsse der Einzelgewerkschaften. Sie entstanden vorerst nur in den größeren Orten. In der Folgezeit entwickelte sich dann eine Struktur, in der es sowohl in einigen Orten Frauenausschüsse mancher Einzelgewerkschaften gab als auch jeweils DGB-Orts- bzw. Kreisausschüsse.

Nicht alle Einzelgewerkschaften hatten aber Frauenausschüsse. In der GEW beispielsweise waren die Frauen lediglich durch entsprechende Nebenversammlungen auf den Vertreterversammlungen der Gewerkschaft repräsentiert, außerdem gab es regelmäßige Wochenendtagungen der Kreisvertreterinnen,[64]) in die jeder Kreis eine Lehrerin entsandte. Von der inhaltlichen Bedeutung her waren sie in etwa mit der Arbeit des Landesbezirksfrauenausschusses einer anderen Gewerkschaft vergleichbar. Frau Erna tum Suden, die auch Mitglied im Landesvorstand der GEW war, führte bei diesen Tagungen den Vorsitz.

Für die Zusammensetzung der Frauenausschüsse galten die Richtlinien des DGB für die Frauenarbeit bzw. bei den Einzelgewerkschaften die entsprechenden jeweiligen Richtlinien. Danach setzte sich im DGB der Orts- bzw. Kreisausschuß aus je einer Vertreterin der im Kreis vorhandenen Gewerkschaften sowie der örtlichen Frauensekretärin des DGB bzw. des für die Frauenarbeit zuständigen Sachbearbeiters im Ortsausschuß zusammen. Hingegen wurde beispielsweise bei der HBV der Kreisfrauenausschuß mit Vertreterinnen der Fachgruppen besetzt.[65])

Die nächsthöhere Ebene stellte der *Landesbezirksfrauenausschuß* dar, der etwa drei bis fünf mal jährlich tagte. Wie die Ortsausschüsse setzte er sich aus jeweils einer Vertreterin der im Land vorhandenen Gewerkschaften zusammen. Außerdem waren fünf Frauen als Vertreterinnen des DGB darin vertreten sowie die Leiterin der Abteilung Frauen, die Frauensekretärin im DGB-Landesbezirk, so daß der Landesbezirksfrauenausschuß aus insgesamt 21 Frauen bestand. Im Landesfrauenausschuß des Bezirks Nordmark waren Frauen aus Hamburg gegenüber Schleswig-Holsteinerinnen aber, so weit das vorliegende Material eine Aussage zuläßt, eindeutig überrepräsentiert. So waren im 1956 konstituierten Landesbezirksfrauenausschuß allein 10 Hamburgerinnen. Unter den übrigen Mitgliedern kamen drei aus Lübeck und drei aus Kiel.[66]) Das läßt den Schluß zu, daß innerhalb von Schleswig-Holstein das Schwergewicht der politischen Aktivität eher in diesen Städten als auf dem „flachen Land" lag, wie Kiel und Lübeck in frauenpolitischer Hinsicht ohnehin hervortraten. Die erste Vorsitzende des Landesbezirksfrauenausschusses war allerdings eine Schleswig-Holsteinerin, nämlich Mia Schulz aus Neumünster. 1953 wurde Olga Brandt-Knack aus Hamburg zur Vorsitzenden gewählt.[67])

Nicht nur der DGB, sondern auch einige Einzelgewerkschaften hatten Landesbezirksfrauenausschüsse eingerichtet, deren Mitglieder aus den Ortsausschüssen delegiert wurden. So wurden in der IG Metall 1948/49 in den einzelnen Landesbezirken Bezirksfrauenausschüsse gewählt.[68]) Dabei gab es eine andere Regelung für die Besetzung des Bezirksfrauenausschusses: Seine Mitglieder wurden von der Landesbezirksfrauenkonferenz bestimmt.

Die Frauenausschüsse waren dergestalt mit der Gesamtorganisation verbunden, daß die Vorsitzenden der Frauenausschüsse auf Orts- wie auf Bezirksebene als Verteterin der Personengruppe „Frauen" Mitglied im Orts- bzw. Landesbezirksvorstand der betreffenden Gewerkschaft bzw. des DGB waren. So hatten sie die Möglichkeit, der Arbeit der Frauenorganisation Gehör zu verschaffen. Allerdings ist zu bedenken, daß sie in der Regel die einzige Frau in einem sonst von Männern geprägten Vorstand waren – was ihren realen Einflußmöglichkeiten natürlich Grenzen setzte, zumal sie ausdrücklich nur „beratende Funktion" hatten.

Die Frauenausschüsse der Gewerkschaften und des DGB waren außerdem berechtigt, Anträge für die Landesfrauenkonferenz des DGB vorzubereiten bzw. an die Bundesfrauenkonferenz zu stellen.[69])

Diese gewerkschaftlichen **Frauenkonferenzen** fanden seit 1954 im Landesbezirk alle zwei Jahre, seit 1952 im Bundesgebiet in dreijährigen Abständen statt. Sie stellten die öffentlichkeitswirksamste Institution innerhalb der Frauenorganisation dar. So spielte auch auf der ersten Frauenkonferenz im Landesbezirk Nordmark, die im August 1947 in Flensburg stattfand, unter anderem das Thema *„Werbung neuer weiblicher Mitglieder"* eine herausragende Rolle.[70])

Die erste Landesbezirksfrauenkonferenz nach dem vollständigen organisatorischen Aufbau des Bezirks tagte am 3.12.1950. Auch hier ging es schon um

Werbung: Von der Abteilung Frauen im DGB-Landesbezirk war diese Konferenz ausdrücklich nicht nur als Arbeitstagung geplant, sondern gleichzeitig wurde der Publikumseffekt betont, den eine solche Konferenz haben würde: Sie sollte *„Ausgangspunkt für die Aktivierung und Intensivierung der örtlichen Frauenarbeit sein."* [71]) Seit 1954 fanden die Konferenzen gemäß den Richtlinien für die Frauenarbeit im DGB in zweijährigen Abständen statt, so am 15./16. Mai 1954 in Kiel, am 26./27. Mai 1956 in Lübeck, im November 1959 in Rendsburg.[72]) Neben den DGB-Landesbezirksfrauenkonferenzen veranstalteten einige der Einzelgewerkschaften regelmäßig Landesfrauenkonferenzen, so die IG Metall und die ÖTV.

Die Delegierten zu diesen Konferenzen – jeweils etwa 46 – kamen zu 2/3 aus den einzelnen Industriegewerkschaften, die je nach Frauenanteil ein bis vier Frauen entsenden konnten, die von der jeweiligen Bezirksleitung ernannt wurden. 1/3 der Delegierten wurde aus den Orts- bzw. Kreisausschüssen des DGB, gewählt, die jeweils eine Delegierte (Hamburg 2) schickten. Soweit sie nicht von ihren Gewerkschaften als ordentliche Delegierte entsandt wurden, nahmen die Mitglieder des Landesbezirksfrauenausschusses als Gäste teil. Auch auf den Landesbezirksfrauenkonferenzen waren, wie schon im Landesbezirksfrauenausschuß, die Frauen aus Hamburg gegenüber den Schleswig-Holsteinerinnen überrepräsentiert, sie stellten jeweils etwa ein Drittel der Delegierten.[73]) Diese Unterrepräsentanz der Schleswig-Holsteinerinnen in den Frauengremien des DGB war nicht nur ein Phänomen innerhalb des Bezirkes Nordmark. Sie ist auch auf den gewerkschaftlichen Bundeskongressen der folgenden Jahre zu beobachten. Waren Frauen insgesamt schon auf den Bundeskongressen – dem einzigen Organ mit beschlußfassender Kompetenz auf DGB-Ebene – im Vergleich zu ihrem Mitgliederanteil kraß unterrepräsentiert,[74]) so waren die schleswig-holsteinischen Frauen hier zumindest im Untersuchungszeitraum praktisch nicht vertreten.[75])

Antragsberechtigt zur Landesfrauenkonferenz waren die Frauengruppen und Frauenausschüsse des DGB sowie der Gewerkschaften, wobei die Anträge jeweils über den zuständigen DGB-Ortsausschuß bzw. über die Bezirksleitung der Gewerkschaft zu leiten waren. Außerdem konnte der Landesbezirksfrauenausschuß über den Landesbezirksvorstand Anträge an die Frauenkonferenz richten. Das heißt, die – ganz überwiegend männlich besetzten – Ortsvorstände bzw. der Landesbezirksvorstand hatten sowohl bei der Auswahl der Delegierten als auch bei den von den Frauen behandelten Themen die letzte Entscheidung! Außerdem können wir zur Bedeutung der Frauenkonferenzen feststellen, daß sie keine wirkliche beschlußfassende Kompetenz hatten. In den *„Richtlinien für die Frauenarbeit..."* heißt es dazu: *„Die Frauenkonferenzen des Deutschen Gewerkschaftsbundes sollen die gewerkschaftlichen Forderungen herausstellen und unterstützen."*

Die Konferenz hatte also keine inhaltliche Autonomie, sondern war der Gesamtorganisation untergeordnet. Die hier behandelten Anträge bzw. die Beschlüsse der Konferenz waren für nie-

Die lebensmittelverarbeitende Industrie war die (schlechtbezahlte) Domäne der Frauen. Hier wird der „Schwarze Kater", das geliebte Getränk der fünfziger Jahre, produziert. (Stadtarchiv Kiel)

manden bindend, sondern stellten lediglich Material dar, das an den Landesbezirks- bzw. Bundesvorstand in Form von Empfehlungen überwiesen oder an die Bundesfrauenkonferenz weitergereicht wurde. Entsprechend waren die Anträge formuliert, nämlich als Bitte der Frauen an die Männer: *„Der DGB-Bundesvorstand wird gebeten, erneut und eindringlicher als bisher auf die Gewerkschaften mit den Ziel einzuwirken, daß bei neuen Tarifabschlüssen der Grundsatz der gleichen Entlohnung der Frauen bei gleicher Arbeit Rechnung getragen wird, [...]"*

„Die Landesbezirkskonferenz des DGB in Kiel bittet den Vorstand des DGB-Landesbezirks Nordmark, sich dafür einzusetzen, daß die 5 %-Klausel bei den Beamtenlaufbahnen angehoben wird. [...]" [76])

Für die Landesbezirksfrauenkonferenzen gilt also das gleiche, was wir auch schon für die zonale Frauenkonferenz feststellen konnten: Sie waren weniger ein Instrument, um weibliche Interessen innerhalb der Gewerkschaft direkt durchzusetzen. Sie stellten vielmehr ein Diskussionsforum dar, auf dem die Frauen – die im übrigen von den männlichen Gewerkschaftsvorsitzenden jeweils zur Konferenzteilnahme „zugelassen" werden mußten – Meinungen formulieren und in konzentrierter Form gegenüber der Gesamtgewerkschaft bzw. deren Repräsentanten artikulieren konnten. Daneben hatten diese Konferenzen als „Großereignisse", über die in der Presse berichtet wurde, den Effekt, die Öffentlichkeit auf die Anliegen und die Arbeit der Frauen aufmerksam zu machen und sie zu sensibilieren.

Auch für die dort anwesenden Delegierten stellten sie sich nicht als eigenständige Frauenveranstaltungen dar. So wurde die erste Landesbezirks-Frauenkonferenz im Bezirk Nordmark von einem Mann eröffnet, nämlich dem Gewerkschaftsvorsitzenden: *„[...] Er betonte das schwierige Los der Frauen, besonders der berufstätigen Frauen. Die heutige Konferenz habe u.a. seiner Ansicht nach die Aufgabe, deutlich zum Ausdruck zu bringen, daß die Frauen Gegner jeder Gewalt und des Krieges sind."* – und beschlossen, wobei es Lob für die Frauen gab: *„Ich muß sagen, daß meine Hoffnungen auf diese Konferenz voll erfüllt sind. Ich habe selten eine so gute Konferenz gesehen wie die heutige und muß den Frauen ein Lob aussprechen, daß sie die Konferenz zustande gebracht haben. [...] Die Anträge standen auch auf einem sehr hohen Niveau, [so] daß ich nicht begreife, daß man sagt, die Frauen wären 70 Jahre in der politischen und Gewerskchaftsbewegung zurück. Ich finde, daß sie kaum etwas aufzuholen haben. [...] Die Konferenz ist geschlossen. Die Teilnehmer singen das Lied: Brüder zur Sonne zur Freiheit."* [77])

Das gleiche gilt auch für die DGB-Bundesfrauenkonferenzen: Hier wurden die Schwerpunkte der gewerkschaftlichen Frauenarbeit gesetzt, sie sind ein Organ der Willensbildung. Ihre Übereinkünfte haben aber nur empfehlenden Charakter, es kann lediglich Material an den Bundesvorstand überwiesen und Diskussionsvorlagen und Empfehlungen für die Arbeit des Bundesfrauenausschusses geliefert werden.[78]) Wieweit diese Meinungsäußerung zur Kenntnis genommen wurde, hing dann allerdings von der „Aufnahmebereitschaft" der Männer gegenüber den Anliegen der organisierten Frauen ab.

Oberste Repräsentantin der Frauen in den Gewerkschaften war die **Frauensekretärin**. Bereits der zonale Frauenausschuß hatte 1947 die Einrichtung von Frauensekretariaten in den Landesbezirken vorgeschlagen. In den *„Grundsätzen und Richtlinien für die Frauenarbeit des Deutschen Gewerkschaftsbundes für die britische Zone"* der Zonenfrauenkonferenz vom Oktober 1947 wurde diese Forderung verbindlich festgelegt.[79]) Seitens der weiblichen Arbeitnehmer wurde schon vorher das Bedürfnis nach einer solchen Vertretung ihrer Interessen formuliert, die Initiative ging hier also auch von der Basis aus. 1946 hatte sich zum Beispiel eine Betriebsarbeiterin an den Ausschuß der freien Gewerkschaften in Hamburg mit der folgenden Bitte gewandt: *„Durch die steigende Anzahl der erwerbstätigen Frauen in den gewerblichen Betrieben und die uns durch die jetzigen Maßnahmen zur Härte treffenden Arbeitszeiten, erweist es sich als dringend erforderlich, in den Gewerkschaften eine Frauenvertretung einzusetzen. Mit mir sind die Arbeitskameradinnen unseres Betriebes der Meinung, daß die Wünsche und Beschwerden wohl von einer Frau weiter-*

gehender verstanden werden. [...] Es zeigt sich deutlich, daß innerhalb der Gewerkschaft eine Sprechstunde für Frauen eingerichtet werden muß." [80])

Hier zeigt sich eines der Grundprobleme von Frauenarbeit in einer durch Männer dominierten Organisation wie dem Gewerkschaftsbund: Haben einzelne, besonders aktive und durch ihre Sozialisation ans „Durchsetzen" gewöhnte Frauen weniger Ängste, sich auch in Männerrunden zu bewegen, so macht es doch der „normalen" Frau eher Schwierigkeiten, sich mit ihren Anliegen an – noch dazu ältere – Männer zu wenden. Auch aus der Sicht der Männer war das problematisch: War es für sie doch ohne eine weibliche „Mittlerin" schwer, das Vertrauen der Frauen zu gewinnen. Auch die Männer im Bezirksvorstand sahen also die Notwendigkeit ein, eine Frauensekretärin einzustellen. Doch nach den ersten emanzipationsfreudigen Willensbekundigungen seitens des DGB folgte zunächst eine längere Zeit der Verschleppung und Vertröstungen, und die Frauen des nördlichsten Landesbezirkes mußten noch über zwei Jahre auf ihre Frauensekretärin warten. Erst ein Schreiben Thea Harmuths vom Bundesvorstand brachte im Februar 1950 wieder Bewegung in die Dinge. Thea Harmuth hatte sich verwundert gezeigt, warum zur bundesweiten Arbeitstagung der Frauenausschüsse zwar die Vorsitzende des Landesbezirksfrauenausschusses, Mia Schulz, gemeldet sei, aber keine Frauensekretärin des Bezirkes Nordmark:

„Für unsere zukünftige Frauenarbeit halten wir es für besonders wichtig, in Hamburg selbst [d.h. beim Landesbezirksvorstand Nordmark] *eine Kollegin zu wissen, die sich auf Bundesebene für die Belange der erwerbstätigen Frauen einsetzt und bereit ist, mit uns zusammen die Arbeit im dortigen Bezirk aufzunehmen. [...] Wir überlassen es selbstverständlich dem Landesbezirksvorstand, eine geeignete Kollegin ausfindig zu machen und würden uns freuen, wenn unserem Wunsch entsprochen werden könnte."* [81])

Der Frauenortsausschuß nutzte die Gelegenheit, gegenüber dem Bezirksvorstand nochmals darauf hinzuweisen, daß der schon oft geäußerte Wunsch nach einer Frauensekretärin doch nun endlich erfüllt werden möge. Bewerbungen für die Stelle lagen schon seit Juni 1947 vor...[82]) Und wirklich war die Provinz nun „wachgeküßt" worden: Noch auf der ersten Landesbezirksfrauenkonferenz Nordmark im Dezember des gleichen Jahres konnte sich Hilde Strohmayer den weiblichen Delegierten als erste Bezirksfrauensekretärin präsentieren. Voll Stolz auf diese Errungenschaft verlieh man der Hoffnung Ausdruck, die gewerkschaftliche Frauenarbeit würde nun einen Aufschwung erleben – standen doch zu diesem Zeitpunkt noch einer Frau in der Gewerkschaft sieben Männer gegenüber, was eine recht traurige Bilanz der bisherigen Bemühungen war.[83])

Die Einzelgewerkschaften im Landesbezirk, von denen einige ebenfalls Frauensekretariate hatten, waren dem DGB-Bezirksvorstand zum Teil lange zuvorgekommen. Die IG Metall hatte bereits im Januar 1947 in der Britischen Zone ein Frauensekretariat unter der Leitung von Margarete Traeder eingerichtet.[84]) Auch die ÖTV hatte Ende der

40er Jahre schon eine hauptamtliche Frauensekretärin, nämlich Herta Just, eingestellt, deren Nachfolgerin 1957 Elfriede Düppe wurde.

Halten wir zunächst fest: Die Frauensekretärin war nicht von den Frauen, sondern von den Männern ausgewählt. Sie besetzte eine hauptamtliche Stelle, die bei Bedarf ausgeschrieben wurde – aus den eingegangenen Bewerbungen wurde dann vom Bezirksvorstand die gewünschte Kandidatin ausgesucht. Teilweise mußte – bzw. „durfte" – sie von den Frauen, die sie zu vertreten hatte, nachträglich bestätigt werden. So wurde die Bezirksfrauensekretärin der ÖTV von der ÖTV-Landesfrauenkonferenz durch Wahl bestätigt.[85])

In diesem Zusammenhang sind die Worte bezeichnend, mit denen 1953 Ingeborg Sommer als neue DGB-Frauensekretärin im Bezirk Nordmark durch einen Kollegen vom Landesbezirksvorstand im Landesbezirksfrauenausschuß vorgestellt wurde: „*Wir* [d.h. die Herren vom Landesbezirksvorstand] *haben aus den uns zugegangenen Bewerbungen die der Kollegin Sommer ausgewählt und ich darf wohl sagen, daß die Aussprachen darüber von außerordentlicher Gründlichkeit gewesen sind – Aussprachen auch mit einigen Frauen aus dem Landesbezirksfrauenausschuß, vor allem aber mit dem Landesbezirksvorstand, und erst nach ernsthaften Erwägungen haben wir die Kollegin Sommer gewählt.*"[86])

Den Frauen im Bezirksfrauenausschuß wurde also lediglich eine beratende Rolle zugestanden – Bedeutung hatte ihre Meinung gegenüber der Wahl

Ingeborg Sommer (geb. 1923, SPD), 1953–1960 DGB-Frauensekretärin im Bezirk Nordmark, 1967–1975 Abgeordnete im Schleswig-Holsteinischen Landtag. (Privatbesitz I. Sommer)

der Männer kaum. Die Frauensekretärin, die Mitglied im Landesbezirksvorstand war und oft die einzige Frau in diesem Gremium, war also nach Auswahl und Position keine Abgeordnete der Frauen, sondern eine kooptierte Angestellte der Männer, mit der diese den Bedürfnissen der Frauen entgegenzukommen hofften. Oft wurde sie nicht einmal aus der Frauenarbeit „im Lande" rekrutiert – Elfriede Düppe zum Beispiel wurde aus Frankfurt nach Schleswig-Holstein versetzt, als die Stelle der ÖTV-Frauensekretärin vakant geworden war. Ingeborg Sommer hatte, als sie aufgefordert wurde, sich als Frauensekretärin zu bewerben, nach eigener Aussage praktisch keine Erfahrungen mit der gewerkschaftlichen Frauenarbeit, sondern war lediglich bei der Gründung der Journalistenunion 1952 beteiligt gewesen.[87]) Immerhin wurde, soweit möglich, eine Frau gewählt. Selbstverständlich war auch das aber nicht: Als im April 1953 Hilde Strohmayer aus ihrem Angestelltenverhältnis ausschied, übernahm Kurt Keitzel bis zur Neubesetzung als „Zwischenlösung" die Stelle der Frauensekretärin.[88]) Und unter den 20 Bewerbungen um die dann immerhin neuausgeschriebene Stelle befanden sich zwei von Frauen, aber 18 von Männern.[89]) Besetzungen von „Frauenposten" mit Männern waren auch andernorts im Bundesgebiet durchaus gängige Praxis.[90])

Die „Macht" der Frauensekretärin war also keine strukturelle, die ihr aus der Unterstützung durch eine weibliche Basis erwuchs, sondern gewissermaßen eine durch die Männer verliehene und regulierte Kompetenz, die bestenfalls durch persönliches Engagement und Charisma so weit wie möglich ausgenutzt werden konnte. Der Erfolg ihrer Arbeit hing so ganz entscheidend vom Durchsetzungsvermögen dieser einzelnen Frau ab sowie von ihrer persönlichen Begabung, die Männer überzeugen zu können. Wie man dabei am besten verfuhr und daß auch in dieser Position durchaus Macht auszuüben war, konnte Ingeborg Sommer noch in ihrer Probezeit zeigen: Als man ihr 3000 DM für die Abhaltung von Frauenkursen verweigern wollte, reagierte sie mit der Antwort: *„Entweder das Geld oder ich gehe!"* [91]) Diese Argumentationsweise erwies sich als äußerst geeignet, um sich durchzusetzen – Ingeborg Sommer bekam das Geld für die Frauenbildung und blieb bis 1960 Frauensekretärin.

Die Frauensekretärin nahm an den Sitzungen des Landesbezirksfrauenausschusses und an den Landesfrauenkonferenzen teil, sie war Mitglied im Bezirksvorstand.

Zum ihrem Aufgabenbereich gehörte in erster Linie die Koordination der Frauenarbeit: *„Mein Wunsch geht dahin, daß alle Sorgen und Wünsche, die in Eurem Kreis auftauchen, an mich herangetragen werden und daß ich sie gemeinsam mit Euch behandeln will und weitergeben an unsere Hauptabteilung Frauen, soweit sie nicht schon hier im Landesbezirk Erledigung finden können."* [92])

Sie sollte den Vorsitzenden der Frauenausschüsse und -gruppen das nötige Rüstzeug für ihre Arbeit vermitteln – das geschah unter anderem in Form der *„Mitteilung an die Vorsitzenden der DGB-Frauenausschüsse und -gruppen im Landesbezirk Nordmark"*, die Ingeborg Sommer regelmäßig zur Information und als Anregung für Diskussionen verschickte.[93]) Sie enthielten Informationen z.B. über das Problem der Preissteigerungen, Arbeitszeit, Mutterschutz, die Diskussion, ob ein weibliches Wesen immer mit „Frau" oder ggf. mit „Fräulein" angeredet werden sollte, Sozialversicherungsfragen etc. Während ihrer Amtszeit bemühte sich Ingeborg Sommer nach eigener Aussage besonders darum, das Selbstbewußtsein der berufstätigen Frauen zu stärken, ihnen politische Zusammenhänge z.B. durch Schulungen durchschaubar zu machen und damit auch zu ihrer Persönlichkeitsbildung beizutragen. Zu ihrem Aufgabenbereich gehörte weiterhin die Zusammenarbeit mit den Werksfürsorgerinnen, d.h. den Frauen, die sich im Betrieb um die Einhaltung der Arbeitsschutzbestimmungen wie überhaupt die arbeits- und sozialrechtlichen Belange der Arbeiterinnen kümmerten. Darüber hinaus befaßte sich die Frauensekretärin mit allen Problemen der erwerbstätigen Frauen. So waren sowohl Herta Just als auch Elfriede Düppe während ihrer Amtszeit vor allem mit der Durchsetzung des § 3 GG im Bereich der Lohnpolitik beschäftigt, das heißt mit der Durchsetzung der Forderung *„Gleicher Lohn für gleiche Arbeit"*.

Bewertung der Frauenorganisation

Wie ist nun diese Frauenorganisation zu bewerten? Zum einen ist festzuhalten, daß sie im Wesentlichen von Männern in der Gewerkschaft initiiert und aufgebaut worden war. Sowohl die Initiative zur Gründung der Frauenorganisationen als auch ihre Ausgestaltung gingen im Wesentlichen von Männern aus, sowohl im DGB als auch in den Einzelgewerkschaften. Die zeigten dabei teilweise einen solchen Eifer, daß sie Delegierungen vornahmen, ohne die jeweils betroffenen Frauen überhaupt davon in Kenntnis zu setzen oder zu befragen. Aufgrund der traditionellen männlichen Wahrnehmungsweise und Auffassung von den weiblichen Interessen mag es dabei auch zu mancher Fehleinschätzung der weiblichen Bedürfnisse und Interessen gekommen sein: „Kaffee und Kuchen" und Referate, die klassische Angebotskombination für diese Veranstaltungen, vermochten offensichtlich keinen lebhaften Ansturm der Frauen auf „ihre" Organisation hervorzurufen. Mit Sicherheit handelten diese Männer in bester Absicht – man kann aber nicht umhin festzustellen, daß ihr vorrangigstes Motiv die Werbung neuer Mitglieder war, die für Männer noch vor dem Verständnis für emanzipatorische Probleme rangierte. So beobachtet man auch, daß man sich erst gegen Ende der 50er/Anfang der 60er Jahre ganz verstärkt mit Problemen der erwerbstätigen Frauen, die ein gewerkschaftliches Engagegement verhindern könnten, auseinanderzusetzen begann, als nämlich die weiblichen Mitglieder massiv ausblieben bzw. der Gewerkschaft den Rücken zuwandten.[94]

Weiterhin muß man sich natürlich fragen, wieweit eine von Männern aufgebaute Organisation überhaupt geeignet sein konnte, den Frauen zum Kampf für die Gleichberechtigung zu verhelfen. Dazu müssen wir feststellen, daß diese Organisation zwar dazu dienen sollte, die Frauen an die Gewerkschaftsarbeit heranzuführen und ihre Interessen und Meinungen zu bündeln, daß ihre realen Einflußmöglichkeiten aber geringfügig bis nichtexistent blieben.

Diese Frauenorganisation war zwar dazu geeignet, eine Anzahl von Frauen mit der ehrenamtlichen Organisation von Versammlungen oder dem Besuch von Konferenzen zu beschäftigen. Nach einigem Hin und Her erhielten die Frauen sogar eine hauptamtliche Sekretärin – so waren die Frauen zwar organisiert und hatten eine Vertretung, aber Mitbestimmung war ihnen damit durch-

Die Rollenverteilung in der Werkhalle (hier eine Kondensatorenfabrik in Kiel) setzte sich auch in der Gewerkschaftsarbeit fort: Die Männer bestimmten die Richtlinien für die Frauenarbeit. (Stadtarchiv Kiel)

aus nicht gesichert. Denn sowohl den Frauenausschüssen als auch den Frauenkonferenzen fehlte die beschlußfassende Kompetenz. Ergebnisse und Resolutionen konnten den Männern zwar vorgetragen werden und wurden vielleicht auch berücksichtigt – aber es gab kein festgeschriebenes Recht darauf: Nichts, was Frauen beschlossen, war verbindlich für die gewerkschaftliche Politik.

Selbst die Befugnisse der Frauensekretärin gegenüber dem Bezirksvorstand waren, um einen anschaulichen Vergleich zu wählen, mit denen einer Ehefrau ihrem Mann gegenüber vergleichbar – nach altem Eherecht, wohlgemerkt! – und das nicht nur in der Hinsicht, daß sie von Männern aus einer Vielzahl von Bewerbern ausgewählt wurde: Sie vermittelte zwischen den Wünschen der von ihr betreuten Frauen, setzte sich auch kraft ihrer Persönlichkeit für sie gegenüber den männlichen Kollegen ein, versuchte, Überzeugungsarbeit zu leisten und Vorteile zu erringen – aber vom „Machtwort" des Bezirksvorstandes hingen letztlich Erfolg oder Scheitern ihrer Arbeit ab. Ob Frauen sich durchsetzen konnten oder nicht, war eine Frage des guten Willens und der Aufgeschlossenheit der Männer. Nur hohes Durchsetzungsvermögen und unermüdliches Engagement einzelner

Frauen konnten diese Bastionen, wenn überhaupt, gewissermaßen „von innen" aushöhlen.

Die eigentliche Arbeit „für die Frauen" machten die Männer, das war auch den Frauen, die in dieser Organisation aktiv waren, klar: *„Wir sollten diesen Teil der männlichen Kollegenschaft, der uns unterstützt, für uns gewinnen, und dann gibt es auch einen Weg – nämlich über diese Kollegen, die anderen uns ablehnend gegenüberstehenden Kollegen zu überzeugen. Wenn es zum Beispiel um die Besetzung von Funktionen geht, geht jedes Mal der Kampf von vorne los. Leider wird aber die aktive Arbeit für die Frauen von den Männern gemacht."* (Herta Just)[95])

Unter diesen Umständen bestand natürlich die Gefahr, daß die Gewerkschaftsarbeit sich für die Mehrzahl der Frauen, die man anzusprechen wünschte, als uneffektiv und nicht lohnend darstellte. Man könnte sogar die These formulieren, daß die „Gründerväter" der Frauenorganisation, ohne es zu wollen, die passive Konsumhaltung der Frauen und deren Politik-Abstinenz auch in diesem Bereich vorprogrammiert hatten.

Ein Sinn der Frauenorganisation und -veranstaltungen konnte aber immerhin sein, den Frauen die Möglichkeit zur Aussprache und zur Bildung eines kritischen Bewußtseins zu geben, eine Aufgabe, die im Urteil von Zeitzeuginnen in der Tat oft im Vordergrund steht.

3. Die Inhalte der gewerkschaftlichen Frauenarbeit: Große Themen, kleine Erfolge und Nähzirkel

Womit beschäftigten sich die Frauen in ihren Arbeitsgruppen, -ausschüssen, Wochenendtagungen und Kongressen, was waren die großen Themen ihrer Arbeit, welche Forderungen wurden von ihnen erhoben, und wo konnten sie Erfolge erringen? Wir wollen hier zum einen den Charakter der Frauenarbeit darstellen – zum anderen geht es darum, ihre Wirksamkeit zu untersuchen.

Die großen Themen

Die großen Themen der gewerkschaftlichen Frauenarbeit waren schon auf den ersten Konferenzen unmittelbar nach dem Krieg formuliert worden und in die „Richtlinien für die Frauenarbeit" (vgl. oben) eingegangen, und zwar wie folgt:

„1) Sicherung des Rechtes der Frau auf Arbeit durch Erschließung neuer Berufe, die der körperlichen Eignung der Frau entsprechen, Förderung der beruflichen Ausbildung, Bereitstellung von Lehrstellen, gleiche Aufstiegsmöglichkeiten in Betrieben und Verwaltungen.

2) Gleicher Lohn bei gleicher Arbeit und Leistung.

3) Ausbau des Arbeitsschutzes für die Frau, Verbot aller Arbeiten, die der Konstitution der Frau unzuträglich sind, Ausbau der Arbeitsschutzbestimmungen [..], Ausbau des Mutterschutzes [...], Schutz der Heimarbeiterinnen und Hausgehilfinnen durch ausreichende Min-

destarbeitsbedingungen, stärkere Heranziehung von Frauen für den Gewerbe-Aufsichtsdienst nach Vorschlägen der Gewerkschaften." [96])

Aus der Arbeit der Frauenorganisation heraus wurden auch allgemeinpolitische Stellungnahmen formuliert. So wandte sich beispielsweise 1960 der Bundesausschuß der weiblichen Angestellten auf einer Tagung in Kiel gegen den Entwurf des Notdienst-Gesetzes, der innenpolitisch in dieser Zeit zur Diskussion stand.[97]) Hierbei spielte auch die Zusammenarbeit mit anderen Frauenorganisationen eine Rolle, insbesondere bestanden enge Verbindungen zwischen dem DGB-Landesbezirksfrauenausschuß und Landesfrauenrat.[98]) Auch für die Erhaltung des Friedens setzten sich die DGB-Frauen ein, vor allem das Engagement gegen die atomare Aufrüstung war Ende der 50er Jahre auch auf Bundesebene ein wichtiges Thema der DGB-Frauen.[99])

Erfolge?

Schauen wir uns diese Hauptforderungen für die Frauen im Einzelnen an. Darunter erscheint vor allem das „Recht der Frau auf Arbeit", das in der Nachkriegszeit ein zentraler Punkt auf den Frauenkonferenzen war – als wirklich progressiv und zukunftsweisend: Wird dabei doch mit der Vorstellung gebrochen, daß Frauenarbeit jeweils nur eine „Reserve" sowohl für das Überleben der Familie als auch für die Wirtschaft insgesamt darstelle und die eigenständige Erwerbsarbeit vielmehr als integraler Bestandteil des weiblichen Lebens betrachtet. Der Frau wird damit ein solches „Eigenleben" überhaupt erst zugestan-

den. Allerdings muß man feststellen, daß diese Forderung zwar in die Statuten des DGB eingegangen war, bis zu den 70er Jahren aber praktisch keine Rolle spielte und auch kaum noch nach außen artikuliert wurde. Lediglich intern war es nach Aussage der befragten Zeitzeuginnen ein Thema – jedoch mit durchaus nicht immer so progressiver Akzentsetzung: Im September 1955 kam es z.B. im Landesfrauenausschuß zu einer überaus erregten Auseinandersetzung über das Verhältnis zwischen weiblicher Erwerbstätigkeit und den sogenannten hausfraulichen bzw. mütterlichen Pflichten der Frau. Während einige Teilnehmerinnen mit Vehemenz den emanzipatorischen Wert der Erwerbstätigkeit und das Recht der Frau auf Arbeit betonten, wurde vor allem von den anwesenden Männern die Schlüsselkindproblematik, die zu dieser Zeit die gesellschaftliche Debatte beherrschte, in die Waagschale geworfen. Die daraus entstehende Debatte über eine Neubestimmung der Rollen in der Partnerschaft wuchs sich zur *„lebhaftesten Diskussion, [...] die wir bisher in den letzten zwei Jahren gehabt haben"* [100]) (Ingeborg Sommer) aus.

Praktisch wichtiger war das zweite Thema, die Forderung nach Lohngleichheit. So waren sowohl Herta Just als auch Elfriede Düppe während ihrer Amtszeit vor allem hiermit beschäftigt. Durch ein BAG-Urteil von 1955 wurde zwar nach langer Diskussion[101]) der Gleichheitsgrundsatz als verbindlich auch für die Tarifpartner festgeschrieben und damit die bisher übliche Praxis des „Frauenlohnabschlages" verboten. Wie sich bald herausstellen sollte, war man damit jedoch noch weit vom Ziel entfernt. Mehr noch als um ein lediglich tarifpolitisches Problem ging es nämlich jetzt um die Frage, was eigentlich unter „gleicher Arbeit" zu verstehen sei – und das heißt, was für Kriterien man bei der Beurteilung einer Arbeit anzulegen gewillt war. Und damit begann ein zähes Ringen für die Frauen. Denn nun wurden die sogenannten „Leichtlohngruppen" eingeführt: Für Tätigkeiten, die als körperlich „leicht" galten – und das waren Tätigkeiten, die ganz überwiegend Frauen vorbehalten waren – wurde weniger Lohn gezahlt. Gewissermaßen durch die Hintertür war durch diese Regelung doch wieder eine frauenspezifische Minderentlohnung eingeführt worden. Jetzt trat die Forderung nach einer besseren Eingruppierung dieser Tätigkeit in den Vordergrund. Vor allem sollte als Kriterium, wie eine Arbeit einzustufen sei, nicht nur die rein körperliche Krafterfordernis gelten, die zunächst das einzige Qualifikationsmerkmal darstellte. So bemühte sich zum Beispiel Herta Just, dahingehend zu überzeugen, daß Kriterien wie nervliche Belastung, intellektuelle Ansprüche einer Tätigkeit, Verantwortung von gleicher Bedeutung seien. Es gelang ihr auch zumindest punktuell, Breschen in das männliche „Muskeldenken" zu schlagen. So konnte sie zum Beispiel Erfolge bei der Höhergruppierung von OP-Schwestern und Medizinisch-Technischen Assistentinnen erzielen.[102] Ein Diskussionspapier des DGB-Vorsitzenden Jan Siercks, in dem Vorschläge für neue Bewertungskriterien entwickelt wurden, war ein weiterer Erfolg dieser Arbeit: Denkanstöße, die von den Frauen ausgingen, konnten sich ganz allmählich durchsetzen.

Zum Thema Arbeitsschutz ist vor allem der Kampf für den freien Hausarbeitstag zu nennen, der in dieser Zeit in allen Bundesländern ein großes Thema war. In Schleswig-Holstein scheiterten die Versuche, ihn einzuführen, allerdings. An diesem Punkt wird auch exemplarisch die Problematik des Frauen-Arbeitsschutzes deutlich: Einerseits bedeuteten diese Maßnahmen natürlich tatsächliche Erleichterungen für die erwerbstätigen Frauen. Andererseits stellten sie ein mögliches Einstellungshindernis dar, da es für Arbeitgeber auf diese Weise aufwendiger wurde, Frauen zu beschäftigen – so daß in der Folge ein Teil der Arbeitnehmerinnen selber sich gegen die Einführung weiterer Arbeitsschutzmaßnahmen, wie z.B. des Nachtarbeitsverbots, verwahrte und bestehende Rechte oft gar nicht in Anspruch genommen wurden.

Der GEW gelang in den 50er Jahren nach zäher Auseinandersetzung ein wirklicher Erfolg für die Lehrerinnen, nämlich die Streichung des § 63 im schleswig-holsteinischen Beamtengesetz, der sogenannten „Zölibatsklausel":[103] Nach diesem Paragraphen hatte man weibliche Lehrkräfte bei ihrer Heirat entlassen können, sofern der Familienunterhalt durch das Einkommen des Mannes gesichert schien. Seine Streichung stellte einen Schritt in Richtung auf die Anerkennung des Rechts der Frau auf Arbeit bzw. überhaupt auf ein Eigenleben auch innerhalb der Familie dar.

Schon auf der Mai-Demonstration 1949 in Flensburg finden wir die Themen, die die Gewerkschaftsarbeit der Frauen in den fünfziger Jahren beherrschten. (Stadtarchiv Flensburg)

Auch in Betriebsräten und Tarifkommissionen waren Gewerkschafterinnen für die Interessen ihrer Kolleginnen aktiv. Dabei muß man aber feststellen, daß sie dort deutlich in der Minderheit waren, was dem Erfolg ihrer Arbeit von vornherein Grenzen setzte. So waren z.B. 1959 elf Frauen im Ortsausschuß Kiel der IG Metall in den Betriebsräten vertreten, was gegenüber 229 Männern einem Anteil von 4,9 % entspricht.[104] Gewerkschafterinnen wirkten auch in den Tarifkommissionen. Manchen, wie Herta Just als Leiterin der Fachabteilung Gesundheitswesen der ÖTV, gelang es sogar, bis in die Bundestarifkommission „vorzustoßen". Auch in diesem für die Erfolge gewerkschaftlicher Politik entscheidend wichtigen Gremium sahen Frauen sich aber fast ausschließlich von Männern umgeben.[105] Eine solche Konstellation mußte dazu führen, daß die spezifischen Anliegen weiblicher Arbeitnehmer gegenüber den Interessen der gesamten Arbeitnehmerschaft (bzw. dem, was die Männer dafür hielten) im Zweifelsfalle zurückzustehen hatten. Der Arbeitgeberseite erwuchs hier sogar ein Druckmittel, mit dem beispielsweise eine Mehrentlohnung von Frauen oft genug erfolgreich verhindert werden konnte: So fürchteten Männer leicht, eine gezielte Höhereinstufung „weiblicher Berufe" könne ihnen selber zum

Nachteil gereichen, und sie waren in der Folge eher bemüht, insgesamt Lohnerhöhungen anzustreben – auch auf Kosten weiblicher Interessen.[106])

Wichtig war gerade in großen Betrieben auch die Arbeit von Vertrauensleuten. Von allen Arbeitnehmer/inne/n gewählt, stellten sie eine Art Bindeglied zwischen Belegschaft und Betriebsrat dar. Diese Tätigkeit war durch unmittelbaren Kontakt zu den Arbeitenden gekennzeichnet, die Fähigkeit zum praktischen Vermitteln und zum persönlichen Einsatz „vor Ort" war sehr wichtig, und es konnten jeweils „im Kleinen" Erfolge erzielt werden. Zum Beispiel für Elfriede Dietrich war es in ihrer Funktion als Vertrauensfrau, Betriebsrätin und Sanitäterin im Kieler Betrieb von Zeiss-Ikon möglich, Verbesserungen für ihre Kollegen und Kolleginnen in persönlichen Verhandlungen mit der Betriebsleitung zu erringen. So gelang es ihr unter anderem, eine an multipler Sklerose erkrankte Kollegin vor der drohenden Entlassung zu bewahren.[107]) Allein in der IG Metall des Ortsausschusses Kiel wirkten 1957/58 26 Frauen in dieser Weise als Vertrauensfrauen[108]) – also ein typisch weiblicher Weg, Verbesserungen zu erwirken? Allerdings müssen wir hierzu bemerken, daß so nur jeweils für Einzelfälle etwas erreicht werden konnte – strukturelle Verbesserungen für die erwerbstätigen Frauen waren auf diesem Wege nicht zu erreichen.

Die Arbeit in den Frauengruppen

In den Frauengruppen, die sich in zwei- bis achtwöchigen Abständen trafen, wurde zum einen politische Arbeit geleistet bzw., entsprechend der Funktion dieser Gruppen, erklärt. Dazu dienten Vorträge und Referate zu gewerkschaftspolitischen Themen, zu Fragen der Arbeitsmarkt- und Gesellschaftspolitik (etwa *„Wozu haben wir eine Preisbehörde? Kann sie nicht gegen diese Verteuerungen einschreiten?"* [109])), zu gesundheitlichen und psychologischen Problemen der berufstätigen Frau.[110]) Als besondere Aktion führte der DGB-Ortsfrauenausschuß jährlich im Rahmen des DGB-Hilfswerks eine Weihnachtsbescherung für Kinder sozial schwacher Familien durch.[111])

In der GEW standen in den 50er Jahren ganz überwiegend pädagogische Themen auf dem Programm der Kreisvertreterversammlungen und der Lehrerinnentagungen. Dabei spielte vor allem der Bereich der „Nadelarbeit in der Mädchenerziehung" eine wichtige Rolle,[112]) sowie allgemeine Fragen der Mädchenbildung, etwa: *„Welche besonderen Forderungen für die Mädchen sind an den Oberbau einer allgemeinen Volksschule zu stellen, um sie auf das Berufsleben und die Aufgaben als Hausfrau und Mutter vorzubereiten?"* [113])

Aber auch politische Forderungen wie die nach der Einrichtung von halben Planstellen für verheiratete Lehrerinnen und der Einstellung von Frauen als Rektorinnen wurden diskutiert.

Doch erkennt man hier schon deutlich den Übergang zu einem anderen Bereich von Themen und Aktivitäten, die in der gewerkschaftlichen Frauenarbeit gerade „an der Basis" eine wichtige Rolle spielten, nämlich Veranstaltungen, bei denen der „gesellige" Charakter im Vordergrund stand. Entsprechend der Auffassung, daß *„die Frauen [...] ihrer Art und ihrem Wesen gemäß angesprochen werden [wollen]"* [114]) und daß die Gewerkschaft für sie in anderer Weise dasein müsse als für die Männer, versuchte man auch auf die außerberuflichen Interessen der Frauen und ihre spezifische Doppelbelastung einzugehen, denn: *„ ‚Wir wollen nicht nur Tarifpolitik treiben, sondern unseren Mitgliedern auch in beruflicher und menschlicher Beziehung zur Seite stehen', erklärte dazu die Vorsitzende des Ortsfrauenausschusses des DGB, [Hilla] Hagenguth."* [115])

Diesem Ziel dienten zum einen öffentliche Frauenversammlungen,[116]) die weniger der politischen Arbeit als der Unterhaltung dienten. Die Programme dieser Veranstaltungen waren bestimmt durch musikalische, tänzerische und kabarettistische Darbietungen: *„Nur einmal blüht im Jahr der Mai/ Nur einmal im Leben die Liebe/ Drum sag ich's noch einmal/ schön ist die Jugendzeit, schön ist die Jugend/ sie kehrt nicht mehr..."* [117]).

Diese Verlustigungen wurden durch kurze Vorträge unterbrochen. Auf diese Weise hatten die Frauenversammlungen und -feierstunden neben der bloßen Erbauung der Frauen auch die Aufgabe, als Werbeveranstaltungen zu wirken, denn so konnten sehr viele Frauen gleichzeitig auf gefällige Art angesprochen werden. Dem gleichen Ziel dienten die großen Sternfahrten des DGB, die Ende der 50er Jahre dem Mitgliederschwund bei den Frauen entgegenwirken sollten und die ebenfalls in großen Kaffeetafeln mit „politischem Beiwerk" gipfelten.

Filmvorführungen, Diashows, Zille-, Quiz- und Bastelabende und Ausflüge sowie Advents- und Weihnachtsfeiern dienten gleichfalls der Unterhaltung der Frauen.[118]) Eine wichtige Rolle spielten in diesem Zusammenhang auch die von der Frauenorganisation veranstalteten Modenschauen z.B. der IG Metall: *„Im Oktober 1956 fanden im ‚Eichhof' 3 Modenschauen mit kabarettistischem Programm statt, die besonders beifällig auch von den mitgebrachten Männern aufgenommen wurden."* [119])

Dem Bereich der eher fraulich-persönlich als politisch ausgerichteten Veranstaltungen sind auch die Zuschneide- und Nähkurse zuzurechnen, die von den DGB-Frauenausschüssen regelmäßig durchgeführt wurden und sich jedes Mal eines großen Interesses bei den Frauen erfreuten.[120])

Ein ähnliches, aber gleichzeitig „berufsorientiertes" Konzept verfolgte die DAG mit ihren Kosmetikkursen für berufstätige Frauen: Durch die Anleitung zu einem vorteilhaften Make-Up sollte den Frauen geholfen werden, selbstsicherer und attraktiver am Arbeitsplatz aufzutreten und so ihre beruflichen Chancen zu verbessern, denn: *„Welcher Kunde möchte wohl gern von einer Verkäuferin bedient werden, die ungepflegt und nachlässig wirkt, weil ihr Gesicht fettig glänzt? [...] Welche berufstätige Frau überhaupt könnte sich ein berufliches Fortkommen versprechen, wenn sie in Sack und Asche umherliefe und ihr Äußeres vernachlässigte?"* [121])

Auch die Frauengruppe der Gewerkschaft HBV unter der Leitung von Hilla Hagenguth übernahm dieses Konzept:

Die Sichtkontrolle der fertigen Waren war eine typische Frauentätigkeit (Strumpffabrik Tilly, Kiel) (Stadtarchiv Kiel)

„Das Interesse war vorhanden. Schließlich hat jede Frau Spaß und Freude an kleinen, lustigen Modedingen, und dazu gehört eben auch die tägliche Schönheitspflege." [122])

Der DGB und die IG Metall konnten sich diesem Trend auch nicht entziehen und gaben Ende der 50er Jahre ebenfalls Broschüren (*„Ein kleines Schönheitsbrevier – Wer schön ist, hat Erfolg"*) heraus.[123])

Bei der Bewertung dieser Aktivitäten ist Vorsicht angebracht: Einerseits kamen sie offensichtlich wirklich dem Interesse der Frauen entgegen und verfolgten auch den Zweck, *„ihr [...] zu einem sicheren Auftreten im Berufs- und Lebenskampf zu verhelfen"*,[124]) das heißt ihre Chancen auf dem Arbeitsmarkt und möglicherweise sogar ihre berufliche Situation zu verbessern. Andererseits wurde damit eben „typisch weibliches" Verhalten gefördert und alte Denkmuster zementiert: Die tradierten Kriterien bei der Beurteilung einer Frau, nach denen dem weiblichen Körper wesentlich mehr Aufmerksamkeit geschenkt wird als ihrem Geist und ihrer Kompetenz wurden nicht in Frage gestellt, sondern aufgegriffen: „ ,*Von einer Frau, die sauber und gepflegt auftritt, nimmt man von vornherein an, daß sie auch in ihrer Arbeit sauber und gewissenhaft ist'*, sagte die Leiterin der Frauengruppe der Gewerkschaft HBV [...]" [125])

Ob Schminkkurse wirklich geeignet waren, zu aktiver politischer Mitarbeit anzuregen und die Emanzipation der Frauen zu fördern, erscheint uns fraglich. Sie dienten eher dazu, daß die Frauen sich besser an die von Männern hinsichtlich ihres weiblichen Äußeren an sie herangetragenen Ansprüche anpassen konnten. Das ist aber gerade das Gegenteil von emanzipiertem Verhalten. Man muß sich allerdings auch fragen, ob es den Frauen zu diesem Zeitpunkt wirklich möglich gewesen wäre, sich diesen Ansprüchen einfach gänzlich zu entziehen, oder ob es ihnen nicht doch mehr nützte, Selbstbewußtsein aus der Gewißheit zu beziehen, „schön" zu sein, d.h. diese Ansprüche erfüllen zu können. Der Erfolg der Kurse sprach ja dafür, und in dieser Hinsicht waren sie für die Frauen sicherlich auch – zumindest kurzfristig – von Nutzen.

Insgesamt konnte man beobachten, daß diese zweite Art von Frauenveranstaltungen, die eher auf Unterhaltung und „soziale Erbauung" ausgerichtet waren, bei den Frauen im allgemeinen mehr Anklang fand, das heißt einen regeren Zustrom verzeichnete als Diskussionen und Vorträge.[126])

Ihr Wert und Nutzen sind also ambivalent zu beurteilen: Dadurch, daß Frauen sich hier hauptsächlich gemütlich zusammenfanden, daß politische Themen bisweilen gegenüber dem bloß „kommunikativen" Aspekt in den Hintergrund traten, fühlten sich zwar vielleicht die beteiligten Frauen bei diesen Veranstaltungen wohl, sie hatten sicher zum Teil auch einen praktischen Nutzen für sie (z.B. Zuschneidekurse). Aber als politische Arbeit im engeren Sinne können sie kaum bezeichnet werden. Es bestand möglicherweise sogar die Gefahr, daß traditionell passives weibliches Verhalten dadurch bestärkt wurde. Zumindest waren beispielsweise Schminkkurse nicht geeignet, ein kritisch-emanzipatorisches Bewußtsein bei den erwerbstätigen Frauen zu schaffen.

Eine wichtige Funktion der Frauentreffen in den Gruppen und Ausschüssen war, den Frauen die Scheu zu nehmen, überhaupt „politisch" zu arbeiten, sich öffentlich zu äußern und ihnen zu ermöglichen, erst einmal „unter sich" Positionen zu formulieren, ehe sie damit den viel „politikgeübteren" Männern entgegentraten. Zum Hindernis wurde dabei aber, daß zu den Themen, die die Frauen auf ihre Tagesordnungen setzten, die jeweiligen Ortsvorstände ihre Zustimmung geben mußten. Die Tatsache, daß die Frauenorganisation eben keine selbständige politische Institution sein und es keinen „Separatismus" der Frauen innerhalb der Gewerkschaft geben sollte, mußte dabei als Begründung dafür herhalten, daß den Frauen von Themen zu „allgemeinpolitischer Natur" „abgeraten" wurde:

"Die Kolleginnen fühlen sich weitgehend eingeengt in der Programmgestaltung ihrer Frauenausschußabende. Oft wird den Kolleginnen empfohlen, ein ausgesprochenes ‚Frauenthema' zu wählen [...] Frauen und Mütter diskutieren über das Problem der Schulreform – auch das war ein Thema, welches nicht die Zustimmung des leitenden Kollegen fand. Er war der Meinung, das sei ein allgemeinpolitisches Thema." [127])

Durch die Beschränkung auf „Frauenthemen" oder überhaupt auf Aktivitäten, die dem Bild vom „spezifisch weiblichen Wesen" entsprachen, wurde aber die Tendenz zur Abschließung der Frauen in der Gewerkschaft eher verstärkt bzw. wurden sie auf ein eher unpolitisches Verhalten festgelegt. Man kann mutmaßen, daß es seitens der Männer v.a. die Furcht vor einer zu starken Eigendynamik „ihrer" Frauenbewegung war, die sie zu solchen Beschränkungen veranlaßte. Man muß dann weiter folgern, daß das vorrangige Interesse an der Frauenorganisation eben nicht war, daß die Frauen sich hier eigenständig politisch „fit machen" sollten, sondern man vor allem den „ungefährlicheren" Werbeeffekt im Auge hatte, wie man ihn durch unpolitische, aber heitere „Bunte Abende" und andere Veranstaltungen dieser Art meinte erzielen zu können. Für die Frauenorganisation bedeutete das aber, daß sie ihre Möglichkeiten inhaltlicher Arbeit nicht ausschöpfen konnte, sondern diese allzuoft zum bloßen Unterhaltungsprogramm gedieh. Damit kam man zwar dem vordergründigen Interesse der Frauen, die man anzusprechen hoffte, entgegen, konnte aber kaum einen politischen „Aufbruch" bewirken oder Veränderungen in ihrer Interessenstruktur erzielen.

4. Erfolge der Gewerkschaft bei der Politisierung der Frauen – Erfolge der Frauen bei der „Feminisierung" der Gewerkschaft?

Der Wert der Gewerkschaftsarbeit für die erwerbstätigen Frauen ist nur teilweise daran meßbar, wieweit die Frauen in quantitaver Hinsicht erfaßt wurden. Wichtiger noch ist, ob auch qualitativ eine Veränderung im Leben der betroffenen Frauen bewirkt wurde: Und zwar nicht nur dadurch, daß die Gewerkschaft frauenspezifische Forderungen mehr oder minder erfolgreich vertrat, sondern dadurch, daß die Frauen sich selber als politisch Handelnde erlebten, daß sie begannen, in „ihrer" Organisation Politik mitzugestalten.

Darum wollen wir nun das tatsächliche Verhalten der Frauen in dieser Institution untersuchen. Wieweit gelang es der Gewerkschaft, ihren Funktionären und Aktivistinnen unter den arbeitenden Frauen nicht nur Mitglieder zu gewinnen, sondern diese auch für ihre Politik zu mobilisieren?

Das Problem weiblicher Passivität – „ein Gefühl, wie bis zu den Armen in Sirup zu stehen"

Die wenigen Zeitzeuginnenaussagen, die für diese Untersuchung zur Verfügung stehen, können zwar kein vollständiges Bild ergeben, und sie können auch nur bedingt als exakte historische Quelle gewertet werden. Dennoch ist es aufschlußreich, den Eindruck festzuhalten, den die Frauen, die den Sprung zum politischen Engagement geschafft hatten, vom Verhalten ihrer Kolleginnen hatten. Befragt man nun ehemalige engagierte Gewerkschafterinnen darüber, so begegnet man nahezu durchgehend rückblickendem Bedauern: Fast alle erinnerten sich an die Frustration, nur allzuoft eher auf Desinteresse als auf begeistertes Engagement gestoßen zu sein, wenn sie Frauengruppen aufzuziehen versuchten, Diskussionsveranstaltungen organisierten etc.[128]) Die meisten Frauen hätten sich darauf beschränkt, „zahlendes Mitglied" zu sein. Teilweise kommt bei der Erinnerung an diese Gleichgültigkeit geradezu Resignation auf: Gerade in so frauenreichen Fachbereichen wie z.B. im Handel, wo engagierte Frauen möglicherweise etwas hätten ausrichten können, seien die Kolleginnen einfach nicht zu motivieren gewesen. Zu sorgfältig organisierten Diskussionsabenden seien nur vier bis fünf Frauen gekommen, und so entstand bisweilen „... *ein Gefühl, wie bis zu den Armen in Sirup zu stehen"* [129]) – kurz, es sei unendlich mühsam gewesen, die Kolleginnen zur Aktivität anzuregen. Nur der Blick auf die folgenden Jahrzehnte, vor allem die 70er Jahre, vermittelt bisweilen das Gefühl, vielleicht doch etwas in Bewegung gesetzt zu haben. Dabei sei in den 50er Jahren auffällig gewesen, daß gerade die jüngeren Frauen kaum Interesse zeigten: Es seien immer wieder dieselben und immer vor allem etwas ältere Jahrgänge gewesen, die die Versammlungen besucht hätten.

Hinweise auf ein gewisses Desinteresse der Frauen gegenüber „ihrer" Gewerkschaftspolitik finden sich auch anderweitig. Auf der Nebenversammlung der Lehrerinnen in der GEW wurde 1952 der Beschluß gefaßt, in Zukunft bei der Frauenarbeit in stärkerem Maße berufspädagogischen Themen gegenüber Gewerkschaftsfragen den Vorrang zu geben. Die Bundesleitung selber hatte das gewünscht, um so vielleicht die Lehrerinnen eher zu aktiver Beteiligung anzuregen, nachdem deren Passivität schon in den vorangegangenen Jahren Anlaß zu Kritik gewesen war: „*Denn obwohl die Lehrerinnen an dem Anwachsen der Mitgliedschaft unseres Verbandes zahlenmäßig erfreulich beteiligt sind, läßt ihr aktiver Einsatz zu wünschen übrig. So besteht z.B. unter den Kolleginnen eine weitgehende Scheu, leitende Ämter zu übernehmen.*" [130])

Die Stagnation bei der weiblichen Mitgliedschaft in den 50er Jahren korrespondierte also mit einer spürbaren Zurückhaltung der bereits gewerkschaftlich organisierten Frauen beim politischen Engagement. Dieses Verhalten entsprach durchaus der generellen „Politikabstinenz" der Frauen in dieser Zeit.

Das eher mäßige Interesse der Frauen an der Basis konnte natürlich nicht ohne Auswirkungen für die Frauenorganisation bleiben. Zum einen lief sie so Gefahr, zum „gemütlichen Miteinander" zu degenerieren, zumindest was die Basisarbeit anging. Denn wenn überhaupt, so die Erfahrung der Gewerkschafterinnen, so waren ihre Kolleginnen mit Veranstaltungen geselligen Charakters zu mobilisieren – so daß man dann eben begann, sich am tatsächlichen oder vermeintlichen „Publikumsgeschmack" zu orientieren, um sich zumindest die Enttäuschung zu ersparen, allzuoft vor leeren Räumen zu stehen.

Zum zweiten verlor so die Frauenorganisation natürlich an Durchsetzungskraft, schienen sie und ihre Forderungen doch kaum von einer breiten Front aktiver Frauen getragen zu sein. So gipfelte auf der Bezirks-Frauenkonferenz der IG Metall in Hamburg die Aussprache in der Feststellung, *„[...] daß die erwerbstätigen Frauen sich der Macht, die in ihre Hände gegeben ist, nicht bewußt sind und sie darum auch nicht zu ihrem Nutzen gebrauchen können. [...] Nicht als Zaungäste, sondern nur durch aktive Mitarbeit können die Frauen in den Betrieben die unbedingt erforderlichen Vergünstigungen erreichen."* [131])

Zudem bestand die Gefahr, daß aus der mangelnden Militanz der meisten Gewerkschafterinnen seitens der Männer falsche Schlüsse gezogen wurden, etwa im Sinne einer Art „na-Bitte-Gesetzes": *„Heute hat es die Frau nicht mehr nötig, um die Durchsetzung ihrer tariflichen Ansprüche zu kämpfen, da diese Angelegenheiten automatisch mit geregelt werden."* [132]) (1957)

Und nicht zuletzt bestand so die Gefahr der Entfremdung zwischen der Basis der weiblichen Erwerbstätigen und denjenigen Frauen, die durch ihr oft unermüdliches und dabei meist ehrenamtliches Engagement die Frauenarbeit am Leben hielten, ohne ihre Bemühungen honoriert zu sehen.[133]) Für diese Frauen lag die Schlußfolgerung nahe, daß in der Tat mit den männlichen Kollegen ein aktiveres Zusammenarbeiten war als mit denjenigen, deren Interessen sie eigentlich vertreten sollten, und daß diese letztendlich selber daran schuld seien, wenn ihre Anliegen nicht berücksichtigt würden. Symptomatisch für eine solche Reaktion erscheint die Äußerung Thea Harmuths auf der ersten Frauenkonferenz des Bezirkes Nordmark im Jahre 1950: *„Unsere Frauen sind mit daran schuld. Wenn Frauen gebraucht wurden, hatten die einen keine Zeit, die anderen wollten nicht und die dritten konnten nicht [...]. Wo wir arbeiten, sollten wir unser Wort in die Waagschale werfen und wenn man an uns herantritt mitzuarbeiten, sollten wir mit Freuden ja sagen."* [134])

Fassen wir zusammen: Frustration seitens unermüdlicher Aktivistinnen, Besorgnis seitens der Frauenvorstände, Selbstzufriedenheit oder Kopfschütteln seitens der Männer – ganz offensichtlich erfolgte keine allgemeine Politisierung der Arbeitnehmerinnen durch die gewerkschaftliche Frauenarbeit. Vor allem in den 50er Jahren blieb sie meist Sache einiger weniger Funktionärinnen, während die große Masse der Gewerkschafterinnen sich eher passiv-konsumierend verhielt.[135])

Warum diese Passivität?

Welche Gründe waren es, die die Mehrheit der Frauen in den 50er Jahren in traditionellen Verhaltensweisen verharren ließen, und wieso war einigen unter ihnen schon ein ganz anderes Verhalten möglich? Waren möglicherweise doch die erwerbstätigen Frauen selber schuld, wenn ihnen politische Möglichkeiten und gleiche Rechte verschlossen blieben, hätten sie vielleicht wirklich bloß „mit Freuden ja zu sagen" brauchen? Neben persönlichen und allgemeinen gesellschaftlichen Gründen wollen wir nach möglichen gewerkschaftsimmanenten Voraussetzungen dieser Entwicklung fragen.

**Mangelndes Selbstvertrauen und Politikmüdigkeit:
„Wir können ja eh' nichts ausrichten".**

„Die Frauen trauen sich oft nicht, sie glauben, nicht am richtigen Platz zu sein." [136]) Mit dieser Äußerung auf der ersten Landesfrauenkonferenz in Schleswig-Holstein lag Thea Harmuth vermutlich gar nicht so falsch. *„Keine Traute, kein Selbstvertrauen"* [137]) wurden von mehreren Zeitzeuginnen als großes Problem der Frauen im hier untersuchten Zeitraum angeführt. Nachdem man ihnen jahrzehntelang zu verstehen gegeben hatte, es könne eh' nur etwas Dummes dabei herauskommen, hatten Frauen einfach Angst, öffentlich oder auch nur in einer Runde wichtig wirkender Männer den Mund aufzumachen und vielleicht das allgemeine Gelächter auf sich zu ziehen. Waren sie doch von klein auf daran gewöhnt worden, sich auf andere Qualitäten als gerade auf ihre verbale Überzeugungskraft zu verlassen. Eine Anekdote, an die Marianne Herzig sich erinnerte, ist dafür auf sympathische Weise symptomatisch: Nachdem sie vor ihrem ersten öffentlichen Redebeitrag zunächst vergeblich versucht hatte, einen Mann an ihrer Stelle ans Pult zu schicken, traute sie sich nur deshalb nach vorne, weil sie sich in ihrem neuen Kleid sehr vorteilhaft gekleidet wußte. Und war froh und entsetzt zugleich, daß sie die Laufmasche in ihrem Strumpf erst hinterher bemerkte, denn damit hätte sie sich bestimmt nicht zu zeigen gewagt ...

Außerdem glaubten viele Frauen einfach nicht genug an die eigenen Möglichkeiten, politisch etwas bewirken zu können. So wurde auf einer DAG-Arbeitstagung festgestellt, *„[...] daß die weibliche Angestellte im allgemeinen zu ängstlich sei, Wünsche und selbst gesetzlich begründete Forderungen an die jeweilige Betriebsleitung heranzutragen."* [138])

„Laß die Männer man machen" – ein Satz, den Gewerkschaftsfunktionärinnen in den 50er Jahren öfter zu hören bekamen – war keinesfalls eine faule Ausrede, sondern Ausdruck eines tiefsitzenden Mangels an Selbstvertrauen. Die Frauen selber können dafür kaum verantwortlich gemacht werden – politische Indifferenz und mangelndes Selbstvertrauen in öffentlichen Angelegenheiten wurden auch in den ersten Jahrzehnten nach dem Krieg weiterhin in der Mädchenerziehung in Elternhaus, Schule und Berufsschule tradiert.[139])

Diese Haltung war durch die Erfahrungen des Dritten Reiches ohne Zweifel für viele Frauen noch verstärkt worden. Bei Einzelnen, Frauen wie Männern, weckte zwar die Erfahrung politischen Unrechts den Wunsch, nun am Aufbau einer besseren Gesellschaft aktiv mitzuwirken. Bei vielen aber hatte die „Organisationsmanie", mit der die Nationalsozialisten die Bevölkerung zu erfassen versucht hatten, zum entgegengesetzten Effekt geführt: Man hatte Politik, Parteien und Organisationen nun gründlich satt. Aus der passiven Resignation, aus dem bloßen Nicht-Mitmachen wurde so oft eine aktive Abkehr von der Politik.

Arbeitsüberbürdung, Zeitmangel und Rollenkonflikte

"Es waren Frauen, die die Bundesrepublik aufgebaut haben." [140]) In der Tat waren Frauen vor allem in der Nachkriegszeit weit über das normalerweise zumutbare Maß hinaus belastet: Nicht nur als die vielzitierten Trümmerfrauen, sondern auch als Familienernährerinnen, auf der Jagd nach schwer aufzutreibenden Nahrungsmitteln, mit Kindern, aber ohne Wohnung alleingelassen, oft durch physisch und psychisch erschöpfte Ehemänner eher belastet als von ihnen unterstützt und außerdem als Arbeitskraft im Betrieb eingespannt – allzuviel Muße für gewerkschaftliches Engagement blieb den Frauen nicht. Sie waren bereits mit Arbeit überbürdet, und weitere Aktivitäten stellten schon in rein zeitlicher Hinsicht seinen unerreichbaren Luxus dar. War dieses Problem auch in den unmittelbaren Nachkriegsjahren besonders akut, so ist es doch ganz allgemein für die weibliche Lebenssituation kennzeichnend. Frauen waren eben nicht nur für Arbeit und Organisation da, sie konnten es gar nicht sein: Nach Feierabend erwartete die Mehrzahl der weiblichen Erwerbstätigen nämlich zu Hause ihr „zweites Leben", das heißt ihre Rolle als Ehefrau und Mutter mit den dazugehörigen Pflichten: *„Das Wichtigste war immer noch, daß die Fenster auch ordentlich geputzt waren"* [141]) – so stellten sich die Ansprüche, die an sie herangetragen wurden, für die Frauen selber dar. Wissenschaftlicher ausgedrückt: *„Die starke häusliche Bindung macht es den Frauen fast unmöglich, sich intensiv, wie es den Männern möglich ist, den gewerkschaftlichen und politischen Aufgaben zu widmen."* [142])

Die Frauen sahen sich also einem massiven Rollenkonflikt ausgesetzt. Zwar traten sie durch die Erwerbsarbeit in Kontakt mit einem anderen Bereich der Gesellschaft, aber ihre Rolle und Verantwortlichkeit als Hausfrau und Mutter hörte damit keinesfalls auf. Im Gegenteil wurde ihnen in der Zeit der familienpolitischen „Restauration" der 50er Jahre ihre Hausfrauenrolle immer wieder mit geradezu drohendem Zeigefinger ans Herz gelegt. Gingen doch auch gesetzgeberische Maßnahmen dahin, verheiratete Frauen möglichst auf ihren „ureigenen Platz" in Küche und Kinderzimmer zu schicken – erwähnt seien hier nur die Hochbesteuerung berufstätiger Ehefrauen durch den Finanzminister Schäffer. Auf ideologischem Gebiet war es die „Schlüsselkind-Kampagne", mit der man den Frauen ein schlechtes Gewissen machte und sie in emotionaler Hinsicht auf traditionelle Verhaltensweisen festzulegen suchte.

In diesem Konflikt hatten Familien- und Eheglück eindeutig die Priorität – zumal sie für viele Frauen immer schwieriger zu erreichen waren. Denn die Frauen wollten und sollten sich zwar in erster Linie als Frau und Mutter verstehen – es gab aber nicht genug Männer für alle Frauen... In der Folge konnte man beobachten, daß sogar Frauen, die sich zunächst für die Gewerkschaftsarbeit engagiert hatten, ihre politische Selbstverwirklichung rasch aufgaben und andere Schwerpunkte setzten, wenn sie doch einen Ehemann für sich hatten erobern können. Der mußte dann nämlich mit viel Aufwand gepflegt werden,

Elfriede Dietrich, Vorsitzende der Frauengruppe der IG-Metall in den fünfziger Jahren, hier bei der Ehrung ihrer Verdienste im Februar 1992.
(KN-Archiv)

damit er auch dablieb...[143]) Dadurch, daß Frauen so darauf „gepolt" waren, in erster Linie nicht untereinander solidarisch zu sein, sondern vielmehr dem anderen Geschlecht zu gefallen und dabei miteinander zu konkurrieren, kam es zudem unter ihnen oft stärker als bei den Männern zu Eifersüchteleien und zu Mißtrauen.

Man darf dieses Verhalten nicht aus der Warte des heutigen Betrachters als albern abqualifizieren – für diese Frauen stand zum einen das auf dem Spiel, was zu dieser Zeit als das „offizielle" weibliche Lebensglück galt. Zum anderen stellte die Belastung durch Haushalt und Kinder ein sehr reales Problem dar. So schilderte Elfriede Dietrich, wie schwer es für sie gewesen sei, die Arbeit im Haus, die Versorgung eines kriegsversehrten Mannes und das Gewerkschaftsengagement zu vereinbaren – selbst Reisen zu Bundeskongressen mußten so kurz wie möglich gehalten werden, was oft bedeutete: nächtliche Anfahrt, Kongreß, nächtliche Rückfahrt... Vielen wurde so ein zeitaufwendiges Engagement in Versammlungen und Konferenzen unmöglich gemacht: Denn die Strukturen und Erfordernisse gewerkschaftlicher Arbeit nahmen auf etwa zu betreuende Kleinkinder nicht die geringste Rücksicht. Entsprechend wurde die Arbeit in politischen Organisationen von Frauen zusätzlich zur Familien- und Erwerbsarbeit oft gar nicht als „Selbstverwirklichung" verstanden, sondern erschien vielmehr als zusätzliche Belastung bzw. als Zumutung.

Das Fortwirken eines voremanzipatorischen Frauenbildes brachte auch mit sich, daß der Ehemann als Autorität eine große Rolle spielte und bedeutete Orientierung an traditionellen Vorstellungen darüber, was sich für eine Frau ziemte und was nicht. Selbst Frauen, die in der Gewerkschaft eine herausragende Karriere machten und allen Grund hatten, aus ihrer Arbeit heraus Selbstbewußtsein zu entwickeln, konsultierten vor dem Gewerkschaftseintritt zunächst den Ehemann...[144]) Und nicht jeder war damit einverstanden, daß seine Frau zu Versammlungen ging und sich für derart unweibliche Dinge wie Streiks, Arbeitskämpfe, öffentliche Diskussionen hergab.[145]) Auch die öffentliche Meinung spielte eine Rolle, die man gerade in einem strukturschwachen, ländlich-kleinstädtisch geprägten Land wie Schleswig-Holstein auf keinen Fall vernachlässigen darf: *„Besonders in ländlichen Gebieten bleibt es nicht aus, daß über Frauen, die sich an allgemeinen Veranstaltungen beteiligen, nachteilig geredet wird, so daß sich daraus häufig Komplikationen in Familie und Ehe ergeben."* [146])

Der Konflikt zwischen den traditionellen Anforderungen an die Frau und den neuen Aufgaben im politischen Bereich machte in dieser Zeit ein gewerkschaftliches Engagement für viele Frauen unmöglich oder erschwerte es über die Maßen. Im Zweifelsfall fiel die Entscheidung in den meisten Fällen zugunsten der Aufgaben im familiären und partnerschaftlichen Bereich.

Fehlende Identifikation mit der Erwerbstätigkeit – mangelndes gewerkschaftliches Engagement als Problem der Arbeitsmarktpolitik

Die Identifikation der Frauen mit einem weiterhin durch Haus und Familie bestimmten Frauenbild hatte noch weitere Folgen. Ausgangsthese unserer Untersuchung war, daß die gewerkschaftliche Arbeit von der Situation des Erwerbstätigen und von einer „Politisierung aus der Arbeit" ausgeht. Voraussetzung dafür ist aber, daß die Erwerbstätigkeit im eigenen Leben eine wichtige Rolle spielt bzw. man sie selber als wichtigen Bestandteil der eigenen Existenz empfindet und in das eigene Selbstbild einbezieht.

Genau das war aber bei der Mehrzahl der Frauen in den ersten Jahrzehnten nach dem Krieg nicht im gleichen Maße wie bei den Männern der Fall. Vielmehr begegnen wir hier einer Art arbeitsmarktpolitischem und gesellschaftlichem Paradoxon: Frauen arbeiteten zwar verstärkt, und ihre Erwerbsarbeit spielte auch sowohl für die deutsche Wirtschaft als auch für ihren eigenen Lebensunterhalt bzw. den ihrer Familien eine zunehmend wichtige Rolle. Diese Erwerbstätigkeit wurde aber weder von den Frauen selber, noch von der Gesellschaft, noch von den Arbeitgebern als weiblicher Lebensinhalt, sondern jeweils nur als „Notlösung" bzw. bestenfalls als „Mitarbeit" [147]) angesehen und entsprechend bewertet. Selbst wenn das Ideal der Hausfrau für immer weniger Frauen zu erreichen war – Frauenerwerbsarbeit galt dennoch nicht als „das Eigentliche", sondern als Übergangs- (bis zur Heirat, bis zur Gehaltserhöhung des Mannes etc.) und Behelfslösung.[148]

Entsprechend wurde mit der weiblichen Arbeitskraft umgegangen: *„Bemerkenswert ist, daß man die arbeitende Frau immer wieder gern – je nach Bedarf – in die Versenkung verschwinden oder aus ihr auftauchen lassen möchte. So wurde in den vergangenen Jahren, nachdem sie sich auf allen Gebieten des Lebens bewährt hatte und oft genug (gegen ihren Willen) den Mann ersetzen mußte, der Leitsatz von der Verwerflichkeit der Arbeit von Frauen, besonders der verheirateten, geprägt, die den Männern ihre Arbeitsplätze stahlen, um sich mit dem verdienten Geld Nylons, Zigaretten und Lippenstift leisten zu können. [...] Um so erstaunlicher ist die Tatsache, daß von Arbeitgeberseite bereits wieder der Ruf nach der berufstätigen*

Ehefrau ertönt, die den Mangel an Arbeitskräften in der Rüstungswirtschaft beheben soll." [149]) (1955)

Eine Zeitzeugin faßte diese Arbeitsmarktpolitik kürzer, aber treffend als *„rin in die Kartoffeln, raus aus den Kartoffeln"* [150]) zusammen. Das heißt, die Frauen wurden praktisch als „Reservearmee" benutzt: Nachdem sie nach dem Krieg massiv die ausgefallenen Männer in der Industrie ersetzt hatten, wurden sie Anfang der 50er Jahre wieder aus der Produktion verdrängt, um dann während des Wirtschaftswunders angesichts des Arbeitskräftemangels wieder rekrutiert zu werden. Zugleich wurde ihnen ebenfalls mit dem Argument, daß es sich ja jeweils nur um eine „Übergangszeit" bis zur Heirat bzw. zum ersten Kind handele, eine fundierte Ausbildung in der Regel verwehrt.[151]) Wodurch eine Art „Teufelskreis-Effekt" entstand: „Typische" Frauentätigkeiten waren dann zumeist minderbezahlte Tätigkeiten in den sogenannten Leichtlohngruppen, die in der Tat nur den Charakter eines „Zubrotes" hatten. So war es kein Wunder, daß diese „Berufe" tatsächlich möglichst rasch wieder aufgegeben wurden, lohnte es sich dafür doch nicht, Unbequemlichkeiten in Kauf zu nehmen. Auch war es kaum wahrscheinlich, daß Frauen sich mit diesen geringqualifizierten Tätigkeiten identifizierten. Minderentlohnung, Minderqualifikation und Ersetzbarkeit führten so nicht nur zu einer geringen Anerkennung der Frauenarbeit in der Gesellschaft, sondern auch dazu, daß Frauen weiterhin ihre Selbstverwirklichung anderswo suchten – und dieser Zustand sich so perpetuieren konnte: *„In der Minderentlohnung der Frau liegt die Wurzel der Ursache für die Minderbewertung der Frau und damit auch für ihre Hemmungen gegenüber der Mitwirkung im öffentlichen Leben."* [152])

Daß die Arbeit von Frauen meist „nur" als Erwerb, nicht aber als Beruf angesehen wurde, verhinderte außerdem oft, daß sich zwischen den Frauen am Arbeitsplatz ein Gefühl für Zusammengehörigkeit und Solidarität entwickelte, das aber die Grundlage gewerkschaftlichen Kampfes ist.

Zudem warf man den Frauen immer wieder vor, daß diese „Mitarbeit" lediglich der Gier nach Luxuskonsum – Kühlschrank, Fernsehapparat – diene, um dessentwillen dann die häuslichen Pflichten vernachlässigt würden.[153]) Zwar war dieses Bild für die Mehrzahl der erwerbstätigen Mütter falsch. Die Frauen arbeiteten keinesfalls für Luxus, sondern ihre Erwerbstätigkeit war für den Unterhalt ihrer Familien nahezu ebenso wichtig wie das Einkommen des Mannes, wie eine Untersuchung der Gewerkschaft am Ende der 50er Jahre ergab: Über 70 % der vermeintlich für eitlen Luxus „mitarbeitenden" Frauen trugen ein Viertel bis zur Hälfte zum Familieneinkommen bei, und 23 % der arbeitenden Frauen sogar bis zu drei Vierteln.[154]) – Was aber nichts daran änderte, daß auch sie selber die geringschätzige Haltung gegenüber ihrer Arbeit übernahmen, die von allen Seiten suggeriert wurde, und sie als „Nebenerwerb" neben der wirklich wichtigen Berufstätigkeit des männlichen Familienernährers betrachteten.

Die Art und Weise, mit der in der bundesdeutschen Gesellschaft mit der

Hilfsarbeiterinnen waren selten für die gewerkschaftliche Arbeit zu motivieren, weil sie sich kaum mit ihren schlechtbezahlten „Berufen" identifizierten (Firma Kieler Dose, Blechemballagen, 1952).
(Stadtarchiv Kiel)

Arbeitskraft der Frauen umgegangen wurde, wirkte sich also in der Tat hemmend auf die Bildung eines gewerkschaftspolitischen Bewußtseins bei den Frauen aus.

Desinteresse der Frauen – Versagen der Gewerkschaft?

Diese Feststellung führt aber zu der Frage, wie weit eigentlich die Gewerkschaften selber an der Zementierung dieser Verhaltensformen im Untersuchungszeitraum beteiligt waren. Da es sich schließlich um eine Institution innerhalb der Gesellschaft handelte, muß die Frage erlaubt sein, ob ihre Strukturen und die in ihren führenden Köpfen verbreiteten Vorstellungen nicht mehr oder minder unbeabsichtigt ebenfalls die gesellschaftlichen Leitbilder reproduzierten – und damit der Emanzipation der Frauen nicht in dem Maße dienen konnten, wie es dem Anspruch der Gewerkschaften entsprochen hätte.

Auf die Schwierigkeiten, die sich aus der Organisationsstruktur der Frauenarbeit ergaben, sind wir oben bereits eingegangen. Fassen wir darum nur noch einmal zusammen: Die Frauenorganisationen wurden von Anfang an zu einem wesentlichen Teil von den Männern in der Gewerkschaft aufgebaut. Das heißt, die Initiative ging in vielen Fällen nicht von den Frauen aus, sondern Männer versuchten mit mehr oder minder viel Geschick und Sinn für weibliche Belange, sie zur Gewerkschaftsarbeit zu motivieren. Dabei wurden jedoch einerseits alle aktiven Frauen in der Frauenorganisation als ihrem „natürlichen" Betätigungsfeld „konzentriert", andererseits hatte diese Organisation kaum einen Einfluß auf die Gewerkschaftspolitik. Zwar arbeiteten etwa 1/10 der Funktionärinnen auch außerhalb der Frauenorganisation in gewerkschaftlichen Gremien mit.[155]) Es handelte sich dann aber in der Regel entweder um Funktionen in ebenfalls „frauentypischen" Ressorts wie „Soziales" oder um eindeutig untergeordnete Positionen in von Männern dominierten Organen. Außerdem waren Frauen in Führungsgremien so seltene Erscheinungen, daß sie kaum Gelegenheit hatten, dort weibliche Interessen mit Aussicht auf Erfolg zu vertreten. Es konnte leicht der Eindruck entstehen, daß es sich bei der Abteilung Frauen gewissermaßen um ein „Ziehkind" der männlichen Gewerkschafter handelte, sowohl was den Aufbau anging als auch hinsichtlich ihrer Einflußmöglichkeiten: Denn strenggenommen hatten die Frauen als Interessengemeinschaft im DGB keinen Einfluß. Sie waren auf den guten Willen und die Solidarität der Männer angewiesen. Der Spruch *„laß' die Männer man machen"*, so phlegmatisch er auch erscheinen mochte, hatte also in gewisser Weise seine Berechtigung – denn ob Lieselotte Müller von Band 7 bei MAK nun zur Frauenversammlung ging oder nicht – die Männer „machten" ja sowieso.

Daß eine solche Sichtweise natürlich langfristig nicht richtig ist – denn über Versammlungs-, Bildungs- und Öffentlichkeitsarbeit wurde ja doch langfristig die politische Eigenständigkeit der Frauen gefördert – änderte nichts daran, daß die vorhandenen Strukturen für viele Frauen keinen oder nur einen geringen Anreiz boten, sich an ihnen zu beteiligen. Und möglicherweise kann man die These aufstellen, daß diese Organisationsstruktur, statt die Frauen zu eigenständiger Arbeit zu motivieren, im Gegenteil die patriarchalischen Verhaltensformen, die in der Nachkriegsgeneration noch wirksam waren, gewissermaßen innerhalb der Organisation reproduzierte: Was anderes ist dazu zu sagen, wenn beispielsweise Männer 1947 den Frauen-Zonen-Ausschuß neu beschickten, ohne den Frauenkongreß als zuständiges Gremium zu befragen. Und wie anders als patriarchalische Belehrung mußte es den Frauen – bewußt oder unbewußt – erscheinen, wenn auf einer Lehrerinnenversammlung ein männlicher Schulrektor den Frauen die Notwendigkeit, sich in der Frauenbewegung zu engagieren, nahezubringen suchte und über die große Bedeutung von Helene Lange und Gertrud Bäumer dozierte?

Und wie sah es aus mit der Auffassung, die in der Gewerkschaft zur Emanzipation der Frau herrschte? War man wirklich bereit, die Frauen als gleichberechtigt anzuerkennen?

Die Männer selber waren davon überzeugt: So betonte z.B. der Gewerkschaftsvorsitzende Steinfeldt auf der bereits erwähnten Landesbezirksfrauenkonferenz: „*Von mir und auch von den Männern, die sich mit der Gewerkschaftsarbeit beschäftigen, wird die Notwendigkeit der gewerkschaftlichen Arbeit für die Frauen allgemein anerkannt.*" [156])

Befragt man Frauen, so sieht das Bild allerdings etwas anders aus. Bezeichnend hierfür ist die Äußerung Ingeborg Sommers im Landesfrauenausschuß 1957: „*[Sie] höre oft von Kollegen, daß sie es nicht gern sähen, wenn z.B. ihre eigenen Frauen in der Organisation oder im politischen Leben mitarbeiteten, und bei diesen Gesprächen kristallisierten sich drei Frauenkategorien heraus, in die die Männer die Frauen einteilen: 1) die Frau, die sie heiraten – 2) die Kollegin am Arbeitsplatz (eventuell als Konkurrentin anzusehen) – 3) die Gruppe der weiblichen Mitglieder schlechthin. Frauen, die in die beiden letzten Kategorien eingruppiert werden müssen, werden von den Männern meist nicht für ‚voll' angesehen, man versagt ihnen die gebührende Wertung und Anerkennung. Solange diese differenzierte Wertung von Kollegen noch vorgenommen wird, dürfte es schwierig sein, sie von Vorurteilen und traditionsgebundenen Ansichten abzubringen.*" [157])

Natürlich wurden nicht überall so extreme Positionen vertreten, zumindest nicht explizit. Die männlichen Gewerkschafter bezeugten durchaus Solidarität mit den weiblichen Arbeitnehmern, und bei den Gewerkschaftsführern war auch zweifelsohne ein entwickelteres „Problembewußtsein" vorhanden als bei den „einfachen" Mitgliedern. Allein die Neigung, Frauen in Gremien mit Vorliebe z.B. zum Kaffeekochen abzustellen, sprach aber doch für sich.[158]) Kleine Anekdoten, wie die, an die sich Elfriede Düppe aus ihrer Zeit in Frankfurt erinnert, sind ebenfalls aufschlußreich: Als sie dort als Frauensekretärin anfing, bekam sie zu hören, einen Sekretär brauche sie ja wohl nicht – als Frau könne sie doch selber tippen... Wobei diese Auffassung aber nicht nur in den Reihen der Männer verbreitet war: Als Herta Just als Leiterin der Abteilung Gesundheitswesen eine Sekretärin einstellen wollte, weigerte sich diese zunächst, unter einer Frau zu arbeiten...

Überhaupt ist, um dem Frauenbild der Gewerkschaft im Untersuchungszeitraum auf die Spur zu kommen, nicht nur bei den Männern nachzuforschen: Vielfach wurden traditionelle Auffassungen auch von den Frauen in der Gewerkschaft reproduziert.

Aufschlußreich für das Frauenbild gerade in Schleswig-Holstein sind unter anderem die „Streiknachrichten", die während des Metallarbeiterstreiks in Schleswig-Holstein vom Vorstand der IG Metall herausgegeben wurden. In diesem bis dato längsten Streik vom 24. Oktober 1956 bis zum 14. Februar 1957[159]) spielten die Frauen zum einen als am Streik beteiligte Arbeiterinnen eine Rolle, zum anderen als Ehefrauen der streikenden Männer. Interessanterweise taucht in den Streiknachrichten vorwiegend der zweite Aspekt auf. Die Frau als streikende Arbeiterin und ihr Engagement werden in vergleichsweise wenigen Artikeln gewürdigt.[160]) Hingegen wurde der Problematik der Hausfrauen und Mütter immer wieder viel Raum gewidmet. Sie wurden aufgefordert, trotz aller finanziellen Schwierigkeiten an der Seite ihrer Männer auszuhalten – als *„Der beste Kamerad des Streikenden"* [161]).

Geduldig und verständnisvoll sollten sie durch weiblichen Erfindungsreichtum die schwierigen Zeiten angenehm gestalten. Regelmäßig wurde über Beispiele für das richtige Verhalten einer Arbeiterfrau und -mutter berichtet. Die Darstellung der weiblichen Lebensform gibt dabei zu denken: *„ ‚Was ich vom Streik halte?' Die Frau mit der weißen Bluse und dem dunklen Rock legt den Kochlöffel zur Seite ..." „Die Wohnung ist dunkel. Frau Ingrid knipst das Licht an, legt den Mantel ab. Dann schaut sie ins Schlafzimmer, beugt sich über das Bettchen der kleinen Sabine. Horst, ihr Mann, schlägt schlaftrunken die Augen auf, lächelt und ist sofort wieder eingeschlafen. Frau Ingrid geht in die kleine Küche, macht sich etwas zu essen zurecht. Dann geht auch sie schlafen. Seit die kleine, dunkle Frau Ingrid für einige Wochen eine Aushilfsstelle angenommen hat ..."* – *„Blitzblank und aufgeräumt ist die kleine Wohnung der Familie H., obwohl Frau Helga mit ihren beiden Kindern, einem fünfjährigen Jungen und einem dreijährigen Mädchen, allein schon genug Arbeit hat [...]"* [162])

Gedichte wie das von den „Arbeiterfrauen" von Bruno Schönlank und Tucholskys „Fragen an eine Arbeiterfrau" runden das Bild ab:

- *„Bist Du ein guter Kamerad / und stehst an seiner Seite? / und bist Du ihm auf jedem Pfad / im Kampf ums Recht in diesem Staat / Gesellschaft und Geleite?*

- *Hat er die Frau, die ihn versteht / ist euch ein Lied erklungen? / Und weißt Du auch, warum er spät / noch abends zur Versammlung geht / für Dich und Deinen Jungen?*

- *Und ist Dein Herz auch dann dabei / Seid ihr die richtige Zweiheit? Und machst nicht nur die Kocherei / und tust auch was für die Partei / für Licht und Luft und Freiheit?*

- *Und hältst Du ihn auch nicht zurück / wenn freie Fahnen rufen? Er kämpft für Euer Lebensglück / Geh mit ein Stück, geh mit ein Stück / empor zu neuen Stufen!*

- *Du Mutter, halt den Alten jung / Es kann ihm gar nicht schaden / Du Frau, trägst viel Verantwortung / Und hoch ertönt im neuen Schwung / Das Lied, das Lied / Vom guten Kameraden!"* [163])

Klein, rührig, mit Arbeit in Haushalt und Kinderstube überlastet, aber trotzdem tapfer und voller Verständnis für die Bedürfnisse ihres Mannes und im vollen Bewußtsein ihrer Verantwortung *an seiner Seite* – so stellte sich die Frau hier dar. Die Frau als Helferin, Stütze des Mannes und als Wahrerin des heimischen Glückes – dieses Bild, das die Gesellschaft insgesamt prägte, fand sich allenthalben auch in der Gewerkschaft wieder.

Nicht nur die erste, sondern auch noch die zweite Bundesfrauenkonferenz 1955 erklärte die dienende Rolle mit der Wahl ihres Mottos geradezu zum Programm der gewerkschaftlichen Frauenbewegung: *„Frauen helfen, Frauen bauen auf."* [164])

297

DGB-Bundesfrauenkonferenz (1959?) mit Maria Weber (3. v.li.), Ingeborg Sommer (4. v.li.), Irmgard Hornig (7. v.li.) und Thea Harmuth (1. v.li.). (Privatbesitz I. Sommer)

Man kann sich aggressivere Leitworte für eine Frauenbewegung denken. Überhaupt stand weibliche Selbstbescheidung hoch im Kurs – so schloß Thea Harmuth auf der 1. Landesfrauenkonferenz im Bezirk Nordmark ihren Redebeitrag mit einer literarischen Referenz, die bei der Leiterin einer Abteilung Frauen erstaunt: *„Liebe Kolleginnen! Lassen sie mich schließen mit dem Zitat: ‚Immer strebe zum Ganzen / Kannst Du selber kein Ganzes werden, / als dienendes Glied schließ an ein Ganzes Dich an.' (Goethe)"* [165])

Und die Auffassung, daß eine Frau eigentlich zu ihren kleinen Kindern und nicht an den Arbeitsplatz gehöre, wurde selbst Ende der 50er Jahre noch von der Leitung der Abteilung Frauen vertreten:

So betonte Maria Weber 1959 auf der 3. Bundesfrauenkonferenz, die gewerkschaftliche Politik müsse dafür kämpfen, daß die Väter so viel verdienen, daß eine Mutter möglichst bei ihren Kindern zu Hause bleiben könne.[166])

Auch die Gewerkschaften selber trugen also durch die Tradierung dieses Frauenbildes dazu bei, daß die oben geschilderten Probleme – mangelnde Identifikation der Frauen mit ihrer Arbeit, Priorität auf dem privaten Bereich, mangelnde Durchsetzungsfähigkeit und fehlendes Selbstbewußtsein der Frauen gegenüber den Männern – bis in die 60er Jahre hinein ein stärkeres Engagement der Frauen verhinderten.

Freudig „Ja" zu sagen und mitzumachen, wo man (Mann!) sie brauchte und an sie herantrat – auch das wäre letztendlich ein Verhalten gewesen, wie es sich Männer nicht besser und braver von den Frauen in der Gewerkschaft wünschen könnten. Die Frauen zeigten im Untersuchungszeitraum nur in vergleichsweise geringem Umfang Interesse daran – die Mehrzahl von ihnen hatte weder die Möglichkeit dazu, noch konnte ihnen dieses Angebot aus ihrer Situation wirklich als lohnende Perspektive erscheinen.

Schleswig-Holstein-spezifische Probleme?

Ob die Frauen in Schleswig-Holstein sich gegenüber ihrer Gewerkschaft anders verhielten als die in anderen Bundesländern, ist zwar nur begrenzt feststellbar. Sowohl die Mitgliederstatistik als auch die bereits erwähnte geringe Präsenz von Schleswig-Holsteinerinnen auf den Bundesfrauenkongressen lassen jedoch den Schluß zu, daß in der Tat in Schleswig-Holstein in der Frauenarbeit alles noch etwas schwerfälliger vonstatten ging als anderswo.

Die Gründe dafür sind vor allem in der wirtschaftlichen Struktur des Landes zu suchen: Schleswig-Holstein war hinsichtlich seiner Wirtschaft gewissermaßen „latent rückständig", d.h. strukturschwach und in weiten Teilen noch überwiegend ländlich orientiert. In einer durch Kleinstädte und Dörfer geprägten Gegend, wie sie z.B. die SchleswigHolsteinische Westküste darstellt, waren traditionelle Auffassungen von der Bestimmung der Frau, davon, was sich schickte und nicht, noch stärker verbreitet und war auch die soziale Kontrolle durch Nachbarschaft etc. noch wirksamer als beispielsweise in einer Großstadt wie Hamburg.[167])

Eine wichtige Rolle spielten auch die schlechten Verkehrsverbindungen – so erinnerten sich Herta Just und auch Elfriede Düppe, daß gerade auf den Inseln die Arbeit oft aufgrund der mangelhaften Infrastruktur schwierig gewesen sei. Auch für die anderen Frauen mußte es ein Problem sein, wenn schon die Anfahrt etwa zu Ausschußsitzungen sich als langwieriger Hindernislauf gestaltete.

Nicht zuletzt spielte die hohe Erwerbslosenrate vor allem bei den Frauen in Schleswig-Holstein eine Rolle.[168]) Noch 1956 lag die Arbeitslosigkeit hier mit 12,5 % um die Hälfte über dem Bundesdurchschnitt. Die Zahl der weiblichen Erwerbslosen ging dabei wesentlich langsamer zurück als die der männlichen. Außerdem wurden Frauen oft nur in kurzfristige Beschäftigungsverhältnisse vermittelt.[169]) Zwar waren auch arbeitslose Frauen z.T. gewerkschaftlich organisiert. Diese Frauen hatten aber insbesondere bei Langzeitarbeitslosigkeit kaum noch Kontakt zum Berufsleben und waren im Grunde durch die Gewerkschaftsarbeit überfordert.[170])

Ein weiteres Problem, das besonders in Schleswig-Holstein akut war, war die Zuwanderung von Flüchtlingen und die sozialen Konflikte, die zwischen Flüchtlingen und Einheimischen auftraten. Gerade in kleineren Orten verhinderten diese Spannungen bis weit in die 50er Jahre hinein, daß Solidarität und gemeinsames Engagement entstehen konnten, so in Husum: *„Auch Kollegin Görlinger (HBV) hat versucht, die Frau-*

299

enarbeit in Husum zu beleben, fand aber bei ihrer Anwesenheit in Husum ebenfalls nur arbeitslose Kolleginnen vor. Es würde also am Kontakt mit den arbeitenden Kolleginnen fehlen. Hinzu kommt, daß das Flüchtlingsproblem in Husum besonders schwierig ist; die Husumer sind sehr familiengebunden und die Flüchtlinge und Einheimischen kommen sich nicht näher." [171]) (1956)

Immerhin, so bemerkte Herta Just, war das politische Verhalten der Schleswig-Holsteiner und Schleswig-Holsteinerinnen, wenn man sie erst einmal motiviert hatte, durch eine große Treue zu ihrer Organisation geprägt, der sie sich dann ganz besonders verbunden fühlten ...

Frauen, die sich etablieren konnten – Faktoren, die ein gewerkschaftliches Engagement förderten

Trotz der geschilderten Hemmnisse gab es im Untersuchungszeitraum bereits einige Frauen, die sich in der Gewerkschaft bis in höchste Männergremien hinein hocharbeiteten, die die gewerkschaftliche Frauenarbeit für ein lohnendes Betätigungsfeld hielten und auch bereit und in der Lage waren, dafür in erheblichem Maße Zeit und Energie aufzuwenden. Wie war das diesen Frauen möglich, was unterschied sie von ihren passiven Berufskolleginnen und Gewerkschaftsschwestern? Wieso wirkten bei ihnen die geschilderten Hemmfaktoren nicht, und wie kamen sie zur Gewerkschaftsarbeit?

An den Lebenswegen einiger ehemaliger Funktionärinnen wollen wir die Faktoren darstellen, die ein solches Engagement förderten.

Die Nachkriegssituation – Politisierung durch Anomie

Zunächst einmal fällt auf, daß die Passivität der Frauen in der Gewerkschaft, die in den 50er Jahren zum Problem wurde, in der unmittelbaren Nachkriegszeit noch nicht so spürbar war.

Obwohl es gerade in dieser Zeit hinreichend viele andere Sorgen, Nöte und Arbeit gab, ging offenbar gerade von der besonderen Nachkriegssituation eine starke Motivation aus, sich in politischen Gremien zu engagieren. Gerade die Erfahrung des kompletten Neuanfangs, des Zusammenbruchs alter Strukturen und der Wille, nach dem Schrecken der Diktatur nun am Aufbau einer neuen, besseren Gesellschaft mitzuarbeiten, wirkten hier motivierend. Zu dieser Zeit bestand noch die Hoffnung, mit seinem Handeln wirklich Neues schaffen und etwas ausrichten zu können – und auch viele Frauen konnten hier die Möglichkeit erkennen, etwas zu bewirken. Wurden sie doch auch in dieser Zeit von allen Seiten massiv zur Beteiligung an der Politik aufgerufen.

Auch die Suche nach Sinngebung, nach einem Halt in Orientierung vermittelnden Strukturen, die in der chaotischen Situation nach dem Krieg für die aus alten Sicherheiten gerissenen Frauen aktuell war, spielte hier vermutlich eine Rolle. Gerade Kriegerwitwen und Alleinstehende, denen der Krieg ihre Lebensperspektive geraubt hatte und die sich einem gesellschaftlichen Vakuum gegenübergesehen hatten, stellten einen großen Teil der Aktiven in der Frauenorganisation dar.[172])

Besonders für die Frauen, die auf sich alleine gestellt und neu in der Berufswelt, einer völlig ungewohnten Situation ausgesetzt sahen, bot die Gewerkschaft zugleich einen Rückhalt, Orientierung und die Möglichkeit, ihre Energie für den Aufbau neuer Strukturen einzusetzen. Erst mit dem Aufbau bzw. der Restauration der wirtschaftlichen und gesellschaftlichen Strukturen wurden den Frauen ihre altvertrauten Plätze wieder angewiesen und die „momentan anomische" Situation der ersten Nachkriegsjahre aufgehoben. Dann waren die Frauen erneut mit Heim, Mann, Kind und „Nebenverdienst" ausgelastet bzw. sie hatten ihre Energie darauf zu verwenden, dieses Ideal in möglichst perfekter Form auszufüllen. Auch innerhalb der Gewerkschaften waren die Strukturen bereits geschaffen – für politische Kreativität seitens der Frauen war nun weder Raum, noch war sie weiterhin gefragt.

Man könnte die These aufstellen, daß lediglich die unmittelbare Nachkriegszeit und das mit ihr verbundene Chaos gewissermaßen einen „unbeobachteten Moment" darstellte, in dem Frauen – sofern die alltäglichen Sorgen dazu überhaupt Zeit ließen – politisch kreativ tätig werden konnten und in dem aus dieser Anomie heraus auch die Motivation zu weiblicher politischer Aktivität entstand. Sehr viel Raum für Kreativität ließ allerdings auch in dieser Zeit die selbstverständlich auch jetzt von Männern dominierte Politik nicht – aber immerhin etablierten sich einige Frauen in der Organisation und blieben dann auch dabei.

Biographische Elemente – Elternhaus und Bildungsgang

Alle uns vorliegenden Biographien von Frauen, die den „Sprung" in die aktive Gewerkschaftsarbeit geschafft haben, zeigen, daß das Elternhaus eine herausragende Rolle für ihre politische Aktivität spielte. In allen Fällen war mindestens einer der beiden Elternteile – in den meisten Fällen der Vater – politisch aktiv, sei es in der Gewerkschaft oder in der SPD. Schon durch die Erziehung wurde so der Grundstein für die spätere politische Einstellung gelegt: Im Gegensatz zur tendenziell eher rechtsorientierten Atmosphäre der Weimarer Republik wurde in den späteren Funktionärinnen früh eine „linke", emanzipatorische Haltung geschaffen, sie wurden für soziale Probleme sensibilisiert. In diesen Familien wurde nicht passive Autoritätsgläubigkeit, sondern die Fähigkeit zum eigenen Denken und Handeln vermittelt – auch den Mädchen. Gegen die zeitübliche „Erziehung zur Minderwertigkeit" wurden sie so immunisiert.

So erinnert sich Elfriede Düppe, sie habe „drei Erziehungen" bekommen: *„Auf der Straße – kommunistisch; im Elternhaus – sozialdemokratisch; in der Schule – deutschnational."*

Wenn sie in der Schule mit deutschnationalen Geschichts- und Zeitbildern konfrontiert worden war, habe ihr der Vater hinterher zu Hause erzählt, daß es sich in Wirklichkeit ganz anders verhalte. Als z.B. Hitlers Autobahnbau anstand, nahm er sie mit zu einer Baustelle, betrachtete mit ihr die Baupläne und fragte sie zu Hause, was ihr denn aufgefallen sei: Seine Tochter sollte selber feststellen, wozu diese vielgelobten Autobahnen dienen würden.

Ingrid-Lotte Richter erlebte in ihrer Kindheit das Vorbild einer starken Mutter, die ihrerseits aus einem zwar großbürgerlichen, aber sozialdemokratischen Elternhaus kam und bereits von ihren Eltern dazu angehalten worden war, Abitur, Lehre und Studium zu absolvieren. Ihre Eltern legten sehr viel Wert auf emanzipiertes Verhalten ihrer Tochter, und so riet ihr Vater ihr auch lebhaft zu, der Gewerkschaft beizutreten. Auch Ingeborg Sommer, einziges Kind einer bürgerlichen Familie, wurde von ihrem Vater nicht zum braven Mädchen, sondern „wie ein Sohn erzogen, reiten, Pistole schießen, strammstehen ..."

Eine qualifizierte Schulbildung war auch diesen Frauen zwar oft verschlossen: Kamen sie aus Arbeiterfamilien, so war das nötige Geld für eine weiterführende Schule oder die gewünschte Berufsausbildung nicht vorhanden. Die geistige Offenheit, die ihnen in der Familie vermittelt worden war, und der Wille, sich selber zu bilden, ersetzten aber dann die fehlende Schulbildung. Der Bildung wurde also von diesen Frauen ein hoher Wert beigemessen, aber sie mußte oft gegen Widerstände selber erkämpft werden. Elfriede Düppes „Schlüsselerlebnis", das nach eigener Aussage für ihre politische Laufbahn ausschlaggebend wurde, war, daß sie „mit neun Jahren hinter dem Hühnerstall gesessen habe und bitterlich weinte, weil aus [ihrer] Klasse vier Schüler zum Lyzeum gehen durften, und die alle von [ihr] die Hausaufgaben abgeschrieben hatten".

Ihr selber, einem von sechs Kindern in einer Bergarbeiterfamilie, blieb der Besuch einer Oberschule verwehrt. Darüber weinte sie heimlich – um ihre Eltern nicht traurig zu machen. Und beschloß, später irgend etwas zu tun, *„damit kein Kind mehr hinter dem Hühnerstall weinen muß, weil es nicht lernen darf."* [173])

Auch Elfriede Dietrich konnte nicht ihrer Neigung folgen und Kinderschwester werden – sie mußte statt dessen bei einem Bauern als Hausangestellte arbeiten. Auch aus ihrem Wunsch, sich während des Krieges zur Diakonisse umschulen zu lassen, wurde nichts, und erst viel später kam sie zur sozialen Betriebsarbeit. Für Herta Just spielte die eigenständige Weiterbildung z.B. durch Kurse an der Volkshochschule eine große Rolle für ihr berufliches Fortkommen.

Auch Ingeborg Sommer konnte sich ihren ursprünglichen Wunsch, Landärztin zu werden, nicht erfüllen. Aufgrund der Kriegswirren mußte sie sich nacheinander als Sprechstundenhilfe und mit Gelegenheitsjobs wie Treppenputzen und Nachhilfe durchschlagen. Nach dem Krieg konnte sie zunächst ein Studium anfangen, mußte es aber aus finanziellen Gründen abbrechen und machte zunächst eine Lehre als Damenschneiderin, um dann als Journalistin zu arbeiten. Kurse an der Gewerkschaftsschule ergänzten ihre inzwischen recht vielseitige Bildung. Auch hier führte die Notwendigkeit, sich selber „über Wasser zu halten", dazu, daß Wissen nicht einfach konsumiert, sondern aktiv und selbständig erworben wurde. Eigenständigkeit und Durchsetzungsvermögen, in dieser Zeit nicht unbedingt typische Ergebnisse des weiblichen Bildungsganges, wurden so gefördert.

Förderung einzelner Frauen durch die Gewerkschaft

Wie aber kamen diese Frauen zur Gewerkschaftsarbeit?

Wie bereits geschildert, hatten die Gewerkschaften in der Zeit nach dem Krieg ein großes Interesse, Frauen für ihre Arbeit zu gewinnen und Funktionärinnen heranzubilden. Zum einen erfolgte eine massive Werbearbeit in den Betrieben: Frauen wurden bei Antritt ihrer Beschäftigung von Kollegen und Kolleginnen oder Betriebsratsvorsitzenden angesprochen, ob sie nicht Mitglied in der Gewerkschaft werden wollten. Bei den befragten Gewerkschafterinnen war es vor allem dieser persönliche Kontakt, der den Ausschlag gab. Oft erschien es damals auch einfach als „Selbstverständlichkeit", der Gewerkschaft beizutreten. Auch das Gefühl persönlicher Verantwortung spielte eine Rolle: So empfand Elfriede Dietrich die Aufgaben, die man an sie herantrug, ganz einfach als Pflicht, die sie für ihre Kolleginnen gegenüber nach der Wahl in den Betriebsrat zu erfüllen hatte: *„Ich habe gewußt, ich mußte es machen, die Kollegen, die mich gewählt hatten, erwarteten das."* [174])

Für Herta Just war es vor allem die Erfahrung, wie gering die Bezahlung für die 60-Stunden-Woche und die verantwortungsvolle Arbeit der Krankenschwestern war, die ihr das Gefühl gab, hier sei persönlicher Einsatz gefordert, um für eine Verbesserung der Lage zu sorgen.

Für Frauen, die sich auf Versammlungen der Gewerkschaften durch besonderes Engagement, durch kluge und selbstsichere Diskussionsbeiträge hervortaten, bestand bisweilen die Möglichkeit, von Gewerkschaftsvorsitzenden oder Frauengruppenvorsitzenden gewissermaßen „entdeckt" zu werden. Elfriede Düppe wurde auf diese Weise vom Kreisvorstand der ÖTV in Frankfurt für die Gewerkschaftsarbeit gewonnen, womit ihre Karriere bei der Gewerkschaft eingeleitet war. Sie erhielt in der Folge ein Stipendium für die Akademie der Arbeit, arbeitetete dann zunächst als Volontärin beim ÖTV-Vorstand und konnte später neben dem Frauen- sogar noch das Rechtsschutzsekretariat übernehmen. Marianne Herzig wurde sogar von einem männlichen Gewerkschaftsvorsitzenden aufgefordert, doch den Vorsitz im Betriebsrat zu übernehmen. Auch an Ingrid-Lotte Richter und Herta Just trat man seitens ihrer Gewerkschaft heran: Ingrid-Lotte Richter wurde von ihrem Betriebsratsvorsitzenden angeworben, nachdem sie auf Versammlungen durch ihr Diskussionsverhalten aufgefallen war. Herta Just wurde von der ÖTV zunächst für die Teilnahme an Seminaren angeworben, dann für die Leitung der Fachabteilung Gesundheitswesen.

Die Frauen, die in der Gewerkschaft Karriere machten, wurden also oft von der Organisation nicht nur quasi dazu „eingeladen", sondern auch intensiv gefördert. Vor allem spezielle Schulungsangebote für weibliche Funktionäre spielten hier eine Rolle. Einigen wenigen Frauen war es sogar über die Gewerkschaft möglich, zielgerichtet die früher verwehrte Bildung nachzuholen, so z.B. Elfriede Düppe. Da die Gewerkschaft Frauen an der Organisation beteiligt zu sehen wünschte, wurde einzelnen Frauen der Einstieg in eine Karriere ermöglicht und auch innerhalb der Organisation der Weg, wenn auch keinesfalls vollständig geebnet, so doch erleichtert.

Familiäre Situation – Gewerkschaft statt Familie?

Ein weiterer Faktor fällt auf, wenn man sich die Vitae engagierter Gewerkschafterinnen ansieht: Bei praktisch keiner dieser Frauen entsprach die private Situation dem in dieser Zeit propagierten Frauen- und Familienideal, d.h. keine von ihnen lebte während der Zeit ihres gewerkschaftlichen Engagements in der vollständigen Klein- oder Großfamilie mit Mann, Kindern und geputzten Fenstern, wie sie als natürlicher Rahmen weiblicher Existenz propagiert wurde. Entweder diese Frauen verzichteten gänzlich auf Familie – so wie Elfriede Düppe, Ingrid-Lotte Richter (die allerdings lange Zeit ihre Mutter in ihrem Haushalt versorgte) oder Marianne Herzig, die nach ihrer relativ späten Heirat ihre Gewerkschaftsarbeit aufgab. Eine Ehe, in der sie dann nach traditioneller Frauenart zu Hause das Herdfeuer zu hüten gehabt hätten, kam für sie nicht in Frage. Zum Beispiel Ingrid-Lotte Richter erschien die Erfüllung im Beruf wesentlich attraktiver. Auch Ingeborg Sommer heiratete nicht, sondern lebte in einer freien Verbindung mit ihrem Lebensgefährten. Herta Just blieb nach dem Krieg mit ihrem Sohn aus einer Vorkriegsehe allein – sie zog ihn neben ihrer Berufstätigkeit bzw. neben dem hauptamtlichen Engagement als Frauensekretärin alleine auf. Damit war sie zwar mit Sicherheit sowohl in arbeitstechnischer als auch in psychischer Hinsicht sehr stark belastet, aber immerhin auch ihr eigener „Herr".

Eine andere Möglichkeit war, daß diese Frauen zwar einen Ehemann hatten, aber die weitere Belastung durch Kinder, die es vielen Frauen unmöglich machte, sich politisch zu engagieren, für sie fortfiel. Zu diesen Frauen gehörte Elfriede Dietrich, die mit ihrem Mann alleine lebte. Auch in dieser Konstellation ergaben sich schon genug Konflikte. So berichtete sie davon, daß es für ihren kriegsversehrten Mann, der früher ebenfalls Gewerkschafter gewesen war, nicht sehr einfach war, nun passiv der Karriere seiner Frau zusehen zu müssen. So war sie sogar froh, daß er gerade nicht zu Hause war, als ihr 1975 das Bundesverdienstkreuz verliehen wurde. Auch bei bestem Willen beider Partner war es also schwierig, wenn sich in einer Familie das Rollenbild einfach umkehrte. Mit Kindern, so Elfriede Dietrich, wäre diese Arbeit auf keinen Fall möglich gewesen. Und selbst in dieser familiären Situation steht neben dem leisen Stolz über die erreichten Erfolge doch das Bedauern, daß das Familienleben doch sehr unter der Gewerkschaftsarbeit der Frau gelitten habe.

Haben wir zunächst festgestellt, daß die Doppelbelastung durch Familie und Beruf und das traditionelle Rollenverständnis der Frauen einer der wichtigsten Hemmfaktoren für ein gewerkschaftliches Engagement war, so entsteht hier der Eindruck, daß umgekehrt Gewerkschaftsarbeit vor allem den Frauen möglich war, die nicht diesen

In der chemischen Industrie, hier (1950) die Kieler ostdeutschen Werkstätten, Abt. Chemie, stieg in Schleswig-Holstein die Zahl der weiblichen Arbeitskräfte von 2102 (1951) auf 3488 (1960) an. (Stadtarchiv Kiel)

Rollenerwartungen gerecht wurden, in deren Leben Familie und Haushalt nicht den Platz einnahmen wie im Leben der „Standardfrau" in dieser Zeit. Für diese Frauen stellte auch die Erwerbstätigkeit einen wichtigeren Teil ihres Lebens dar, und man kann vermuten, daß sie sich stärker mit ihrer Berufstätigkeit identifizierten, als das bei an Mann und Kind orientierten Familienmüttern der Fall war.

Emanzipation durch „Seitenwechsel" – die Funktionärin als weiblicher Mann?

Wieso also verhielten sich einzelne Frauen anders als die große Masse ihrer Geschlechtsgenossinnen, warum war einigen von ihnen ein gewerkschaftliches Engagement möglich?

Es war, das zeigen die vorliegenden Vitae, möglich, weil diese Frauen sich von ihren Geschlechtsgenossinnen hinsichtlich Elternhaus, Werdegang und Lebenssituation unterschieden: Gerade die Hemmfaktoren, die ein Engagement bei der Mehrheit der Frauen verhinderten, kamen bei diesen Frauen nicht oder nur in abgeschwächter Form zum Tragen.

In gewisser Weise lebten diese Gewerkschaftsfunktionärinnen oft in einer Situation, die der ihrer männlichen Kollegen ähnlicher war als der der Frauen, die sie vertraten. Die „frauentypischen"

Probleme, die andere Frauen zur Passivität verurteilten, beeinträchtigten sie nicht oder nicht im gleichen Maße wie ihre Kolleginnen. Zwar war es, um eine Funktionärskarriere zu machen, durchaus ein Handicap, überhaupt Frau zu sein. Aber ihnen war ein an männlichen Verhaltensweisen orientiertes Verhalten wesentlich leichter möglich als den anderen Frauen. Und in einer von Männern geprägten Organisation hatte man mit den Männern möglichst angepaßten Prioritäten und Verhaltensweisen immer noch die besten Aussichten, sich auch als Frau durchsetzen zu können.

Bezeichnend ist die Anekdote, an die Elfriede Düppe sich schmunzelnd erinnert: Als ein männlicher Funktionär ihr ein wirklich großes Lob für ihr Engagement aussprechen wollte, sagte er: Man erzähle sich im Bundesvorstand, unter den Kreisvorsitzenden im Landesbezirk Nordmark gebe es ja nur einen einzigen richtigen Mann – nämlich Elfriede Düppe, die einzige Frau in dieser Runde... – Es ist in subtiler Weise kennzeichnend für das Frauenbild und den „emanzipatorischen Geist" einer Organisation, wenn das größte Kompliment für eine politisch aktive Frau ist, ein besserer Mann zu sein.

Da es Frauen im Untersuchungszeitraum aufgrund ihrer gesellschaftlichen Situation nicht im gleichen Maße wie den Männern möglich war, sich selber aktiv für ihre Interessen in der Organisation und am Arbeitsplatz einzusetzen, kamen ihre Interessen auch weiterhin zu kurz. Zum einen wurden dadurch scheinbar die Vorurteile gegenüber dem politischen Vermögen und Anspruch der Frauen bestätigt, zum anderen eben die Situation, in der Frauen ihre politische und berufliche Selbstverwirklichung im Zweifelsfall der Erfüllung familiärer Aufgaben opferten, weiterhin festgeschrieben.

So gelang es der Frauenbewegung in der Gewerkschaft zwar, einzelne Breschen in die nach wie vor durch männliche Vorherrschaft und durch männlich geprägte Strukturen bestimmte Organisation zu schlagen. Auch konnten von den Männern selber eingeräumte „Nischen" von einzelnen Frauen erfolgreich genutzt und ausgebaut werden. Für die Masse der Arbeitnehmerinnen bewegte sich aber in dieser Zeit noch nichts bzw. wenig, zumindest nicht im Hinblick auf einen eventuellen Bewußtseinswandel – einfach darum nicht, weil diese Frauen selber sich nicht bewegten bzw. sich nicht *bewegen konnten*. Eine Politisierung der Arbeitnehmerinnen in großem Maßstab durch die Gewerkschaftsarbeit fand *nicht* statt.

[1]) vgl. A. Lippe, 1983, S. 16, vgl. August Bebel

[2]) vgl. A. Lippe, 1983, S. 68 und 69-83

[3]) vgl. A. Lippe, 1983, S. 39f und S. 62

[4]) vgl. A. Lippe, 1983, S. 83

[5]) vgl. A. Lippe, 1983, S. 81f; vgl. Bergmann/Jacobi/ Müller-Jentsch 1975, S. 124-127, 132-135

[6]) vgl. A. Lippe, 1983, S. 83

[7]) vgl. A. Lippe, 1983, S. 113ff und 119ff

[8]) vgl. im folgenden Zahlen, soweit nicht anders vermerkt, nach Geschäftsbericht des DGB der BBZ, 1947-1949, S. 68; Statistisches Jahrbuch für Schleswig-Holstein (StJB SH) 1957, S. 42; StJB SH 1958, S. 45, StJB SH 1959, S. 51; eigene Berechnungen auf der Grundlage dieses Zahlenmaterials.

[9]) vgl. Protokoll der 2. DGB-Landesbezirkskonferenz Nordmark am 22.11.1952, S. 16

[10]) Die Werte für Nordmark jeweils in Klammern. Die Angaben beziehen sich jeweils auf den 31.12. des entsprechenden Jahres. Soweit nicht anders angemerkt, Zahlen nach Jahresbericht 1949/50 des DGB Landesbezirk Nordmark, S. 33; Geschäftsbericht 1950/ 51 des DGB Landesbezirk Nordmark, S. 10ff; Geschäftsbericht 1952/53 des DGB Landesbezirk Nordmark, S. 13ff; Geschäftsbericht 1954/55 des DGB Landesbezirk Nordmark, S. 15f; Geschäftsbericht 1956-1958 des DGB Landesbezirk Nordmark, S. 16f; eigene Berechnungen

[11]) Zahlen nach Tabellen bei Losseff-Tillmanns, 1975, S. 706; A. Lippe, 1983, S. 263

[12]) Zahlen nach StJB SH 1957, S. 42; StJB SH, S. 45, StJB SH, 1959, S. 51

[13]) vgl. StJB SH 1957, S. 42; STJB SH, S. 45; StJB SH 1959, S. 51; eigene Berechnungen auf dieser Grundlage

[14]) vgl. hierzu Tätigkeitsbericht des DGB-Ortsausschuß Kiel 1955-1956, Nachlaß Elisabeth Voß, S. 21

[15]) vgl. Inst. NS & AB, 554-6-5, Jahresbericht des DGB-Ortsfrauenausschusses Hamburg 1949

[16]) vgl. Inst. AB & NS; Protokoll der Sitzung des DGB-Landesbezirksfrauenausschusses Nordmark am 12.4.1957

[17]) Inst. NS & AB, 554-6-5, Protokoll der Wochenendtagung der DGB-Orts- und Kreisfrauenausschußvorsitzenden und der Frauensekretärinnen und Bezirksfrauenausschußvorsitzenden der Gewerkschaften im DGB-Landesbezirk Nordmark am 1./2.9.1956, S. 8f.

[18]) vgl. HBA Düsseldorf 24-4384

[19]) vgl. Gespräch mit Elfriede Düppe am 19.2.1991

[20]) vgl. SHVZ vom 24.5.1955

[21]) SHVZ vom 24.5.1955

[22]) Gespräch mit Ingrid-Lotte Richter vom 10.4.1991; vgl. auch Gespräch mit Herta Just vom 17.4.1991
[23]) vgl. z.B. Gespräch mit Marianne Herzig vom 12.3.1991; Gespräch mit Ingrid-Lotte Richter vom 10.4.1991; Gespräch mit Herta Just vom 17.4.1991
[24]) vgl. A. Lippe, 1983, S. 44 f und 266
[25]) Emmy Beckmann, ehemalige Vorsitzende des ehem. Allgemeinen deutschen Lehrerinnenverbandes, auf der Gründerversammlung des Allgemeinen Deutschen Lehrerverbandes in Detmold, vgl. Die Schleswig-Holsteinische Schule, Jg. 1 1947, Nr. 2, S. 6 f; Hervorhebung von mir
[26]) vgl. Die Schleswig-Holsteinische Schule, Jg. 3, 1949, Nr. 2, S. 10
[27]) vgl. Die Schleswig-Holsteinische Schule, Jg. 5, 1951, Nr. 19, S. 10 f
[28]) vgl. A. Lippe, S. 72 ff; vgl. Thea Harmuth auf der ersten DGB-Bundesfrauenkonferenz in Mainz 1952, Protokoll derselben
[29]) vgl. zu den Arbeiterinnenorganisationen und der gewerkschaftlichen Frauenarbeit bis 1933 G. Losseff-Tillmanns, 1975
[30]) vgl. HBA Düsseldorf, 36-39
[31]) vgl. A. Lippe, 1983, S. 74
[32]) vgl. Richtlinien der gewerkschaftlichen Frauenarbeit, 1949, HBA Düsseldorf 36-39
[33]) vgl. Inst. NS & AB, 554-6-5, Schreiben vom 22.8.1946 und 2.9.1946
[34]) vgl. Geschäftsbericht des DGB der BBZ 1947-1949, S. 484 f, vgl. Voswinkel S. 21
[35]) vgl. dazu Geschäftsbericht des DGB der BBZ 1947-1949, S. 478-481
[36]) vgl. Geschäftsbericht des DGB der BBZ 1947-1949, S. 485, 458 und Protokoll des Gründungs-Kongresses des DGB der Britischen Zone am 22.-25.4.1947, vgl. unten „Konferenzen"
[37]) vgl. Geschäftsbericht des DGB der BBZ 1947-1949, S. 485 ff und 491
[38]) Geschäftsbericht des DGB der BBZ 1947-1949, S. 488
[39]) vgl. Geschäftsbericht des DGB der BBZ 1947-1949, S. 493
[40]) vgl. Inst. NS & AB 554-6-5, Schreiben vom 26.9.1947
[41]) vgl. Voswinkel, S. 8 f; Geschäftsbericht der DGB der BBZ 1947-1949, S. 10
[42]) vgl. Byner, 1986, S. 102 f
[43]) zu Gertrud Völcker vgl. Völcker, Lebenserinnerungen (3 Bde, masch.), StA Kiel
[44]) Satzung und Aufgaben der Orts- und Kreisausschüsse des DGB vgl. im Geschäftsbericht des DGB der BBZ 1947-1949, S. 678 ff
[45]) ebenda
[46]) vgl. Inst. NS & AB, 5543-6-5
[47]) vgl. Flensburger Tageblatt vom 16.8.1947, S. 3

[48]) vgl. HBA Düsseldorf, 36-49
[49]) HBA Düsseldorf, 24-4587
[50]) Tätigkeitsbericht des DGB Bezirk Nordmark, 1945-1948, S. 53 f
[51]) vgl. Inst. NS & AB, 554-6-5, Artikel Flensburger Tageblatt Nr. 65, 16.8.1947, S. 3
[52]) vgl. Inst. NS & AB, 554-6-5, Jahresbericht 1949 des DGB Frauenausschusses Ortsausschuß Hamburg
[53]) vgl. Schleswig-Holsteinische Volkszeitung vom 24.5.1955
[54]) vgl. Inst. NS & AB 554-6-5, Protokoll der Sitzung des Landesbezirksfrauenausschusses Nordmark am 8.7.1953, S. 10
[55]) vgl. z.B. Gespräch mit Marianne Herzig vom 12.3.1991
[56]) vgl. Inst NS & AB, 554-6-5, ein Beispiel aus Hamburg: Schreiben der Vorsitzenden des Frauenausschusses der IG Chemie in Hamburg an den Vorstand des DGB-Ortausschusses vom 12.4.1950
[57]) vgl. z.B. Gespräch mit Wilhelm Schwarck vom 18.2.1991
[58]) vgl. Gespräch mit Marianne Herzig vom 12.3.1991
[59]) vgl. Gespräch mit Elfriede Dietrich vom 6.3.1991
[60]) vgl. Inst. NS & AB, 554-6-5, Protokoll der Frauenarbeitstagung des Landesbezirk Nordmark am 1.9.1956, S. 7
[61]) vgl. Inst NS & AB 554-5-6, Protokoll der Sitzung des Landesbezirksfrauenausschusses Nordmark am 8.7.1953, S. 10
[62]) vgl. Inst. NS & AB 554-6-5, Protokoll der Frauenarbeitstagung des Landesbezirks Nordmark vom 1.9.1956, S. 7 und 10
[63]) vgl. Richtlinien..., HBA, Düsseldorf, 36-39
[64]) vgl. Die Schleswig-Holsteinische Schule. Zeitung der GEW in Schleswig-Holstein, Jahrgänge 1947-1958
[65]) vgl. Gespräch mit Mariannne Herzig vom 12.3.1991
[66]) vgl. Inst. NS & AB, 554-6-5, Liste der Mitglieder des DGB-Landesbezirksfrauenausschusses Nordmark von 1956
[67]) vgl. Inst. NS & AB, 554-6-5, Schreiben vom 27.2.1950
[68]) vgl. Internationaler Frauentag, S. 63
[69]) vgl. Inst. NS & AB, 554-6-5, Rundschreiben an die Kreis- und Ortsausschüsse des DGB-Landesbezirks Nordmark vom 29.3.1952
[70]) vgl. Flensburger Tageblatt Nr. 65, 16.8.1947; vgl. Protokoll der Konferenz, HBA Düsseldorf, 36-1
[71]) vgl. Inst NS & AB, 554-6-5, Schreiben der Abteilung Frauen an eine Delegierte vom 10.11.1950

[72]) vgl. Inst. NS & AB, 554-6-5, die entsprechenden Einladungen bzw. Programme, vgl. Geschäftsbericht des DGB Landesbezirk Nordmark 1959-1961

[73]) vgl. Inst. NS & AB, 554-6-5, jeweils Liste der Delegierten

[74]) vgl. A. Lippe, 1983, S. 44f: Von 1949 bis 1978 erfolgte lediglich eine Steigerung von 3 auf 7,3 %

[75]) vgl. u.a. Protokoll des außerordentlichen Bundeskongresses des DGB der BBZ vom 16.-18.6.1948 in Recklinghausen (keine Schleswig-Holsteinerin); Protokoll des 2. ordentlichen Bundeskongresses des DGB für die BBZ vom 7.-9.9.1949 in Hannover-Laatzen (eine Schleswig-Holsteinerin, Ilse Grünberg aus Rheinfeld in Schleswig-Holstein von der NGG); Protokoll des außerordentlichen Bundeskongresses des DGB vom 22. und 23.6.1951 in Essen (keine Schleswig-Holsteinerin); Protokoll des 2. ordentlichen Bundeskongresses vom 13.-17.10.1952 in Berlin (keine Schleswig-Holsteinerin); Protokoll des 3. ordentlichen Bundeskongresses vom 4.-9.10.1954 in Frankfurt am Main (keine Schleswig-Holsteinerin); Protokoll des 4. ordentlichen Bundeskongresses vom 1.-6.10.1956 in Hamburg (2 Schleswig-Holsteinerinnen: Giesela Bröcker aus Lübeck-Siems (Chemie-Papier-Keramik), Annemarie Drews aus Mielkendorf (Metall)

[76]) Inst. NS & AB, 554-6-5, Anträge der DGB-Landesbezirksfrauenkonferenz 1954 in Kiel

[77]) Protokoll der 1. Landesbezirks-Frauenkonferenz des Landesbezirks Nordmark am 3.12.1950, S. 2 bzw. 14

[78]) vgl. A. Lippe 1983, S. 42ff

[79]) vgl. Geschäftsbericht des DGB des BBZ 1947-1949, S. 490

[80]) Inst. NS & AB, 554-6-5, Schreiben vom 4.10.1946

[81]) vgl. der Vorgang Inst. NS & AB, 554-6-5, Schreiben vom 27.2.1950

[82]) vgl. Inst. NS & AB, 554-6-5, Schreiben vom 29.3.1950

[83]) vgl. Inst. NS & AB, 554-6-5

[84]) vgl. Internationaler Frauentag, S. 63

[85]) vgl. Gespräch mit Herta Just am 17.4.1991

[86]) Inst. NS & AB, 554-6-5, Protokoll der Sitzung des DGB-Landesbezirksfrauenausschusses am 8.7.1953; Hervorhebung von mir

[87]) Gespräch mit Ingeborg Sommer vom 14.3.1992

[88]) vgl. Inst. NS & AB, 554-6-5, Rundschreiben vom 27.4.1953

[89]) vgl. Gespräch mit Ingeborg Sommer vom 5.3.1991

[90]) vgl. A.Lippe 1983, S. 63

[91]) vgl. Gespräch mit Ingeborg Sommer vom 5.3.1991

[92]) Ingeborg Sommer auf der Sitzung des DGB-Landesbezirksfrauenausschusses Nordmark am 8.7.1953, Protokoll derselben in Inst. NS & AB, 554-6-5

[93]) vgl. Inst. NS & AB, 554-6-5, Informationen vom 11.1.1955

[94]) vgl. HBA, Düsseldorf, 24-4581

95) Inst. NS & AB, 554-6-5, Protokoll der Sitzung des DGB Landesbezirksfrauenausschusses Nordmark am 26.8.1957
96) Richtlinien für die Frauenarbeit von 1949, HBA, Düsseldorf, 36-39
97) vgl. KN vom 28.11.1960
98) vgl. Inst. NS & AB, 5564-6-5, Protokoll der Sitzung des DGB-Landesbezirksfrauenausschusses vom 19.7.1955
99) vgl. KN vom 20.9.1947, S. 4, vgl. Internationaler Frauentag, S. 74
100) vgl. Inst. NS & AB, 554-6-5, Protokoll der Sitzung des DGB-Landesbezirksfrauenausschusses am 19.7.1955
101) vgl. zu dieser Problematik z.B. Bovensiepen, 1951; Enderle, 1953; Bonnesen, 1955; Rehmann, 1955
102) vgl. Gespräch mit Herta Just vom 17.4.1991
103) vgl. Die Schleswig-Holsteinsche Schule, entsprechende Jahrgänge
104) vgl. Geschäftsbericht des Ortsausschusses Kiel der IG Metall 1959, S. 16
105) vgl. Gespräch mit Herta Just vom 17.4.1991; vgl. auch Gespräch mit Elfriede Dietrich (6.3.1991), die in der Tarifkommission der IG Metall saß.
106) vgl. Otto Brenner auf dem 4. ordentlichen Gewerkschaftstag der IG Metall 1956 in Dortmund: „Wir [d.h. die Männer] müssen erkennen [...], daß es nicht nur um den Frauenlohnabschlag geht, sondern daß in Zukunft unter Umständen mit dem Wegfall des Frauenlohnabschlags ein Abbau der bisherigen Männerlöhne erfolgen könnte."
107) vgl. Gespräch mit Elfriede Dietrich am 6.3.1991
108) vgl. Kalk 1989, S. 157
109) Thema am 29.7.1954 auf der Sitzung des Ortsfrauenausschuß Kiel; vgl. Inst. NS & AB, 554-6-5; Tätigkeitsbericht der Frauengruppen im DGB-Landesbezirk Nordmark vom 16.5.-31.12.1954
110) vgl.z.B. SHVZ vom 25.11.1955
111) vgl. SHVZ vom 22.12.1955
112) vgl. Die Schleswig-Holsteinische Schule Jg. 1951, Nr. 5, S. 9 (Eingabe an die Schleswig-Holsteinische Landesregierung, das Fach „Nadelarbeit" unter die Prüfung für Mittelschullehrerinnen aufzunehmen)
113) Die Schleswig-Holsteinische Schule, Jg. 10, 1956, Nr. 1
114) HBA, Düsseldorf, 24-4384
115) SHVZ vom 30.11.1955 („Menschliche Betreuung, tätige Nächstenliebe – Jugend- und Frauenarbeit im DGB auf neuen Wegen")
116) vgl. z.B. LN vom 30.9.1959
117) Inst. NS & AB, 554-6-5, Kehrreim zum Mitschunkeln, abgedruckt auf der Rückseite einer Eintrittskarte zur Frauenfeierstunde in der Elbschloßbrauerei am 16.6.1947

[118]) vgl. z.B. Tätigkeitsbericht des Ortsausschuß Kiel der IG Metall 1958, S. 37
[119]) Tätigkeitsbericht des Ortsausschusses der IG Metall 1956, S. 33
[120]) vgl. Inst. NS & AB, 554-6-5; Tätigkeitsbericht der Frauengruppen im DGB-Landesbezirk Nordmark vom 16.5.-31.12.1954
[121]) KN vom 9.11.1954
[122]) KN vom 12.1.1956
[123]) vgl. Internationaler Frauentag, S. 80f
[124]) SHVZ vom 12.1.1956
[125]) SHVZ vom 12.1.1956
[126]) vgl. Gespräch mit Marianne Herzig vom 12.3.1991
[127]) HBA, Düsseldorf, 24-4384, Protokoll der Sitzung des DGB-Landesbezirksfrauenausschusses Nordmark am 26.8.1957, S. 3
[128]) vgl. Gespräch mit Elfriede Düppe vom 19.2.1991; Gespräch mit Elfriede Dietrich vom 6.3.1991; Gespräch mit Marianne Herzig vom 12.3.1991
[129]) vgl. Gespräch mit Marianne Herzig vom 6.3.1991
[130]) Die Schleswig-Holsteinische Schule, Jg. 6, 1952, Nr. 7/8, S. 5
[131]) Kieler Morgenzeitung vom 10.4.1961
[132]) vgl. Inst NS & AB, 554-6-5, Protokoll der Arbeitstagung für Vorsitzende von DGB-Frauenausschüssen und -gruppen am 11./12.5.1957; S. 6 (Kollege Walter)
[133]) vgl. z.B. HBA, Düsseldorf, 24-4208, Schreiben Marie Luise Wiegrunds aus Lübeck an den Bundesvorstand des DGB
[134]) Protokoll der 1. Landesbezirks-Frauenkonferenz des Landesbezirks Nordmark am 3.12.1950, S. 9f
[135]) vgl. I. Enderle, 1954, S. 28
[136]) vgl. Protokoll der 1. DGB-Landesbezirksfrauenkonferenz Nordmark am 3.12.1950, S. 9
[137]) Zitat Gespräch mit Elfriede Dietrich vom 6.3.1991
[138]) KN vom 29.8.1955 („Die berufstätige Frau hat Sorgen")
[140]) Zitat Gespräch mit Elfriede Düppe vom 19.2.1991
[141]) Zitat Gespräch mit Marianne Herzig vom 12.3.1991
[142]) Inst NS & AB, 554-6-5, Protokoll der Arbeitstagung für Vorsitzende von DGB-Frauenausschüssen und -gruppen im DGB-Landesbezirk Nordmark am 11./12.5.1957, S. 5
[143]) vgl. Gespräch mit Ingeborg Sommer vom 5.3.1991: Von den vier Frauen, die sie sich als Nachfolgerinnen „rangezogen" hatte, konnten allein drei aufgrund ihrer Partnerschaft kein so zeitaufwendiges Amt übernehmen: Eine davon hatte gerade einen neuen Freund gefunden, den es nun zu betreuen galt...
[144]) vgl. Gespräch mit Elfriede Dietrich am 6.3.1991

[145]) vgl. Gespräch mit Elfriede Düppe vom 19.2.1991; Inst. NS & AB, 554-6-5; Protokoll der Wochenendtagung der DGB-Orts-, Kreis- und Bezirksfrauenausschußvorsitzenden und der Frauensekretärinnen der Gewerkschaften im DGB-Landesbezirk Nordmark am 1./2.9.1956, S. 9

[146]) Inst. NS & AB, 554-6-5, Protokoll der Arbeitstagung für Vorsitzende von DGB-Frauenausschüssen und -gruppen im DGB-Landesbezirk am 11./12.5.1957, S. 6; vgl. auch Gespräch mit Ingrid-Lotte Richter vom 10.4.1991

[147]) vgl. z.B. Protokoll der 1. Frauenkonferenz der IG Metall am 27./28.4.1956, S. 28; S. 66

[148]) vgl. zur permanenten Abqualifizierung der Frauenarbeit als „Übergangslösung" Protokoll der 3. Bundesfrauenkonferenz 1959, Tätigkeitsbericht Maria Webers, S. 46f

[149]) E. Donner, 1955, S. 60

[150]) Zitat Gespräch mit Elfriede Düppe am 19.2.1991

[151]) vgl. Inst. NS & AB, 554-6-5, Bericht über die gewerkschaftliche Frauenarbeit im DGB-Landesbezirk Nordmark 1954-1956; vgl. ÖTV. Daten Zeugnisse Meinungen aus 20 Jahren Gewerkschaftsarbeit 1966, S. 63

[152]) Protokoll der 1. Frauenkonferenz der IG Metall am 27./28.4.1956, S. 66

[153]) vgl. Protokoll der 2. Frauenkonferenz der IG Metall am 25./26.4.1958, S. 36

[154]) vgl. Protokoll der 3. Bundesfrauenkonferenz 1959, S. 47f

[155]) vgl. Inst. NS & AB, 554-6-5, Gewerkschaftsbrief „Frauen" vom 23.1.1953

[156]) Protokoll der 1. Landesbezirks-Frauenkonferenz des Landesbezirks Nordmark am 3.12.1950, S. 14

[157]) HBA, Düsseldorf, 24-4384, Protokoll der DGB-Landesbezirksfrauenausschußsitzung Nordmark am 26.8.1957

[158]) vgl. Gespräch mit Marianne Herzig vom 12.3.1991

[159]) vgl. 75 Jahre Industriegewerkschaft, 1966, S. 400ff

[160]) vgl. z.B. Streiknachrichten, Nr. 54 vom 15.1.1957, Nr. 33 vom 11.12.1956, Nr. 47, 48 und 71 vom 6., 7.1.1957 bzw. 6.2.1957

[161]) Streiknachrichten Nr. 10 vom 7.11.1956 („Der beste Kamerad des Streikenden – Die Frau")

[162]) Streiknachrichten Nr. 14 vom 13.11.1956, Nr. 17 vom 16.11.1956, Nr. 13 vom 12.11.1956

[163]) Streiknachrichten Nr. 14 vom 13.11.1956

[164]) vgl. die Protokolle der entsprechenden Konferenzen

[165]) Protokoll der 1. Landesbezirks-Frauenkonferenz des Landesbezirks Nordmark am 3.12.1950

[166]) vgl. Protokoll der 3. Bundesfrauenkonferenz 1959, S. 46 und 49f

[167]) vgl. Inst. NS & AB, 554-6-5, Protokoll der Arbeitstagung von DGB – Frauenausschüssen und -gruppen im DGB-Landesbezirk am 11.-12.5.1957, S. 6

[168]) vgl. zur Arbeitslosigkeit von Frauen in Schleswig-Holstein Handelsblatt, Düsseldorf, Nr. 21 vom 29.5.1947, Schleswig-Holsteinische Volkszeitung, Kiel, Nr. 75 vom 29.3.1950, Schleswig-Holsteinische Volkszeitung, Kiel, Nr. 122 vom 27.5.1950

[169]) vgl. Inst. NS & AB, 554-6-5, Protokoll der 3. DGB-Landesbezirksfrauenkonferenz Nordmark vom 26.-27.5.1956, Bericht Ingeborg Sommers über die gewerkschaftliche Frauenarbeit im Landesbezirk Nordmark Mai 1954 – Mai 1956, S. 22 f

[170]) vgl. Inst. NS & AB, 554-6-5, Protokoll der Wochenendtagung der DGB-Orts, Kreis- und Bezirksfrauenausschußvorsitzenden und der Frauensekretärinnen der Gewerkschaften im DGB-Landesbezirk Nordmark am 1.-2.9.1956, S. 4

[171]) Inst. NS & AB, 554-6-5, Protokoll der Wochenendtagung der DGB-Orts-, Kreis- und Bezirksfrauenausschußvorsitzenden und der Frauensekretärinnen der Gewerkschaften im DGB-Landesbezirk Nordmark am 1.-2.9.1956, S. 4

[172]) vgl. Gespräch mit Elfriede Dietrich vom 6.3.1991; Gespräch mit Marianne Herzig vom 19.3.1991, Gespräch mit Herta Just vom 17.4.1991

[173]) ebenda

[174]) Zitat Gespräch mit Elfriede Dietrich vom 6.3.1991

Anhang

zusammengestellt von
Sabine Jebens-Ibs

Übersichten schleswig-holsteinischer Politikerinnen 1945–1966

1. Weibliche Mitglieder des Schleswig-Holsteinischen Landtages 1945–1966

	Lebens-daten	Beruf	Wahlperiode(n)		Alter b. Eintritt
SPD (10)					
Anna Brodersen	16.03.1903 18.07.1971	Hausfrau	1954-1968	3 1/2	51
Frieda Hackhe-Döbel	09.04.1911 26.09.1977	Gewerbe-oberlehr.	2/46-4/47 1947-1950	3	35
Dr. Luise Klinsmann	10.05.1896 09.06.1964	Biblio-thekarin	1947-1950	1	51
Anni Mellies-Krahnstöver	04.06.1904 27.07.1961	Frauense-kretärin	12/46-4/47 1947-1948	1 1/2	42
Dr. Elly Linden	25.04.1895 23.01.1987	D.-Hand.-lehrerin	1947-1967	5	52
Dora Möller	16.10.1894 02.11.1981	Hausfrau	2/46-9/46	1	51
Marie Schmelzkopf	26.02.1887 11.11.1966	Hausfrau	2/46-9/46	1	59
Anni Trapp	21.12.1901 –	Hausfrau	11/64-67	3/4	63
Charlotte Werner	25.10.1909 –	Hausfrau	2/46-9/46	1	36
Berta Wirthel	13.01.1900 10.04.1979	Senatorin	1/54-8/54	1/4	54

317

	Lebens-daten	Beruf	Wahlperiode(n)		Alter b. Eintritt
CDU (4)					
Ilse Brandes	04.12.1897 ?	Flüchtl.-fürsorgerin	1947-1950	1	50
Erna Kilkowski	06.10.1907 27.09.1985	CDU-Gesch.-führerin	1957-1967 1969-1971	2 3/4	50
Emmy Lüthje	23.08.1895 05.02.1967	Hausfrau	12/46-4/47 1947-1958	4	51
Annemarie Schuster	14.12.1917 –	Hausfrau	1962-1988	8	45
GB/BHE (2)					
Dr. Lena Ohnesorge (ab 1959 CDU)	17.07.1898 12.08.1987	Ärztin Soz.min.	1950-1958 1962-1967	3	52
Margareta Weiß (ab 1957 FDP)	23.06.1912 07.08.1990	Hausfrau	1950-1958 1962-1971	4	38
KPD (2)					
Agnes Nielsen	18.10.1894 16.05.1967	Sozialre-ferentin	2/46-3/46	1	51
Berta Schulze	24.11.1889 09.12.1967	Hausfrau	5/46-9/46	1	57
parteilos (1)					
Elisabeth Jensen	31.03.1908 30.12.1978	Lehrerin	2/46-9/46	1	38

2. Weibliche Mitglieder der Flensburger Ratsversammlung 1945-1966

	Lebens-daten	Beruf	Wahlperiode(n)		Alter b. Eintritt
SPD und SPF (3)					
Marianne Beier	17.09.1901 07.09.1981	Hausfrau	1948-1951	1	47
Juliane Decker	02.12.1897 04.07.1968	Stenoty-pistin	1948-1955 1962-1966	3	51
Lissie Neumann	19.09.1896 15.02.1963	Konto-ristin	1945-1948	2	49
CDU (4)					
Heinke Brodersen	23.06.1907 03.06.1988	Bäcker-meisterin	1/52-1955 1955-1962	2 3/4	44
Greta Korn	08.07.1899 07.04.1989	Reederin	1955-1962	2	56
Cornelia Knippenberg	05.04.1907 28.12.1988	Haushalts-beraterin	1962-1970	2	55
Lisa Wiesner	27.07.1914 17.01.1988	Hausfrau	1951-1955	1	37
SSW (SSV) (5)					
Marie Clausen	28.05.1909 –	Hausfrau	1946-1948	1	35
Marie Lorenz	21.12.1896 –	Hausfrau	1948-1951	1	52
Lotte Schubert	04.07.1908 05.01.1987	Hausfrau/ Kindergärt.	1945-1948	2	37
Gertrud Uldall (Koch-Thorbecke)	08.09.1905 ---	Kranken-schwester	1951-1955 1959-1966	3	46
Margot Matlok	01.01.1926 –	Kinder-gärtnerin	9/64-1974	2 1/2	38

	Lebens-daten	Beruf	Wahlperiode(n)		Alter b. Eintritt
GB/BHE (1)					
Anna Zachau	15.01.1906 30.03.1967	Hausfrau	1959-1962	1	53

3. Weibliche Mitglieder der Kieler Ratsversammlung 1945 – 1966
SPD (13)

Frieda Bendfeldt	18.07.1904 15.06.1983	Hausfrau	1951-1955 1959-1970	4	47
Anne Brodersen	16.03.1903 18.07.1971	Hausfrau	1951-1963	3 1/4	48
Dorothea Damm	24.03.1881 30.10.1949	Hausfrau	1946-1948	1	65
Dorothea Franke	07.06.1913 –	Sekre-tärin	1951-1974	6	38
Lisa Hansen	10.04.1902 05.03.1976	Hausfrau	1951-1955 1959-1962 1963-1966	2 3/4	49
Ida Hinz	28.12.1904 26.05.1986	Hausfrau	1946-1974	8	42
Thomasine Jensen	23.09.1891 20.10.1970	Stadtsch.rätin a.D.	1945-1946 1959-1966	3	54
Magda Jung	12.02.1909 –	Hausfrau	1951-1955	1	42
Dr. Hilde Schäfer-Portofée	20.08.1912 06.01.1988	Ärztin	1946-1951 1966-1974	4	34
Martha Riedl	02.05.1903 12.07.1992	Hausfrau	1946-1948	1	43
Anni Stolze	01.06.1895 18.03.1965	Rentnerin	1951-1955	1	56
Gertrud Voelcker	27.10.1896 26.04.1979	Hausfrau	1945-1946 9/50-4/51	1 1/2	49
Rosa Wallbaum	13.05.1915 –	kaufm. Angest.	1955-1974	5	40

	Lebens-daten	Beruf	Wahlperiode(n)		Alter b. Eintritt
CDU (11)					
Gertrud Brauer	14.10.1891 30.09.1952		1948-1951	1	57
Dorothea Brede	25.03.1876 31.10.1958	Lehrerin	1945-1946	1	69
Hildegard Franzius	23.01.1893 18.04.1986	Rentnerin	8/56-1959 1959-1962	1 3/4	63
Christel Hansmann	03.12.1914 –	Hausfrau	1962-1966	1	48
Irmgard Kremer	12.05.1918 –	Gesch.in-haberin	10/57-1959	1/2	39
Käthe Kühl	09.07.1890 04.09.1980	Hausfrau	1946-1951	2	56
Ruth Roestel	15.11.1913 –	Hausfrau	1/46-10/46	1	32
Magdalena Schröder	09.07.1893 26.12.1972	Hausfrau	3/47-1951 1955-1959	2 1/2	53
Irma Tübler	16.06.1922 25.06.1992	Angest.	1962-1970	2	40
Bertha Ungermann	15.12.1903 05.12.1974	Verw.-angest.	1946-3/47	1/2	43
Elisabeth Vormeyer	28.09.1893 06.06.1985	Hausfrau	1955-1970	4	62
FDP (1)					
Dr. Marianne von Rundstedt	25.07.1925 –	Verbands-geschäftsf.	1959-1962	1	34
KPD (1)					
Hedwig Jung	20.06.1894 08.01.1983	Hausfrau	1945-1946	1	51

4. Weibliche Mitglieder der Lübecker Bürgerschaft 1945 – 1966

	Lebensdaten	Beruf	Wahlperiode(n)		Alter b. Eintritt
SPD (9)					
Anna Buschner	11.05.1895 13.10.1986	?	1959-1966	2	64
Magdalene Herrmann	04.05.1902 30.11.1969	Hausfrau	1945-1946	1	43
Annemarie Hinrichsen	07.11.1912 ?	Hausfrau	1946-1948	1	34
Dr. Luise Klinsmann	10.05.1896 09.06.1964	Biblioth. Senatorin	1946-1964	5 1/2	50
Marga Krüger	17.07.1915 ?	Hausfrau	1962-1974	3	47
Gertrud Pickert	11.06.1901 ?	Hausfrau	1951-1955	1	50
Margarethe Pieth	09.07.1896 05.08.1981	Hausfrau	1945-1946	1	49
Helene Ullmann	21.06.1895 08.12.1981	Hausfrau	1946-1948	1	51
Berta Wirthel	13.01.1900 10.04.1979	Hausfrau Senatorin	1946-1970	7	46
CDU (3)					
Elisabeth Kette	08.07.1896 20.05.1976	Hausfrau	1955-1962	2	59
Annie Petersen	18.05.1899 ?	?	1948-1951	1	49
Annemarie Schuster	14.12.1917 –	Hausfrau	1962-1974	4	45

	Lebens-daten	Beruf	Wahlperiode(n)		Alter b. Eintritt
GB/BHE (2)					
Ruth Ankermann	16.08.1908 22.07.1962	Hausfrau	1955-1962	2	47
Erika Hering	04.12.1907 07.10.1985	Hausfrau	1951-1955	1	44
KPD (1)					
Maria Krollmann-Klann	15.01.1904 –	Hausfrau	1945-1946	1	41
ungeklärte Parteizugehörigkeit (2)					
Johanna Magdalena Hempel	02.12.1885 13.01.1966	Studien-rätin a.D.	1945-1946	1	60
Hildegard Osten	23.03.1909 ?	Handweb-meisterin	1945-1946	1	34

5. Weibliche Mitglieder der Neumünsteraner Ratsversammlung 1945 – 1966

	Lebensdaten	Beruf	Wahlperiode(n)		Alter b. Eintritt
SPD (9)					
Frieda Borgwardt	17.07.1910 07.01.1985	Hausfrau	1948-1950	3/4	38
Anni Gloe	29.03.1911 –	Pflegerin	1945-1946	1	34
Anni Lemke	07.06.1907 –	Hausfrau	1948-1950	3/4	41
Marie Lohmann	08.11.1903 08.09.1979	Hausfrau	1945-2/1948	1 3/4	42
Emma Martens	03.01.1887 19.11.1958	Hebamme	1945-1948	2	58
Marie Schmelzkopf	26.02.1887 11.11.1966	Werkküchenleiterin	1945-1950	2 3/4	58
Lisa Schmid	26.01.1926 13.11.1988	Lehrerin	1951-1974	6	25
Marie (Mia) Schulz	14.04.1892 08.08.1976	Sekretärin Hausfrau	1948-1950 1959-1970	3 3/4	56
Hildegard Zimmermann	20.02.1913 –	Hausfrau	1955-1970	4	42
CDU (9)					
Magdalena Brockstedt	20.03.1882 07.03.1953	?	11/47-48	1/4	65
Hedwig Bücheler	18.09.1902 28.02.1980	Lehrerin	1946-1962	5	44
Alexandrine v. dem Hagen	28.11.1914 15.12.1978	Konrektorin	1955-1978	6	41
Dorothea Ingwersen	23.09.1886 14.09.1973	Lehrerin	1945-1948	2	59

	Lebens-daten	Beruf	Wahlperiode(n)		Alter b. Eintritt
CDU (9)					
Lieselotte Juckel	07.09.1919 –	Lehrerin/ Hausfrau	2/59-1962 9/62-1966 1966-1978	5	39
Elisabeth Nasse	17.01.1891 27.06.1972	Studien-rätin	1948-1951	1	57
Anne Regine Niebuer	08.05.1930 11.07.1989	Lehrerin	1962-1970	2	32
Magdalena Reese	07.04.1903 08.07.1988	Fabrikantin	1962-1970	2	59
Ingeborg Schröder	30.11.1913 –	Hausfrau	1945-1947	1 1/4	32
GB/BHE (3 bzw. 2)					
Frieda Grünke	11.07.1902 15.06.1967	Sozialref. in LvD	5/1950-51	1/2	47
Frieda Jürgensen	24.05.1895 10.06.1976	Hausfrau	12/52-55	1	57
Margareta Weiß	23.06.1912 07.08.1990	Kinder-gärtnerin	1951-12/52 1955-59 1966-2/1970	2 1/4	39
FDP (1 bzw. 2)					
Anita Ravn	25.05.1906 –	?	1959-1962	1	53
Margareta Weiß	ab 1957				

Abkürzungsverzeichnis

Abb.	Abbildung	HBV	Gewerkschaft Handel, Banken, Versicherungen
BBZ	Britische Besatzungszone		
BdD	Bund der Deutschen	IGTB	Industriegewerkschaft Textil und Bekleidung
CDU	Christlich-Demokratische Union		
		KPD	Kommunistische Partei Deutschlands
DAG	Deutsche Angestellten Gewerkschaft		
		LFR	Landesfrauenrat
DFR	Deutscher Frauenring	masch.	maschinenschriftlich
DFU	Deutsche Friedens-Union	MELF	Ministerium für Ernährung, Landwirtschaft und Forsten
DGB	Deutscher Gewerkschaftsbund		
		NGG	Gewerkschaft Nahrung, Genuß, Gaststätten
DG	Deutsche Gemeinschaft		
Diss.	Dissertation	ÖTV	Gewerkschaft Öffentliche Dienste, Transport und Verkehr
DKP	Deutsche Konservative Partei		
DNS	Nationale Sammlung	RSF	Radikal-Soziale Freiheitspartei
DP	Deutsche Partei		
DRP	Deutsche Rechts-Partei	SHB	Schleswig-Holstein-Block
FDP	Freie Demokratische Partei	SHLP	Schleswig-Holsteinische Landespartei
GB/BHE	Gesamtdeutscher Block/ Bund der Heimatvertriebenen und Entrechteten		
		SPD	Sozialdemokratische Partei Deutschlands
GDP	Gesamtdeutsche Partei	SRP	Sozialistische Reichspartei
GEW	Gewerkschaft Erziehung und Wissenschaft	SSV	Südschleswigscher Verein
		SSW	Südschleswigscher Wählerverband
GVP	Gesamtdeutsche Volkspartei		
		Tab.	Tabelle
		vgl.	vergleiche

Benutzte Sigel

HBA, Düsseldorf	Hans-Böckler-Archiv Düsseldorf	KN	Kieler Nachrichten
FlT	Flensburger Tageblatt	NE	Norddeutsches Echo
Inst NS & AB	Institut für die Erforschung des Nationalsozialismus und der Arbeiterbewegung	SHVZ	Schleswig-Holsteinische Volkszeitung
		StAFl	Stadtarchiv Flensburg
		StAHL	Stadtarchiv der Hansestadt Lübeck
LAS	Landesarchiv Schleswig	StAKI	Stadtarchiv Kiel
LFP	Lübecker Freie Presse	StANMS	Stadtarchiv Neumünster
LN	Lübecker Nachrichten		

Quellen- und Literaturverzeichnis

1. Gespräche mit Zeitzeuginnen und Zeitzeugen

Maria Zachow-Ortmann:

22.01.91 – Frau Alwes, Kiel
05.12.90 – Herr Andresen, Husum
21.06.91 – Frau Brümmer, Kiel
27.02.91 – Frau Bruns, Lübeck
22.10.90 – Frau Densch, Flensburg
19.02.91 – Frau und Herr Dierks, Schleswig
27.02.91 – Herr Düring, Lübeck
13.02.91 – Frau Dr. Fleck, Kiel
14.12.90 – Herr Garms, Kiel
13.08.91 – Frau Gersdorf, Glücksburg
22.10.90 – Frau Giese, Rendsburg
14.02.91 – Herr Dr. Hessenauer, Kiel
03.12.90 – Frau Hoyer, Flensburg
07.05.91 – Frau Just, Hamburg
17.10.91 – Frau Kricke, Lüneburg
15.07.91 – Frau Kuntsche, Kiel
17.04.91 – Frau Laux, Altenholz
06.12.90 – Herr Manski, Kiel
27.02.91 – Frau Niendorf, Malente
18.02.91 – Frau Porsch, Kiel
14.02.91 – Frau Pott, Kiel
13.03.91 – Frau Renger, Kiel
26.03.91 – Herr Roloff, Schwarzenbeck
13.02.91 – Frau Schönherr, Kiel
16.08.91 – Frau Schulte-Umberg, Kiel
24.06.91 – Frau Sommer, Lübeck
01.05.91 – Herr Dr. Weimar, Flensburg
21.02.91 – Frau Wendel, Schacht-Audorf
29.11.90 – Frau Witte, Schleswig
15.01.91 – Frau und Herr Wolter, Neumünster

Kirstin Boehlke/
Maria Zachow-Ortmann:

23.01.91 – Frau Franke/ Frau Wallbaum, Kiel
11.12.90 – Frau Herzig, Kiel
24.01.91 – Frau Klinkow, Kiel
29.11.90 – Herr Knudsen, Rendsburg
05.03.91 – Herr Möller/ Frau Gröpel/ Frau Lücke-Walter, Lübeck
00.01.91 – Frau Neumann, Molfsee
17.12.90 – Frau Schuster, Lübeck
05.03.91 – Frau Sommer, Lübeck
10.01.91 – Frau Springer, Kiel
31.10.90 – Herr Martens/ Herr Schlünsen, Kiel
04.12.90 – Herr Schulz, Eckernförde
06.02.91 – Frau Trapp, Eutin
06.02.91 – Frau Wulff, Kiel

Kirstin Boehlke:

18.02.91 – Frau Bachl
05.02.91 – Frau Gleich, Kiel
16.01.91 – Herr Herbst
12.03.91 – Herr Kähler
28.02.91 – Frau Klann, Lübeck
11.02.91 – Herr Lembke
15.02.91 – Frau Mahrt, Kiel
05.02.91 – Frau v. Richter, Lübeck
25.02.91 – Frau Uhlig-Ohnesorge

Kirstin Boehlke/ Sabine Jebens-Ibs:

11.12.90 – Frau Werner, Preetz

Sabine Jebens-Ibs:
08.02.91 – Frau Wadle, Neumünster
21.02.91 – Frau Hielscher
10.08.91 – Frau Gloe, Neumünster

Cornelia Schmatzler:
06.03.91 – Frau Dietrich, Kiel
19.02.91 – Frau Düppe
12.03.91 – Frau Herzig, Kiel
17.04.91 – Frau Just, Hamburg
28.02.91 – Frau Kobs, Neumünster
10.04.91 – Frau Richter, Hamburg
18.02.91 – Herr Schwarck, Kiel
05.03.91 – Frau Sommer, Lübeck

2. Ungedruckte Quellen

Archiv des Schleswig-Holsteinischen Landtages:
1. und 2. Landtag, Personelles der MdL, Personal des Sekretariats, Stenographen.
– Akten 1945 – 1949

Hans-Böckler-Archiv des DGB, Düsseldorf
Abt. 24
Abt. 26

Institut für die Erforschung des Nationalsozialismus und der Arbeiterbewegung:
Abt. 554-6-5 (Akten des DGB-Nordmark für den Ortsausschuß Hamburg)

Interview Klaus Alberts mit Margareta Weiß, Pressestelle des Landtags, o.J.

Landesarchiv Schleswig:
– Abt. 601; 326
– Abt. 605; 4, 121, 1034, 1089, 1092
– Abt. 611; 2795, 2796.

Protokolle der Sitzungen des Landesfrauenrates 1951 – 1958

Stadtarchiv Kiel:
– Ausschußverzeichnis

Stadtarchiv der Hansestadt Lübeck:
– Akte F 4 (Flüchtlinge)

Stadtarchiv Neumünster:
– Akte 2901
– Akte 2902

Tagungsunterlagen der Akademie Sankelmark

Undatierte Reden aus dem Nachlaß Frieda Hacke-Döbels

3. Gedruckte Quellen

Amtliches Handbuch des Deutschen Bundestages

Amtsblatt für Schleswig-Holstein

Amtsblatt der Stadt Flensburg

Bericht über die Tätigkeit des DGB im Landesbezirk Nordmark 1945 – 1948

Datenhandbuch zur Geschichte des Deutschen Bundestages 1949 – 1982, Bonn 1983/84

Eckernförder Zeitung

Flensburger Tageblatt

Geschäftsberichte des DGB Landesbezirk Nordmark 1950/51, 1952/53, 1954/55, 1956 – 1958

Geschäftsbericht der IG Metall, Geschäftsstelle Kiel 1956 – 1958

Geschäftsbericht des DGB der Britischen Besatzungszone 1947 – 1949

Heimat Zeitung

Handbuch des Schleswig-Holsteinischen Landtages

Handelsblatt

Informationen für die Frau, hrsg. v. Deutschen Frauenrat

Jahrbücher der Sozialdemokratischen Partei Deutschlands 1947, 1948/49, 1952/53

Jahresbericht 1949/50 des DGB Landesbezirk Nordmark

Jahreszahlen zur Arbeitsstatistik 1952

Kieler Kurier

Kieler Morgenzeitung

Kieler Nachrichten

Lange Reihen zur Bevölkerungs- und Wirtschaftsentwicklung in Schleswig-Holstein 1950 – 1975, Kiel 1977

Lübecker Freie Presse

Lübecker Nachrichten

Norddeutsches Echo

Protokoll des Gründungskongresses des DGB der Britischen Zone am 22.-25.4.1947 in Bielefeld

Protokoll des außerordentlichen Bundeskongresses des DGB der Britischen Besatzungszone am 16.-18.6.1948 in Recklinghausen

Protokoll des 2. ordentlichen Bundeskongresses des DGB der Britischen Besatzungszone am 7.-9.9.1949 in Hannover-Laatzen

Protokoll des Gründungskongresses des DGB am 12.-14.10.1949 in München

Protokoll des außerordentlichen DGB-Bundeskongresses am 22./23.6.1951 in Essen

Protokoll des 2. ordentlichen DGB-Bundeskongresses am 13.-17.10.1952 in Berlin

Protokoll des 3. ordentlichen DGB-Bundeskongresses am 4.-9.10.1954 in Frankfurt/Main

Protokoll des 4. ordentlichen DGB-Bundeskongresses am 1.-6.10.1956 in Hamburg

Protokoll der 2. ordentlichen Landesbezirkskonferenz des DGB im Landesbezirk Nordmark am 22.11.1952 in Flensburg

Protokoll der 1. DGB-Bundesfrauenkonferenz am 27.-29.5.1952 in Mainz

Protokoll der 2. DGB-Bundesfrauenkonferenz am 12.-14.5.1955 in Dortmund

Protokoll der 3. DGB-Bundesfrauenkonferenz am 25.-27.5.1959 in Bremen

Protokoll der 1. Frauenkonferenz der IG Metall am 27.-28.4.1956 in Hamburg

Protokoll der 2. Frauenkonferenz der IG Metall am 25.-26.4.1958 in Mainz

Protokoll der 1. DGB-Landesbezirksfrauenkonferenz des Landesbezirks Nordmark am 3.12.1950 in Hamburg

Richtlinien der Militärregierung für die Verwaltung, die örtliche und die Gebietsregierung, sowie für den öffentlichen Dienst, Teil I: Demokratisierung und Dezentralisierung der örtlichen und Gebietsregierung, 2. Aufl. (revidiert am 1. Feb. 1946)

Schleswig-Holsteinisches Ärzteblatt

Die Schleswig-Holsteinische Schule

Schleswig-Holsteinische Volkszeitung

Schwartauer Zeitung

Sonderdienst des Statistischen Landesamtes Schleswig-Holstein, Industrieberichterstattung, Nr. 22, Dez. 1945

Sprogforeningens Almanak

Das Stadtverordnetenkollegium der Stadt Husum 1946 – 1966, hrsg. von der Stadt Husum, Husum 1966

Statistisches Handbuch für Schleswig-Holstein

Statistisches Jahrbuch für Schleswig-Holstein

Statistische Monatshefte

Streiknachrichten der IG Metall 1956/57

Tätigkeitsbericht des DGB-Ortsausschuß Kiel 1955 – 1956 (aus dem Nachlaß Elisabeth Voß)

Verwaltungsberichte der Stadt Flensburg

Verwaltungsberichte der Stadt Kiel

Verwaltungsberichte der Stadt Neumünster

Voelcker, Gertrud, Lebenserinnerungen (Masch., StA Kiel)

Die Welt

Wer ist wer? (1958) (1969/70)

4. Literatur

Abelshauser, Werner (1983), Wirtschaftsgeschichte der Bundesrepublik Deutschland 1945 – 1980, Frankfurt/Main 1983.

(Allgemeine Ortskrankenkasse) 100 Jahre Allgemeine Ortskrankenkasse Neumünster. 1884 – 1984, Neumünster 1984.

Auguste-Viktoria-Schule 1886 – 1986, bearb. v. Hans-Jörg Herold u.a., Flensburg 1986 (Kleine Reihe der Gesellschaft für Flensburger Stadtgeschichte).

Beck-Gernsheim, Elisabeth (1983), Vom „Dasein für andere" zum Anspruch auf ein Stück „eigenes Leben". Individualisierungsprozesse im weiblichen Lebenszusammenhang, in: Soziale Welt 24 (1983) H. 3, S. 307 ff.

Beckmann-Kircher, Gudrun (1984), Der Deutsche Frauenrat, Düsseldorf 1984.

Boehlke, Kirstin (1985), Frauenstudium an der Christian-Albrechts-Universität vor dem Hintergrund des Frauenstudiums in Deutschland, Kiel 1985.

Boehlke, Kirstin/Herrmann, Thomas/Jebens-Ibs, Sabine/Schmatzler, Uta Cornelia/ Zachow-Ortmann, Maria (1991), Frauen der Nachkriegszeit in Schleswig-Holstein. Bericht für das Ministerium für Bildung, Wissenschaft, Jugend und Kultur des Landes Schleswig-Holstein; Masch. Okt. 1991.

Boelcke, Willi A. (1986), Der Schwarz-Markt 1945 – 1948. Vom Überleben nach dem Kriege, Braunschweig 1986.

Bonnesen, Käthe (1955), Zur gerechten Entlohnung der Frauenarbeit, in: Gewerkschaftliche Monatshefte 1955, S. 58.

Bovensiepen, Eduard (1951), Frauenlöhne und Art. 3 des Grundgesetzes, in: Gewerkschaftliche Monatshefte 1951, S. 33 ff.

Bremme, Gabriele (1958), Die Mitarbeit der Frau in der Politik, in: Informationen für die Frau 4 (1958), S. 3 ff.

Bremme, Gabriele (1956), Die politische Rolle der Frau in Deutschland. Eine Untersuchung über den Einfluß der Frauen bei Wahlen und ihre Teilnahme in Partei in Parlament, Göttingen 1956 (Schriftenreihe des UNESCO-Instituts für Sozialwissenschaften Köln, Bd. 4).

Broszat, Martin u.a. (1988), Von Stalingrad zur Währungsreform. Zur Sozialgeschichte des Umbruchs in Deutschland, München 1988.

Byner, Klaus (1985), Der Wiederaufbau der Gewerkschaften 1945 – 1947, in: Wir sind das Bauvolk, Kiel 1985, S. 101 ff.

Damm, Walter (1978), Arbeiter, Landrat und Flüchtlingsminister in Schleswig-Holstein, hrsg. u. eingel. v. Claus-Dieter Krohn, Bonn 1978 (Berichte und Dokumente zur Sozial- und Zeitgeschichte).

Danker, Uwe/ Rave, Klaus (1986), 8. Mai 1945 – Stunde Null, Kiel 1986.

Delille, Angela/ Grohn, Andrea (1986), Blick zurück aufs Glück. Frauenleben und Familienpolitik in den 50er Jahren, Berlin 1986.

Dertinger, Antje (1989), Frauen der ersten Stunde. Aus den Gründerjahren der Bundesrepublik, Bonn 1989.

Deuerlein, Ernst (1957), CDU/CSU 1945 – 1957, Köln 1957.

Deutscher Frauenrat (Hg.)(1980), Handbuch Deutscher Frauenorganisationen, 4. Aufl. Bochum 1980.

(Deutscher Frauenring Kiel) 1947 – 1987. Vierzig Jahre Ortsring Kiel im Deutschen Frauenring, Kiel 1987.

(Deutscher Frauenring Flensburg) 1948 – 1988. Vierzig Jahre Ortsring Flensburg. Festschrift zum vierzigjährigen Bestehen des Ortsrings Flensburg.

Donner, Erika (1955), Die Situation der arbeitenden Frau in der Industrie, in: Gewerkschaftliche Monatshefte 1955, S. 59 ff.

Dreißig Jahre Landesfrauenrat Schleswig-Holstein, Kiel 1980.

Drohsel, Petra (1984), Die Entlohnung der Frau nach 1945, in: A.-E. Freier/ A. Kuhn, Frauen in der Geschichte, Bd. 5, Düsseldorf 1984, S. 202 ff.

Elsner, Ilse (1957), Ihre Hoheit, die Wählerin, in: Die Neue Gesellschaft 4 (1957) H. 3, S. 203 ff.

Enderle, Irmgard (1954), Gewerkschaftliche Frauenarbeit. Soziologische und psychologische Erfahrungen, in: Gewerkschaftliche Monatshefte 1954, S. 28 ff.

Enderle, Irmgard (1953), Verfassungswidrige Lohnabkommen, in: Gewerk-schaftliche Monatshefte 1953, S. 101 ff.

Erdmann, Karl Dietrich (1984), Das Ende des Reiches und die Entstehung der Republik Österreich, der Bundesrepublik Deutschland und der Deutschen Demokratischen Republik, 4. Aufl. München 1984 (Gebhardt, Handbuch der Deutschen Geschichte, Bd. 22)

Eva im Nylonland (1991), Itzehoe 1991 (Ausstellungskatalog)

Fleck, Rosemarie, Die Frau Abgeordnete hat des Wort, Kiel o.J.

Franke, Dorothea (1985), Erinnerungen einer Sozialdemokratin, in: Wir sind das Bauvolk, Kiel 1985, S. 225 ff.

Frei sein, um andere frei zu machen, hrsg. v. Lieselotte Funke, Stuttgart, Herford 1984 (Frauen in der Politik: Die Liberalen).

Freier, Anna-Elisabeth (1985), Frauenfragen sind Lebensfragen – Über die naturwüchsige Deckung von Tagespolitik und Frauenpolitik, in: A.-E. Freier/ A. Kuhn, Frauen in der Geschichte, Bd. 5, Düsseldorf 1985, S. 18 ff.

Freier, Anna-Elisabeth (1986), Über die „naturwüchsige" Deckung von Frauenhandeln und Tagespolitik nach dem Zweiten Weltkrieg, in: A. Kuhn (Hg.), Frauen in der deutschen Nachkriegszeit, Bd. 2, Düsseldorf 1986, S. 39 ff.

Freier, Anna-Elisabeth (1986), Hunger im Spannungsfeld alliierter Machtpolitik und heterogener deutscher Interessen, in: A. Kuhn (Hg.), Frauen in der deutschen Nachkriegszeit, Bd. 2, Düsseldorf 1986, S. 55 ff.

Freier, Anna-Elisabeth/ Kuhn, Annette (1984), Frauen in der Geschichte, Bd. 5, Düsseldorf 1984.

Frevert, Ute (1986), Frauen-Geschichte. Zwischen Bürgerlicher Verbesserung und Neuer Weiblichkeit, Frankfurt/Main 1986.

Fülles, Mechthild (1969), Frauen in Partei und Parlament, Köln 1969.

Fünfundsiebzig Jahre Industriegewerkschaft 1891 – 1966 (1966). Vom Deutschen Metallarbeiterverband zur Industriegewerkschaft Metall, hrsg. v. Bundesvorstand der IG Metall für die Bundesrepublik Deutschland, Frankfurt/ Main 1966.

Grieser, Helmut (1979), Reichsbesitz, Entmilitarisierung und Friedensindustrie in Kiel nach dem Zweiten Weltkrieg, Kiel 1979.

Grube, Frank/ Richter, Gerhard (1982), Die Gründerjahre der Bundesrepublik Deutschland zwischen 1945 und 1955, Hamburg 1982.

Grubitzsch, Helga (1985), Frauen machen Geschichte. Aspekte einer feministischen Geschichtsforschung, in: H. Heer/ V. Ullrich (Hg.), Geschichte entdecken, Reinbek 1985, S. 150 ff.

Hagemann, Karen/ Kolossa, Jan (1990), Gleiche Rechte – Gleiche Pflichten? Ein Bilderlesebuch zu Frauenalltag und Frauenbewegung in Hamburg, Hamburg 1990.

Hagemann-White, Carol (1987), Können Frauen die Politik verändern?, in: Aus Politik und Zeitgeschichte, Beilage zur Wochenzeitung Das Parlament, B. 9-10/87 (1987), S. 29 ff.

Hauser, Andrea (1986), Alle Frauen unter einen Hut? Zur Geschichte des Stuttgarter Frauenausschusses, in: A. Kuhn (Hg.), Frauen in der deutschen Nachkriegszeit, Bd. 2, Düsseldorf 1986, S. 102 ff.

Heer, Hannes/ Ullrich, Volker (Hg.) (1985), Geschichte entdecken. Erfahrungen und Projekte der neuen Geschichtsbewegung, Reinbek 1985.

Heinz, Margarete (1988), Politisches Bewußtsein der Frauen. Eine Sekundäranalyse empirischer Materialien, München 1988.

Henicz, Barbara/ Hirschfeld, Margrit (1986), Der Club deutscher Frauen in Hannover, in: A. Kuhn (Hg.), Frauen in der deutschen Nachkriegszeit, Bd. 2, Düsseldorf 1986, S. 127 ff.

Henicz, Barbara/ Hirschfeld, Margrit (1986), Die ersten Frauenzusammenschlüsse, in: A. Kuhn (Hg.), Frauen in der deutschen Nachkriegszeit, Bd. 2, Düsseldorf 1986, S. 94 ff.

Henicz, Barbara/ Hirschfeld, Margrit (1985), „Ich muß jetzt mitwirken" – Frauen 1945, in: H. Heer/ V. Ullrich (Hg.), Geschichte entdecken, Reinbek 1985, S. 189 ff.

Henicz, Barbara/ Hirschfeld, Margrit (1986), „Wenn die Frauen wüßten, was sie könnten, wenn sie wollten" – Zur Gründungsgeschichte des Deutschen Frauenrings, in: A. Kuhn (Hg.), Frauen in der deutschen Nachkriegszeit, Bd. 2, Düsseldorf 1986, S. 135 ff.

Held, Hermann (Hg.) (1951), Verfassungs- und Verwaltungsrecht in Schleswig-Holstein, Neumünster 1951.

Hervé, Florence (Hg.) (1983), Geschichte der deutschen Frauenbewegung, Köln 1983.

Hetmanek, Renate u.a. (1985), Alltag in Kiel 1945 – 1950, in: Wir sind das Bauvolk, Kiel 1985, S. 167 ff.

Hoecker, Annette (1980), Siedlungspolitik und soziale Mobilität vom Kriegsende bis zum Ende der Umsiedlungen (1945 – 1953). Unveröffentl. Magisterarbeit Kiel 1980.

Hoecker, Beate/ Meyer-Braun, Renate (1988), Bremerinnen bewältigen die Nachkriegszeit, Bremen 1988.

Hoecker, Beate (1987), Frauen in der Politik. Eine soziologische Studie, Opladen 1987.

Hoecker, Beate (1987), Politik: Noch immer kein Beruf für Frauen?, in: Aus Politik und Zeitgeschichte, Beilage zur Wochenzeitung Das Parlament, B 9-19/ 87 (Feb. 87), S. 3 ff.

Horbelt, Rainer/ Spindler, Sonja (1987), Tante Linas Nachkriegsküche, Reinbek 1987.

Industriegewerkschaft Metall, Frauen in der Metallgewerkschaft 1891 – 1982, Frankfurt/Main 1982.

Internationaler Frauentag. Tag der Frauen seit 75 Jahren, hrsg. v. Vorstand der IG Metall für die Bundesrepublik Deutschland, o.O. o.J. (Schriftenreihe der IG Metall Nr. 108).

Jacobi, O./ Müller-Jentsch, W./ Schmidt, E. (1975), Gewerkschaften und Klassenkampf. Kritisches Jahrbuch 1975.

Jolles, Hiddo M. (1965), Zur Soziologie der Heimatvertriebenen und Flüchtlinge, Köln 1965.

Jürgensen, Kurt (1969), Die Gründung des Landes Schleswig-Holstein nach dem Zweiten Weltkrieg, Neumünster 1969.

Klatt, Inge (1985), Not erfordert Hilfe – Die Arbeiterwohlfahrt, in: Wir sind das Bauvolk, Kiel 1985, S. 185 ff.

Klinsmann, Luise (1984), Die Industrialisierung Lübecks, Lübeck 1984 (Diss. 1922).

König, René (1974), Materialien zur Soziologie der Familie, Köln 1974.

Kuhn, Annette/ Rothe, Valentine (1982), Frauen im Deutschen Faschismus, Bd. 1: Frauenpolitik im NS-Staat, Düsseldorf 1982.

Kuhn, Annette (Hg.), Frauen in der deutschen Nachkriegszeit, Bd. 1: Frauenarbeit 1946 – 1949. Quellen und Materialien, unter Mitarbeit von Doris Schubert, Düsseldorf 1984.

Kuhn, Annette (Hg.), Frauen in der deutschen Nachkriegszeit, Bd. 2: Frauenpolitik 1945 – 1949. Quellen und Materialien, unter Mitarbeit von Anna-Elisabeth Freier, Andrea Hauser, Barbara Henicz, Margrit Hirschfeld, Annette Kuhn, Monika Möller, Ingeborg Nödinger, Düsseldorf 1986.

Kuhn, Annette (1986), Frauen suchen neue Wege in der Politik, in: A. Kuhn (Hg.), Frauen in der deutschen Nachkriegszeit, Bd. 2, Düsseldorf 1986, S. 12 ff.

Kuhn, Annette (1985), Oral history – feministisch, in: H. Heer/ V. Ullrich (Hg.), Geschichte entdecken, Reinbek 1985, S. 189 ff.

(Landesfrauenrat). Dreißig Jahre Landesfrauenrat Schleswig-Holstein, Kiel 1980.

Lippe, Angelika (1983), Gewerkschaftliche Frauenarbeit. Parallelität ihrer Probleme in Frankreich und in der Bundesrepublik Deutschland (1949 – 1979), Frankfurt/Main, New York 1983.

Löwner, Bernd/ Zeutschel, Jochen (1985), Wahlen und Wahlergebnisse 1946 – 1951, in: Wir sind das Bauvolk, Kiel 1985, S. 95 ff.

Losseff-Tillmanns, Gisela (1975), Frauenemanzipation und Gewerkschaften (1800 – 1975). Diss. Bochum 1975.

Lubowitz, Frank (1985), Kiel kämpft um seine Lebensgrundlagen. Wiederaufbau und Demontage als zentrale Themen der kommunalen Selbstverwaltung, in: Wir sind das Bauvolk, Kiel 1985, S. 73 ff.

Lüdemann, Hermann (1948), Die Not eines Landes, Kiel 1948.

Maletzke, Erich/ Volquartz, Klaus, Der Schleswig-Holsteinische Landtag – Zehn Wahlperioden im Haus an der Förde, Kiel o.J..

Mayntz, Renate (1955), Die moderne Familie, Stuttgart 1955.

Meyer, Birgit (1987), Frauen an die Macht? Politische Strategien zur Durchsetzung der Gleichberechtigung von Mann und Frau, in: Aus Politik und Zeitgeschichte, Beilage zur Wochenzeitung Das Parlament B 9-10/87 (Feb. 1987), S. 15 ff.

Meyer, Sibylle/ Schulze, Eva (1984), „Alleine war's schwieriger und einfacher zugleich." Veränderung gesellschaftlicher Bewertung und individueller Erfahrung alleinstehender Frauen in Berlin 1943 – 1945, in: A.-E. Freier/ A. Kuhn, Frauen in der Geschichte, Bd. 5, Düsseldorf 1984, S. 348 ff.

Meyer, Sibylle/ Schulze, Eva (1985), Wie wir das alles geschafft haben. Alleinstehende Frauen berichten über ihr Leben nach 1945, 2. Aufl. München 1985.

Möller, Monika (1986), Der Frauenausschuß in Hamburg-Harburg, in: A. Kuhn (Hg.), Frauen in der deutschen

Nachkriegszeit, Bd. 2, Düsseldorf 1986, S. 110 ff.

Müller, Helmut (1984), Hundert Jahre Ortskrankenkasse Neumünster, 1884 – 1984, Neumünster 1984.

Müller, Walter u.a.(1983), Strukturwandel der Frauenarbeit 1880 – 1980, Frankfurt/Main 1983.

Nave-Herz, Rosemarie (1984), Familiäre Veränderungen seit 1950. Eine empirische Studie, Oldenburg 1984.

Nave-Herz, Rosemarie (1989), Die Geschichte der Frauenbewegung in Deutschland, Hannover 1989 (Sonderauflage für die Landeszentrale für Politische Bildung Hamburg).

Nave-Herz, Rosemarie (Hg.) (1988), Wandel und Kontinuität der Familie in der Bundesrepublik Deutschland, Stuttgart 1988.

Neubeginn und Restauration (1989). Dokumente zur Vorgeschichte der Bundesrepublik Deutschland 1945 – 1949, hrsg. v. Klaus-Jörg Ruhl, 3. Aufl. München 1989.

Nödinger, Ingeborg (1986), „Mitwissen, mitverantworten und mitbestimmen." Zu den Anfängen des Demokratischen Frauenbundes Deutschland, in: A. Kuhn (Hg.), Frauen in der deutschen Nachkriegszeit, Bd. 2, Düsseldorf 1986, S. 122 ff.

Nyssen, Elke/ Metz-Göckel, Sigrid (1984), „Ja, die waren ganz einfach tüchtig." Was Frauen aus der Geschichte lernen können, in: A.-E. Freier/ A. Kuhn, Frauen in der Geschichte, Bd. 5, Düsseldorf 1984, S. 312 ff.

Obst, Carsten (1987), Der demokratische Neubeginn in Neumünster 1945/46 anhand der Arbeit und Entwicklung des Neumünsteraner Rates. Unveröffentl. Magisterarbeit Kiel 1987.

ÖTV (1966). Daten, Zeugnisse, Meinungen aus zwanzig Jahren Gewerkschaftsarbeit, Stuttgart 1966.

Osterroth, Franz (1973), Chronik der Lübecker Sozialdemokratie 1866 – 1972, Lübeck 1973.

Osterroth, Franz (1963), Hundert Jahre Sozialdemokratie in Schleswig-Holstein, Kiel 1963.

Pauls, Maria (1966), Die deutschen Frauenorganisationen. Eine Übersicht über den Bestand, die Ursprünge und die kulturellen Aufgaben, Diss. Aachen 1966.

Pausch, Wolfgang (1985), Die Entwicklung der sozialdemokratischen Frauenorganisationen, Diss. Bayreuth 1985.

Petersen, Peter Hansen u.a. (1966), Flensburg von 1920 bis 1960, in: Flensburg. Geschichte einer Grenzstadt, hrsg. v. der Gesellschaft für Flensburger Stadtgeschichte, Flensburg 1966, S. 421 ff.

Pilgert, Henry P. (1952) with the assistance of Hildegard Waschke, Women in West Germany. With Special Reference to the Policies and Programs of the Women's Affairs Branch, Office of the U.S. High Commissioner for Germany, 1952.

Präger, Lydia u.a. (1954), Die Frau im Beruf, Bethel 1954.

Pressestelle der Landesregierung Schleswig-Holstein, Schleswig-Holstein. Ein Lesebuch, Kiel 1989.

Priemel, Isabel/ Schuster, Annette (1990), Frauen zwischen Erwerbstätigkeit und Familie, Pfaffenweiler 1990.

Pust, Carola/ Reichert, Petra u.a. (1983), Frauen in der BRD, Hamburg 1983.

Rast, Gertrud (1972), Allein bist du nicht. Kämpfe und Schicksale in schwerer Zeit, Frankfurt/Main 1972 (Bibliothek des Widerstands).

Rath, Eva (1982), Küche und Parlament. Ein leidenschaftliches Manifest für die Frauenpartei, Kronshagen 1982.

Rehmann, Hans (1955), Zur Frage der Frauenlöhne, in: Gewerkschaftliche Monatshefte 1955, S. 745 ff.

Renger, Annemarie (1984), Die Gedankenwelt Kurt Schumachers bestimmte meinen politischen Weg, in: Verdient die Nachtigal Lob, wenn sie singt?, hrsg. v. Antje Huber, Stuttgart 1984, S. 121 ff. (Frauen in der Politik: Die Sozialdemokratinnen).

Rosenbaum, Heidi (1978), Familie als Gegenstruktur zur Gesellschaft. Kritik grundlegender theoretischer Ansätze der deutschen Familiensoziologie, Stuttgart 1978.

Rosenbaum, Heidi (1982), Formen der Familie, Frankfurt/Main 1982.

Ruhl, Klaus-Jörg (Hg.) (1988), Frauen in der Nachkriegszeit 1945 – 1963, München 1988.

Ruhl, Klaus-Jörg (Hg.) (1985), Unsere verlorenen Jahre. Frauenalltag in Kriegs und Nachkriegszeit 1939 – 1949 in Berichten, Dokumenten und Bildern, Darmstadt 1985.

Rupieper, Hermann-Josef (1991), Bringing Democracy to the Frauleins. Frauen als Zielgruppe der amerikanischen Demokratisierungspolitik in Deutschland 1945 – 1952, in: Geschichte und Gesellschaft 1 (1991), S. 61-91.

Seeler, Angela (1984), Ehe, Familie und andere Lebensformen in den Nachkriegsjahren im Spiegel der Frauenzeitschriften, in: A.-E. Freier/ A. Kuhn, Frauen in der Geschichte, Bd. 5, Düsseldorf 1984, S. 90 ff.

Schier, Siegfried (1982), Die Aufnahme und Eingliederung von Flüchtlingen und Vertriebenen in der Hansestadt Lübeck. Eine sozialgeschichtliche Untersuchung für die Zeit nach dem Zweiten Weltkrieg bis zum Ende der 50er Jahre, Lübeck 1982 (Veröffentlichungen zur Geschichte der Hansestadt Lübeck, hrsg. vom Archiv der Hansestadt, Reihe B, Bd. 7).

Schilf, Hans-Ulrich (1985), Der Aufbau der Kieler SPD 1945 – 1949, in: Wir sind das Bauvolk, Kiel 1985, S. 37 ff.

Schubert, Doris (1984), „Frauenmehrheit verpflichtet". Überlegungen zum Zusammenhang von erweiterter Frauenarbeit und kapitalistischem Wiederaufbau in Westdeutschland, in: A.-E. Freier/ A. Kuhn, Frauen in der Geschichte, Bd. 5, Düsseldorf 1984, S. 231 ff.

Schubert-Riese, Brigitte (1987), Lotte Hegewisch, Lilli Martius, Gertrud Völker. Drei Frauenbilder aus der Kieler

Stadtgeschichte, in: Mitteilungen der Gesellschaft für Kieler Stadtgeschichte 73 (1987), H.1/2, S. 1 ff.

Scholtz-Klink, Gertrud (1978), Die Frau im Dritten Reich, Tübingen 1978.

Slupik, Vera (1988), Die Entscheidung des Grundgesetzes für Parität im Geschlechterverhältnis, Berlin, Hamburg 1988.

Späth, Antje (1984), Vielfältige Forderungen nach Gleichberechtigung und „nur" ein Ergebnis: Artikel 3 Absatz 2 GG, in: A.-E. Freier/A. Kuhn, Frauen in der Geschichte, Bd. 5, Düsseldorf 1984, S. 122 ff.

Strecker, Gabriele/ Lenz, Marlene (1980), Der Weg der Frau in die Politik, 4. Aufl. Melle 1980.

Strecker, Gabriele (1970), Gesellschaftspolitische Frauenarbeit in Deutschland. Zwanzig Jahre Deutscher Frauenring, Opladen 1970.

Stüber, Gabriele (1984), Der Kampf gegen den Hunger 1945 – 1950. Die Ernährungslage in der Britischen Zone Deutschlands, insbesondere in Schleswig-Holstein und Hamburg, Neumünster 1984.

Stüber, Gabriele (1985), „Wir haben durchgehalten, was blieb uns anderes übrig?" Frauen im Nachkriegsalltag, in: Wir sind das Bauvolk, Kiel 1985, S. 201 ff.

Thurnwald, Hilde (1948), Gegenwartsprobleme Berliner Familien, Berlin 1948.

Titzck, Rudolf (Hg.) (1987), Landtage in Schleswig-Holstein. Gestern – Heute – Morgen, Kiel 1987.

Töke, Angelika (1990), Lebenswege von Frauen im Wandel, in: Aus Politik und Zeitgeschichte, Beilage zur Wochenzeitung Das Parlament, B 34-35/90 (Aug. 1990), S. 29 ff.

Unterwegs zur Partnerschaft, hrsg. v. Renate Hellwig, Stuttgart, Herford 1984 (Frauen in der Politik: Die Christdemokratinnen).

Varein, Heinz Josef (1964), Parteien und Verbände. Eine Studie über ihren Aufbau, ihre Verflechtung und ihr Wirken in Schleswig-Holstein 1945 – 1958, Köln, Opladen 1964 (Staat und Politik).

Verdient die Nachtigal Lob, wenn sie singt?, hrsg. v. Antje Huber, Stuttgart, Herford 1984 (Frauen in der Politik: Die Sozialdemokratinnen).

Voswinkel, Jürgen, Die Anfänge der Gewerkschaftsbewegung in der Britischen Zone – unter besonderer Betrachtung der gewerkschaftlichen Entwicklung in Kiel. Schriftl. Hausarbeit zur Ersten Staatsprüfung f. d. Lehramt an Realschulen in Schleswig-Holstein o.J. (Masch.)

Wadle, Anni (1988), Mutti, warum lachst du nie? Erinnerung an Zeiten der Verfolgung und des Krieges, Drensteinfurt 1988.

Waller, Sybille (1988), Die Entstehung der Landessatzung von Schleswig-Holstein vom 13.12.1949, Frankfurt/Main 1988 (Verfassungspolitik, Heidelberger Studien zur Entstehung von Verfassungen nach 1945, Bd. 6).

Warnke, Helmuth (1988), „Bloß keine Fahnen" – Auskünfte über schwierige Zeiten 1923 – 1954, Hamburg 1988.

Wehner, Herbert (1980), Frau Abgeordnete, Sie haben das Wort, Bonn 1980.

Wickert, Christl (1983), Zwischen Familie und Parlament. Sozialdemokratische Frauenarbeit in Südniedersachsen 1919 – 1950, Kassel 1983.

Wickert, Christl (1986), Unsere Erwählten. Sozialdemokratische Frauen im Deutschen Reichstag und im Preußischen Landtag 1919 – 1933, Göttingen 1986, 2 Bde.

Willenbacher, Barbara (1988), Zerrüttung und Bewährung der Nachkriegs-Familie, in: M. Broszat u.a., Von Stalingrad zur Währungsreform, München 1988, S. 595 ff.

Wir sind das Bauvolk. Kiel 1945 – 1950, hrsg. v. Arbeitskreis „Demokratische Geschichte", Kiel 1985.

Wirtz-Heinrich, Wilma (1984), Frauenarbeit '45 – Ein Thema für den Geschichtsunterricht, in : A.-E. Freier/ A. Kuhn, Frauen in der Geschichte, Bd. 5, Düsseldorf 1984, S. 266 ff.

Witte, Albert (1985), Erinnerungen an den Wiederbeginn der Sozialdemokratie, in: Wir sind das Bauvolk, Kiel 1985, S. 31 ff.

Wurzbacher, Gerhard (1958), Leitbilder gegenwärtigen deutschen Familienlebens, Stuttgart 1958.

Zur Lage der Jugend in Schleswig-Holstein (1953). Bericht an den Schleswig-Holsteinischen Landtag, erstattet durch die Landesregierung im September 1953.

Verzeichnis der Autorinnen und Autoren

Hermann, Thomas, geb. 1956 in Eutin, Studium der Mittleren und Neueren Geschichte, Philosophie und Soziologie in Kiel

Jebens-Ibs, Sabine, geb. 1955 in Averlak (Dithmarschen), Historikerin, Gymnasiallehrerin

Schmatzler, Uta Cornelia, geb. 1966 in Kiel, Studium Geschichte, Französisch, Soziologie und Pädagogik in Kiel und Metz (F)

Zachow-Ortmann, Maria, geb. 1950 in Güstrow/Mecklenburg, Dipl.-Pol.